这是一本论述旅游规划原理及其编制的诸多环节的专题性著作，是笔者二十多年来探索我国旅游规划的体会总结。

作为服务于居民旅游活动的旅游规划，也像世间的其他规划一样，是人类进入理性时代以来的一项基本谋划，其目的在于根据需要与可能，以一种前瞻性的思路与方法找出一种合理的选择，以期对未来的旅游服务有更多更好的安排，以期能够对未来的相关行为做出预期性的组织或协调。

本书内容，共有七个篇章，即有关旅游规划的“七议”。“旅游规划刍议”及其随后的六“议”，环环相连，其所讨论的，就是旅游规划的多个层面，以及与之相关的有关旅游的多个层面和侧面。

我国的旅游规划起步较晚，是在20世纪80年代提出旅游业“超前发展”战略[①]的稍后一些日子，在一度盛行的旅游业“投资少、见效快”的理论开始被人们质疑时才逐渐得到重视的。本书“旅游规划刍议”的开始动笔，是在1989年，那时正是我国旅游规划刚开始迈入学科门槛的初期。也正是因为如此，在京的注目于旅游规划开拓的相关学科的学人，才邀约在一起筹划“旅游规划与研究联合研究中心”的创设，本书的“旅游规划刍议”一文就是笔者“受命”为这个中心的成立大会准备的。

本书中，从“刍议”一直到“第七议”，依次反映着1989年至今作者本人对旅游规划理论与实践的理解。既有自己在探究与实践中感受的渐趋深化，同时也在一定程度上也反映着我国旅游规划实践与研究的变化和进步。因为组成本书内容的从“刍议”到“第七议”的阐述、分析与讨论，大都是以作者本人这些年来应邀在全国性学术研讨会上的发言和演讲，所以就不能不对各个时期我国学界、业界和管理层的关注点有着及时的呼应；同时这些年来我国旅游规划实践与研究的发展，也推动着作者本人认识的不断加深。

本书“旅游规划刍议”的议题，作为全书的开篇，讨论的自当是旅游规划的基本原理与运行的基础内容。而当初撰稿的岁月，也正是20世纪80年代后期我国旅游规划开始迈入学科门槛的时候。在随后的一段时间，

① 2017年作者校后附记：对我国旅游业曾一度流行过旅游业的“超前发展”的主张，在20世纪80年代后期，国务院发展研究中心孙尚清主持国家哲学社会科学“七五”重点课题“中国旅游经济研究”时，已将其限定为了“适度超前发展”。请见孙尚清主编《中国旅游经济研究》（人民出版社，1990年）及《旅游学刊》1980年代后期陆续选载的该课题组课题前期成果的系列报告。

由于不少编制中的规划仍然没有把握好规划应有的基本环节，以致各种失误多有发生，更加之当时市场经济理念对传统的规划思想的冲击，规划界也出现了旅游规划是市场导向还是资源导向的争议，故而我便用“旅游规划续议”的议题，对旅游开发中几个基本环节的错位进行梳理，同时也就当时旅游开发中的资源观与市场观的偏颇进行了辨析。

基于城市规划的影响，那时的旅游规划，不少都融入了城市规划的理念，也大都仍然沿袭着城市规划的套式，以致往往忽略了旅游规划服务于旅游需求的特征。于是我便趁着参加讨论国家旅游局《旅游规划通则》的机会，提出了旅游规划中有关“概念性旅游规划”的环节，从历史机遇、面临挑战等一直讨论到概念性旅游规划与其他类型规划的关系，最终落实到概念性旅游规划的要求与运行。这便是本书中“旅游规划第三议（上）、（下）”的来由。

在那以后不久，全国各地的第一轮旅游规划大多面临五年期满，各地地方政府或旅游主管单位及企业事业单位，也纷纷开始了对规划的续编与修编，而本书的“关于旅游规划修编的产品扩张与市场扩张战略”“关于旅游规划修编的地域扩张与效益扩张战略”所构成的“旅游规划第四议”，便是作者对东南沿海一个旅游城市规划的内审时提出的，所以文题就成了“修编旅游规划的四大优化战略”（或称“优化旅游发展的四大战略”）。

基于旅游活动的线性化特征及跨越度特征，游人需要的旅游供给理当突破行政区域和行业部门的制约，而过去相当一段时期所编制的旅游规划却往往是企业或地方当局的属地规划，因而也就多是散点型规划；之所以笔者在“旅游规划优化的四大战略”特地强调了“扩张”的“战略”，目的就是要突破散点型规划对旅游发展的制约。

本书中的“旅游规划第五议”，研究的是旅游规划的区域合作问题。其“区域旅游合作的机遇与旅游合作的规划”和“面对区域旅游合作的规划思考”，就是在两次有关旅游区域合作研讨会上的发言。基于其中一次谈话面对的是旅游业界与各地旅游管理机构，而另一次谈话主要面对的是研究者，因此这两次谈话正好是偏于实践问题和偏于理论问题的相互补充。如果将其与本书前面的“四议”连接起来阅读，可以看出，这里的“第五议”正好与前面的“四议”有一种紧密衔接的关系。这种关系，就是从偏于一地的作为（包括“扩张”）走向了两地和多方的协同。而这种合作与协同正是旅游发展的进程与必然，也正是旅游规划编制发展的进程与必然。

在本书总体的七个议题中，如果说从“刍议”到“第五议”讨论的是旅游规划沿着纵轴的步步推进的话，那么本书“旅游规划第六议”讨论的，则是旅游规划如何更深入地关注旅游业。只有在横轴上更多地了解旅游业的各个相关层面和侧面，旅游规划才有可能真正落到实处。为了探索旅游规划的覆盖面，我们不能不在横轴上将旅游规划涉及的主要领域展开来。所以本书在总目上选用了一个“旅游规划的相关各议”的标题来引领。其下的阐释，既包括了城市旅游、古镇旅游、乡村旅游，也包括了生态旅游、文化旅游、科教旅游、主题公园、旅游地产，以及如何培育目的地的旅游竞争力等等。如果深入到旅游规划的实际工作中，就可以发现，这些细化的研究也都是研究旅游规划、编制旅游规划时不能不关注的问题。

本书中最末的“旅游规划第七议”，全文约五万字，是从新近出版的《广义旅游学》中选出的有关“旅游规划”的专论。《广义旅游学》是在京旅游学者2012~2013年在北京市旅游委和北京旅游学会组织下联合撰著的。本人所撰的这部分内容为该书第五章，章名“广义旅游规划”（初稿称“广义旅游规划学”）。虽然该章全部内容均系本人独立撰稿，但在一定程度上也反映着学者们就旅游科学进行广义探索时对旅游规划的一些认识。而就我自己来说，实际上也是本人在总结30多年来我国旅游规划发展而提出的认识、判断与建议，是本人就当前旅游规划应该有的理解和实操工作的一个简明的阐释。

“旅游规划第七议”的“旅游规划的广义拓展”，是本书的最后一篇，虽然系选自《广义旅游学》一书，但在一定程度上似乎也是作者为本书专门撰写的一份总结。其不仅论及了当前旅游发展给旅游规划发展带来的新机遇，更从“旅游规划的目标与功能”、“旅游规划的依存要素”、编制中“第一要务”与“第二要务”的实施、旅游规划编制“三大技术环节”的把控等，对旅游规划的编制作了颇为详细的总体综述。作为个人浅见，或一家之言，对于年轻读者，或实践工作者，以及旅游规划理论的研究者，也许都不失其可资参考的一面。

这里还值得一提的，还有本书所加“资料提示框”的内容。基于本书各篇的写作时间不尽相同，故作者除了用“2017年本书作者校后附记”给出一些时效性说明外，还特在书中设置了“新近资料”、“相关数据”和“作者在思考”的提示框，并在框内以不同字体补充进必要的新内容，以期将全书的论述置于当前的认知之中。虽然本书有的论述是时效性很强的，许多资料也是最新资料或近期资料；可是也有早一些年的著作，虽其中的资料数据足以作为相关论述的佐证，但是读者阅读之中难免会产生希望能够获取新资料新数据参照的愿望，本书的“新近资料”和“相关资料”等的提示框，正是为此而设的。又，还有一些学术的认知问题，在不同时间人们的理解是会有所差异的，为了能够反映出认知的多样性，故在书中某些需要的地方适当加入了几句“作者在思考”，猜想读者也会是同样欢迎的。

旅游规划的类型自当有多种，其内部层次的架构也各不相同，时代的差异、地域的差异和资源的差距也都是旅游发展中举足轻重的依存要素，加之不断变化的市场需求和不同群体的个性，规划的目标与功能结构也就以其多样而各显神通了。因此，旅游规划就不能不依据旅游业现状及相关产业现状，根据市场的现实需求和潜在需求，从资源潜力与其重新配置的可能性入手，通过分析研究，从而找出重新配置资源以发展旅游业的途径。

如果从宽阔的角度来观察，旅游规划或者就像本书“旅游规划的广义拓展”篇中所说的那样，那就是以面向未来的目光，发散性的思维，集中更多更好的理念，博采前人和他人的研究成果，尊重已有的共识准则，以服务民众为目标，在可以涉及的最大范围内，编制出兼具前瞻性和可行性的旅游规划，全面发展休闲旅游与事务旅游，以期适应旅游者的现实需求与潜在需求，并且最大限度地创造出对当代对未来的环境、社会、经济的三大效益来。

如果说得局促一点，那至少应该在编制规划的时候，不拘泥于官员们快出政绩的立场，不拘泥于商家们事事取利的目标，不要看不见身外的变化，不要听不进不同的意见，不要满足于自己原有的进步，不要热衷于几个人的闭门造车，这样才能够汇集更多人的智慧与技能，编制出兼具前瞻性和可行性的旅游规划，开拓出让当代百姓和子孙后代都满意的旅游事业。

当然了，如果要把旅游规划做好，也还有一个旅游规划的社会责任感的要求。那就是编制规划的部门（无论其是政府机构，或教学科研机构、公益机构，还是商业机构），以及编制规划的执行人（也无论他是官员、学者还是何种机构的雇员），都必须真正意识到自己在编制规划时所承担的超越自己职务和职能的责任，从而把自己手中的那份规划将要产生的社会经济和环境影响置于别的一切考量都无法取代的最高位置。

从以上所述不难看出，本书的结构和内容是与某些旅游规划教材多有不同的。教科书自有它的大用场，非教科书的论著也许便成了它的参考与补充。或者正是基于本书的七篇议论的历史纵轴和产业横轴的结构，既与这些年我国旅游规划实践密切关联，又以旅游类别向其左右延展，再加之最后一篇用未来学目光的颇为理想化的综论，因而将各自独立的专论汇合成为了一个整体。因此我想，不论读者是选择从头到尾地通览全书，还是随意选择切入点去前伸后延或左阅右读，只要读者能够从中找到一些自己最需要的内容，那么《旅游规划七议》这本书就没有白出。希望读者们在读后不吝提出批评与建议，更希望本书的出版能够对大家真有一点用处。

刘德谦

2017年3月26日

目
录

> >

目　录

01

旅游规划刍议：旅游规划的基本原理与运行①

①“旅游规划刍议”是本书的第一个议题。本议题的此文，原为筹备“旅游规划与开发联合研究中心”时本书作者受命草拟的会议主题报告，初稿原名“旅游规划学刍议”，全文约5万字。这里保存的是笔者1993年4月7日在“旅游规划理论与实践研讨会”上宣读的论文提纲。关于该文写作的缘由与过程，请参阅本篇附记——关于“旅游规划刍议”写作的回忆。

旅游规划刍议：旅游规划的基本原理与运行①

① 本文初稿完成于1992年初，原名“旅游规划学刍议”（约五万字）；本文内容与公众见面，是在1993年4月7日“旅游规划理论与实践研讨会”上的提纲宣读；随后《旅游学刊》发表时（1993年第3期）选用的就是这个提纲（约六千字）。书面发表时，文题已改为了“旅游规划刍议”。其后，此提纲稿又为中国旅游协会区域旅游开发专业委员会收入《区域旅游开发的理论与实践》（“全国区域旅游开发学术研讨会”汕头会议论文集，江苏人民出版社，1996年）。这里选用的书面稿即当初《旅游学刊》刊出的提纲稿。这里副题（“游规划的原理与运行”）是最初已经使用的长稿。《旅游学刊》发表时作者单位所署的“北京旅游学院”，即现在的“北京联合大学旅游学院”。“中国旅游协会区域旅游开发专业委员会”现已更名为“中国区域科学协会区域旅游开发专业委员会”。

一

规划是人类进入理性时代以来的一项基本活动，其目的在于安排一种合理的选择，以期对未来的行为加以组织或控制。

旅游发展规划的制定，应依据旅游业现状及相关产业现状，根据市场的现实需求和潜在需求，从资源潜力和资源重新配置的可能性入手，通过研究分析，从而找出重新配置资源以发展旅游业的途径和措施。这里所说的资源，既包括旅游业的两大资源范畴（①基本资源范畴——即人们常说的自然资源、人文资源等旅游目的资源；②可用于定向使用的资源范畴——即人们常说的接待能力、交通条件与运力等旅游业运行资源），也包括整个社会人、财、物等方面的资源。

制定旅游发展规划的最重要原则是：让旅游资源及相关资源尽可能地得到合理而有效的分配和使用。国家或地方政府对旅游事业的重视，其关键性行为，不应是行业的日常管理，而更主要的应是集中力量通过精心规划，推动最合理的配置有限资源，并在配置时给予旅游业优先考虑的地位，以期使旅游业对整个经济发展和对整个社会发展的贡献达到最高值。

旅游发展规划，实际要解决的核心问题，是旅游者与旅游目的的关系。其中关键环节是对旅游环境、旅游设施和旅游服务的目标安排，即旅游者（人）→旅游环境、旅游设施、旅游服务→旅游目的。亦即通过对旅游服务的合理安排，使旅游者成功地实现其旅游目的，成为旅游环境中自在而舒适的主体。在这里，资源是成功的基础因素，也是其制约因素；规划的目标效益，是其行为的最终归宿。“人→设施服务→目的”这一模式中各关联因素有机结合，从而达到预期的指标，产生出预期的效益，这便是规划成功的标志。

在市场经济机制下的旅游发展规划，最先的着眼点，应该是旅游市场的需求，其间潜在需求比现实需求更重要。因而对潜在需求的研究和预测便成了旅游规划所不可缺少的组成部分。这也是今天的旅游规划不同于旧时类似规划的十分显著的特征。但是旅游发展规划却不能只限于对需求的预测，还应包含对一系列发展目标和发展措施的安排与选择，并进一步测算出支持这一发展水平所需要支付的成本及其对社会的负面影响，从而拟定出把成本和负面影响降低到有效的最低点的办法。

在市场经济条件下的旅游发展规划，还必须包括市场营销环节的策略设计，只有这样，规划中的效益目标才能有效顺利地实现。在设计营销策略时，无论是产品策略，还是价格策略、渠道策略、促销策略，都应得到相互配合的充分考虑（这里借用的是杰罗姆·麦卡锡在其书《基础营销》中关于Product、Price、Place、Promotion的“4P”“营销组合”的提法）。每一个企图参与国际竞争的旅游接待国，都必须根据国际竞争的态势客观地评价自己的产品，从而发展自己的产品，突出自己的用以适应国际旅游市场需求的产品特征。同样，面向国内游客的旅游接待地，也必须从国内比较的角度来评价并发展自己的产品，突出自己的适应国内市场的产品特征。因为，相似或雷同的旅游产品，将会遇到他国他地的激烈竞争。面对旅游者对产品要求的个性化、多样化、深层化，面对激烈竞争的市场，采用无差别市场策略是难以成功的，不同目标市场需求的往往是相互有别的特色产品。没有对营销问题的考虑，旅游规划便失去了价值①。

二

现代旅游业是一个十分年轻的产业，作为有意识地对其未来发展的科学安排，旅游规划工作尤其显得年轻。

运用于旅游规划的旅游规划学，是一门崭新的学科，同时也是一门综合性极强的交叉学科。旅游规划的综合性，不仅在于人类分工的细密化和现代学科分工的细密化，同时更在于旅游产品组合的多侧面、旅游行业生存的多支点及其运行所需的多动力。目前，由于旅游者对产品提出了日益深广的多要求、高要求，因而旅游经营者和服务者已能明显地感到一种加速的相应变化。从而旅游规划综合性所具有的广度也正在不断扩展，它所具有的深度也正在不断延伸。

在城市规划和旅游规划的研究中，曾发展起了波兰鲍·马利士（Bolestaw Malisz，又译马利兹、马列士）的门槛理论。马利士学派之所以一度走俏世界，原因就在于门槛理论的发展开创了一个新领域，促进了经济学及其他相关学科对城市规划等工作的渗透，加强了规划工作与其他多学科之间的联系②。如借用马利士的门槛理论，那么在制定旅游规划时，就必须设法找到制约旅游业发展的各层门槛的相对位置，其间包括对发

① 不过，这里也不能忽视旅游的公共服务。这不仅是因为旅游需求的跨越度决定了在整个旅游服务中所包含有非市场的供给，更在于在更大的领域中市场服务对公共服务的依托。关于这点，下面将有论及，以后还有详论。

② 门槛理论(Threshold Analysis)，指由波兰人马利士提出的分析城市成长过程中某些制约其发展的极限障碍的理论，故又称临界分析理论。这里的“门槛”，又可分为实体上的（由自然环境造成的），技术上的（与基础设施系统有关的），结构上的等多种类型。关于门槛理论的具体内容，可参阅白明华《“门槛”理论在城市规划工作中的应用问题》（载《城市规划研究》1981年第1期第10~20页），及其后清华大学建筑与城市规划研究所杨志中编译的《区域规划的门槛分析方法》（载《国外城市规划》1988年第3期，第31-36页）；亦可参阅毛其志《门槛理论及其在城市规划和区域规划中的应用》（载清华大学建筑与城市研究所《城市规划理论·方法·实践》第71~84页）。

展可能性的分析（DPA—Development Possibility Analysis）和对终极环境门槛的分析（UET—Ultimate Environmental Threshold）。仅此一项工作，也离不开各学科专家的携手合作。

正因为旅游规划学是一门崭新的综合性极强的交叉学科，所以旅游规划工作就必须联合旅游、经济、统计、市场、营销、企管、金融、交通、通信、地理、地质、土地、工业、农业、生物、生态、环保、历史、文化、文物、社会、民俗、园林、建筑、教育，以及现代工业技术等各方面的专家学者和实务工作者一道工作。在旅游规划中，自诩的无所不通的权威只是一种假象，因为世界上本无万能的神人。面对涉及如此广泛的学科，真有经验又富于责任感的专家，越来越感到只靠个人的力量已难以胜任，也越来越感到仅靠同单位同学科的专家的组合已难以实现规划的高水平。很显然，在这方面的个体经营是没有出息的。

但也不能不指出，在实际的规划工作中，以上各个学科的作用并不完全一样。由于规划的层面和范围等都存在着“度”的差异，因而不同的规划必须找出各自相应的几种学科作为各自规划的主体，以形成多学科配合又各有侧重的格局。

旅游规划就其规模而言，可分为国际的协调规划、国家的全面规划、地区的综合规划，以及小区域或项目的具体规划。就其可操作性而言，可分为宏观规划和实施规划。就其包含内容而言，可分为旅游业各组成环节的规划（如旅游市场拓展规划、旅游资源开发规划、旅游土地利用规划、旅游环境保护规划、旅游业资金吸引规划、旅游设施建设规划……以及其上游的旅游发展总体规划等）。如就旅游业发展进程而言，可分为初期开发规划、接力开发规划和后续发展规划。如此等等，不能遍举。尽管不同层面、不同角度的诸种规划的任务有别，但其关联性却是普遍存在的，故应提倡不同层面不同类型规划之间的“对话”，以寻找出相互之间的衔接点和配合点。不同层面的规划只有相互沟通，才能从单一的相互制约变为相互补充①。

尽管不同类型的旅游规划对其规划师及其相关人员的要求有异，但各方专家的合作才是成功的保证。正因为旅游规划这一学科的年轻，因而除大力提倡专家学者的协作外，还应大力提倡学科内部的信息传播和学术交流，以及不同观点不同意见的磋商和研讨，以推动这一新兴学科的建设。

① 2017年作者校后附记：在21世纪的第二个十年，我国的规划界又出现了“多规合一”的做法和提法；2014年8月26日，国家发展改革委、国土资源部、环境保护部、住房城乡建设部四部委联合下发了《关于开展市县“多规合一”试点工作的通知》，决定共同推进全国开展市县“多规合一”的试点工作。因为这是在作者本文完成后很久才出现的事，对此，本书作者只能在后面补充的“资料插入框”中给以适度的讨论了。

三

现代城市规划工作者已经认识到，今天的城市规划已不再是平面上的二维土地利用设计，也不仅是三维空间的布局安排，而是已经引入了时间要素的四维研究活动。很显然，旅游规划的制定更是如此。

旅游规划不仅是一定时期的旅游发展计划，也不仅是对旅游发展的建设部署，同时又应是其后旅游业的经营和管理的依据，因而也具有阶段控制性的显著特征。

旅游规划不应当是凝固的，而应是不断补充、不断修正、不断发展的，这便是现代后起的延续性规划或滚动式规划。另一方面，旅游规划又不能过于频繁地变动，它必须具有相对稳定性和不可模糊的阶段性，它必须依一定时限分阶段地进行。

阶段之间的衔接是值得认真研究的。尽管对初期开发规划和后续发展规划来说，资源和市场都是基础，然而在后续发展规划中，对市场因素的考虑却更需功夫。在已经有了相当规模的接待地或接待国，其后续发展规划的首先着眼处，应该是在收集反馈信息的基础上利用现有硬件和软件条件，针对市场进行调整或改善自己的营销策略，其次才是面向需求变化的补充性建设及扩而大之的扩充。这便是具有阶段性的滚动。

由于旅游行业生存的多支点，因而我们很难从某种单一的技术角度把它描绘为某种单一的简单产业。如果离开了自然环境和社会环境，如果没有社会的参与和被利用的自然，不仅旅游业的经济效益无从实现，连其自身的存在和运行也几乎没有可能。因而旅游发展规划在制定之初，就必须事先考虑到旅游业在其后的运行中将会遇到的各种矛盾面之间的综合平衡。必须从更长远的角度来思考，因此旅游与环境及生态之间的平衡与和谐，更是不能忽略的。

旅游规划不仅必须处理好经济与自然、经济与社会、经济与文化的关系，处理好行业内各相关环节的关系，同时还必须合理考虑社会各方面之间的利益。社会各方面的利益常常是彼此补充、彼此重叠，乃至彼此矛盾的，如旅游者和当地居民之间、城市地区和乡村地区之间等，都各有自身利益之所在，因而需要规划工作者在规划着手时就给以充分的预后研究。在实行市场经济的国家中，不少旅游企业的投资都是由私人进行的，因而当前我国的旅游规划工作者还必须注意做好社会总利益和企业利益的合理分配和调整，并在不断变动的格局下做出能大体适应变动的总安排。

在旅游规划的制定中，必须尽早抛开旅游理论界曾有的关于“经济属性”与“文化属性”的无益争论，应该充分认识到现代旅游业的经济属性和旅游者旅游活动的非经济目的，从而在筹划获取行业的经济效益时，努力提高旅游产品的文化品格。同时还必须清醒地看到，在社会的发展中，旅游产品内的文化品格正面临快速增长的发展趋势，因而在第一步规划的制定时就必须为下一步的产品改进和更新留下必要的发展余地。

另外，在旅游业的开发和发展中，旅游目的地资源的利用和保护始终是一对矛盾体，我们的规划既要让旅游者满意，又要有效地保护资源。列入规划的保护，应该是预防性保护，较之问题出现后的应急性保护，预防性保护当然多一分主动，多一分从容，多一分效力，也多一分经济上的效益。

远离城市的目的地往往具有普遍的引力，然而旅游活动却常常离不开对临近城市的依托（在这个问题上，德国人瓦尔特·克里斯塔勒的“中心地理论”应该得到考虑），因而进行旅游规划时还应对旅游地与城市的关联做出基于心理的社会考虑，做出以动态研究为基础的合理安排。

在规划的四维结构中，谁最具有协调的权威功能？那最终还是政府的目标和政策。为了实现规划目标，政府必须具有充分的预见性，并应在认真研究学者和实务工作建议的基础上，通过立法及其他宏观手段发挥更大的作用。

四

具有时段性的全国性旅游规划，是国家目标和相关政策的一部分；全国或地方的旅游发展规划，无论其是否基于民意机构的意见或是否向专家学者寻求过咨询，它在本质上都是政府行为。

从目前的情况看，如不是受政府直接委托，最适合专家学者工作，也最便于专家学者发挥自己才智的规划，应该是旅游目的地开发规划和项目开发规划。当然了，在区域旅游发展规划方面，近来专家学者们的努力已是取得了不少成就。

就旅游规划的不同层面而言，小区域的、目的地的或项目的规划，比全面宏观的规划需要更大精确性和可操作性，因而也就越需要学科理论的指导，需要更多的经验积累和同行朋友的切磋与交流。

资源和市场，是设计旅游产品的基本，是支撑规划的两翼。成功的规划，必须先有对资源的客观评价，对目标市场的调查研究。在目的地开发和项目开发时，首先必须选准目标市场。没有目标市场的开发，既有成功的可能，也有失败的可能，如果出现了强手的竞争，那么失败将成定局。区位对旅游活动的影响是不可忽视的，新的旅游目的地或项目的开发规划，必须认真地考虑自身区位的优劣，并密切注意对有利于市场开拓的优势区位的占领或选择。在区域和目的地的开发规划中，本地环境资源和景观资源所具有的对他地的比较优势和本地其他相关资源所具有的比较优势都是十分重要的。对优势确认，必须具有客观比较评估的准确性，因为只有客观确认的价值才能反映这一“优势”的真实价值，才能摆脱决策人、投资开发者和规划师们的心理局限，才能摆脱资源评价的自我孤立。应设法将本地资源（或已有的非地域性资源）与本地毗邻地区、客源毗邻地区、传统热点地区的相同、相似、相类的有关资源作一科学的比较，从而一一找出自己的主要优势和次要优势，并一一与竞争对手的竞争力量作一具有动态预测的反复较量，进而设计出自己的优势产品，推进目标市场，取得分割市场的成功。

在市场经济环境下，区域的、目的地的和项目的开发规划，通常可分为两种类型——吸引型、自力型。一般说来，规划规模越大就应该是吸引型。吸引型规划除了向项目投资者展示该地旅游发展的潜力和前景外，还应在安排技术中参照平均利润法则对不同项目给以不同的优惠条件（即有选择性的帮助），这种鼓励性的倾斜是十分必要的，以使不同的项目具有相似的引力，以求得同一时段的规划项目得到大体均衡的发展，以便及时获得整体效益。

区域的或目的地的旅游开发规划，其部分环节与城市规划和建筑设计是相同或相似的，因而借用姊妹学科的经验是必需的；然而，如果用城市规划或建筑设计来代替旅游规划，或硬性搬用城市规划等的指标体系，却不利于旅游业的发展。因为旅游开发规划的可行性研究，首先是旅游经济学和旅游社会学的任务，其次才是基于旅游市场学的空间设计和软件设计。即使在上述次要环节上，旅游开发规划也不同于城市规划，尽管现代城市规划，其规划与建设的安排已经考虑到了市场经济的法则。

从规划的具体内容看，旅游开发规划也不同于城市建设规划或村镇建设规划。①城市或村镇的功能是多样的，而旅游目的地的功能主要在于提供旅游服务，因而其功能较之城市功能更有着重点，而且将城市的其他功能做了适应性的简化。②城市对居民的服务功能，可以通过各个区域相互配合来实现，而旅游目的地却常常要求在同一区域具备一个完整的高水平高效能的服务系统，旅游者要求在尽可能短的时空距离中得到这一服务，时空距离的短长也是其水平高低的标志之一。③如果说城市建设规划需要完成的是功能规划和环境规划，那么旅游目的地的环境又必须大大优于普通城市的环境，而且常常还须以具有一般城市所不具有的环境来取胜。如果目的地的设计并非着意要把旧式城镇特色作为旅游吸引物，那么就必须跳出一般旧式城镇的模式，并创造出有别于旧式城镇的环境来。目前不少海滨旅游区的规划仍然套用旧式海滨城市的规划，其失误之处就在于规划中考虑最少的恰是海滨旅游者们的旅游需求特征。

附记：关于“旅游规划刍议”写作的回忆[①]

① 本文原为作者2008年应《旅游学刊》编辑之约，为其“中国旅游发展笔谈·中国旅游30年之旅游规划”撰写的有关我国旅游规划早期研究的回忆。但因随后作者又应邀另行撰写了《关于讨论〈旅游规划通则〉等的回忆》。因考虑到读者对国家标准《旅游规划通则》更为关心，故主动将本文替换了下来，而将其改为了内部交流使用。

"旅游规划，并非一人万能。"这是20多年前（2017年作者校后附记：这里的"20多年前"是就此文2008年写作时而言的）业界的朋友喜欢说的一句话。那时，正是中国旅游规划的萌芽期。也就是在那个时候，多数内行同志就已经认识到了，要真正编制出一份像样的旅游规划，真得需要多学科的同志一起动手合作；即使是这样，规划的主持者，更得有丰富的知识和相当的阅历才行。

那是20世纪80年代后期，改革开放已经10年了。10年的旅游发展已经让人们认识到，一直流行的旅游业"投入少，见效快"的理论已经不灵了，光靠吃老天和祖先的"现成饭"也已经行不通了，所以人们纷纷觉醒到，旅游发展应该有新的开拓，应该主动安排好旅游发展的规划。

当时中国的旅游业正在从发展初期进入急剧发展的转折期，也是旅游规划从初期萌动进入自觉成长的早期。那时，虽也开始出现了不多几个较为成熟的规划，但是由于需求的较多出现，所以一些急欲赚钱的"能人"也趁机活跃起来，这态势实在让旅游业界和管理层十分着急，也让学界的同志们十分揪心……

我清楚地记得，是北京大学地理系陈传康老师最先与我讨论到这件事的。早在1988年，他为我所在的《旅游学刊》撰写的"旅游地理学与旅游业"中就阐述过旅游地理学的"包括区域旅游发展战略和旅游资源开发总体规划等"[①]的目标；记得是1989下半年，他又对我提起了推动我国旅游规划发展的事，他对我说，《旅游学刊》在全国学界业界和管理层是很有影响力的，能不能开一个旅游规划的研讨会，把不同学科的专家联络在一起，达到互相提高的目的。于是，我便与几位在京有建树也有影响力的学者交换意见，并向主管《旅游学刊》的北京旅游学院院领导作了汇报。大家都觉得这事情是好事，我也就在陈教授和院领导的建议下，开始了会议的准备和会议主题发言的准备。但是基于当时的客观背景，以及学院内部意见的分歧，所以开会时间不得不往后一推再推；其后，虽然学院内的意见分歧还酿成了一些不大不小的风波，但在1993年，由北京旅游学会与《旅游学刊》联合发起的"旅游规划理论与实践学术研讨会"终于在5月召开了。

尽管会议的规模不是很大，可是我记得，与会同志与未与会的同志对这次会议的评价还是颇高的。在京的不少"领军"级专家都参加了会议，而且大家也有不少比较一致的看法，比如，旅游规划的意义，旅游规划的特征，旅游规划的多学科要求等等。虽然那时

① 陈传康"旅游地理学与旅游业"一文，请见《旅游学刊》1988 年第3期。

对某些方面的认识没有今天这样细化，但是今天人们所关注的问题在当时大都被与会专家学者考虑到了，而且对有些方面的认识或者在今天也仍然没有被超越。更重要的是，与会同志还达成了一个共识，那就是旅游规划学科的综合性更需要各学科专家一起工作，各自发挥所长，以防止个人的片面思考给工作带来难以估量的损失。1993年第3期《旅游学刊》刊出的会议“发言摘要”中，周盼（北京旅游学会）、赵克非（北京旅游学院）、陈传康（北京大学）、毛赞猷（北京大学）、尹泽生（中国科学院）、于英士（中共北京市委）、李明德（北京旅游学会）、白祖成（北京市旅游局）、刘德谦（北京旅游学院）、毕凤翔（北京二外）、李维信（北京地矿局）、刘垣生（北京旅游学会）、张广瑞（中国社科院）、乔玉霞（中国社科院）、张连波（北京旅游学院）、王健（北京环境学会）等同志的先后发言就是根据会议的实况录音整理的。宋立夫（中国科学院）、卢云亭（北京师范大学）、陈安泽（中国旅游地学研究会）、岳祚茀（北京旅游学院）的书面发言，杨逸畴（中国科学院）、张广瑞（中国社科院）会后提交的补充论文稿，都在这年第3期、第4期的《旅游学刊》上以单篇论文的形式发表。我在会上的主题发言稿“旅游规划刍议”，也在这年《旅游学刊》第3期上得到了同样优先的待遇①。

基于筹备此次会议时北京旅游学会与在京专家和北京旅游学院的初步磋商，也基于与会者对各学科专家进一步合作的关注，会议第二议程还就是否成立一个旅游研究联合体进行了正式的讨论。会上，与会专家一致同意成立“旅游规划与开发联合研究中心”；同时，经过会前的初步磋商、会间磋商和会议的正式表决，北京旅游学会负责人与专家们的建议得到了与会学人的一致赞成，选举陈传康（北京大学）、郑光中（清华大学）、郭来喜（中国科学院）、乔玉霞（中国社科院）、刘德谦（北京旅游学院）、刘振礼（北京旅游学院）、李亮（国家旅游局）为中心副理事长；中心秘书处暂时设在北京旅游学院，选举赵克非（北京旅游学院常务副院长）为中心理事长。

虽然中心成立的主要目的是在于推动学术研究，没有招揽规划课题的安排，但自那以后，有些单位就主动找上门来，中心的专家学者的多层次合作也更多了起来，而且一些京外专家也来信来电要求参加这一合作组织，同时关于旅游规划的学术探索与商讨也就更加广泛了。如2004年4月由中国旅游协会区域旅游开发专业委员会（即现在的中国区域协会区域

① 以上发言摘要与论文，均请见《旅游学刊》1993年第3期，第4期；以下的关于“旅游规划与开发联合研究中心”成立大会的选举结果，请见《旅游学刊》1993年第4期第8页页下的题注。

旅游开发专业委员会）、中国国内旅游协会等八单位联合主办的“全国区域旅游开发学术研讨会（汕头会议）”，2004年9月由《旅游学刊》发起并主办的“旅游科学与实践第四届全国学术研讨会（秦皇岛会议）”，2004年11月中国旅游未来研究会、海南省旅游局与《旅游学刊》三家联合主办的“旅游发展规划研讨会（海口会议）”，等等，应该说也都是这次合作与探索的继续，而且每次会上的积极磋商与友好交流，也都在学界和业界产生了广泛的影响。

这是一个很好的开端。直到后来，在年轻同志主持《旅游学刊》发起召开2001年“中国旅游规划高峰论坛”时，与会者也都仍然抱着“中国旅游规划的编制必须有更多交流”的同样初衷。

今天，时代发展了，旅游规划的专家多了，做规划的单位也多了起来，这也是好事。但也许是市场竞争的关系吧，一些令人哭笑不得的消息也不时传到我的耳中，我没有理由批评谁，但是仍然希望一些个人的自我推广能够更真实些，工作能够更认真些，同行的关系能够更和谐些。如果大家还能够有一些非竞争类的交流，也许就更好了。因为这也同样是时代发展所需要的。

在那次“旅游规划理论与实践学术研讨会”上我关于“旅游规划刍议”的发言，虽然是筹办那次会议时陈传康教授等专家们建议我撰写的会议主题报告；但因那次会议筹备时的事务性工作都是我在负责，同时我又是那次会议的主持人，我觉得不能够把自己的发言摆在前头，而且这个发言也来不及事前交给参加筹备组的专家们再过目，所以便擅作主张把我发言的次序挪到了会议中间去宣讲。对此，参加筹备的专家后来还批评了我。所以在次年（1994年）由陈传康先生和孙文昌先生负责筹办的“第四届全国区域旅游开发学术研讨会”上（这次会议是中国旅游协会区域旅游开发专业委员会、中国国内旅游协会、中国地理学会旅游地理专业委员会、青岛大学旅游系、北京大学城市与环境学系旅游开发与管理专业等多家单位联合发起在汕头举办的），陈、孙二位先生不仅指定要我发言，而且一定要我把上次“旅游规划理论与实践学术研讨会”的发言内容对将近200人的与会学者再讲一遍，这或者也就是后来他们编选会议论文集《区域旅游开发的理论与实践》时要把我的“旅游规划刍议”放在文集第一篇的一个原因。

2008年7月26日写毕

02

旅游规划续议：旅游规划的基本环节①

试论当前旅游开发中几个基本环节的错位②

试论当前旅游开发中的资源观与市场观③

旅游开发中的承载力与城市的旅游适应力

① 本议题的文章，原为作者1994年9月参加“旅游科学理论与实践第四届全国学术研讨会”的论文稿。该稿原文共有7节，约一万余字。基于当时同时获得了两处书面发表的机会，故将其前五节选出供《旅游学刊》刊出（发表时文题与论文初稿同名——“试论当前旅游开发中几个基本环节的错位”）；将其第六、第七两节供《中国旅游报》刊出（发表时另拟标题为“试论当前旅游开发中的资源观与市场观”）。此外，这里的“旅游开发中的承载力与城市的旅游适应力”，则是《旅游学刊》1994年第6期“‘旅游科学理论与实践第四届全国学术研讨会’发言和论文摘要”和《旅游学刊》1995年第2期“旅游发展规划研讨会主要发言和论文摘要”保留下来的当时参会时口头补充发言的摘选。

②③ 2017年作者校后附记：本篇话题中两文题目的“试论当前……”的“当前”，系就该两文写作的1994年前后而言的；就本书出版的“当前”而言，文章所指问题，其实也有一定的现实意义。

试论当前旅游开发中几个基本环节的错位①

① 此文系作者在1994年9月“旅游科学理论与实践第四届全国学术研讨会”的发言稿的第一至第五节，原载《旅游学刊》1995年第1期。其第六、第七节，载1995年1月28日《中国旅游报》第6版，文题另拟为“试论当前旅游开发中的资源观与市场观”。

要发展旅游，就必须加强旅游开发工作，如从这一长远目标来衡量，目前全国继续看好的旅游开发热，对于增强我国旅游业的发展后劲无疑是大有助益的。

然而在目前的开发建设工作中也还有不少问题，笔者在近几个月的报刊上，见到不少有关这方面的批评文章，如5月1日的《文汇报》……，以及前不久8月6日的《经济日报》等等（均指1994年），都对旅游开发建设中的问题发表了文章。其实对于景区开发的城市化、项目开发的低层次，以及一哄而上的游乐宫热等有关问题，在旅游研究工作者中，实在是早已提出过明确的批评意见的。现在这类文章之所以再一次在大众传播媒体上大量出现，一方面反映出旅游开发中的无序状态和失控状态并未受到应有的约束，同时也反映出社会公众对此现象已越来越感到不安。

目前由投资渠道多元化引发的无序状态所酿成的失控，不只表现在旅游开发上，因而单靠舆论的批评和呼吁恐也难从根本上解决问题。如从旅游业的自我约束来考虑，加强对旅游开发的研究和引导，便成了摆在我们面前的一个重要课题（2017年作者校后附记：2017年“当前”出现的旅游投资热，在一定程度上也与1994年的“当前”的热潮有某些近似，虽不能说是历史的重演，但是以之为训，还是值得的）。

一、战略考虑：旅游规划引领与无序部署

要开发就必须有规划，而要制定旅游目的地的开发规划，首先就必须有该地区社会发展的总体战略考虑，而这种考虑中的有关该地旅游发展的总体规划，又必须是在分析了我国的旅游发展战略和审视了当地客观环境条件后做出的选择。除特殊情况外，任何旅游发展规划都应该是该地区社会发展总体战略的一部分。同时，离开了对当地社会、环境、经济的依托，旅游业也就成了无本之木。

就旅游发展规划自身而言，任何旅游开发规划都有着自身的有别于其他任何规划的显著特征。两年前，笔者在“旅游规划学刍议”（2003年书面发表时，更名为“旅游规划刍议”）一文中曾经论及，旅游发展规划要解决的问题，实际上是旅游者与旅游目的的关系，因而旅游目的地的开发规划（以及具体的项目规划等）也就不同于其他目的的土地使用规划和一般的城镇建设规划。在旅游开发中必须把旅游者的旅游需求作为考虑的核心，把旅游吸引物和旅游项目的安排放在规划的第一位置，并围绕其安排与之相适应的其他设施。

然而目前有不少旅游目的地的开发规划，实际上对旅游者的旅游需求是缺乏认真

考虑的，以至于常常将开发地的旅游吸引物和旅游项目的规划搁置在总体规划已经通过乃至付诸实施之后。甚至连某些意在指导旅游开发规划的专书或专文，也出现这一绝不应有的失误。因而目前出现的某些所谓旅游开发规划，实际上并非真正的旅游规划，而只是一份一般的土地使用规划或一般的城镇建设规划。这种丧失“旅游”个性的规划，正是当前某些旅游开发不成功的原因。

旅游目的地的总体规划，其规划内容的核心是“通过对旅游环境、旅游设施和旅游服务的安排，使旅游者成功地实现其旅游目的，成为旅游环境中自在而舒适的主体”。因而，在总体规划着手之初，如能把本目的地的旅游目的物以及与之有效配合的设施和因素等安排在优先考虑的地位，这不仅能在合理利用土地、有效地使用资金以及缩短开发周期等方面收到舍此之外其他一切都难以奏效的效果，而且在其后的经营管理中还可能获得接近预期的最大方便的最佳效益。

就某一单体的旅游项目来说，在其建设前虽然不一定采用总体规划的形式，但作为目的地旅游总规划的一部分（或作为旅游线路中的一环），也必须认真找准个体与总体的衔接点，同时在其谋划中也仍然离不开旅游开发规划制定中所必需的研究和论证。

如果旅游目的地的新开发仅只是对原有目的物的补充建设或配套建设，那么这一开发也必须以该地原有开发现状和开发潜力为基础。任何离开目的物的开发都是盲目的开发，都面临风险，乃至将会遇到超常的风险。

二、进入：项目规模与项目缺位

在通常情况下，旅游目的地的开发都必须选准一批重要的启动项目。

既然是旅游目的地的开发，除特殊情况外（如原有旅游目的物早已具有广泛的引力等），一般都应以具有轰动效应的旅游项目作为启动项目的核心，以期尽早创造出该地或该处的旅游形象引力，如就国内外成功实例来研究，以旅游项目作为启动核心的目的地，往往就是速度最快或最先获得成功的开发。当然，如果启动项目是一批而不是一个，那么并非每一项目都必须是旅游吸引物；但是绝不能把基础建设项目贸然地等同于启动项目。

在安排启动项目的时候，还须认真考虑该项目在该目的地对旅游者的规模引力和渐进引力问题。必须有规模效应或中心吸力效应，以形成该项目或该目的地的总体形象，并加紧有步骤地落实原规划并继续充实或有阶段地调整原规划，以期不断地增强其引力并使其具有持续的引力。

决策人对规模效应必须有冷静的思考。科学的规模效应只能是具有较强引力的相当规模，而绝不能是脱离市场需求的过当规模。如缺乏对市场和产品的科学对照分析，未有先行检验的规模越大，风险也就越大。

如从我国目前资金供应现状和近期市场规模来看，只有适当规模才有可能避免对资金无效占有，也只有在市场变化的不断检验中滚动发展，才可能适应现今我国资金的供应力。据国务院发展研究中心课题组（1994年）“中国区域协调发展战略”的估计，在20世纪90年代，我国的积累与投资需求的平衡数将达-11375亿元人民币。在这种资金短缺已成定局的环境中，把科学的安排寄托于投资者偶然性的慷慨投入，显然是缺乏现实考虑的。因而，旅游目的地的启动项目的安排对于该地的开发成败就更具有战略意义。

三、模式：旅游目的地与一般城市

城市的形成是人类文明的标志之一。但无论从古代的眼光还是从现代的视角来观察，城市本不是旅游活动的产物。究其原始，在汉语的语义中，“城”的功能是防御，“市”的功能是贸易。虽然国际现代建筑协会（CIAM）1933年的《雅典宪章》（*The Athens Charter*）早就将城市居民的休闲（recreation）定为了城市的四大功能之一。但在我国，多少年来城市规划忽视城市居民的休闲供给却是由来已久的（更不要说对外来旅游者的旅游供给了），尽管1984年赫尔辛基“国际建筑与城市规划会议”（ICAT）也对城市规划“统一与变化”、“规则与变异”的议题进行了讨论，虽然会议也注意到了城市在居民交际中的作用，但也未能进一步明确城市的旅游功能[①]。因此我们的旅游目的地的规划，就必须提出自己的有别于当前一般城市的规划要求。

但是，在某些旅游目的地的开发中，开发者却误将旅游目的地的开发规划等同于城市建设规划。在此思想影响下，再加之某些规划制定人对旅游业运行的陌生，以致在草率中便“轻车熟路”地走错了方向，误将城市规划的要求统统搬到了旅游目的地。现在人们已经发现，目前我国在建的不少旅游目的地（包括有的国家

① 1984年“国际建筑与城市规划会议”的第三次会议的内容仍以住宅建设与城市设计为主。关于此会的情况，冯纪忠“IKAS哥本哈根会议评析——关于城市设计、住宅建设及后现代主义等问题”对此有较详细的介绍、评议和分析。请参见同济大学《时代建筑》1985年第1期3~5页和24页。“IKAS”是该会议的德文缩写，其英文的缩写是“ICAT”。

旅游度假区）大都存在着缺乏旅游吸引物的问题和严重的城市化倾向的问题，其原因就在于当初缺乏从旅游者需要和旅游业运作出发的总体规划，或误将旅游发展规划、旅游开发规划等同于城市建设规划。笔者前年在“旅游规划学刍议”中所指出的海滨旅游度假区与海滨城市模式的错位，就是十分明显的例子。

尽管旅游目的地规划是一门关于规划工作的新门类，但是由于一些规划师的努力，也取得了相当可观的成绩。虽然其中有的同志也大体沿袭了城市规划的方法，但是因为他们在规划时有机地考虑了城市规划中所必不可少的综合指标体系，根据用地的性质，根据旅游业的特性，对规划区内的建筑高度、密度、容积率以及绿化覆盖率乃至建筑风格都进行了认真的斟酌，故而在目的地的环境营造上取得了相当的成功；不过由于其中也有同志仍然缺乏对于旅游者的目的需求的切实安排，因而这样的规划仍然只能够说是城市规划的一种类型。

也许正是缺乏旅游总体规划，也许正是沿袭着城市规划的思维，用了一般城市乃至工业区的开发要求来对待旅游开发，所以有相当多的旅游区的开发者首先既不考虑本开发区的形象，也不考虑旅游区最需要的环境和关系到客人可进入性的交通，而是简单地套用城市布局后就急忙将启动资金投向了企图用以引资的“三通一平”工程，而其中花费可能最大的“一平”所造成的一马平川的地块，却恰巧是旅游度假区的大忌，而取土取石所造成的新岩裸露的断崖残壁，又构成了对周围景观的无可挽回的破坏，真是一举两失。

旅游目的地的环境营造是至关重要的。从总体要求来看，旅游目的地的环境一定要远远地优于城市环境。基于旅游业是一种对环境依赖极大的产业，环境的变化使它往往比其他产业具有更大的波动性，因此不仅需要为环境的营造有更多的投入，同时在付出环境代价时也须有更多的谨慎。或许在某一特定时段或特定空间内可以显示出环境损害会换来某些设施建设的成功，但如造成了环境优势或环境特征的消减，那么“成功”的设施也就失去了“成功”的价值。防止不可逆转的负面影响的产生，是旅游规划与开发中值得慎之又慎的重要课题。

四、着手点：综合服务建设与住宿建设

旅游目的地一开发，便首先兴建一大批的饭店，这是目前城市化的旅游开发中又一个突出的倾向。这一现象的出现，一方面或者是因为投资者对旅游业的片面理解，

误以为旅游饭店是旅游者的第一需要；另一方面，也许还因为开发主持者本人和旅游开发规划本身当初都忽视了对投资者的必要的导向措施，从而使得资金争相拥向利润前景看好的某些接待设施，而一些低利的目的物项目和公用项目却投资乏人，以致迟迟形不成旅游接待体系，甚至出现了该目的地开发方向的错位，体现不出该地作为旅游目的地的引力。

即使就旅游饭店本身而言，显而易见的是，旅游者在旅游目的地不是为寻求住宿而来的，因而包括下榻的饭店在内的非主要目的物，都应该成为向旅游者提供寻求新体验的合情合理的必要条件。还需要注意的是，旅游度假地的旅游饭店，不宜等同于过往地的住宿饭店，也不宜相似于城市里的一般用途饭店。目的地的饭店更需要与游客追求的旅游目的相配合相照应，或许更需要接近自然，还需要更多的适宜场地。比如度假地客人用于休闲的客房，就应设计出更大的可资使用的空间：一方面用来存放个人的衣物、娱乐用品，以及旅游中所购物品；一方面用于开展自娱活动，社交活动，处理自己的日常事务以及必要时的室内进餐；此外，如从家庭着眼，还应有孩子所需的空间，如安排孩子同住的加床，以及放置孩子用品的地方。如就有研究者认为，在通常的饭店内，主要餐厅的餐位与床位比，其标准数大致是0.6~0.75座/客；而对会议旅游者来说，理想的比例却以近于1座/客为宜①；而对度假饭店而言，餐位与床位比则以比例适中为宜，这是因为度假者进餐时间较为分散，同时旅游度假者又不喜欢环境的过于拥挤。

目的地饭店与中途住宿饭店对环境的要求也不尽相同。中途住宿饭店需要的是交通的便捷，目的地饭店更追求的是对旅游者的宜人度。生态环境欠佳以及密度过大和容积率过大的建筑环境显然都是不适合作为旅游饭店的。同时目的地饭店客房的内装修也必须与旅游者的旅游目的需求尽可能吻合。当前某些在建饭店盲目追求“暴发户”式“豪华”装修的倾向也是颇令人忧虑的，金碧辉煌的家具陈设透出的俗不可耐，塑料建材和化纤地毯气味的刺鼻难闻，也都是多数旅游者所不愿选择的。因此，即使单就旅游目的地旅游饭店而言，其建设也都离不开旅游开发规划，离不开对旅游目的地需求的考虑和安排。

① 关于这点，也是可以再作斟酌的。关键之处，是应该从接待会议的规模等多因素来综合考虑：如系只具有接待一个中型会议能力的中小型饭店，则应认真考虑上述比例；若系可以同时接待多个大型会议的度假地大饭店，则可用适度错开与会人员进餐高峰来降低餐位/床位比；若系准备同时接待多个大型会议的城区超大饭店，则又须适度提高餐位/床位比（因为城市饭店接待的会议将有不少与会人员不是留宿客人）。

五、定位：度假地开发与房地产开发

目前许多旅游度假地的开发中，都存在着功能配置不完整的问题，尽管建起了不少别墅和酒店，但却缺少完整的度假单元。究其原因，还在于一度炒得“烫人”的房地产的冲击。这种冲击在一定程度上模糊了旅游度假区的开发与房地产开发的区别。有的旅游地开发者实际想做的，不过是房地产生意。因此，严格说来，目前的不少旅游目的地的开发实际上是房地产开发的一个变种，投资者的目标也是从房地产的交易中获取高额的利润。

此前我国的投资者，有不少都是精于算计的，也有些是凭着某种关系或政策变化而大发其财的。投资上的赶浪潮便是后者的普遍通病。把房地产开发与旅游开发结合起来，其间并没有什么原则性的错误，重要的是如何处理二者间的结合问题。从开发成功或波折来考虑，这中间确也存在着两种手法相异的操作：一种是把旅游目的设施作为其大宗房地产交易的吸引物，为了吸引更多的主顾，为了实现房地产的升值，故而十分认真地研究旅游开发的诸因素，并在旅游开发上注进了大量的资金；另一种注目旅游的目的与前者无异，但在运作上却只将旅游作为幌子，加之对旅游开发运作的诸多环节并不真切了解，因此实践上便陷进了平平淡淡的无所作为。某些“近视”的房地产开发者，甚至错误地认为牺牲环境质量加大土地使用强度是实现高额利润的法宝，因而一味地加大建筑物的密度和容积率，表面看来的确增加了可出售建筑体的面积，然而却大大地损害了旅游区的整体形象，降低了该房地产的价值。

此外也有这样的原因：旅游目的地的开发者和舆论界对于该地的市场前景估计过于乐观，因而忽视了今后可能遇到的风险，这一误导再加上诸如政策的优惠和区位的优势等，诱使一部分投资者一哄而上，地皮一炒再炒的疯涨，迫使一部分具体运作营建的投资者不得不以高密度高容积作为补偿，从而导致了旅游目的地的形象错位，极大地损害了该地作为旅游目的地的必要环境。据称还曾有这样的现象发生：在某旅游区，开发者为了使该地适应于投资者的房地产开发，从而修改并放宽了原规划中对容积率的限定，以致弄得连原来的城市规划专家也拒绝在规划的最终文本上签字。尽管这样修改后的规划将有可能获得引资的成功，但却是以部分牺牲旅游目的地的总目标换来的。开发主持人的苦心，对懂得目前引资的态势的同志来说是不难理解的，但却也不能不让人感到沉重的惋惜。

旅游开发与房地产开发过于亲密的现象，国外也是较为普遍的。国外有的研究者认为，欧洲一些地方推动旅游开发的“三个外部条件”就是：房地产业的兴盛，竞相建造第二住宅，城市建筑业的输出。正是因为房地产开发与旅游开发的汇合，从而促进了旅游业的加速发展；也正因为房地产开发与旅游开发的过于亲密，因而也导致了旅游开发中的诸多问题。瑞士若泽·塞伊杜《旅游接待的今天和明天》一书在列举了经过规划布局之后的旅游目的地仍然可能出现的23项不利于旅游接待的现象后，便一针见血地指出：“度假房产也反映出来的开发动机，主要是追求投资效益，靠投资赚取利润，而不是真心实意地开发某一地区，发展既满足当地居民又满足‘真正的’旅客需求的旅游业。”“但是，建筑师们常常受金钱和不费力的交易的诱惑，与投机商站在一起，既不发挥想象力，又不假思索地在山区或海滨重现城镇的模式。”因而塞伊杜更进一步引用了他人的批评意见，认为这些专家是“在为房地产业工作，因为他们很少想到度假者的实际需求。”①想必我国旅游开发区的决策人都不会反对，我们在吸取他国经验的同时，也不妨多研究一些他国已有的教训，这样我们才能少付代价多获效益。

2017年作者校后附记：本文作为会议上的发言迄今已有20余年，主要着重在问题的分析（此一议题的下一篇——“试论当前旅游开发中的资源观与市场观”在理论阐述上则略多一些）。这20多年来，不仅我们的规划师群体得到了前所未有的壮大和提升，而且投资者也越加精明和老到。所以虽然本文和若泽·塞伊杜所批评的错位现象在某些地方仍多有显现，但在另一些地方其问题也没有20年前那么明显了。

这里想提起读者一并参阅的，是本书作者不久前对新态势下这种“错位”现象的新分析，请见本书“六议”的“D组　论述之二”“对旅游地产发展的冷思考”（原系本书作者在《旅游规划与设计》编辑部“圆桌会议”上的发言；除作为“万达文化旅游地产的热与忧——圆桌会议”的一部分载于《旅游规划与设计》2015年3月“创意旅游综合体”专辑外，其单独发表时文题为“‘旅游地产’模式不能盲目复制”，载《中国旅游报》2015年4月1日第11版。

如能将两文配合阅读，或者也会有“上篇”与“下篇”互为补充之感。

① 以上所引瑞士学者若泽·塞伊杜的评议，请参见若泽·塞伊杜所著《旅游接待的今天和明天》（冯百才、刘振卿编译，旅游教育出版社，1990年）第154~158页，第160~163页。

试论当前旅游开发中的资源观与市场观①

① 本文原为1994年9月作者参加“旅游科学理论与实践第四届全国学术研讨会”论文稿《试论当前旅游开发中几个基本环节的错位》的第六节、第七节。这里的文题“试论当前旅游开发中的资源观与市场观”，是作者本人供《中国旅游报》刊用此稿时补拟的，原载该报1995年1月28日第6版。

一、市场：科学分析与主观妄测

市场和资源，是发展旅游不可缺少的依托。旅游开发就是要释放资源的潜能以生产出适销对路的旅游产品去适应市场、占领市场。

在我国发展市场经济的今天，人们在旅游开发中提出了“市场导向”等口号，以期纠正过去曾有过的忽视市场的偏向，应该说是人们认识的一个飞跃。这个飞跃在中国旅游业的发展进程中是有着历史意义的。然而也不能不看到，一些人对市场的理解却极其片面，而这片面的思路却不时显露出它那一阵阵席卷一切的大潮般的动能。目前我国商品生产中的种种商品轮番着一哄而上的现象就是其明显的表征。这是市场观念的错位。不幸的是，目前我国的旅游开发中，有不少开发者和投资者也染上了这种疾患。人们熟知的正定西游记宫和深圳锦绣中华、民俗文化村的创造性成功，不料竟在某些人的头脑里成了“导向”性的刺激，以致在全国掀起了一股股竞相效仿的热潮。许多失误的这宫那宫（指西游记宫、封神演义宫等等）和各种微缩景观公园的失败，就是这股并不真正理解市场的追风思潮的牺牲品。这些人对旅游市场的认识，显然存在着许多一目了然的失误，如：①误将一个只有通过竞争才有可能与众多的竞争者共享的市场当作自己独家享有的市场；②误将自己头脑中的理想市场当作客观环境中的潜在市场；③误将他人早已推入市场并面临饱和点的产品当作市场前景产品；④误将自己的与他人相同或大同小异的产品当作他人无法竞争的产品……。如此等等的误导，后果也就可想而知。

在考虑某一旅游开发的动议的时候，必须克服对市场需求的简单化理解，尤其不应该静止地将市场理解为目前顾客对他人已有产品的购买现实。基于市场需求因素中诸多因子组合的复杂，因而必须对这种需求的组成因素及其生成进行深入分析，并分析这些因素中诸多组成因子的动量和潜能。在进行规划之初所作的市场研究，不仅要调查分析现实的市场，更要注意研究潜在的市场。在对潜在市场的研究中虽然测定目标市场的总体需求规模常常不可缺少，但更重要的是在市场竞争的动态分析中去认识本规划实现后本处的产品在目标市场中所处的地位和在市场分割中所能争到的份额。作为最起码的考虑，面对市场不能不这样较为认真地思索：你将提供什么旅游产品？你测得在你推出产品的同时将有多少家生产单体和联合体可以向同一市场提供相同、相似或可替代产品？他们产品的质量、数量、价格及购买的方便程度如何？你的产品能否取得分割市场的成功？你所能争取到的份额是多少？为了取得这一份额，你的产品必须具有哪些必不可少的特征？你将通过什么措施来造就这些特征？为了这一成功你将付出多大的成本？……因而，要想取得分割市场和争夺市场的成功，就必须根据自身的资源条件和力量，开发出具有浓郁“个性”的产品，乃至他人难以取代或无法取代的产品。而这些又正是制定旅游规划时不能不研究的问题。

在市场竞争中，在大发展的总格局里，对市场竞争的动态分析是不可缺少的。因此信息的收集就显得格外重要。即使有了某种市场经济的头脑，如果在忙碌中忽视了信息的研究乃至闭目塞听，以这样的测定制定出来的规划，就必然会面临风险。世界是千变万化的，因此，有的旅游规划即使当初对市场的分析可能引导开发的成功；但在不断变化的新格局中，却有可能遇到新的挑战和问题，这就需要利用原有的预后安排作出适应的调节。而这预后安排常常也离不开此前规划时已有的原则性预谋，看来这不仅是对开发者和规划师的远见卓识的一种检测，同时也是对他们应变智能的一种考验。

在市场定位上，我国目前在建的不少旅游开发地，都把目标瞄准着国际市场，有不少海滨地区甚至口口声声自诩为“东方夏威夷”。其实夏威夷之为夏威夷，其旅游目的地的功能本是由其区位条件、地形地貌条件、气候条件、居民特点、历史原因……以及其后期的开发等诸多因素形成的。在未将自己本地的诸多因素与夏威夷作一认真比较就轻率地把自己比作夏威夷，甚至想争夺一部分去夏威夷的客源，其愿望自当无可厚非，但目前离现实却太远。

再如对海南旅游市场的看法，在学术界也曾有过不同意见。曾有同志设想，想在近期把海南建为加勒比沿岸或地中海沿岸那样的国际度假目的地。但《海南省旅游发展规划大纲》却将其市场定为“以国内旅游客源市场为基础”。在1992年末该大纲的评审鉴定会上，笔者便明确地表达了对大纲思路的支持意见。当时笔者的分析是，旅游者的旅游活动，明显地存在着大量表现为近地旅游的特征，在观光旅游中这一主体特征已表现得十分清楚；在度假旅游中，这一特征更表现得相当突出。在世界各国的出国旅游者中，进行洲际跨洋旅游的毕竟是少数。北美人去加勒比，欧洲人去地中海，就像中国大陆人去海南岛一样。很难设想，在海南岛度假产品刚刚推出的时候，怎么能一下子就打开欧美市场，怎么能与地中海或加勒比地区竞争。自然一时也难与夏威夷或帕塔亚等相匹敌。墨西哥的坎昆为我们提供了一个不妨研究一下的实例。在坎昆开发时，原预测能够很快地占领北美国际度假市场，但却没有一家航空公司愿意在此开辟国际航线，幸运的是坎昆对墨西哥本国游客的引力却超出预料，1976年坎昆接待的本国游客高达63%（原估计为10%~20%），在国际游客大量增长后的1980年也高达47%。当然了，现在到坎昆的游客已以外国人为主体，最多的是来自北美的美国人和加拿大人（请注意：主体游客迄今也不是远涉重洋的欧洲人或亚洲人）[①]。可见当初坎昆规划的目标还是无误的，但却也犯了低估本地国内市场的毛病（是国内游客及时地填补了真空，才使坎昆度过了开始几年的艰难时期）。

二、资源：脚踏实地与感知虚无

当人们强调必须重视市场研究的时候，在旅游开发中另一种忽视资源的思潮和简单看待资源的思潮也随之产生，尤其在人造景观一度颇显效益的时候，有关旅游资源的认识，更出现了明显的错位。

国外有研究者认为，市场经济的最大特点，就是市场支配着资源的配置。很显然，用以满足市场的产品是靠资源生产出来的，只不过市场经济规律支配着资源的配置罢了。笔者认为，如果我们的认识仅只达到了这一层次，消极地等待市场的变化，或在市场的变动中随波逐流，那么我们永远也摆不脱被惩罚的地位。因为市场对资源配置的决定性的影响，实际上是通过人的认识然后由人去着手进行的，在这里便存在着人的认识深度和人的行为力度的问题。谁能及早认清市场变动的趋势，巧妙地配置他所能调动的资源并有效地利用资源，他就是市场经济中的强者。

在人造景观一度走俏中华大地的时候，一些开发者和投资者看好这一市场，误认为，只要花钱就能造出人造景观，有了人造景观就会有旅游者，有了旅游者就一定能赚钱。殊不知他所拥有的不过是资金而已，如从广义的资源来说，他也只拥有发展旅游业所需资源的一小部分，何况他的资金数量不一定是他人无法超越的，姑且退一步说，即使人造景观市场可以无限度看好，他所占据的优势也是十分有限的。

① 2017年作者校后附记：海南旅游在经过20多年发展后，2009年12月31日国务院发布了《关于推进海南国际旅游岛建设发展的若干意见》。本书作者在次年第二届海南国际旅游岛大论坛会上的发言和接受媒体采访时，都说到本人对此的认知和解读：国家此一战略向海南提出了“积极发展服务型经济、开放型经济、生态型经济，形成以旅游业为龙头、现代服务业为主导的特色经济结构；着力提高旅游业发展质量，打造具有海南特色、达到国际先进水平的旅游产业体系；注重保障和改善民生，大力发展社会事业，加快推进城乡和区域协调发展，逐步将海南建设成为生态环境优美、文化魅力独特、社会文明祥和的开放之岛、绿色之岛、文明之岛、和谐之岛”的目标。应该说，这一战略选择，正是基于海南省的区位、资源、诸多发展条件，以及其这些年旅游业发展已有基础提出的。就海南旅游业的直接目标而言，大力拓展海外客源，接纳更多的国际游客自当是其目标之一；第二个目标即在于提升海南旅游服务的质量水平；若就其游客构成比例而言，我个人认为，这并不排斥国内游客成为海南游客的实际主体，也就是本书作者曾经反复强调的“就像北美人是加勒比游客的主体，欧洲人是地中海游客的主体一样，无论现在与未来，中国内地游客都是海南岛游客的主体。”

因为旅游产品的销售几乎不可能把产品直接送到消费者手中，而是要让消费者借助交通手段来迁就产品的，因而资源所处区位（由于旅游产品多是对资源的就地开发）和包括交通条件在内的可进入性成为产品价值的很重要的一部分。人们所钦羡的深圳锦绣中华的成功，其实质并不在于它是否是微缩景观，而在于它正确地把握住了当时的市场时机，将自己有利的区位与资金、与人的智力资源及时地结合在一起，并调动了中华锦绣山河这一富于引力的资源因素。

多数的模仿者之所以没有成功或不太成功，表面看来，显然是其对市场、对时机、对其自身的区位和资金的优劣势的分析失误；但这一切分析失误的最终原因，归根结底，还在于模仿者缺少开发成功所必需的智力因素。也就是说，开拓者的成功，是他首先拥有了或者首先开发了他人尚未拥有或尚未开发的智力资源。对相关的一切因素的正确分析，并决定以最恰当的形式去进行开发，这便是智力资源的运用在第一阶段上的成功。

如再冷静下来思考，不仅智力资源是资源中的极重要部分，即使从旅游的目的资源来看，也实在是太丰富了。如仅就地理范畴的自然景观和人文景观而言，其所形成的引力至今仍不失为激发旅游者旅游的主要动因。由此看来，旅游业的发展实在离不开对资源的依存，越是拥有他人没有的资源，就越具有资源的优势，也才有可能把资源优势转化为产品的优势，并进而成为占领市场的优势。

我们不妨把我们沿海大量开发的海滨度假区的选址与国外某些度假区对比一下，也许我们在开发思想上忽视资源、忽视资源引力的问题便比较清楚了。看来，目前有的地方出现的引资困难，也不一定没有一点自己的原因。

旅游业的发展实在离不开对资源的依存。1990年，世界旅游组织委托有关人员从全球挑选了六个旅游度假区进行详细评估，最后写成了《旅游度假区的综合开发模式》一书。该书详细分析了印尼的杜阿岛度假区、韩国的波门湖度假区、墨西哥的坎昆度假区、多米尼加的波多普拉塔度假区、土耳其的南安塔利亚旅游开发工程、西班牙的蓝沙罗特岛旅游项目等六地的开发过程。如果细心研读，不难发现，这些被选中的开发地都有着他处难以比拟的资源优势。即如本文此前提到的现在年收入已超10亿美元的坎昆——在区位上，它所拥有的加勒比海滨度假资源接近北美客源市场；在自然条件方面，它不仅具有海滨休疗旅游必需的3S——sun（太阳）、sea（大海）、sand（沙滩），而且在地形上还是罕见的既有外海围绕又有内抱水面的满环形半岛；在人文地理上，它是著名的玛雅文化遗址之所在，而且许多现住民也是玛雅人的后裔……而在当初考虑开发坎昆时，在墨西哥的金塔纳罗奥州原来有五个地方可供选择，其中两处因土地所有权问题被排除，另两处因资源条件较差被放弃。看来，坎昆还是首先以资源取胜的[①]。

在进行旅游开发时，并不存在着排他的唯一模式，更没有必然成功的套式。就目前我国旅游开发所处阶段而言，应该承认，把地理资源（或原有的目的物资源）作为旅游开发唯一成功条件的时代，已经过去了；然而，在今天忽视地理资源的思潮泛滥之时，也不妨预言，漠视地理资源的思潮最终也必将被人们所抛弃。

进一步端正对于旅游资源的认识，是时候了！

① 请参见爱德华·因斯克普、马克·克伦伯格合著的《旅游度假区的综合开发模式——世界六个旅游度假区开发实例研究》（国家旅游局人教司组织翻译，中国旅游出版社出版，1993年）。“墨西哥坎昆度假区”为该书第四章，见该书第42~63页。

旅游开发中的承载力与城市的旅游适应力①

① 这里的两段论述，原为本书作者1994年9月21日在"旅游科学理论与实践第四届全国学术研讨会"上的补充发言的记录摘要，其实只是对本书作者已有观点的强调。基于目前已经找不到当时的录音，所以这里只保留了会议发言整理人摘选的对两个环节插话录音的摘要。见"'旅游科学理论与实践第四届全国学术研讨会'大会发言摘要"，原载《旅游学刊》1994年第6期。

一、关于旅游开发中的“度”

要处理好旅游规划和旅游开发中的一些乱象，我认为在旅游规划开发时必须对其在经济、环境、社会三方面产生的效应作一综合性的全面考虑。在制定开发规划时不仅要认真考虑资源的消耗和社会的承载力，并应尽力避免重大的不可逆转的资源浪费和环境损坏的发生。旅游开发在求取经济效益时，不可能不对开发地的社会和自然环境产生影响，在效益和代价间必须有一个综合的衡量和“度”的限定，代价过高的开发是绝对不可取的。对资源的消耗和当代人为开发付出的代价，全社会必须得到普遍的相应的补偿，必须有荫及后世的措施，以使我们的后代从我们这里继承到更多的遗产——更优化的环境、更和谐的社会和更多的可供使用的新资源。旅游开发的失误，除了部分决策人过于迷信少数专家的不当意见或不负责任的专家盲目附和长官的意志和金钱外，近几年的失误比较多的是源于地方领导急于发展地方经济的苦心。为了避免开发对社会、环境的负面影响，国外已有不少地方实行了大众参与审议的办法。朱卓仁先生在一本关于休假地开发的书中（《休假地的开发及其管理》，南开大学旅游外语教研室译，旅游教育出版1992年出版）就说到，夏威夷的开发工程在审批机关审批之前就必须交由公众评议或征求各种机构、公民团体、利益相关的群体或个体的意见。为了避免不当的开发造成不可逆转的环境损失，去年在北京的一个包括规划、旅游、文物、园林等几方专家参加的名叫“夺回首都风貌”的座谈会上，我也向有关方面提出过类似的建议。这个办法或许对杭州（指前面发言人所说的杭州建设成就中的一些失误）或其他地方也有参考价值。

二、旅游开发的“约束”与“引导”

目前旅游开发中的无序状态和失控状态并未受到应有的约束。但是，由投资多元化引发的无序状态和失控状态并不仅仅存在于旅游业。如就旅游业自我约束机制来考虑，加强对旅游开发规划的研究和引导就成了我们面临的重要课题。旅游目的地开发规划，首先必须考虑旅游者的目的，如果能在规划着手之初就把该目的地的旅游目的物及其运行的安排放在优先考虑的地位，这不仅能够在合理地使用土地、有效地使用资本以及缩短开发周期上收到舍此之外其他难以奏效的结果，而且在其后的经营管理中还可获得最大的方便和尽可能多的效益。现在人们已经发现，目前我国在建的不少旅游目的地都存在着缺乏旅游吸引物的问题和城市化倾向的问题，其不成功的原因就在于该开发地当初就缺乏从旅游业出发的总体规划，或误将旅游开发规划等同于城市建设规划。城市的形成是人类文明的标志之一，但无论从古代的眼光还是从现代的角度看，绝大部分城市都不是旅游活动的产物，如从CIAM的城市定义和对城市的功能要求看，当前我国城市规划考虑的重心与之也有距离①，因而旅游目的地规划就必须提出自己有别于一般城市的规划要求和建筑要求。因此，对旅游开发规划特征的认识便成了摆在决策人、投资者、规划师等诸多人员面前的一个关系重大的问题。

① 如从1933年CIAM（国际现代建筑协会）的《雅典宪章》（*The Athens Charter*）关于城市功能的要求看，多少年来我国城市规划忽视城市居民的休闲（recreation）供给也是由来已久的（更不要说对外来旅游者的旅游供给了），因此我们的旅游目的地规划，就必须提出自己的有别于当前一般城市的规划要求。

03

旅游规划第三议：旅游规划的概念性程序[①]

旅游规划需要新理念（上）

旅游规划需要新理念（下）

附记：关于讨论《旅游规划通则》等的回忆

① 本议题的文章，原为作者2001年2月在中国社会科学院旅游研究中心与国家旅游局规划司联合举行的专家座谈会上的发言。那时中国社会科学院旅游研究中心刚刚重组，于是准备就其业务重点之一召开一次有关旅游规划的专家座谈会。恰好国家旅游局《旅游规划通则》刚刚完成的初稿这时也准备向专家征求意见，所以两个会议便合二为一地召开了。因为我个人的发言是在该“旅游研究中心”筹备这次座谈会时就准备了的，所以发表的意见既与《旅游规划通则》有关，又不全是针对“通则”的。当时我的发言主要有两个内容：一是在充分肯定我国《城市规划法》和《城市规划编制办法》的积极意义之后，特别强调了在这一模式已经遇到明显挑战的时候，我们的旅游规划如果再过于依托城市规划的套式，也许不利于旅游规划的开拓，所以提出了需要突破，从而在会上提出了以“概念性旅游规划”为旅游规划第一步的主张（同时并将发言的部分要点以复印件形式提交与会者参阅）；二是我认为实施旅游规划的单位资质制度是不完整的，应该首先确立规划师的个人资质。这里的“旅游规划需要新理念”（上）、（下），便是根据当时发言的记录稿适当增删而成的。

旅游规划第三议：

旅游规划的概念性程序

旅游规划需要新理念（上）①

① 本文原文系作者在2001年2月在上述会议上的发言记录稿。感谢中国社会科学院旅游研究中心殷作恒副研究员将发言录音整理成文。整理稿经作者摘选修改补充后，全文重新划分为“新理念是发展的需要”“进步带来的挑战”、“旅游概念是旅游规划的核心”三部分。本文为其中的第一、第二部分，称“上篇”，原载《桂林旅游专科学校学报》2003年第5期。其第三部分称“下篇”，原载《旅游学刊》2003年第5期。

一、新理念是发展的需要

（一）历史的机遇

近20年，在我国旅游业的发展中，全国各地的旅游规划工作不仅得到了长足的进步，而且，旅游规划也为我国旅游业的发展做出了卓有成效的建树。当前，我国旅游业正在迎来它崭新的历史机遇，因此，旅游规划在旅游产业发展中的地位，也就越来越突出。

如果从不同角度和不同层面来考虑，我们的旅游规划也同样地正在迎来它崭新的历史机遇。但是，在历史机遇面前，旅游规划所面临的课题却很多很多，而且又是各种各样的。这里，笔者想要跟大家一起交流的，只是现阶段我国旅游规划发展中让人不得不注目的问题，这个问题，就是我们的旅游规划是不是需要理念的创新。

1999年3月29日，在经过一段准备之后，国家旅游局颁布了《旅游发展规划管理暂行办法》；2000年11月22日，又颁布了《旅游规划设计单位资质认定暂行办法》。两个办法一经推出，便迅速在旅游学界、旅游业界、旅游主管部门引起了热烈的反应。尽管对此也有一些不同的声音，但是，我个人仍然觉得，这仍是一个旅游发展与旅游规划取得进步的历史机遇，仍是一个旅游规划迈向科学化、法制化、规范化的重要历史进程。

应该指出的是，在科学、法制、规范的前进道路上，我国的城市规划工作已经走在了前头。早在1984年，我国国务院便正式颁布了我国的《城市规划条例》，这是中华人民共和国成立后，我国面向城市的规划、建设、管理的第一个基本法规；不久，继1989年全国人大完成了《中华人民共和国城市规划法》的正式立法之后，1990年，建设部又依据《城市规划法》的规定，制定了《城市规划编制办法》；1994年，又进而颁布和实施了有关规划编制和审批的办法……所有这些，不仅为我国城市规划编制的科学化、法制化、规范化奠定了坚实的基础，同时也标志着我国城市规划体系的成熟。更值得一提的是，在以上一系列的法律法规中，对有关总体规划、分区规划、控制性详细规划，有关文本、实施细则、图则等的分级分类安排，以及一系列指标体系的确立，都保证了城市规划的编制得以顺利地沿着既定的轨道前进。而这所有的一切，都成了此前我国旅游规划编制时最有价值的依据。在相当长的一段时期内，正是因为有了这样的依据，以及有关的借鉴，才使得旅游规划的编制在我国成了可能。更不得不指出的是，在我国，基于城市规划发展起来的区域规划，同样地，也为旅游规划的编制提供了不少成功的范例。早在20世纪50年代，我国的区域规划工作就有了相当的基础，在它的成长过程中，风景名胜地的规划就曾经是区域规划的一个突出的类型。

追溯我国旅游规划工作那20年的历史，不难发现，我们的旅游规划确实不仅仅脱胎于城市规划和区域规划，而且至今仍然保留着城市规划和区域规划的许多很有价值的精髓；同时，熟悉城市规划和区域规划的规划师和正在成长的旅游规划工作者，都正在以城市规划和区域规划的宝贵经验不断地丰富着旅游规划的技巧。然而，如就近些年我国旅游规划编制的实践来考察，也不难发现，适应旅游新发展的旅游规划，与传统的城市规划和区域规划（包括传统的风景名胜区规划），仍然有着诸多的不同。这种不同，已经成为或正在成为所有规划师们不得不面对的现实。如用著名的《马丘比丘宪章》的理念来思考，则规划中的每一个区域，都应当制定出适合自己特点的标准和开发的方针。因此，在编制旅游规划时，就不能不正视旅游行为的社会特征、旅游产业的经济特征、旅游者行为的心理特征，以及旅游产品的非移动性、非储藏性等专属特征。正是基于对于这些特征的考虑，如果我们的旅游规划没有自己的特征，而只满足于照搬照抄传统的风景名胜区规划模式，照搬照抄传统的城市规划模式，这样的途径是否继续可行或永远可行，也就有再加斟酌的必要了。

（二）发展的课题

人类的旅游活动，虽然有着十分悠久的历史，但是，现代规模化的大众旅游，却是20世纪50年代之后才逐渐发展起来的；就我国而言，旅游业得到实质性发展，也不过才20年的历史。尽管今天的旅游活动，人们仍然在追求着交流、体验，感悟着历史、自然，享受着闲适、美感，寻找着新奇、挑战……但是，社会在发展，今天人类的旅游活动，已经跨过了少数人专有的时代；中国的旅游业，也正在摆脱计划经济的安排。无论就全球的现状来看，还是就我国的趋势而言，旅游，已成为当代人们个人生活和社会生活的一个组成部分，已经是市场经济时代现代消费的重要组成；而提供给旅游者的服务（包括旅游目的地的服务和相关设施，包括旅游行进中的服务和相关设施等），正在汇聚为一个庞大的产业集群。不仅世界旅游理事会（WTTO）已经确认，旅游业是全球最大的产业；而且我国各级政府也已普遍认为，旅游业是我国国民经济的新的增长点。在我们满怀憧憬迎来新世纪之时，中国旅游业也迎来了它阔步发展的新机遇。

为了实现建设世界旅游大国的目标，为了旅游业真正成为我国经济结构中的重要产业，中国的旅游规划必须迈出新步伐。在当前旅游规划呼唤法制化、规范化的时候，我们不能再亦步亦趋了。我们的旅游发展，需要创新。

创新，首先就要有新理念。不仅旅游业的发展需要新理念，我们的旅游规划首先更需要新理念。这是时代赋予我们的历史课题。

二、进步带来的挑战

（一）进步的轨迹

人类有关规划的学问，是伴随着人类的成长而不断演变并成熟起来的。产业革命导致的全球城市化的走向，使城市规划逐渐形成为独立的学科，不仅逐渐出现了早期黄金时代的科学架构（城市规划理论、城市规划实践、城市规划立法三个主要部分），而且，进入20世纪中叶后，更吸引着越来越多的建筑学家（建筑师）、社会学家、地理学家、生态学家、经济学家等相关学科专家的纷纷注目，并进而在互相补充的基础上，把它推向了新的高峰。1933年8月国际现代建筑协会通过的《雅典宪章》(旧译《都市计划大纲》)，就是进入成熟期时的一个影响极为深广的有关城市规划的具有历史高度的理论性的和方法性的重要文献。它不仅概括了城市所具有的居住、工作、休闲（旧译“游憩”等）、交通的功能，而且，还就已经发现的城市状况的缺点提出了改进的意见和建议，其中又尤其强调了四大功能的相互协调和阶段实施的功能平衡。其后1977年的《马丘比丘宪章》，更在讨论20世纪30年代以来城市规划和城市设计的诸多问题的基础上，对《雅典宪章》进行了补充。尤其值得提出的是，《马丘比丘宪章》特别强调了区域规划和城市规划的动向过程，特别强调了区域和城市的特点，以防止照搬照抄来自不同条件和不同文化背景的解决方案。这些有关区域规划和城市规划的共识，无疑地，都是这一学科更加成熟和日臻发展的标志。

我国的现代城市规划，起步于20世纪50年代，那是我国城市建设的新时期。70年代在“文化大革命”结束后，城市规划工作更得到了前所未有的恢复和发展，并为我国一大批城镇的改造和建设做出了巨大的贡献，尤其是本文前面第一节所述的1984、1989、1990、1994等年的法制建设，更为促进我国城市规划、区域规划工作的进步，增添了更多的动力。

我国已经形成传统的城市规划工作，一般都包含着两个规划阶段：一是总体规划阶段，二是详细规划阶段。在总体规划时，一般都包括了以下十来个内容：1. 论证该市的发展根据，确定其性质和发展方向；2. 选择该市的用地，确定其布局和功能分区；3. 制定该市的道路和交通规划；4. 制定该市的给水排水和电、热、气、邮等公用工程规划；5. 制定该市的公共活动中心和公共建筑布局方案；6. 制定该市的园林绿地系统规划；7. 制定该市的郊区规划；8. 制定旧城改造计划；9. 确定近期建设范围并制定近期建设规划；10. 在地震及自然灾害多发区内，还须制定该市的预防规划。同时，还须有与以上各项的诸多配合，包括1. 对近期建设的总投资额的估算；2. 对实施步骤的拟定等等。此外，还须有与以上内容配合的多种必需的图件。

已经形成传统的城市详细规划，是根据上一层级的城市总体规划，对近期建设的各项功能设施做出的具体布置，以期作为该市各项工程设计的依据。因此，城市详细规划理当体现城市总体规划的意图。根据需要的不同，城市详细规划的范围，可以是近期的整片建设区域，有时也可以是城市的某一个特指的功能区。

在城市规划编制的过程中，基于各个功能区的功能差异，因此若就规划中某一功能区的详细规划而论，其与别的功能区的详细规划也应该有着许许多多的不同。而对于一个新的城市而言，或对于某一个新区而言，其详细规划便是各个功能区详细规划的总和（或者经过精炼后的总和）。由于旅游总规和详规往往只选取了城市总规范围内的部分地区，或者可以说，它就是一个旅游功能区，所以它除了应具备城规所需要的大部分内容外，更须突出其旅游服务功能的配置，因此与其配合的规划图件，其比例尺则往往较城市总体规划小得多，有时，还需要配之以鸟瞰图、局部透视图，乃至委托方要求的模型或沙盘。

由此不难认识到，我们目前旅游规划的编制，的的确确是取法于城市规划或脱胎于城市规划的。

（二）来自客观变化的挑战

但是，人类的旅游需求却有着自己的特性，有研究者认为，它或者就是旅游者对自己的常住地不满足的心理导致的向往异地的一种需求，如果原居住地能够通过常规性的区域规划或城市规划满足人们的这种需要，说得绝对一点，对一部分居民而言或者也就没有再去旅游的多少必要了，甚至连旅游活动也都会大大地减少。因此可以看出，旅游活动和旅游业存在的基础，主要还是地域的差异，所以，我们就不得不诉求于旅游目的地的个性；而目的地的个性，就需要旅游规划来彰显，来塑造，乃至来推广。甚至可以说，旅游规划的目的，就是为了张扬目的地的个性。要完成这样的重任，首先就得理解这种个性，并且用相应的形式去反映这种个性，体现这种个性；没有个性的旅游规划，不走个性化的道路，是难以完成这样的重任的。这是我们不得不面对的客观变化带来的第一个挑战——旅游需求的挑战，旅游社会学的挑战。

如果从经济学的原理来考虑，城市应该是公共品（public goods），全体公民都可以平等地享用它，因此它必须由政府来负责投入和管理。但是，旅游业却是事业（非市场供给）和产业（市场供给）的汇合。就旅游供给的主体（旅游产业）而言，它却是一种谋求利润的生产经营活动，虽然它生产的产品也供应许多人使用，而且任何一个旅游者也无法把它携走，然而，它却必须由旅游者自己去购买，因此，旅游产品与作为“公共品”的城市是截然不同的。这里，旅游规划所需要完成的，不仅是设计出一系列能够获取利润的“旅游产品”，而且更要设计出专门生产这些“旅游产品”的“母机”。这个任务，显然与规划城市的原有任务大不相同。这是我们不得不面对的客观变化带来的第二个挑战——经济目标的挑战，微观经济学的挑战。

再就规划的具体运作而言。目前的现实是，由于委托方要求的差异，我国的旅游规划所表现出的多种多样，已经大大超过了城市规划的范畴。在旅游规划中，除了总体规划和详细规划外，还有其他一些规划样式的存在。其中，尤为显著的，就有旅游发展目标规划、小地域景区景点规划、旅游项目开发规划、旅游市场拓展规划、旅游活动组织规划等等。发展目标规划，其重心常常是经济目标的预测和相应措施的计划，这应该是经济师的工作；而小地域景区景点规划，常常更接近于园林设计的总体规划，其规划制定者的作用，或者还更近于奥姆斯特德（F. L. Olmsted）在其创立“景观建筑设计学”时所称的“景观建筑师（Landscape Architect）”[①]；旅游市场拓展规划，规划的是市场的开拓与运营，实际上这是市场营销专家的专长；……很显然，这些规划工作既不同于区域规划和城市规划，也不同于建筑设计；可是，它们不仅常常因为需要而以单体规划的形式出现，并且更常常必须混同在旅游总体规划和详细规划之中。这是我们不得不面对的客观变化带来的第三个挑战——规划要求的挑战，现代规划学的挑战。

如认真分析以上所述的客观变化带来的三个挑战产生的缘由，就能发现，它们的症结所在，

① 弗雷德里克·劳·奥姆斯特德（Frederick Law Olmsted），19世纪美国景观建筑设计学（Landscape Architecture，又称景观设计学）奠基人，其设计覆盖面极广，对美国乃至世界的城市规划和景观设计均有极大影响。2006年，被美国《大西洋月刊》评为“影响美国的100位人物”的第49名。

原来就是“旅游”和“城市”的差异，“旅游区域”与一般区域的差异；如认真找寻应对以上三个挑战的办法，就能发现，人们并不陌生的“旅游”概念，实际上并非一个简单的概念，同时它又实在是旅游规划生命之所在。

（三）来自自身的挑战

不仅旅游规划的编制要求已向传统的城市规划和区域规划提出了挑战，其实，传统的城市规划和区域规划的学科进步，也正在寻求着对原有理念、原有规范的突破。

按照不久前从未被人们怀疑过的认识，规划——无论是城市规划、城乡建设规划还是别的区域规划，它们都是国民经济计划的继续与具体化，都是国民经济计划（或地方经济社会发展计划）在地域空间上的落实与延伸。很明显，这种认识或这样的定义，实际上所反映的，只是早年计划经济时代的现实。近些年，我国的城市规划也在不断地进步着，因此，上述城市规划的传统理念也逐渐引起了人们的质疑；而首先对它发起冲击的，就是在时代进步中成长起来的城市规划的专家们，他们认为，在当前我国社会的飞速发展中，传统的对于城市规划的认识，已经遇到了“生死存亡的挑战”。

其实，就在我国《城市规划法》刚通过后的第三年（1992年），在有关规划工作的无锡会议上，人们就已经感觉出了这一点，而且也已经指出了这样的问题——面对市场经济的发展，城市作为经济活动的载体，城市规划的运作也将日益趋向市场规律；因而，城市规划也就不完全是计划经济的具体化了[①]——而这却是《城市规划法》立法时未曾深入考虑的问题。

在近年的有关规划或城市规划的学术期刊上，这些不同的意见也越来越得到了表现的机会。有人认为，虽然《城市规划法》及其相关法规对促进规划工作的法制化、规范化发挥了巨大的作用，然而为规划的科学性、动态性、灵活性留下的空间却不大；也有人认为，在城市规划和区域规划编制的过程中，以“总体规划—详细规划”为轴心的两段编制法，虽然为规划的编制提供了有法可依的便利，但是，却越来越难以对城市或区域的发展给予可以预见的把握；……因此，更有人提出了“有限目标规划”，或者“弹性型规划”，或者“协商型规划”……在人们的讨论中，《马丘比丘宪章》提出的有关规划设计的重要见解也越来越受到规划师和研究

① 如戴逢的“新形势下广州市城市规划工作的思考”等（载《城市规划》1992年第5期第8~10页。此外，周干峙副部长（时任）5月9日在会上的讲话，也在一定程度上反映着新时代需要城市规划与之有更多的适应的思想（参见《城市规划》1992年第5期第3~7页“建设部副部长周干峙同志在全国城市规划工作座谈会上的讲话”）。

者的重视，强调城市或区域与整个时代和社会的关联度的人多了；强调区域规划和城市规划是一个动态过程的人多了；强调城市个性和区域个性的人多了；强调城市规划个性和区域规划个性的人也多了。在这些探索性的主张中，讨论者大多倾向于对城市发展的动态把握，突出了对城市个性的重视，对时代特色的注目，因此他们更偏向于总体规划的前瞻性、方向性、灵活性、简要性的粗线条控制[①]。

看来，我们的时代的进步，也正在孕育着城市规划和区域规划的新理念。

相关资料

《城乡规划法》与《城市规划法》的不同

在2008年我国新的《城乡规划法》开始实施的时候，1月2日《人民日报·海外版》以“建设部副部长仇保兴解读《城乡规划法》”为题，刊出了该报记者刘泉对仇保兴的采访稿。当记者问及“《城乡规划法》与《城市规划法》的区别有哪些”时，仇保兴作了这样的回答——

“新法——《城乡规划法》与老法——《城市规划法》有七大区别：

“第一，由“城市规划”到“城乡规划”，一字之差，调整的对象即从城市走向城乡，从而将原来的城乡二元法律体系转变为城乡统筹的法律体系。

“第二，从坚持的原则来看，老法是‘指导建设’，而新法则是强调资源保护。新法可以说从规划的编制到组织实施，始终贯穿着对耕地、自然资源、文化遗产资源、风景名胜资源的保护，而且对规划区内的各类资源进行多种形式的保护。比如，关于城乡规划的实施，新法作出明确规定：在城市新区的开发和建设中，应当严格保护自然资源和生态环境，体现地方特色；在旧城区改建中，应当保护历史文化遗产和传统风貌；在城乡建设和发展中，应当依法保护和合理利用风景名胜和生态资源。

① 仅1999年和2000年，就有这些相关的论述值得我们充分地注目。如黄光宇、龙彬的“中国城市规划未来三论”（载《规划师》1999年第4期第7~11页）；段进的“关于我国城市规划体系结构的思考”（载《规划师》1999年第4期第13~18页）；范少言的“试论中国城市规划理论体系结构的框架”（载《规划师》1999年第4期第19~22页）；王凯的“我国城市规划五十年指导思想的变迁及影响”（载《规划师》1999年第4期第 23~26页）；张越的“对我国现行城市发展方针的反思”（载《现代城市研究》2000年第5期第5~8页）；梁鹤年的“内与外、大与小、凹与凸”（载《城市规划》2000年第9期第43~46页）。以及“‘城市21世纪’全球大会系列报道之一,柏林市长会议综述”（载《现代城市研究》2001年第3期第9~10页）等等，都给我们进一步思考带来了不少新的启示。

"第三，从方法上来看，老法重规划的编制和审批，新法则重规划的实施和监督，我认为这是新法与老法最大的区别。以前之所以出现"规划规划，纸上画画，墙上挂挂"的现象，就是因为缺乏对规划的实施和监督。为了强化监督检查，新法专设了监督检查一章，完善了对规划的人大监督、公众监督、上级监督，以及各项监督检查措施的落实。

"第四，以前违反规划后没有对责任主体的处罚，新法则有严格的责任追究，并把对城乡规划主管部门自身工作的约束摆到重要的位置。比如，对实施违法行为或者批准实施违法行为的直接负责的主管人员和其他直接责任人员，规定了相应的行政责任，对滥用职权、玩忽职守、徇私舞弊，构成犯罪的，还要依法追究刑事责任。

"第五，老法强调规划部门的作用，新法则强调公众参与和社会监督。比如，根据新法，今后城乡规划报批前应向社会公告，且公告时间不得少于30天。组织编制机关应当充分考虑专家和公众的意见，并在报送审批的材料中附具意见采纳情况及理由。村庄规划在报送审批前，还要经村民会议讨论同意。除法律、行政法规规定不得公开的内容之外，城乡规划经批准后应及时向社会公布。

"第六，新法完善了对违章建筑的处理机制，依法设定了责令停止建设、限期改正、处以罚款、限期拆除、没收违法实物或者违法收入等各类行政处罚和行政强制措施。同时，还规定当事人不停止建设或者逾期不拆除的，当地人民政府可以责成有关部门查封施工现场、强制拆除。从而有望改变相关部门"看得见的管不了，管得了的看不见"的现象。

"第七，在城市化快速发展阶段，规划必须充满弹性，才能动态地适应城市的快速变化。为此，新法同时也重视了规划的修改，专门设立一章，明确城乡规划修改的条件和修改审批的程序。"

旅游规划需要新理念（下）①

① 此文系上述2001年发言整理稿的第三部分。该发言的这三部分依次是——“一、新理念是发展的需要”，“二、进步带来的挑战”，“三、旅游概念是旅游规划的核心”。本文（“旅游规划需要新理念（下）”），原载《旅游学刊》2003年第5期。发言的第一、第二部分，收入本书时，称“上”篇，原载《桂林旅游专科学校学报》2003年第5期。

三、旅游概念是旅游规划的核心

（一）寻求突破

继续前进，我们的道路在哪里？面对挑战，我们如何去迎接？

其一，在上文“进步带来的挑战”的“来自客观变化的挑战”中，我们已经分析到，在人们把城市规划或区域规划的原则和手段用于旅游规划时，已经遇到了三个挑战（旅游需求的挑战、经济目标的挑战和规划要求的挑战）；同时，我们又分析了这三个挑战产生的原因，并试图寻找应对这三个挑战的办法。经过上文的分析，已经可以看出，原来“旅游”和“城市”的差异，“旅游区域”与“一般区域”的差异，已经成为我们当前不能不正视的问题。

因此，我们在考虑克服的办法时，就不能不从旅游社会学、微观经济学、现代规划学中去发现旅游需求、旅游取向、旅游供给、旅游经营在现代市场运行中的关系，从而在我们的规划理念和规划实际中，考虑进更多正在涌现的经济、社会因素，在规划编制的三维空间中安排进更丰富的时间流动（使之构成四维空间）；同时，我们也已经发现，要将旅游规划编制成功，其关键的关键又在于对“旅游”活动的社会关联性，对“旅游”生产的经济关联性，对“旅游”目的地的共性与差异性，对“旅游”需求的多变性……有着实实在在的把握。因而，只有真正把握住了“旅游”的概念，才能够找到解决办法。既然这个“旅游”概念是旅游规划生命之所在，因此也就应该成为我们工作的必然起点。我们的旅游规划应该也完全可以及早地认识这个新起点，并从而尽快地抓住这个新起点。

其二，在上文“进步带来的挑战”的“来自自身的挑战”的分析中，我们或许会产生一些相互矛盾的联想：一方面是，我们好不容易确定起来的城市规划和区域规划的体系，曾经为我国城市建设和区域发展作出了如此重大的贡献；另一方面是，为什么在市场经济到来时，我们的传统做法却招来了那么多的批评。但是，如果正视一下目前我国各地出现的“千城一面”的城市风格，那么，我们在感到震惊和遗憾之后，就不难找到为什么这么多的专家要呼吁规划中的科学理念，呼吁多一些城市个性、少一些刚性制约的原因（而我们的旅游目的地，最致命的问题，就是没有个性的重复）。

如果对批评者的意见进行更深入的思量，我们就可以发现，我们的城市规划和区域规划在科学化、法制化、规范化的历史发展进程中，目前已经比较好地解决了“怎么做”的问题，而在“做什么”（尤其是在不断变化的社会、经济环境中，为了实现我们的社会、经济目标，我们应该“做什么”）这个问题上，还留下了许多空白没有来得及回答。如果说我们的城市是一个错综复杂的大型板块，目前要回答这个问题还有一些困难的话；那么，我们的旅游规划，却不应该再在“做什么”的问题上留下空白。为了旅游业的继续发展，笔者认为，我们进行旅游规划的时候，不只需要懂得“怎么做”（在这方面的科学化、法制化、规范化，的确是不可缺少的），但更重要的却是，我们不能不首先弄清楚，我们究竟是要“做什么”，“为什么要这样做”。

其三，还应该注意的是，我们的旅游规划同样也与园林规划有着千丝万缕的联系。不仅小地域的旅游规划得益于园林学，甚至无论大小的旅游规划，也或多或少地都借鉴了园林规划的理念和技能。这里不仅包括了园林布局方面的整体构思，同时还包括了园林地貌创作、园林建筑、园林工程的诸多技法的运用；而且，如从更宏观的范围来思考，还包含有对国家公园、郊野公园、城市公园以及皇家园林、私家园林有关理念的综合比较运用。虽然园林建设有时也被视为城市建设的一个部分，园林的地形设计需要按照城市规划的要求，并取得城市规划建设部门的配合；但是园林规划在自己的运行中，却自始至终有着自己的特征。尤其是园林总体设计时的园林布局、园林地貌创作等等，都有着相当成熟的自己独特的创作原则。如园林内容和艺术形式的选择，山岭和水体的位置与大体轮廓的确定，不同功能用地的划分与衔接，园林主景的位置与引导，都是根据园林的性质、主题、内容、选址进行了总体立意构思后的安排，都是在综合考虑了造景的各种有关因素，充分地利用了包括峰、峦、坡、谷、湖、潭、溪、瀑以及阴、阳、云、雾等原有的地貌和气象景观才创造出来的，这些工作不是城市规划或区域规划所能够完全包容的，更不是城市规划或区域规划所能替代的。园林规划师、园林设计师或风景建筑师的这种独立的个性，和他们对城市规划的原则和规范的借助，以及他们与城市规划师、区域规划师的相互沟通和配合，不仅使园林规划设计这一学科得到了健康的成长，而且保证了一个个园林建设的成功。这些成功的经验，对旅游规划学科的成长应该是有重要借鉴意义的。

其四，其实就规划学本身而言，无论是规划的理念、规划的原理、规划的方法，都是在不断地发展的。20世纪50~60年代，在我国积极学习苏联和东欧规划模式（或在那以后一直沿用着第二次世界大战前后国外普遍流行的规划方法）的时候，一种称为

“结构规划”（如英国的structural planning）的规划方法却在60年代开始成熟起来①。

作为“结构规划→局部规划”这一规划体系的第一部分，“结构规划”只着重于规划区域的总体控制；而将大量的具体规划任务留给“局部规划”去完成，并允许下一步的工作有更多的创造性和可变性。这种以地方规划机构负责编制的结构规划，通常连精确图件也不编制，但却十分强调规划的依据，强调社会经济影响因素的分析。在英国（1968年英国在《城乡规划法》中，以立法的形式，将原来的开发规划改为了以上的两个部分）之后，其他一些国家也纷纷根据本国自身特点采取了类似的做法（如新加坡的意向规划、荷兰的广义结构规划、法国的城市开发指导方案等），所以，有研究者认为，“结构规划”的出现，正是对城市规划越来越重视实现社会、经济目标的这一现代动向的反映。由此看来，旅游规划如果不完全照搬城市规划或区域规划的现成做法，也可以是符合规划学本身的规律的。

其五，在讨论旅游规划创新的时候，在探索旅游规划的新理念的时候，笔者愿意在这里郑重提出“概念性旅游规划”的问题来与朋友们、同志们一起研究。

笔者想，我们的旅游规划在编制时，是否可以考虑一个新的流程，即充分借助我国城市规划工作中已经积累了丰富经验的“总体规划→详细规划”的两段编制法，适当吸收海外越来越受关注的“结构规划→局部规划”的创新性内涵，探索一个“概念性规划→后续规划”的运行流程。

这些年来，我国的旅游规划工作已经是成绩斐然了，旅游规划工作者的队伍也已经壮大起来了。但是，在大家真心交流时，许多卓有成绩的专家学者，仍然对自己不满意，仍然觉得还有许多问题有待解决。大家讨论比较多的，是旅游规划如何才能摆脱一般性规划的套路，如何才能具有“旅游”自己的特色，如何才能真正适应旅游发展的需要，如何才能作出真正的创新。为此，1993年4月，《旅游学刊》编辑部与北京旅游学会在京联合召开了“旅游规划理论与实践研讨会”；1994年4月，中国旅游协会区域旅游开发专业委员会等8单位又在广东汕头召开了“第四届全国区域旅游开发学术研讨会”；1995年11月，中国旅游未来研究会又与河南省旅游局、海南省旅游局等合作，在海南岛召开了“旅游发展规划研讨会”②……这些研讨会的发起

① 有关对英国“结构规划”的介绍和评议，请参见郝娟“英国城市规划法规体系”（载《城市规划汇刊》1994年第4期第59~63页）；唐子来“英国的城市规划体系”（载《城市规划》1999年第8期第38~42页）等文。

② 在这一系列学术会议中，《旅游学刊》（本书作者当时正主持其工作）都是其主办单位之一，甚至是其牵头和发起单位。这里引用的会议发言论点，摘自中国旅游未来研究会、海南省旅游局和《旅游学刊》编辑部共同发起主办的“旅游发展规划研讨会”（1994年11月），请参见《旅游学刊》1995年第2期“‘旅游发展规划研讨会’主要发言与论文摘要”（载该刊该期第5~13页），及范家驹、孙大明“关于优化旅游规划的理论思考——参加编制《海南省旅游发展规划大纲》的体会”（载《旅游学刊》1995年第3期第42~45页）

者和参会专家的一致目标，都是希望通过广泛的研讨能够促进我国旅游规划工作的开展，能够对旅游规划新理念、新方法的形成有所帮助。在这几次的会议上，许多同志都表达了很好的意见。如，针对旅游规划缺乏关键性特征的问题，就有研究者明确指出，旅游规划存在着的"旅游规划城市规划化"、"旅游主题空心化"、"目标市场简单化"、"开发项目雷同化"、"规划内容单一技术化"的问题，不仅已经成为十分普遍的现象，而且已经影响到旅游规划的声誉，影响到旅游产业的健康发展；因此，研究者们提出了应该在"旅游建设规划（包括总规和详规）"的前面，先有一个"旅游发展规划"，以期能就旅游目的地的开发目标、主题、项目、市场等等，拿出一个指导性的意见。由此可见，我国旅游规划工作对于"概念性旅游规划"的实质性需求，早已为理论工作者和实际工作者感觉到了，只是当时还没有人提出"概念性旅游规划"的名目来。

（二）刍议概念性旅游规划

笔者认为，由于旅游者对一般化、平庸化、模式化的旅游产品无可通融地排斥，因而旅游产品的特异性、创新性、差别性就是不可或缺的了。那么，为了生产这些产品的旅游规划，也就不能不具创新性。前面笔者之所以要建议将"概念性旅游规划"作为"概念性规划→后续规划"这一旅游规划流程的第一个环节，就是为了用"概念性规划"饱含的创新理念，为我们往往偏于常规的"后续规划"奠定创新性的基础；就是为了用"概念性旅游规划"所强调的"旅游"概念，去解决目前不少旅游规划中核心思想缺位的现象。因此，概念性旅游规划应该是旅游规划中的新类别，同时也是规划技术上的一种新方法。

"概念性规划"（conceptual planning）的用语，不是笔者的发明。但是笔者此前却一直未能读到这方面的专著；尽管又请学界业界朋友帮助查阅了不少中外文资料，也仍未得到理想的收获。"概念性"一语，直接与建筑和规划科学联系起来，时间还不太久，如"概念性建筑"、"概念性土地利用规划"等，在建筑规划界的探索和运用，也是近年才有的事情。笔者推测，这些新类别、新方法所追求的境界，或者与早期"概念艺术"有着较为密切的可推导的联系。如据欧内斯特·伯登（Ernest Burden）的解释，建筑学中的"概念建筑"，所指的建筑设计或城市规划，不论是方案还是图形，均不着重实际建造的目的，因为它只是设计和规划的早期阶段的概念化构思；建筑学中的"概念建筑"，还指因为资金或其他原因不能被建造，而"以设计为最终目的"的设计；也指不受任何原则、纲领约束的纯研究或探讨性设计活动。而约翰·西蒙兹（John Ormsbee Simonds）在阐述景观设计学的“概念性规划”时，已经与实际运用结合起来了，不过他更强调的是在规划设计中的因素关联、构思、逻辑思辨、整合和再创新①。

如就20世纪最后年代的这些总结和有关实例来看，概念性设计或概念性规划所指的，应该是不受或较少受到实际建设和建造条件限制的，不受或较少受到某些固有原则或纲领约束的，以研究、分析或探索为主要目标的建筑设计或规划；或者为了实现建筑或规划的某一目的、某一功能的，主要偏重于建筑或规划的某一个侧面（如布局、主体结构乃至外观或某一关键性概念的）设计或规划；或者主要偏重于创新性的主体概念构思的建筑设计或规划。很显然，这是有关设计和规划的创新性工作，或者是为了达到创新性目标的第一阶段的工作。

笔者提出的所谓“概念性旅游规划”，自当是旅游规划系列中的概念性规划。作为笔者建议的“概念性规划→后续规划”旅游规划流程的第一个环节，它的工作是否应该是——

放眼旅游业的发展进程，以一种未来学的高度，根据被开发地的资源、环境、经济、社会条件的“优劣机危”的分析（即SWOT分析），从而提出的对规划地域的旅游开发和旅游发展的前瞻性策划。规划的要点，首先在于确定适应于该一规划地域的旅游发展的理念，和其核心产品（或项目系列）开发的时空安排，同时也可以包括产业发展的机制、产业结构的调整，以及市场的开拓与运营的部署。因而，它实际上既是一种在充分条件（或理想状态）下的对目的地开发发展的概念性（conceptual）的创新性构思，又是一种在规划地域社会经济条件下的关于实现规划目标的总体规定；它既是下一步后续规划及建筑设计的纲领和思想指导，同时也不硬性要求后续的规划编制及建筑设计完全照搬此一构想（从规划理念而言，笔者并不钟情于“以设计为最终目的”的纯科学的构想；并且认为，概念性旅游规划至少应该尽可能地创造多一些实施和成功的可能性）。

概念性旅游规划与其他概念性规划的不同之处，在于一般概念性规划的“概念”是无定指的，不仅包含规划范畴的各个种类，同时也可以偏于规划内容的某个侧面、某个层次；而概念性旅游规划，却已经有了“旅游”这个第一性的

① 请参见 Ernest Burden. Illustrated Dictionary of Architecture[M].McGrow-Hill Companies, INC, 1998（第一版中译本，第57页）；John Ormsbee Simonds. Landscape Architecture: A Manual of Siteplanning and design[M]. McGrow-Hill Companies, INC, 1998（第三版中译本，第123页）。

概念的限定。二者间的关系，无异于“马与白马”。因此，概念性旅游规划又必须对“旅游”概念的相关实际有更多的注目。

然而，概念性旅游规划的适应地域却仍是相当广泛的。所以，它对于新开发的旅游目的地（尤其是全新的第一次开发的旅游目的地），对于基础资料有欠完整的初拟开发地，对于在开发思想和开发目标方面尚未取得共识的旅游备用地，对于影响和制约因素较多且相互关系尚不十分确定的疑难目的地，以及对于需要除旧布新的原有旅游目的地等，更有着特殊的难以取代的意义和价值。

概念性旅游规划，更富于大区域的适应性。在更广阔的范围内，如省、市、地等行政区域，这些年来我们已经编制过不少旅游总体规划，但是在成功之外，也常常留下了诸多遗憾——或者因为区域过大难以面面俱到，所以引得地方上的意见纷纷；或者因为力图完美而锱铢必较，弄得规划事项轻重不分面目臃肿。其结果是，或者造成地方当局包袱过重，难以启动；或者遍地开花、近地重复，形成供需失衡。笔者认为，在编制这些大区域的总体规划时，最好能引入“概念性旅游规划”的理念，或者干脆改为编制“概念性旅游发展规划”，以期在具有前瞻性的整体目标中，突出重点、突出个性、突出创新，真正有利于该地域旅游发展和旅游开发的总体控制，同时为后续规划的编制留有充分发挥创造力的空间。

概念性旅游规划，与一般性旅游总体规划不同，与旅游详细规划不同，也与概念性土地利用规划和概念性建筑设计不同；它比前二者更具有概念性的高度，比后二者更具有旅游专业的特征。

根据对有关资料的分析，基于对自己实践工作的总结，笔者认为，概念性旅游规划的标志——应该是在“旅游”概念的统领下，把握地域和时代的特点，努力实现以下的“四高”“四宽”[①]：

1．规划理念和总体构想更具充分的前瞻性；

2．理论基础和规划手段更重科学的探索性；

3．运行机制和结构组成更富有机的关联性；

4．资源配置和因素聚集更需整合的一致性；

5．中心概念对当前现实，允许留有相当的距离间隔度；

6．布局安排对土地环境，允许留有一定的

① 请参见刘德谦“概念性规划讲求‘四高’‘四宽’”（载2001年4月6日《中国旅游报》C 3版）。该短稿原系作者2001年2月参加中国社会科学院旅游研究中心和国家旅游局规划司两单位座谈会时为发言阐述方便而印发与会者的发言纲要的一部分，后为《中国旅游报》参会记者携回该报发表，题目为该报编者所加。

可变适应度；

7. 规划本身对实施细节的非约束性；

8. 规划本身对时段限定的可变更性。

可以看出，笔者这里所说的标志，显然是传统旅游规划和别的规划相互比较而言的，上面所列的1~4点，就是所谓的“四高”；而5~8点，就是所谓的“四宽”。因此，对于概念性旅游规划，或者概念性旅游发展规划，笔者主张不要对它们只作字面上的分析和理解，更不要将它们与我们熟悉的用语做出勉强的没有必要的比附。

当然了，如严格划分起来，概念性旅游规划和概念性旅游发展规划也有着层次的和包容面的区别。但要细作区分，还有待研究的深入，也还需要有更多的实践例证。

相关资料

本文发表时的补记

一、据笔者所知，近年我国第一次把“概念性规划”引入旅游规划的，是2000年北京大学城市与环境学系杨开忠教授主持编制的《洛阳市旅游发展规划》。在该规划的几项主要成果中，就有一项是“七处重点景区概念性土地利用规划”（包括规划和概念性设计图等）。尽管在最后通过的“评审意见”中没有要求要对“概念性土地利用规划”做出评价，但是据笔者的回忆，评审委员会在审议和讨论时，笔者本人和不少评委都对洛阳旅游规划的这一创新性的举措给予了很高的评价。

二、笔者个人的实践体会，是在2000～2001年主持编制《安阳市旅游发展规划》的时候。2000年5月，安阳市委托北京联合大学旅游学院编制《安阳市旅游发展规划》时，也提出了在编制总体规划时增加小区域的“概念性旅游规划”的要求。尽管笔者作为课题组长必须首先集中精力编制总体规划，不得不把这项工作分配给了三位年轻同志（两位硕士、一位博士），但是，对于此项探索性的工作也未敢放松，除了认真思考、查阅资料外，在年轻同志动手之前提出了有关对“概念性旅游规划”的总体认识和编制要求（即本文中“刍议概念性旅游规划”一段文字的前身），以作为课题组的工作规范。由于合同规定三处概念性规划和另一些专题报告在这次规划成果中也只是总体规划的辅助性文件，不参加评审，所以安阳市旅游规划中的概念性规划的编制，只能说是我个人的一次探索性经历。

三、我国把概念性旅游规划作为单体规划的典型实例，是2002年浙江《长兴环太湖开发带概念规划》的编制。这次规划的编制是以国际招标咨询活动的形式进行的——受委托方有：新加坡CXI. DAS公司、澳大利亚HRP集团、美国KOLL建筑咨询公司（及美国衍生国际工程顾问公司）、北京达沃斯景观规划设计院、美国AEPA建筑设计工程公司，在委托方（当地环太湖旅游开发办）《咨询文件》所规定的任务书的具体要求下，以大约四个月的时间分别编制出《长兴环太湖开发带概念规划暨重点地区空间形态规划方案》；后经八人组成的专家评审委员会（由国家旅游局彭德成、浙江省旅游局肖歌、清华大学郑光中、北京联合大学刘德谦、东南大学喻学才、北京国际财经研究中心李强、同济大学董鉴泓等七人任委员；郑光中任主任）的评审和不记名投票，结果美国AEPA建筑设计工程公司的《长兴环太湖开发带概念规划》因其概念性效果突出，创新性强，注重总体控制等的优点，以多数票被评选为选优方案。应该说，这是我国旅游规划界和国际规划专家在“概念性旅游规划”实践工作方面进行的第一次共识性的交流。

——2003年4月

附记：关于讨论《旅游规划通则》等的回忆[①]

① 本追忆性的短文，或有利于读者了解前面“旅游规划需要新理念”的写作背景。故一并收录在这里。文章原为《旅游学刊》2008年“中国旅游发展笔谈·中国旅游30年之旅游规划”专栏的约稿，原载该刊2008年第9期。

2000年，是中国旅游规划的火爆时期，因此市场也比较乱。刚刚改组不久的中国社会科学院旅游研究中心决定召开一次在京旅游规划专家的座谈会，恰好国家旅游局《旅游规划通则》刚刚完成的初稿也准备征求专家意见，2001年2月23日，两个会议便合二为一地召开了。在会议的第二议程（旅游规划理论和实践研讨）上，大家都谈了自己的心得和体会：共识的内容不少，分歧也不少。在会议第二议程（就会上印发的《旅游规划通则·初稿》发表意见）上，情况也大体相似，赞同的、不赞同的都有，当然各自也都提出了自己的修改意见。

其中，我算发表不同意见较多的一个。意见既与“通则”有关，又不完全是针对“通则”的。我的意见主要有两点：第一，在充分肯定我国《城市规划法》和《城市规划编制办法》的积极意义之后，我特别强调，在这一模式已经遇到明显挑战的时候，我们的旅游规划如果再过于依托城市规划的套式，是不利于旅游规划的开拓的，所以提出了需要突破，提出了以“概念性旅游规划”为旅游规划第一步的主张。我的认识是，只有先有了“旅游的理念”，才能够有助于旅游规划的成功。第二，我认为实施旅游规划的单位资质制度是不完整的，应该首先确立规划师的个人资质（并说，在国外，无论东洋西洋，如英国、日本等国都是实施的规划师资质制度）。因为在市场经济制度下，公司的存亡是难以预计的，有时个人的生命相对却更长，对某些人而言他爱护自己更胜于工作单位，规划师资质制度才能够使规划的质量得到根本的保证。当然我也估计到，我的这些意见不一定会受到欢迎。

事后，又见到当时参会的国家旅游局的那位司长，尽管他对我当时的发言表示理解，并说专家学者意见不可能与官方意见完全一致，如果都一样了，还要专家学者干什么。但是，学界还是有朋友批评我太莽撞。我也知道，人家辛辛苦苦制定出了《旅游规划通则》，不是让你来说“不”的；而且当时旅游规划的乱象，也的确需要规范一下。但是，我也确实是好意，希望它能够更完善一些。而且我的意见还是认真思考过的，还复印了我发言的“概念性旅游规划”部分内容要点在会上传给大家。

会后不久，社科院旅游研究中心的殷作恒副研究员把他根据发言录音所做的整理稿交给了我。对录音整理稿我又再做了一些加工，而且也得到了几次可以发表的机会；可是这时我却不敢自是了。直到2003年1月《城市规划》杂志发表了建设部仇保兴副部长的《战略规划要注重城市经济研究》（其中在论及“城市发展战略规划要实现的几大超越”时，特别提到了“概念性规划、战略性规划就可以跳出这一限制”）

之后，我才把我发言中有关概念性旅游规划的部分（“旅游规划需要新理念——旅游规划三议”）发表出来，至于其中有关资质的部分，也就省略了。

不过，即使在那时，我也只是把我的想法作为讨论意见提出来，所以在我接手编辑社科院旅游研究中心《旅游规划的理论与实践》一书（即上面这次会议的论文集）时，便把已经决定收进该文集的我的会议发言整理稿改放在了书中的“探索篇”里（“探索篇”除了有关概念性旅游规划的讨论外，还有一部分是对国外专家主持中国旅游规划的得失的讨论）。

我的认识是，如果有了法规、条例、准则，大家都要遵守；但是大家的探索却不应该终止。基于编辑论文集时《旅游规划通则》已经公布，所以我便决定淡化已经过去的对《旅游规划通则》的讨论，并把修改后的《旅游规划通则》正式文本和几份文件收为全书附录，以供读者参照执行。

在我接受编辑《旅游规划的理论与实践》论文集时，我觉得如果文集再停留在2000年3月二十来人“讨论会”的范围实在有些局限，所以想把它重新编为更多人的文集。为了使学界业界有关旅游规划的实践体会和研究心得得到更多的表达机会，为了让那本文集的覆盖面能够从在京学者扩大到全国，于是我征得《旅游学刊》编辑部更多编辑的同意把同年6月该编辑部召开的“中国旅游规划高峰论坛”的会议发言收进文集，接着又向未及参加这两个会议的全国专家学者约稿（条件是“作者自己满意的新作”），可喜的是也得到了许多“大家”的响应。虽然文集的编辑工作不免更辛苦一些，但是最后终于使得在那本加厚文集中“研讨会”：“高峰论坛”：“未参会的论文”，大致达到了3：3：3的比例（还有一成是附件），从而编成了跨越会议、跨越单位、跨越学术社团、不分学派、不分师承、自由表达对旅游规划见解的论文集[①]。个人感到，这种自由的表达与探索，正是我们旅游规划研究与实践不断进步所迫切需要的。

① 论文集《旅游规划的理论与实践》已于2004年由社会科学文献出版社出版。

04

旅游规划第四议：优化旅游发展的四大战略①

关于旅游规划修编的产品扩张与市场扩张战略

关于旅游规划修编的地域扩张与效益扩张战略

附录：旅游的功能与人的全面发展

① 本议题的文章，是作者根据其在中国社会科学院旅游研究中心内部会议的发言整理而成的。2003年中国社会科学院旅游研究中心承接了福建省泉州市政府委托的编制“泉州市旅游发展总体规划”的项目。2004年该规划初稿编制完成后，先在“旅游研究中心”内部进行了内审。作者在那次内审会的发言，除了提出对泉州旅游规划初稿的具体修改意见外，也就类似泉州这样的旅游发展颇有基础的目的地的新发展，讨论了如何在理论上以修编的方法推动其取得进一步发展的构思。本文即根据该发言的理论部分增补整理而成。本议题的“关于旅游规划优化的四大战略”，即两文中分别讨论的产品扩张战略、市场扩张战略、地域扩张战略、效益扩张战略。其书面文稿先后在2004年5月、7月以文题“关于当前旅游规划修编的两个战略建议”“关于旅游规划修编的地域扩张与效益扩张战略”发表于《中国旅游报》。

关于旅游规划修编的产品扩张与市场扩张战略①

① 本文在2004年5月17日《中国旅游报》发表时，原名为“关于当前旅游规划修编的两个战略建议”，即原发言稿“关于旅游规划优化的四大战略”中对前两个话题（“产品扩张”“市场扩张”）的阐述，本书这里选用其曾用名“关于旅游规划修编的产品扩张与市场扩张战略”，目的是更好地与下一篇文题呼应。其下篇“关于旅游规划修编的地域扩张与效益扩张战略”，发表于《中国旅游报》同年7月23日。

一、问题的提出

由于旅游规划所具有的鲜明的时间要素，从而决定了它有别于一般建筑设计或土地利用规划。那就是，在旅游规划的四维要素的紧密联结的结构中，规划时段上的相对稳定性，和随着时间发展的变动性，注定了它不可逾越的需要定期适度更新的特征。此前，全国不少地方都先后制定了本地区的旅游规划；现在，基于时间的推移，时代背景和相关政策环境也都发生了较多的变化，因此，旅游规划的修编工作在不少地方已经开始进行，或已经准备进行。

如果依据我国国家标准《旅游规划通则》GB/T 18971—2003，“规划的修编”（“在规划执行过程中，要根据市场环境等各个方面的变化对规划进行进一步的修订和完善”）也已经明明白白被写进了这一标准之中。所以，不论是地方旅游发展规划，还是旅游区规划，或者以别的名称命名的类似规划，大都不免会或早或晚地把有关规划的修编提上自己的日程。

如果就旅游规划编制的不同要求而言，对待各式各样的客观变化，则应该选择不同的修编办法。很显然，小范围和小规模的修编，应该就是原规划后续工作的一部分；而在较大范围和大范围，或者市场变化与投资变化带来的较大规模和大规模的修编，则不妨理解为是一个后续性的规划（延续性规划、滚动规划），或者是已有的中期规划的扩充性部分。

面对当前全国正在兴起的规划修编的热潮，地方当局或旅游区的负责同志，必须有一个正确的把握。为了使修编后的旅游规划更有利于当地旅游业的全面、协调、可持续发展，有利于旅游业在当地的新发展中更好地发挥其促进社会、经济的全面、协调、可持续发展的积极功能，有利于旅游者满意度的提升，笔者认为，有四项战略性的安排——产品扩张战略、市场扩张战略、地域扩张战略、效益扩张战略——值得引起有关方面的高度注意。在这里，笔者先提出其中的前两项（产品扩张战略、市场扩张战略），供大家参考。

二、产品扩张战略

（一）延展型的常规扩张

在旅游者的消费过程中，一方面，几乎所有的旅游产品（包括产品的单体、产品的组合等）都必然会一次次地经历市场的检验。在市场检验中，有的产品适应，有的不适应，有的比较适应，有的不太适应，大都可以让经营者明显地感知。

另一方面，在消费者作出消费选择时，其消费取向也在随着社会消费思潮的变化和消费者自身选择的变化而不断变化着。这种消费需求的不断变化，无论是量的、质的，或者种的、类的等等，也都逐渐开始为旅游业界人士认知。

无须本文论述，在旅游规划修编时，不论是地方当局还是旅游目的地（目的景区、景点）的管理经营单位，不论是规划师还是投资者，大都可以根据市场需求的增量和消费者需求的多样化、个性化倾向，作出有关产品的数量扩张、类型扩张、档次扩张……的具体安排。这是人们已经开始普遍认知的旅游产品的第一类扩张——“延展型的常规扩张”。

（二）效益型的产品整合扩张

但是，在旅游规划的修编时，除了一般性的延展型常规扩张外，笔者认为，当前最最应该得到重视的，应该是“效益型的整合扩张”。

效益型的整合扩张，目标是效益，关键在整合。

这整合又有两个侧面：其一是产品结构整合，其二是产品供给整合。

1. 产品结构整合

产品结构整合尤其需要关注这样两个要点，一是路线，二是核心引力。

产品结构整合的价值，在于它对传统的“散点规划”原则的突破。此前不少的以旅游区（点）为对象的旅游规划，大多把注意力集中在本旅游区、本旅游点的单体开发上。这类散点型规划，大多从资源调查分析着手，然后规划安排了以资源为中心的开发建设。但是，这类规划所创造或制作出的产品，大多只能够作为一个单体面对市场，这与多数旅游者的线路型消费特征显然是不相适应的。因此，这些产品在销售时，就不免与市场脱节。

针对这种原有的单体类的旅游开发规划，在新的一轮修编工作中，就必须考虑该单体在线路组合中的位置。大的区域，就应该考虑如何形成自己的适应不同需求的各种线路，如何将自己组合进更有买点的长线之中；小的区域，就应该考虑自己如何与相邻相关的区点共同组成多样化的新线路，如何形成差异性与互补性的相互组合，或者如何将自己融入已有的线路之中。因为只有这样，才能够适应于消费者的购买，才能够开拓出更加广阔的市场来。

在产品的结构整合中，首先值得重视的，的确是线路。此其一。

其二，在重视开发线路型产品的同时，塑造产品的核心引力或开发核心产品，也同样是新的一轮修编工作的重心。因为组合并不意味着大家并列的“排排坐”，因为只有有了核心，产品的引力才能够真正凸显出来，其能量也才能够得到最大程度的扩散。如果是区域规划，那么在注意线路核心培育的同时，更要注意区域核心的培育；因为只有有了区域的核心，区域的旅游形象才能够更加鲜明突出，区域的引力才能够更有特色，才能够成为令人喜爱的项链上的那颗特别耀眼的宝石或珍珠。当然了，由于各地情况不一，旅游线路上的“核心”亮点有时候不一定只有一个；但是，如果“核心”过多，也不合适——“泛神论的发展趋势，就是无神论”。

当然了，在形成“线路核心”或“区域核心”的时候，具体的某个旅游区点，如果能够“以我为核心”（须得到友邻区点的公认）是再好不过的了；不过有时候，某些旅游目的区点却又只能够“甘当配角”。值得注意的是，就一般而论，自己“甘当”的“配角”，并不是也不应该是可有可无的配角，而应该是也必须是组合引力的一部分——目的是为了形成、扩展并发挥线路核心（或区域核心）的组合引力的积聚效应。在这里，还应该处理好自己与“引力核心”和“引力层级”的关系。

在对产品的结构进行整合时，还必须密切注视旅游者趋势性需求的发展，无论是线路的设计还是核心的选择，都必须具有梯级时段的前瞻性。

2. 产品供给整合

产品供给整合有两个要点，一是整合产业集群，二是整合项目。

在进行产品供给整合时，必须放眼于对整个旅游需求的供给，即放眼于此前人们所说的“大旅游”的旅游产业集群。尽管在适用于计划、统计、财政、税收、工商管理等的国家标准《国民经济行业分类》GB/T 4754—2002中，旅游业的大量主要经济活动被划归到了F、I、N、R等几个门类（即交通运输、仓储和邮政业，住宿和餐饮业，水利、环境和公共设施管理业，文化、体育和娱乐业）中，只有“旅行社”作为一个小类存在于“L 租赁和商业服务业”门类的“74 商业服务业”大类下[①]，但是，如果从积极的一面来理解，这正好说明旅游业已经不是一个简单的“基本单位”的行业（产业），而是一个跨越许多行业门类的“产业集群”。

① 2017年作者校后补记：如果从2011年重新修订的《国民经济行业分类》GB/T 4754—2011来考察，则旅游供给所需的食、住、行、游、购、娱等要素供给，则正在形成由国民经济的H门类（住宿与餐饮业）、G门类（交通运输业）、N门类（环境与公共设施管理业），F门类（批发与零售业），R门类（文化、体育与娱乐业）等多门类汇合的集群产业；随着乡村旅游、工业旅游等的发展，旅游业正在与农业（A门类）、工矿业（B、C门类）牵手，而信息传播及软件信息技术业（I门类）、金融业（J门类）、建筑业（E门类）等又都是旅游业运行与发展不可或缺的支撑。

如据此前秦皇岛市的研究结果，受旅游直接影响的行业共有14个，受旅游间接影响的部门共有47个，受旅游引致影响的部门共有20个，三者相加，总共为81个。如据几乎与此同时的广西的一次以联合国世界旅游组织推荐的旅游卫星账户范本的研究结果，则在部门分类的124个部门中，旅游业直接涉及的部门竟多达31个。因此，我们的旅游供给整合就必须是一个跨行业的整合，也就是说，各个地方的旅游规划其实并非旅游局的规划，而是地方当局对该地旅游供给、旅游发展的综合性规划，它首先必须摸清当地旅游供给的存量，摸清它们之间的相互配合关系，从而进一步发现这个供给“木桶”的“短板”，用权威性的引导首先延长“短板”，加紧“桶箍”，以保证用最少的投入获取更大效益①。

在另一方面，还应该看到，旅游供给的不平衡也是正常的现象，应该允许某些旅游供给行业的领先发展，尤其应该鼓励目的物供给的先行发展，只有这样，才能够保证目的地第一引力的首先形成，从而尽快地发散其对市场扩展的作用。

上面所说的发挥产业集群的效能，是就区域规划而言的。如果是范围较小的旅游目的区点，却不宜也不必在供给的大范围里求多求全。贪大求全，不如满足有效的需求。

目前各地的不少旅游目的区点，其经济效益的实现，主要还是依靠门票收入。于是在考虑新的发展时，便出现了两种倾向：一是一味地提高门票价格，指望一锄头挖一个金娃娃；一是大兴土木，指望自己一个景区就能够把所有游人的吃住行游购娱统统都全包下来。这些做法，如果没有经过可行性研究，最终都是要吃大亏的。其原因是众所周知的。修编旅游规划，如针对着范围较小的旅游目的区点，在考虑供给整合的时候，不妨首先考虑对项目的整合，尤其是完善或增加为游人所欢迎的有效项目、适应于旅游消费发展趋势的项目，以及综合考虑本地具有资源优势的项目等。在这个过程中，也许完善或增加的项目并不多，但是却能够在适当满足游人需求的同时，让游人为自己喜爱的项目、为自己的满意的服务付出更多的花费，从而起到了充分发挥项目效能的目的。

三、市场扩张战略

（一）全面行动的常规扩张

在我们推行产品扩张战略时，产品的扩张必然会形成市场扩张的动力。但是，如何将这些市

① 2017年作者校后补记：这或者就是后来我国规划实际工作者提出并编制“全域旅游”的规划，近年国家旅游局提出“全域旅游”战略，所同样关注的地方。

场扩张的动力转化为市场扩张的现实，还需要选择适当的市场扩张战略。

全面行动的市场扩张包括的内容很多，它既有市场经营理念的扩张、市场运营机制的扩张，又有市场文化的扩张以及市场核心竞争力的扩张等等。虽然新型的旅游规划（尤其是其中的大型景区的规划），应该很好地把这一部分的内容包括进来。可是就目前全国对旅游规划的认知来看，无论是旅游规划的委托方，还是旅游规划编制的承接方，大都没有这样的认识基础，因此对于目前多数的旅游规划而言，如果选择这种做法往往会被认为是"冒进"或者"不合时宜"。就目前全国对规划的实际需求与供给水平来看，目前还是选择一些具有突破性的重点来实施，或者更合时宜。

（二）适应旅游市场的重点扩张

市场扩张的目的，是更多地占有市场。而实现占有的途径却很多。针对我们的旅游产品的特征，不可或缺的首先是这样的两个课题：一个是如何吸引消费者购买，一个是如何方便消费者购买。这便是这里所要提出的对形象传播扩张的选择和对营销渠道扩张的选择。

1. 形象的传播扩张

旅游产品有别于居民其他生活用品的特性，是在购买之前的"三不可能"：不能品尝、不能试用、不能实物考察。因此，消费者的购买往往只能取决于购买前对产品的形象的认知。此前国内外的抽样调查大多显示，人际交流的传播是影响购买的最为广泛的因素；但是，近年的不少抽样调查却证明，大众传媒对消费者的影响已经开始成为十分重要的因素。不久前笔者参与了中国社科院旅游研究中心的"沧州市旅游发展规划"的编制，工作中，我们一方面研究沧州市旅游业在河北省旅游业中所处的位置，一方面我们利用搜索引擎google对沧州市的有关旅游信息进行搜索，结果发现，在搜索中，沧州市的旅游主体信息的频率在河北省的排名，正好与沧州市旅游在河北省的排名相同。由此不难看出形象传播与地区旅游发展的密切关系。

为了实现形象传播扩张，在有关规划的修编中，必须安排好传播范围、传播途径、传播方式等的重新定位。

在进行传播范围的扩张定位时，一般的看法是越宽越好。然而在传播范围的扩张中，却又不可能没有目标地无限放宽。除了大众传媒在理论上和总体上的无边缘性之外，形象传播覆盖的主体区域，却必须是有选择有重点的突破。应该根据规划中已有的产品定位，根据产品的有效引力（力矩的长度），根据相关市场的近中远期的不同需求（时序变化），选择并瞄准自己的不同时期的“引力场”：第一是有效范围，第二是挤入范围，第三是渗透范围。因为消费者对信息的接触和汇集，实际上是有边缘的，所以，无边缘的可能性和有边缘的吸收力，都是旅游地形象传播扩张时所必须注意的现实。没有选择的出击，没有重点的出击，都是低效投入，都将造成人力、物力和财力的浪费。

在传播途径的选择上，尤需注意的有两点：首先，由于传媒对受众生活的影响日渐凸显，为了适应已经产生的这一时代变化，必须把大众传媒作为形象传播途径的第一选择。第二，虽然展销会的传统价值仍然不容忽视，但在让人眼花缭乱的环境中往往难以引人注目；而相比之下，在目标市场的专一促销却更能够发挥“主角效应”。

作为旅游目的地，其促销的战略的落实应该有三个层面。第一层面，是由政府、旅游主管部门用政府预算和相关资金进行的地区整体形象的传播。第二层面，是旅游行业组织和企业进行的有关产品购买信息的传播。第三层面，是政府和旅游主管部门对企业促销推广的支持，而在其中，政府和主管部门经过周密考虑后的组织与安排，常常又起着某种关键的作用。

此外，值得注意的还有许多方面，诸如：①在实施时候，传播的施动方应该是一个既有分工又相互配合的整体，传播的行动也应该是经过预先策划的。②形象的选择和传播的内容必须生动真实，大而无当的口号、抽象无实的概念、华而不实的花招，都是不可取的。③在大众传媒的运用上，还必须认真考虑目前我国受众对客观传播与广告传播的不同态度（这是由于某些广告诚信度欠佳引起的），所以最好尽可能地推动第三方的客观报道与介绍。④还须充分注意消费者的“信息接力”效应，所有生产者和经营者都必须认识到，企业对自己产品的质量的投入，就是对消费者主动的正面的“信息接力”的投入，也无异于为自己的产品投进了有效的促销资金。

2. 营销渠道的扩张（购买方便性的扩张）

在当前我国有关旅游规划的编制工作中，对市场的考虑和安排大多做得不足。即使考虑了市场，最常见的办法，也多是根据该地的资源和原有市场的调查作出的对市场的预期。尽管这种安排和处理的方法也是有的放矢，但却仅仅迈出了市场规划的第一步。如果从旅游目的地与消费者之间当前存在的“管道堵塞”的现实来认识，如果与这些规划所安排的大规模开发比起来，我个人认为，目前规划工作中最缺乏的，不能不首推有关“营销渠道”的规划。如果借用市场营销学中麦卡锡的“4P”理论，或者劳特博恩“4C”理论，那么在市场的营销组合的产品（或顾客的需求）、价格（或顾客的花费）、渠道（或购买的方便）、促销（或信息的沟通）中，当前我国旅游业所迫切需要的，应该是第3个“P”（或第3个“C”）——“营销渠道”的拓展，“购买的方便”的实现。

由于旅游产品不同于其他物质产品（生产与消费的同时性），如果暂且放下产品的设计和产品的先期组织不谈，那么旅游产品的生产和销售却是一个一定程度的逆向过程。因此必须发挥旅游营销商在产品整合和产品销售方面的关键作用，尽快建立起生产商、批发商、零售商的分工有异却互为依托的销售网络，发挥其纵向分工的协作功能。又因为旅游产品不可储存、不可运输的特性，所以比起其他物质性商品，这种销售网络的建设就愈加显得迫切。

就旅游产品的结构特性而言，还在于这个销售渠道所能够销售的，一般都不是旅游产品的某个“部件”，而往往都是经过组合的线路产品。所以，在我们对于原有旅游规划进行修编时，不仅要十分注意线路产品的规划与设计，同时还要十分注意产品营销渠道的设计与拓展。

虽然在前面论述的旅游产品的整合过程中，旅游主管部门常常在当地处于关键位置，同时也有着不可推卸的责任。但是，在更基础的层面上，在更广泛的范围里，营销渠道的建立与拓展，却更应该是企业行为。

当前，有关旅游营销渠道的开拓，已经开始引起有关方面的注意，诸如目的地销售的互为代理（五岳模式）、目的地与旅行社的销售同盟的建立（峨眉山模式）……都是很好的探索，在旅游规划的新的一轮修编工作中，这些办法都不失其借鉴价值。

对市场占有，是市场扩张的目的，如果有了形象传播扩张所形成的对消费者购买的吸引，有了营销渠道扩张所形成的消费者购买的方便，那么，旅游规划中有关市场占有的目标，也就能够建立在真正可靠的基础上了。

四、关于“负扩张”

由于“扩张”是一个矢量，因此在旅游业的发展中，无论就理论而言还是就现实而言，“负扩张”都是存在的。

一是相对的“负扩张”。在安排产品扩张时，我们常常根据需要和可能选择了适当的几层重心（不选择重心是不可能的），而某些未被选中的外层产品，则不免有一部分处在相对的负扩张态势之中。在安排市场扩张时，我们也常常根据需要和可能加重了对主体市场的力度（没有主体是难以成功的），而某些三级市场以下的或未被选中的机会市场以外的市场，则不免有一部分处在了相对的负扩张态势之中。因此，对于这种情况下的“负扩张”必须做出慎重而细致的安排。

二是绝对的“负扩张”。尽管旅游需求年年在增长，但是，并非所有的旅游产品都能够适销对路；尽管旅游业是地方经济新的增长点，但是，并非任何地方都适宜发展旅游业。所以，如果旅游资源没有相对的优势，如果产品没有销路，如果目的地可进入性太差，对于某些地区或个别旅游区点而言，在旅游规划修编时，果断地选择“绝对负扩张”也不失为理智的行为。

关于旅游规划修编的地域扩张与效益扩张战略①

① 此文是笔者2004年在中国社会科学院旅游研究中心有关福建泉州旅游规划的内部工作会议上的发言（即“关于旅游规划优化的四大战略”）的第二部分，2004年7月23日以现用标题“关于旅游规划修编的地域扩张与效益扩张战略”在《中国旅游报》发表。基于此文的内容是接着“关于当前旅游规划修编的两个战略建议”（产品扩张战略、市场扩张战略（2004年5月17日在《中国旅游报》发表）来阐述的，所以笔者后来将此文供内刊和友人使用时又为它增添了一个“‘关于当前旅游规划修编的两个战略建议’续篇”的副题。

旅游规划第四议：
优化旅游发展的四大战略

针对近年全国正在兴起的旅游规划修编的热潮，为了旅游业的全面、协调、可持续发展，为了有利于旅游业发挥其促进当地社会经济全面、协调、可持续发展的功能，前些日子在一次内部的规划商讨会上，笔者曾提出供旅游规划修编人员参考的四项战略——产品扩张战略、市场扩张战略、地域扩张战略、效益扩张战略。由于笔者此前已经著文论及其中的前两项（“关于当前旅游规划修编的两个战略建议”，见2004年5月17日《中国旅游报》），故这里仅就其中的后两项做一个扼要的论述，权作日前“关于当前旅游规划修编的两个战略建议”一文的补充，供大家参考。

一、地域扩张战略

一说到地域扩张，很容易让人理解为土地收购、企业兼并，或者政区扩大、权属转移。其实在这个问题上，当今旅游规划首先面临的，仅仅是对权属的跨越。

企业权属和地域权属，在编制旅游规划时，原本是规划行为的权属依据；但是，面对当今旅游业的新发展，面对旅游产品的扩张和旅游市场的扩张，企业权属和行政区划却越来越显出了它对新变化的不够适应。尤其是基于这两类权属的“散点规划”，更使本该得到关联性发展的旅游业失去了关联发展的依存。因此，是否需要突破散点发展的格局，是否需要突破土地原有权属的限制，以及如何突破，便成了新的一轮旅游规划和规划修编时所面临的问题。

（一）重新整合资源

划定一定的区域作为旅游目的活动区，并从而进行规划，原本是旅游发展的基础。以区域为旅游规划的单位，或以企业为旅游开发的主体，曾经是旅游规划和开发的最佳运作模式。因此，在相当长的一段时期内，“散点规划”与权属连接的开发，曾经为我国旅游事业的发展做出了巨大的贡献。然而，旅游资源的分布，却是由地理和历史因素形成的，因此，它不是人为的小区域的划分，或企业权限，或行政区划所能限定的。譬如某一系列的自然资源或历史资源，有时甲地有，临近的乙地也有；尽管甲地的某一部分可能优于乙地，可是乙地的另一部分却又优于甲地；甚至在不远的丙地，又存在着优于甲乙两地的相关资源。在旅游发展并未得到广泛重视的时候，散点式的开发并未显出什么问题；而今，当人们普遍发现旅游业是地方经济新的增长点的时候，普遍发现旅游业是朝阳产业的时候，面对这一资源的天然分布格局，各地的各自独立散点规划，或为企业视为“经济秘密”的散点规划，其所带来的，往往便是同一产品的重复开发，而且是不可饶恕的近地重复。同类重复，近地重复，早已是人们公认的诟病，即使退一步说，这样的开发，哪怕没有出现两败俱伤的局面，也不可能生产出汇集五个指头力量的“拳头产品”来，因而，不少目的地的游人寥寥也就不足为奇了。

目前，我们已经进入了“超散点”的规划时代（即跨越“散点规划”的时代），跨行政区域跨企业权限的合作已经显现出它的时代机遇。这既是中国旅游大发展的新机遇，也正是市场经济发展的必然。为了适应已经变化了的环境，为了资源的有效保护与利用，为了企业投资的成功，为了地方旅游业的可持续发展，重新整合资源，超越散点、恰当处理土地权属（包括土地所有权、土地使用权、土地租赁权、土地抵押权、土地收益权等权利）的问题，已经摆在了我们的面前。在我们进行新的一轮规划修编时，应该努力为此创造条件。

对这个问题，无论是企业家还是地方政府，或者旅游公共资源管理部门，都应该有着清醒的认识。

（二）有效地组合线路

笔者“关于当前旅游规划修编的两个战略建议”的文章，在讨论对传统的“散点规划”原则的突破时，曾经论及，在新的一轮修编工作中，必须考虑单一目的地在线路组合中的位置——就范围甚大的旅游目的区点而言，应该考虑如何形成自己的适应不同需求的各种线路，如何将自己组合进更有卖点的长线之中；就范围较小的旅游目的点而言，则应该考虑如何将自己与相邻相关的区点共同组成多样化的新线路，以形成差异性互补性的组合，将自己融入已有的线路之中。因为只有这样，才能够适应消费者的购买。

但是，路线编排并不是“排排坐，吃果果”，随机安排是不可行的，这中间不仅需要艺术，而且需要科学。因此，我们必须对线路节点的组合因子，给予不可或缺的关注。为了形成对旅游者的不同需求的适应，必须充分研究可以用于线路组合的相关因子的特征。

由于需要对不同需求的适应，所以各个节点因子的差异性与互补性，阶梯性与互彰性，整合性与集约性、乘数性与引爆性……，以及其间的组合规律，将成为产品整合成功的关键。而在地域的现实存在中，单一地域是难以在各个层级上具备所需的多种因子的。因此，这就需要地域的扩张。

规划中的地域扩张，实际就是对地域的联合和合作的更为主动、更高层次的谋划，因为有了这种地域的联合或合作的先期准备，在资源整合、产品整合和营销整合时，其所形成的整合条件，比之此前缺乏准备的“散点规划”要丰富得多、方便得多、理智得多、从容得多、有效得多，比之各自为战的单拼独斗要科学得多、积极得多、可行得多，有效得多。

（三）充分释放更大范围协同的积极性

旅游开发和旅游经营都是需要多因素配合的，但是由于企业权限和地域权属等的制约，很多很好的规划和安排，都因为地域环境的局限，因为相关因素不足的掣肘，而难以实施。不论是外在物质的积极因素，还是相关人员的积极性，都因为没有足够的其他因素的配合而不能发挥出来。毗邻的区域互相观望，对他人的条件都可羡而不可得；而且在多数情况，谁也难以对对方实行兼并。除了挖空心思的竞争（乃至叫人毛骨悚然的恶性竞争）外，只有观望而已。

可是，基于“地域扩张”的旅游规划，却有可能对竞争中的协同进行有利的安排，从而帮助竞争的对手解脱拼资源、拼环境的恶性竞争的窘境，走向各展其长、各尽所能的佳境。

因此，新的旅游规划的修编，就必须扩大视野，将自己的发展放到与周边地区协同发展、与兄弟企业协同发展的总格局中去考虑。努力协调与周边、与相关企业的关系，推动合作，从而形成大家都可能接受的双边或多边的伙伴关系，协同产品策略、渠道策略、促销策略，协力打造拳头产品，从而发挥出更佳的整合效应，聚集效应，以实现优势互补，实现共赢。这种合作和协同，对合作方而言，如果经过了合理的统筹，共赢的目标是不难实现的。在发展不够平衡的地区，这种协同，实质上既可能是甲地区对乙地区的帮助和带动，也可能是乙地区以资源、以自己特有的交通区位等等对甲地区的支援。从实质性效果来看，彼此双方也都实现了地域扩张。这便是旅游规划修编时的一项不容推卸的工作。

所以说，旅游规划修编时的地域扩张，并不都是人们通常理解的土地收购、企业兼并，或者政区扩大、权属转移，而是一种并不着重权属关系的“你中有我、我中有你”的更大区域的旅游规划和旅游经营的协同。

值得指出来的是，更大范围协同和各方积极性的有效释放，都必须有它不可或缺的基础，那就是相关地方政府和相关企业的合作意愿与态度。在这方面，属权掌握者和规划编制者又有着相互促进的作用：规划对多方利益的关注和对共赢局面的展现，将有助于地方政府和企业做出积极协同的决断；地方政府和企业原本就有的推动合作的决心，则又成了有关规划编制的可靠保证。

二、效益扩张战略

人类的行为，常常离不开它的目的，任何产业的发展，都离不开它对效益的追求。我们的旅游活动和旅游业的发展，自然也不能例外。尽管今天旅游业的意义和价值已经得到人们的普遍关注，它的公共性质正在受到重视，但是，如果翻阅近半个世纪我国旅游业发展的文献，就不难发现，我们对旅游业的认识也经历了一个逐渐深入的过程，即，认为：①旅游业有利于在海外树立我国的形象；②旅游业有利于增进各国人民之间的友谊；③旅游业有利于增加外汇收入，促进国际收支平衡；④旅游业有利于增加利税收入；⑤旅游业有利于货币的回笼；⑥旅游业强劲地拉动内需，进而有利于地方和国家经济的发展；⑦旅游业有利于合理配置资源，优化产业结构；⑧旅游业有利于提高百姓生活质量，提高国民文化素质；⑨旅游业有利于扩大就业……从①、②到③、④、⑤，到⑥、⑦，再到⑧、⑨，可以看出，从民间外交，到赚取外汇，到适度满足国内消费需要，再到新的经济增长点……正好反映着人们这一认识的不断变化和深化。近年，“以人为本”的原则已经成为举国一致的共识。

（一）原有效益领域的扩张

在此前的旅游规划的编制中，有关的编制人员大多注意到了经济效益，后来发展为经济效益、社会效益、环境效益的三者并重；但是在实际执行中，多数规划的重点，往往还是更关注经济效益的取得。

在经济建设时期，经济指标是一项“硬指标”，GDP是地方首长政绩的标志，在那时候，追求经济效益的确是难以非议的。即使从当前的角度来考虑，虽然现在人们正在抛弃对GDP的崇拜，但经济效益仍然是难以忽视的。

现在人们多种效益和多重效益的强调，并没有一概地排斥经济效益，而只是反对片面地追求经济效益的不良倾向。因此，我们在编修旅游规划时，在重视旅游业发展的多重效益的同时，不但不反对对经济效益的安排，而且还要力争经济效益的增加，以便旅游业作为地方经济增长点的功能能够得到更有效的发挥，有利于经济活动发挥出它对整个社会发展的推动功能。

（二）效益领域的全面扩张

近年，人本理念的发展观在我国越来越受到人们的重视，人们对城市与乡村，此地与彼地，经济与社会，人类与自然，国内发展与对外开放等关系的清晰梳理，将十分有利于创造旅游可持续发展的新格局。

有了明确的发展理念，面对时代交付的新任务，我们的旅游规划在制定自己的战略目标时，就应当把效益扩张考虑得更科学、更得当、更周全，从而使旅游规划原已明确的经济效益、社会效益、环境效益的三者并重的目标具有更加丰富的内容。

在近年旅游业落实国家的“五个统筹”的进程中，国家旅游局此前的相关文件已经有了十分明确的阐述。对城乡发展的统筹，有利于我们在推进城市旅游业发展的同时，加快农村旅游业的发展，从而更好地实现城乡良性互动，扩大城乡交流；对区域发展的统筹，有利于更好地做大做强旅游产业，进一步推进区域联合；对经济社会发展的统筹，有利于在发挥旅游业的经济功能的同时，更好地发挥旅游业推动社会进步的作用；对人与自然和谐发展的统筹，有利于提高全社会对旅游业促进环境与生态保护、实现资源可持续利用的认识，有利于把发展旅游业这个国民经济新的增长点与坚持环境保护这个基本国策更加紧密地结合起来，发挥出旅游业对生态和环境的积极功能；对国内发展与对外开放的统筹，有利于提高社会各方面对“旅游业是国内发展与对外开放的结合部”这个特点的认识，从而积极支持旅游行业在国内国际两个市场发挥更大作用。

下面的两方面内容，笔者认为，在未来旅游业的效益扩张中将有可能变得越来越突出，而且也正好符合“以人为本”的“五个统筹”的“统筹区域发展”“统筹经济社会发展”“统筹人与自然和谐发展”的原则，希望能够引起地方当局、旅游企业和旅游规划专家更多的注目。

（三）本地居民的受益

地方（无论是城市或乡村）旅游业的发展，不仅有利于外来旅游者，或者为本地带来经济收入，而且更重要的也十分显然的，是旅游者对目的地环境的要求，将大大地促进目的地人居环境的改善——①促进了目的地对自然生态的保护或营造（包括自然风光、水体、绿地，乃至大气及“小气候”……）；②促进了目的地对传统文化和历史风貌的保护，促进了地方文化人文环境的建设（包括文物古迹在内的历史积淀的保护，乃至本地文化氛围的营造……）；③促进了目的地地方建设布局的优化（包括社会服务功能配置的合理，交通的方便，建筑风格的隽永宜人……）；④促进了目的地卫生状况的总体进步；⑤促进了目的地人际关系的改善（包括服务业的优化，人际关系的友善，语言交流的便于沟通，以及社会安定的增强），等等。而所有这一切，也都是本地居民生活素质提高的必要条件。如果用现代经济学的观点来看待，发展旅游业所需的这些环境条件，同时也是本地居民可以共享的“公共品”，而且从享用人数和随意度来看，受益的主体反倒是本地居民。因此可以说，旅游业发展的最大受益者，归根到底还是本地居民。

然而，上面所说的这种理想化的效益，却又不是轻易可以得到的，所以需要地方当局以及本地企业、本地居民通过共同努力促其实现。因而，我们在新的一轮旅游规划修编时，就必须在规划中体现出为实现这一系列效益的总体安排。

（四）适应全民休闲活动的普及

科学技术的进步正在把劳动者从繁重的工作中解放出来，劳动生产率的提高已经带来了职工休息时间的普遍增多，越来越多的中国人在实现了温饱之后正朝着小康乃至富裕的方向奋进……尽管各地发展不平衡（还有一些居民至今未能实现温饱），但是从总体来看，老百姓已不再满足于原有的对最基础的生活的供给了，因此，休闲，也正在逐渐融入人民大众的生活，也正在开始发展成为民众生活的一部分。居民的这种需求，是在短缺经济时代所不可能产生的，是在生活必需品都无法得到满足时所不能想象的，也是习惯计划经济思维的人不能理解的。

在比较久远的过去，“休闲”的确曾经是上层社会的专有，所以曾经被贬斥“可耻”和“寄生”的奢侈；过去，劳动者也曾有过闲散的时候，但那往往是“失业”和“穷愁潦倒”的无奈。而在全球的今天，休闲的属性正在改变。除了此前人们共知的“休闲”与旅游相同相似的经济功能和社会功能外，如果从社会学的角度来考察，新时代的大众休闲，其意义和价值正在得到高度的重视。休闲，不仅对于作为自然人的消费者有着积极休息、心理放松、闲适消遣、个人健身、知识能力补进、审美趣味满足、挑战自我等的积极功能（或者说，就是沿着自然人个体放松的需求→享受的需求→发展自我的需求三个层次，从而达到其提高生活品质、发展个性、完善自我、体现生命意义的目的）；而且对于群体而言，还有着人际沟通、情感交流、价值认同、淡忘彼此恩怨、缓解社会冲突等积极的社会功能（或者说，就是沿着现代社会人类获得初等发展→中等发展→更高发展从而达到提高国民生活素质、尊重公民个性，维护人权平等、增进社会和谐，推动民族进步的目的）。[①]

休闲作为一种现代消费，它的供给包括市场供给和非市场供给两部分。非市场供给，又包括自我供给（个人、家庭、小的群体等的自我供给）和公益性供给（公共品的使用、社会公共福利的供给等）；但是，随着市场经济的发展，随着休闲消费的日趋普及化、个性化，休闲的需求也越来越需要更多的市场供给。因此，我们的旅游规划在进行新的一轮修编时，还应该注意发展对居民休闲的供给——既包括对外来旅游者的供给，也包括对本地居民的供给；既包括市场化的供给，也包括公益性的供给。笔者认为，这也应该是在旅游规划考虑效益扩张时必须注目的。

三、关于扩张的阶段性

在考虑地域扩张和效益扩张的时候，我们必须注意到，在多元的社会中，相关因素的相互影响力。地域扩张和效益扩张是新时期旅游规划修编时必须认真思考的，然而如何规划，如何安排，却需要根据相关条件和机遇进行科学的选择。不能一概而论，也不可能一蹴而就。应该根据事物发展的规律，密切注意扩张的阶段性。在扩张中的波浪式的发展，也应该视为正常现象。

比如效益扩张，如果从生态学、环境学、历史学、文博学等的角度来观察，旅游活动与生态、与环境、与人类遗产的紧密的良性互动关系正在被揭示，然而，如果要具体落实和具体运行，却还需要进一步的法制建设和措施探索。因此，在旅游规划修编时，我们应该对实现目标的渐进性给以更多的关注，从而作出有步骤有阶段性的选择，以期在规划的统一安排下，更好地发挥旅游——人类的这种异地体验和异地交流的活动对促进社会的发展、推动人类进步的作用。

① 引自刘德谦1999年8月在“共和国旅游业50年研讨会”上的发言。发言摘要稿“加强对旅游理论的研究”，载1999年9月2日《中国旅游报》；发言全文稿“中国旅游业发展的重大步伐与前瞻”，载1999年9月20日《江南游报》。1999年9月，本书作者在为谢彦君教授《基础旅游学》作“序”时，也引用了该发言中的这个内容。

附录：旅游的功能与人的全面发展[①]

① 2016年12月7日，国务院“国发〔2016〕70号”的通知，向全国印发了《“十三五”旅游业发展规划》。文件发布不久，《中国旅游报》向本书作者约稿，此文即为此而作，并已于2017年2月7日在《中国旅游报》第3版发表。刊载时，此文文题是作者原有的；文章副题“全面实施《“十三五”旅游业发展规划》笔谈之四”系该报所加。

基于旅游规划编制的终极目的就是要把创造人民群众的满意作为旅游业发展的根本目的，就是要通过旅游来促进人的全面发展，所以本书在讨论旅游规划编制时强调了人本思想之后，又把此文作为讨论旅游修编时的一个内容，以便与读者一起继续加强旅游规划中的人本思想。

旅游规划第四议：
优化旅游发展的四大战略

最新颁布的全国《“十三五”旅游业发展规划》，在它第二章论及“旅游业发展的新要求”时，明确地提出了“坚持以人为本”，“把人民群众满意作为旅游业发展的根本目的，通过旅游促进人的全面发展，使旅游业成为提升人民群众品质生活的幸福产业。”对此，我非常赞赏。因为，继续强调和坚持“以人为本”的基本原则，这就使得推动和协调旅游业发展的关键准则有了一贯性，也就使得旅游业发展有了持续性的强劲动力。

如果回顾一下近些年来国务院和各级地方政府有关旅游发展的文件，就可以感到，各级政府对旅游的功能和旅游与民众的关系显然是越来越关注了。如国务院2009年《关于加快发展旅游业的意见》提出的“坚持以人为本”“不断满足人民群众日益增长的旅游消费需求”“把旅游业培育成国民经济的战略性支柱产业和人民群众更加满意的现代服务业”，2014年《关于促进旅游业改革发展的若干意见》提出的“坚持以人为本，积极营造良好的旅游环境，让广大游客游得放心、游得舒心、游得开心，在旅游过程中发现美、享受美、传播美”，显然都对各个地方政府认识的提升作了极大的推动。最近的《“十三五”旅游业发展规划》提出的“坚持以人为本”，不仅与国务院此前2009年、2014年的两个文件密切呼应，而且还用“把人民群众满意作为旅游业发展的根本目的，通过旅游促进人的全面发展，使旅游业成为提升人民群众品质生活的幸福产业”的三句话，对2009年、2014年两个文件的相关内容进行了概括。

笔者对这三句话的认识是，第一句说的是发展旅游业的目的，第二句话说的是旅游所具有的对人的发展的功能，第三句话说的是在发挥旅游业的功能的时候造就我们的旅游业。而其中“旅游促进人的全面发展”，更是对旅游功能的把握。在这里，不妨回顾一下人们对旅游功能认识的进程。

“旅游”，这个汉语词汇虽然在我国六朝晚期才开始使用，但其用以指称旅行、游览和旅游接待的内容，却是远在先秦时代就早已有的。在英语中，“tourism”是源自“tour”的，其早期本意指的是旅游的理论与实践，而在现代社会使用中尤指服务于旅游者的旅游业；虽然英语中这两个词的使用都晚于汉语的“旅游”，但是其旅游现象的产生也同样悠久。而在国际上，由“tourism”和“travel”所共同指称的人类的旅游，却是有其国际共识支撑的。无论是联合国世界旅游组织所阐释的概念还是学者们就此提出的定义，都在很大程度上表现出了人类对此认识的一致性。

世界旅游组织《1993年旅游统计建议书》不仅把人们的旅游活动定义在人们由于休闲、事务和其他目的而到惯常环境之外的地方旅行，而且把旅游业由局限的假日市场扩展到了覆盖全球人口流动总框架的出行市场。而在《2008年国际旅游统计建议书》中，该组织又重申了旅游作为社会、文化和经济现象的属性，并指出基于度假、休闲娱乐、事务、健康、教育或其他目的而出行的人员的向其惯常居住地以外的地方移动，必然对目的地经济、自然环境、已建环境（人工环境）、当地居民及游客本身产生多种影响。如果用国外使用最广的旅游专业教科书《旅游学——要素·实践·基本原理》（Tourism：Principles，Practices，Philosophies）对其概念的梳理来说，则其所指的“旅游乃是由旅游者、吸引并接待其来访的旅游供应商、旅游接待地政府、旅游接待地社区，以及当地环境等所有各方之间的关系与互动引发的各种过程、各种活动及其结果。”可见现代人类生活中的旅游，的确是把目的地的服务业和目的地政府提供的公共服务，以及旅游的诸多影响和功能都纳入其中的。

尽管在现代旅游业发展的进程中，我国和其他多数国家一样，曾经从经济学的角度把旅游业视为国民经济的一部分，从而十分重视旅游的经济效益的发挥，但在百姓已经开始把旅游出行作为自己生活一部分的时候，随着旅游业的充分发展，研究者们在重视旅游的经济功能、经济效益的同时，也已经越来越真切地认识到了旅游的经济、环境、社会的三大功能，以及其产生的三大效益——经济效益、环境效益、社会效益。

所谓经济功能，自当指的是旅游业在各国国民经济中的地位所能带来的经济作用。这也正是现代旅游业以其自身的服务以及其与上游产业、关联产业一起形成的现代产业集群所能够发挥的功能。随着旅游最终消费的不断扩大，其在各个国家所汇集和整合的国民经济行业门类、大类、中类及小类正在变得越来越多；随着越来越紧密的产业集群像雪球般地越滚越大，其本身也以超越本国经济的增速向前发展着，以致成了许多国家或经济体经济发展的重要动能；并对各地扩大社会就业，对全社会的“反贫困”等发挥着十分积极的作用。

所谓环境功能，其首先指的是旅游的发展与环境、与生态的良性互动。因为人们的旅游出行，原本就是基于对宜人环境和优良生态的向往，所以它是天然的“环境友好型”的活动与产业。而人们的旅游（尤其是其中的观光活动），虽然它也需要使用资源利用资源，但比起许多第一产业、第二产业、第三产业来，其对资源的耗损量往往都是极低的，所以它理当归属于“资源节约型”的活动和产业。正是基于人们旅游出行是对宜人环境和优良生态的向往，所以它在保护环境、优化环境和促进人类与自然和谐方面都有着难以估量的巨大作用。

所谓旅游的社会功能，指的是旅游现象对旅游者个体、群体和人类社会发展和进步产生的积极的推动作用。尽管史料已经显示，我国先民在很早以前就已认识和体验到了旅游活动对人们获得欢乐、陶冶情操、开阔眼界、增长才干、促进交流，以及减轻个人忧伤等方面的作用，可是史料中对此的系统研究还不是很充分的。而在40多年前的“文化大革命”动乱年代，老百姓的旅游活动更成了“大批判”的对象，直到1979年小平同志黄山讲话唤起政府部门和经济学人对入境旅游经济效益的重视时，国人的旅游活动，仍然处在“不提倡、不宣传、不反对”的自发发展之中。由于旅游活动实在与百姓生活密切相关，所以在改革开放的总格局下，我国百姓中的旅游活动开始从国内发展到出境，其发展势头更从渐进转为迅猛，加之业界旅游服务的及时跟进，国家层面政策的调整，因此近40年来中国老百姓的国内旅游和出境旅游都得到了极大的发展。

在推动人们对旅游社会功能的认识方面，在推动人们对旅游价值的认识从过于偏重单一的经济价值走向经济、环境、社会三大价值的转变中，我国的旅游学界也是功不可没的。

在1999年9月《中国旅游报》邀请全国专家举行的“共和国旅游业50年研讨会”上，笔者曾就我国旅游研究者的研究成就做过一些概述。笔者也曾说到，如从更深一层的意义来观察，我国公民旅游活动的大量产生，将使人们对旅游业的发展前景产生更深一层的认识，即旅游业的发展已经使得旅游者的异地旅游消费越来越难于与本地居民在本地休闲做出本质的区分。同时，作为居民的一种异地的生活方式（与居民常住地生活相对应，与居民常住地工作劳动相对应），作为居民工余生活的一部分，除其包含的经济内容外，居民的旅游活动和其他休闲活动所固有对于自然人个体的功能——消遣放松、增进身心健康、知识能力补进、审美趣味满足等这些功能，其对人类群体的功能——在人际交往和群体交流中获得价值认同、人权体现、进步推动等，都会因为人类旅游交流的机遇而得到了切实的增进。

虽然世界旅游组织所进行的国际旅游统计专注于旅游的经济效益，但如注目并分析世界旅游组织自1980年以来发布的30余则“世界旅游日”年度主题口号，则不难看出，其所强调的也都是对人类旅游生活的各个视角的认识，表达的也是对人类全部旅游活动的关注。诸如“旅游业的贡献：文化遗产的保护与不同文化之间的相互理解（1980年）”；“旅游和假日对每个人来说既是权利也是责任（1983年）”；“旅游：全民教育（1988年）”；“旅游：促进社会经济一体化和各国人民相互了解的途径（1992年）”；“旅游业：宽容与和平的因素（1996年）”；“旅游业：21世纪创造就业和倡导环境保护的先导产业（1997年）”；“生态旅游：可持续发展的关键（2002年）”；“旅游：消除贫困，创造就业和社会和谐的推动力（2003年）”；“旅游为妇女敞开大门（2007年）”等等，如将这些关注也大致作一个功能的分类，那么这些口号所要提升的也大多是人们应有的对旅游的经济效益、环境效益、社会效益的认识。

在我国旅游研究不断深化的进程中，研究者的研究也正在与国际的研究汇合，尤其是近20年来，大家对旅游的研究也已不再局限于对旅游经济的研究上，也不再满足于对旅游行业微观研究的已有成就，从而已经在整体上逐渐将其作为了民众福祉的一部分来研究，作为幸福产业来研究。

当前，全国居民境内旅游和出境旅游之所以获得了前所未有的发展，除了居民可自由支配的收入和时间的客观条件已经大为改善外，更在于老百姓感受到了旅游活动开展对于其自身发展的价值——积极休息，促进心身健康；与亲友共享欢乐，增进亲情友情；开阔眼界，提高文化素养和思辨能力；陶冶情操，培养审美趣味……现实的发展证实，旅游的这些社会功能，在自然旅游、生态旅游、健身旅游、文化旅游、科教旅游中，已经得到了很好的体现。其实，在本文上述的旅游的社会效益中，无论是其对人们个体或是群体的价值，都明显的是服务于人的发展的；而经济效益、环境效益的取得，同样也在创造着人们个体和群体获得发展的环境和物质基础，创造着民众的福祉。

前面本文述及的近些年国务院和各地方政府关于旅游发展的文件，最近的《“十三五”旅游业发展规划》对“坚持以人为本”和“旅游促进人的全面发展”的强调，正标志着全国上下对旅游功能的认知已经获得了新的共识。

也就是说，新五年我国旅游的发展，定将使旅游业成为国家促进国人全面发展的努力的重要组成。由此看来，“坚持以人为本”，“把人民群众满意作为旅游业发展的根本目的，通过旅游促进人的全面发展，使旅游业成为提升人民群众品质生活的幸福产业”，正是落实《“十三五”旅游业发展规划》各种战略部署的关键。也正因为有了这样的目标与准则，展望未来五年，我国旅游在新发展中定将克服此前的弊病，广大民众所期待的减少出行不便，缓解旺季拥堵，丰富多样供给，推动诚信经营，让旅游者获得令人愉悦的体验与感受……如此高品质的旅游生活前景，定将是可望又可及的。

05

旅游规划第五议：旅游规划的区域协同[①]

区域旅游合作机遇与旅游合作的规划

——中国北方旅游发展的新机遇

面对区域旅游合作的规划思考

——当前中国区域旅游合作的难点、机遇与实操

关于京津冀旅游协同发展的回望

① 本议题的两篇文章，系作者2007年7月和9月先后出席“2007中国北方旅游发展高层论坛”和“第十二届全国区域旅游开发学术研讨会暨浙江区域旅游合作大会”的大会发言。基于两个会议发起方和参会者的差异，故前一篇发言较倾向于实操性，后一篇发言较趋于学术性。这也正好反映着该年作者从理论与实践两个侧面对区域合作与旅游规划关系的综合思考。如将二者配合起来阅读，或者可以了解到作者对区域旅游合作与旅游规划关系的一些看法和想法。

区域旅游合作机遇与旅游合作的规划①
——中国北方旅游发展的新机遇

① 本文为作者2007年7月8日在“2007中国北方旅游发展高层论坛”对业界和管理层的发言稿，除了提供会议论文集使用外，此前未在其他报刊上发表。会上演讲时的PPT，使用的是本文的副标题“——中国北方旅游发展的新机遇”。因为这里的书面稿中，有一部分只是PPT上的发言提示，所以文字的表述中往往显示出了一些“语言的跳动”。

由于此文不少都是对发言时有关资料的分析，所以在本书收入的此文下，本书作者不得不以较多的“2017年作者校后补注”来提供一些新近的资料。

这里想跟大家一起来讨论三个问题：一、五彩斑斓的中国旅游；二、个性凸显的需求走向；三、合作务实的整合分工。

第一个问题是说，我国的旅游活动和旅游供给已经越来越多样，越来越丰富。

第二个问题是说，居民旅游需求的变化是一个永远不会间断的过程。

第三个问题，是想进一步明确地指出，北方10省区（其中自然包括北京市和天津市，下同此）在这一发展机遇中，应该如何用新的规划来推动新的合作，来适应这个新机遇。

其中，重点是第三个问题。

一、五彩斑斓的中国旅游

就中国旅游业的进程而言，当前中国的旅游产品正展现出日趋丰富的态势，真可谓“红、黄、蓝、白、绿”五彩纷呈——

黄——黄山、黄河、黄土地，对中华大地和黄帝子孙创造的与中华文明的游览与领略……这个产品系列，这在十几二十年前最为突出。

蓝——蓝天，碧水，沿海都市与水滨景色的旅游与休疗……这在最近十几年最为突出。

白——千里冰封，万里雪原，茫茫银白世界的观光嬉戏与冰雪运动……这在最近几年最为突出。

绿——苍翠的森林，无垠的草地，刚刚成熟的鲜果，青黝黝的庄稼，还有绿水环绕的村庄……这是乡村旅游和生态旅游为旅游者开辟的新天地。这尤其在最近几年最为突出。

红——岁月的沉淀，红旗的故事，唤醒了人们的记忆与遐思……2005年以来，是它的新的高峰时期。

当然了，如果考虑到居民需求的不断变化，考虑到居民旅游需求的个性化趋向，我们的旅游供给自然还需要更加多样。

二、个性凸显的需求走向

旅游业的变化是由市场决定的，而市场的变化又取决于消费者的需求。现在，不仅中国老百姓的生活在不断变化，整个世界的消费思潮也在不断变化，因此，发生在中国的旅游需求的变化，也将是一个永不间断的过程。

如果认真一下，那么，我们对其当前显现的现象，我们还可以从下面8个方面进行更深入的探索——

（一）地点，注目新鲜与稀罕

人们常常把旅游活动目的称为“求新，求知，求逸”。这种说法虽然不够准确，但是，却可以简单而概括地指出旅游者的目的特征。旅游者对新鲜目的地的向往，近年，除了冬季北方的继续走俏、乡村旅游的升温外，新辟旅游目的地旅游、西部旅游（包括青藏高原旅游、陕甘宁旅游、新疆旅游）、台湾地区旅游等，都将逐渐成为新的热点。而2006年7月青藏铁路正式通车后开通的北京、上海、广州、成都、西宁、兰州至拉萨的旅客列车，便是更加平民化的西部旅游的极佳机遇。此外，还有正在兴起的探险旅游。

（二）近地，热衷自驾与亲朋

由于时间和道路的便捷性，近地旅游常常是居民出游的第一选择。我国国内旅游的统计也证明了这一点。近年，随着私有轿车陆续进入中国百姓家庭，自驾车旅游也开始成为中国城镇居民的爱好，近几年三个黄金周和周末的自驾车旅游潮，就是有力的证明（有消息甚至说，2006年春节，北京、天津、苏州、成都和三亚等一些大中城市的信息显示，自驾车出游已经占了短途旅游的2/3的分量）。

据统计，到2006年底，中国居民拥有私家车的数量将达到1700万辆，与2000年的625万辆相比增加了近3倍。在2006年的第五届中国汽车产业发展高峰年会上，有专家介绍，从“八五”初到“十五”末，十五年间中国私人汽车拥有量占汽车保有量的比例已经从15.8%上升至58.5%。[①]

（三）观光，讲究主题与深度

随着国内旅游的发展，旅游者也在消费活动中逐渐成熟起来，加之消费思潮的日新月异，因此旅游萌芽期的走马观花已经难以满足消费者的需求。近几年，越来越多的旅游者和旅游经营者都已经注意到了旅游的主题和深度，即使是观光旅游也是如此。近年，出境旅游的这一倾向已经有了相当的显现，可以预见，这一倾向在今后也

① 2017年作者校后补记：据中央人民广播电台“中广网”2016年1月25日消息称，据公安部交管局统计，截至2015年底，我国居民家庭拥有的私家车已达到1.24亿辆（与2014年相比，增加1877万辆，增长率达17.77%）。全国平均每百户家庭拥有31辆，其中北京、成都、深圳等大城市平均每百户家庭拥有量超过60辆。据2016年5月出版的《中国自驾游发展报告:2015—2016》（刘汉奇、吴金梅、马聪玲主编）粗算，2015年我国全年自驾出游人数已达23.4亿人次，约占全年国内旅游总人数的56.5%。

据2017年1月12日“中国道路运输在线”引据公安部交管局统计称，截至 2016 年底，我国居民家庭拥有的私家车已达1.46亿辆（与2015年相比，增加2208万辆，增长率为15.08%）。全国平均每百户家庭拥有36辆，其中成都、深圳、苏州等城市每百户家庭拥有私家车量已经超过70辆。

必将越来越明朗。关于这一点，不仅在全国各地的旅游广告中已见端倪，而且在各省市县“十一五”规划的编制中也已经开始表现出来。

（四）行程，开始试调与自主

虽然全面个性化的旅游时代还没有到来，但是个性化的趋势已经越来越显现。最引人注目的，不仅一些传统旅行社开始接纳个人和亲友组合的行程定制，甚至一些旅行社还开始了面向自驾车旅游的自选式“菜单”服务。在北京、上海等大城市的团队旅游，也已经开始出现由旅游者自己组团、自定时间、自定线路、自定日程、自定标准的“五自旅游”业务。加之近几年赴港澳“自由行”的启示，从发展趋势看，目前旅游者自己制订线路的消费方式，在未来的国内旅游业务中还有进一步蔓延的可能。这种所谓DIY式的自点菜单的旅游消费，或者就是扬克洛维奇营销顾问公司（Yankelovich Partners）在旅游趋势观察报告中所指出的，世界旅游中正在发生的“从以目的地为中心向以游客为中心”的转变。①

（五）游乐，更爱新潮与心跳

早年中国的传统旅游，比较注目于清净与闲适。但是受现代思潮影响的年轻人，却更喜爱快节奏的游乐与刺激。与观光游不同的是，游乐旅游有更多的参与，不只能够带来更多的愉悦，而且常常伴随着挑战自我。2004年北京环球嘉年华52天创造1.2亿元惊人收入的原因，就是因为它“狂欢节”式的游乐活动吸引了102万人次的游客。有资料显示，这些游客不仅有大量的北京青少年，也有大量专程从北京周边城市赶来的旅游者。不可否认，新潮新异和令人心跳的游乐旅游，将是国内旅游今后发展的不可或缺的重要组成。深圳“欢乐谷”的长盛不衰和北京等地的“欢乐谷”的开业，也已经引起更多旅游者和旅游经营者的更多注目。②

（六）休闲，趋向健身与轻松

当人们不再以观光旅游作为唯一选择的时候，慢节奏的休闲便自然而然地补充了进来。在闲暇和休息时，老百姓自然可以有许多的选择；一部分工作负担较重的职工，常常更偏于选择闲适和轻松的休息。人们对城市周边的农家乐的选择，大多属于这种需求。而另一部分对自己身体

① 2017年作者校后补记：据艾瑞咨询2016年6月发布的《2016年中国在线旅游行业年度监测报告》，2015年中国在线旅游的跟团游市场规模为312.0亿元，2015年中国在线旅游的自助游市场规模却已达388.7亿元。如仅从在线旅游来认识，具有DIY较多元素的自助游，目前其市场规模就已经超过了跟团游（即传统意义上的“团队旅游”出行）。

② 2017年作者校后补记：其实在主题公园的主题分类中，游乐类是最聚人气的。如华侨城集团，它下属的主题公园很多，诸如锦绣中华、民俗文化村、世界之窗、欢乐谷、东部华侨城等，应该说都是相当成功的，但是它复制推广到全国的，除了深圳欢乐谷而外，还有北京欢乐谷（2006年）、成都欢乐谷（2009年）、上海欢乐谷（2009年）、武汉欢乐谷（2012年）、天津欢乐谷（2013年）的几家连锁，也就是说，华侨城集团已经从实践经验中意识到了，高档次的游乐性主题更具普遍的吸引力。

更为关注的职工，却更乐意选择健身活动，在自己常住地选择去健身房、体育馆，在外出旅游时便选择去温泉或度假村。与此相似的，是欧洲一些国家正在流行的“健康旅游”（wellness tourism）。所以，“农家乐”“度假村”等不仅还有巨大的发展空间，而且如何创造更优环境、如何丰富健身和轻松的内涵，也是应该再加一把力的。

（七）高档，追求野趣与豪华

高档的旅游需求，也同样不应忽视。他们的旅游活动，往往便选择了远离大众游客的地方。或者这就是国外所谓的“野奢”（rustic luxury）——在荒凉的地方享受着奢侈的旅游生活，以赢得更多的私人空间与更多的个人体验。漠漠的孤岛，茫茫的草原，浩浩的沙漠，磊磊的山崖，片片林树，霭霭雾云，一顶帐篷，一缕炊烟，一幅耳机，一杯咖啡……但是最好还能就近有一家一应俱全的现代化豪华酒店，这就是他们的需求（我们不应该反对他们的正当消费，但是，保护生态却是必须注意的）。与此相似的，是一些并不十分富有的年轻人，也有类似的旅游喜好。因此，对于这种需求潮流，也同样应该给以适当的注目。

（八）不便，暂且观望与卧游

旅游供给贴近群众，“方便”“经济”常常是不可缺少的。但是，我国目前仍有相当多的居民不具有选择旅游消费的实力。对于他们，地方政府应该考虑给予更多一些的关注，如杭州西湖的不收门票、河南省首先开创的历史文化遗产日（全省6个城市的67个博物馆和历史文化遗址对公众免费开放两天）等，都是很有意义的开创性举措[①]。而另一些已经具备条件却暂时没有选择旅游的居民，或者因为一时抽不出时间，或者因为某种顾虑……所以也选择了观望；不过，他们却常常在书本中、在报刊上、在电视或电脑里“卧游”。其实，应该说他们都是潜在的旅游者；而旅游环境和旅游服务的改善，又必然促使他们从观望到实践。

三、合作务实的整合分工

（一）我们的机遇

2006年，作为“十一五”规划的第一年，国内旅游的发展尤为突出，其旅游人数的15.0%的增幅，旅游收入的17.9%的增幅，都是自“十五”规划以来（除了2004年特殊的复苏外）所从来没有过的。

① 2017年作者校后补记：这些年来，在一些经济发展较好的城市，向游客免费开放的旅游目的地已经越来越多。除2008年文化部等四部门《关于全国博物馆、纪念馆免费开放的通知》推动的全国多数博物馆、纪念馆等向社会免费开放外，不少省市继杭州西湖免费开放后，也陆续推动了不少著名景区的免费开放，如长沙橘子洲景区、南京中山陵陵寝区、济南大明湖新老景区等；江西等地还推动了旅游景区的阶段性免费开放；北京等地还推动了景区、私家博物馆乃至部分学校、科研院所等的免费开放日。

虽然国内旅游的出游率仅为106.1%，而且城镇出游者中以短途旅游和一日游居多，农村出游者以探亲者最多，旅游服务覆盖面也尚有缺失，但是，其发展态势仍然十分可喜。这在一定程度上，除了反映着中国居民收入的稳步增长和生活质量的不断提高外，也反映着国内旅游的价格与部分中高收入居民的消费水平的适应，随着中国居民的消费信心的逐渐增强，国内旅游的发展前景越来越让人感到乐观。

请见表1所列。

近10年中国国内旅游的发展走势 表1

年份（年）	国内旅游			
	人次数		花费	
	数值（亿人次）	增幅（%）	数值（亿人民币）	增幅（%）
1997	6.44	0.8	2112.7	29.0
1998	6.94	7.8	2391.2	13.2
1999	7.19	3.6	2831.9	18.4
2000	7.44	3.4	3175.5	12.1
2001	7.84	5.4	3522.4	10.9
2002	8.78	12.0	3878.4	10.1
2003	8.70	–0.9	3442.3	–11.2
2004	11.02	26.7	4710.7	36.9
2005	12.12	10.0	5286.0	12.2
2006	13.94	15.0	6229.7	17.9

如此速度的增长，足以说明，中国老百姓国内旅游的需求，必须有更加丰富的产品与服务来适应。

2006年来华的入境过夜旅游者增长为6.6%，已达4991万人次。

虽然2006年的出境旅游与上年相比，仍然有了稳步的增长；可是，如果与2004年出现的增长（26.7%）和2005年出现的增长（12.1%）比较起来，增幅却低了许多。

如果对比“十一五”时期入境旅游发展指标，到2010年，接待入境过夜旅游者应该是6880万人次，旅游外汇收入应该是470亿美元。

那么，过夜旅游者需要年均增长8%，旅游外汇收入需要年均增长10%。2006年，我国入境虽然在总体上依然显示出了稳步的一面，也高于世界的平均增速（尤其是入境旅游的收入增长），但如果与目标比较，却也还有一定的欠缺。

旅游规划第五议：
旅游规划的区域协同

世界旅游组织秘书长弗朗西斯科·弗朗加利今年1月29日在马德里的新闻发布会上，曾经说到了“2006年新兴旅游目的地继续发展”的这个世界性的突出特点，其中不仅非洲成为世界旅游业发展最快的地区（2006年接待入境过夜旅游者比上年增长8.1%），亚太地区也继续保持快速增长（其增长为7.1%，而东南亚地区增长更高达10%）。中国的入境旅游不仅要面对人民币升值所带来的价格劣势，还要面对新兴目的地的挑战。

最新资料

近年中国旅游发展走势数据摘要

如据迄至2017年的数据，则近年我国旅游发展走势带来的机遇也同样是十分明显的。下面是国家统计局发布的2008至2017年《国民经济和社会发展统计公报》现实的2007年至2016年的10年中，我国居民的国内旅游（或称“中国大陆居民的境内旅游”）及其消费需求的高速增长。

2007~2016年中国国内旅游的发展规模

年份（年）	国内旅游			
	人次数		花费	
	数值（亿人次）	增幅（%）	数值（亿人民币）	增幅（%）
2007	16.1	15.5	7771	24.7
2008	17.1	6.3	8749	12.6
2009	19.0	11.1	10184	16.4
2010	21.0	10.6	12580	23.5
2011	26.4	13.2	19306	23.6
2012	29.6	12.1	22706	17.6
2013	32.6	10.3	26276	15.7
2014	36.1	10.7	30312	15.4
2015	40.0	10.5	34195	13.1
2016	44.0	11.2	39390	15.2

资料来源：2007—2016《中华人民共和国国民经济和社会发展统计公报》

与之同时，2007~2016年的入境旅游却表现为较大的波动，虽然入境过夜游客的波动的幅度较小，但在总体趋势上却仍然大体与入境旅游总趋势同步。其间，人民币对美元的贬值也产生了一点对入境游客的拉动作用，但在复杂的国际挑战中仍然没有对入境游客产生太多的引力，这是中国各地旅游拓展不能不关注的问题。请见下表所示。

2007~2016年入境过夜旅游的波动

年份（年）	入境旅游			
	过夜人次数		旅游外汇收入	
	数值（万人次）	增幅（%）	数值（亿美元）	增幅（%）
2007	5472	+9.6	419	+23.5
2008	5305	–3.1	408	–2.6
2009	5088	–4.1	397	–2.9
2010	5566	+9.4	458	+15.5
2011	5758	+3.4	485	+5.8
2012	5772	+0.3	500	+3.1
2013	5569	–3.5	517	+3.3
2014	5562	基本持平	569	+10.2
2015	5689	+2.3	1137	+7.8
2016	5927	+4.2	1200	+5.6

因此，在我国目前仍然强调大力发展入境旅游的时候，中国北方省区对中国旅游业发展的贡献，必须，而且也有可能较好地显现出来。

这也正是北方旅游发展的新机遇。

显然，我们正面临着一个旅游发展的新时代。因此旅游主管方面和旅游规划编制者都应该做好准备，以迎接“新产品、新主题时代”的到来。

其原因在于：

1. 全球性消费新思潮的涌动；

2. 旅游者旅游次数的积累；

3. 旅游者对原有产品类型的逐渐熟悉；

4. 个性需求的发生与发展。

因此，逐渐成熟的消费者已经不再满足于原有的供给。

北方各省区应该更加努力，以使自己对这个“新产品、新主题时代”有更多的响应。

在这方面，北方各省区是有优势的：

1. 北方不少省区都有后发的优势；

2. 北方各省区的资源赋存的特色相当；

3. 北方各省区在交通方面已有的枢纽地位；

4. 北方各省区的区内客源丰富。

关于以上四点，说明一下。

北方各省区的后发优势——

北方10省区旅游发展的存在差异，原有的开发不足，正好为新的开拓留下了广阔的发展空间、互补空间、互助空间。

北方各省区的资源赋存——

明显地存在着：①独特性；②差异性；③连接性；④互补性。

北方各省区的交通枢纽——

①出入方便；②口岸城市不少；③航空、陆路、水路类型多种，便于立体换乘。

北方各省区的区内客源——

……

这次论坛的主题“加强旅游合作，共促北方发展”，提得很好。从这之前北方合作的进程来看，这次的“北交会”就是大家努力的成果。现在，我们的会议已经开得不少了，交流也不少了。

所以今后发展的关键，还在于新的更具体的行动——

（二）我们的行动

我个人的粗浅领会，今后的这个行动首先可以着重这样的三个方面：整合（先汇精品，志在务实）；规划（共商纲领，科学分工）；协调（高层发力，携手前进）。

1. 整合：先汇精品，志在务实

2000年中国旅游未来研究会的“宁波会议”曾经对21世纪中国旅游发展作出了38

项预测，其中，有一项就是——21世纪中国旅游业的竞争将首先表现为争先恐后。

北方10省区今后旅游业的发展能不能走得更靠前一些呢？这里虽然先说其一，但是我还是想把上面的三点结合起来叙述。

“整合：先汇精品，志在务实”，我个人建议，北方10省区合作的下一个重点，必须首先努力来打造共同的精品。

诸如，这样的主题线路——

熔铸自然与历史的“中国黄河纵深游”；

体验民族民俗传承的“蒙满风情游”；

见证工业文明的“中国工业遗产游”；

……

如果意识到旅游所追求的常常是体验和经历，我个人认为，下一步是不是可以由北方各省区市联合推出20项（或30项）新主题旅游的重点活动（或者旅游项目）。这里姑且称之为“二十新品”或“三十新品”。

现在，全国各省市区几乎都注意到本市本省本区旅游产品推广，这是很好的开端。但是，一个省、市、区的推广，在老百姓那里，就是省市区级的品位，除了全国已经有了定论的“名胜古迹”外，尤其是“新品”，更好像仅仅是一个“地区性的”产品一样，难于形成强大的引力；或者推广起来常常需要好几年甚至十几年。

因此，这就需要合力。

10省区共同来推出“新品”，自然远远胜过一地一省来推出。十个人同时说一句话，远胜过一个人说十句话。这就是合作的优势。

新品的推出，自然有赖于开发。开发的重点，其实更在于“发掘”。

但是，新品的推出，一次又不能过多。要把握这个原则。把握原则的办法，可以是分年度的多年连续（实在想多，前次可以预告“即将”，后次可以是“继续推进”）。

国外连监狱旅馆、黑暗餐厅都能成功。我想，只要我们努力，我们就一定能够把具有意义的新主题、新产品贡献给旅游者。

例如：

①森林。

北方10省区几乎都有森林。能不能选三两省区作为重点，首先推出经过精心设计的“森林旅游”产品，除了一般化的森林公园的内容，除了对森林的科学的认知、对生态理念的培养外，完全可以进一步开拓。

进一步开拓出内容充分的包括森林浴在内的森林疗养、森林保健（充分利用负氧离子，精气——植物散发的以芳香性碳水化合萜烯等为主体的有益气体等），开展极为多样的活动，建设符合环保的科考旅游和现代健身的森林旅游设施，乃至包括人工仿真的“树上旅馆”等等。

②山。

出北方10省市都有山，而且还有五岳中的东岳泰山、北岳恒山，也有佛教四大名山的五台。以前这些方面的旅游，除了大家已经比较熟悉的“名山”的人文重心外，当然还必须增多此前大家比较忽视的“山”的自然属性的发掘等等。

进一步开拓，比如，就不妨选择人们过去很少去的五台山的北台，开展比较适应于大众的华北第一高峰的登山运动，发展体育运动旅游和探险旅游。

③火山。

山，还有火山。除了黑龙江的五大连池火山群，吉林的长白火山群，山西的大同火山群等各有特色外（如前者的火山喷发岩浆所形成的极为壮观的玄武岩地貌，中者的天池和四时美景，后者的火山灰堆积层等），自然还有阿尔山天池和温泉群。

进一步开拓，除了上面的壮观景象和科学知识传播外，温泉开发是否应该有更多的新思路。现在开发的，多为多种方法的“泡汤”（多种形式的“洗澡堂子”），或者嬉戏。应该有更多健身理念的科学温泉浴的安排，包括不同皮肤对不同温泉水质的适应；科学的时间允许值；在其间的SPA的充分运用（美体、美容、健身、疗疾等）；而且还应该有多种档次，以增加其适应面并在一定程度上体现社会平等的原则。

比如内蒙兴安盟的阿尔山（意为“神泉”），肯定就可以成为北方10省的“二十新品”之一。

④沙漠。

沙漠，除了现在已经有的对沙漠的观光和沙漠的简单穿行外，似乎就应该有关于沙漠旅游、沙漠探险的进一步的开拓与安排。

比如经过精心设计的沙漠探险的项目。除步行外，不仅要有多样的交通工具的准备，有沙漠营地的准备，而且还要培养出具有沙漠旅游和沙漠探险经验的组织机构，包括有详细的线路安排，有卫星定位设备、有有效的通信设施、有救援设施、有救援组织和救援预案的比较完善的经营和管理的系统。

⑤草原。

草原的退化是让人痛心的。现在除了平坦的一望无垠的浅浅草地和与其呼应的牛羊合成的草原景观，除了蒙族同胞多样的民俗风情外，还应该对草原丘陵和高山草甸给以更多的注目。

比如内蒙东北部的一些草地，深草绵延起伏的美景，风吹草低见牛羊的震撼力，就可以作为生态保护与生态保育教育的草原旅游的选择。

⑥海。

10省区中，有4省市都临海。不可否认，北方省市海滨适合休息、嬉戏、疗养的优质沙滩有限。但是，沙岸、岩岸是各有特色的，作为泥岸的滩涂地也有滩涂生态的价值和意义，我们的旅游发展，应该努力引导旅游者去感受它、认识它。

天津海岸可能是被认为最不好的。但是如果进一步开拓，海盐的生产就可以成为一个富有引力的观光和科考的旅游项目。再进一步开拓，是不是还可以在科学研究和论证的基础上萌发"人造死海"的奇想（连四川的遂宁都可以造出来），那么观光、游泳、戏水、水疗、泥疗等等就随之而生了。

⑦还有奇异景观。

因为缺乏推广，北方十省区的许多奇异景观，也"藏在深闺人未识"。如山西宁武的"千年冰洞"等等。

⑧乡村旅游。

下面列举的主要指的是人文内涵的。比如北方的农村。

现在，江南乡村和集镇，已经有许多成为旅游目的地，并且推向了市场。而且，已经有不少在全国享有了盛名。其实，对那样的古镇，江南人也是见惯不惊的，小桥流水人家在南方也是比比皆是的常景。

而对于常住中国南部的旅游者和当前大中城市的市民，北方的乡村也同样具有魅力。比如河北、山西的山里人家，石墙、石瓦、石桌、石凳，一出门就是石台阶……而且那里民俗风情的传承也是相当丰富的。是否应该作为一个新的开拓的重点呢？

⑨民族民俗。

除了上面说到的蒙满风情和晋冀鲁豫的农村风情外，人情味十足的民族民俗在北方10省市也是十分丰富的。

比如白山黑水间的朝鲜、鄂温克、鄂伦春、达斡尔、赫哲等兄弟民族的风情，有些现在连知道的人也不多了。如果在尊重民族、尊重信仰、尊重习惯和注意遗产保护的基础上，经过精心策划和准备，以科考旅游的形式开展民族文化和民俗传承的教育，不仅其旅游引力是无限的，而且对民族文化的保存和爱国主义的培养也是十分有益的。

⑩自驾游。

在北方10省区，现在，京津等特大城市周边，节假日自驾游的拥堵已经常出现，而且，这种态势还正在往其他大城市周边蔓延。

为了服务居民的需要，也为了缓解当前自驾游的困境（打破当前我国自驾游面临的交通拥挤，道路信息和交通标志缺乏，而且几乎没有救援的尴尬局面），北方10省应该积极行动起来，共同选择几条路况好、使用率低的现有公路，推出几条自驾游的游路来。

在此基础上，进而在地广人稀的内蒙/东北选择一些路线，建设中国的旅游专用和半专用的“风景道”，在城市周边建设“游步道”，这应该是适应世界趋势的前瞻性的举措。

十项以下，就不一一列举了。

如果北方10省区要共同推出“新品”，这就需要合力。这合力应该是实际的行动，而绝不是简单的宣言或口号所能够实现的。

2. 规划：共商纲领，科学分工

昨天的研讨会上已经有了很多很好的发言，国家旅游局局长、国家开发银行行长、各省区的领导，还有企业界的领军人物，他们都讲了很多很好的意见。

昨天中青旅的葛群葛总在追溯“北交会”的历史时说，比起长三角和珠三角的合作来，北方10省区的合作已经不再是前列了。中旅总社的陈文杰陈总更直截了当地指出，在全国的区域合作中，现在存在着一种“重会议、重研讨、重形式、重宣言”的不良倾向。他们的这些话都是十分中肯的。

可能在座同志中有人还记得，20年前由北京旅游学会发起的“京津冀区域旅游合作研讨会”，今天的具有12年历史的“中国北方旅游交易会”，就是在这个基础上发展起来的。北方10省区的合作，在全国的确起步较早；现在，不应该停步不前，我们应该有新发展、新举措。

为了推进北方省区的合作，为了新发展，我们是不是应该有一个既适应于操作，又让合作各方都感到“得大于失”的立竿见影的合作方案呢？

现在无论是全球还是全国，大家都在谈合作，但是做起来却不那么容易。其实旅游业也一样。不仅跨省区的旅游合作不容易，即使一个省区内的合作也是相当相当不容易的。因为各个区域都有自身的情况，都有自身的利益，都有自身的发展阶段，都有自身的阶段性的关注重心。要大家都同步前进，的确是谈何容易的事情。

因此，要合作，就必须有一个规划，有一个共同的行动纲领，以期用来规定大家的合作内容，整合大家的有关努力，规范大家的相关行动，或者用来补充大家此前已经有的合作协议，或者代替一部分旧的规划。

不客气地说，现在的省区级规划的原有模式，已经越来越显出它存在的问题与不足。

这首先集中表现在它的“无所不包”的“大而全”。

应该说，在一个地方的旅游发展初期，这种大而全的旅游规划也是有用处的，他可以帮助旅游主管部门大致摸清这个地域旅游资源的状况，大致了解这个区域旅游发展的潜力，……但是，从这些年各地的发展实际和当地旅游主管官员反映的执行情况来看，反映在操作层面上，这种“无所不包”的“大而全”的“万象规划”，由于没有“着力点”和“抓手”，再加之时间的有限，资金的有限，人力的有限，因此，越是大而全就几乎越是难以落实，也就不免常常变成“纸上画画，墙上挂挂”的笑柄了。

据称，现在有的跨省区合作大区，也正在使用原来省区规划模式进行规划。如果这种规划不能从旧式省区规划接受教训，其所制定的规划可能也将会遇到此前省区规划相似的尴尬处境。

我们熟悉的旧式规划有三种。除了上面所说的“大而全”的“万象规划”以外，还有“各自分割”的“散点规划”和“资源导向”的“资源开发规划”。

散点规划，就是以较小属地为范围的规划。假如不是将自身的发展放到总体发展中去思考，如果借助美术图案的术语，也就成了一个个互不相连的“散点”了。

划定一定的区域考虑旅游开发并制定规划，原本是旅游发展的基础。以区域作为规划的单位，或者以企业作为旅游开发的主体，曾经是旅游规划和开发的最佳运作模式。因此，在相当长的一段时期内，“小区域规划”和权属模式的开发，曾经为我国旅游事业的发展做出了巨大的贡献。

然而，旅游资源的分布，却是由地理和历史因素形成的，因此，它不是人为的小区域的划分，或者企业权属，或者行政区划所能限定的。譬如某一系列的自然资源或历史资源，有时甲地有，临近的乙地也有；尽管甲地的某一部分可能优于乙地，可是乙地的另一部分却又优于甲地；甚至在不远的丙地，又存在着优于甲乙两地的自然和历史的赋存。

在旅游发展并未得到广泛重视的时候，散点式的开发并未显出什么问题；而今，当人们普遍发现旅游业是地方经济新的增长点的时候（或者普遍认为旅游业是朝阳产业的时候），面对这一资源的天然分布格局，各地的各自独立散点规划，或为企业视为“经济秘密”的散点规划，其所带来的，往往便是同一产品的重复开发，而且是不可饶恕的近地重复。

同类重复，近地重复，早已是人们公认的诟病，即使退一步说，这样的开发，哪怕没有出现两败俱伤的局面，也不可能生产出汇集五个指头力量的“拳头产品”来。因而，不少目的地游人寥寥也就不足为奇了。

省区规划原本可以帮助小区域规划克服以上的“散点”问题，但是由于它的“大而全”的模式，或者为了体现省区首长的“全面”“平衡”的思维，所以常常反倒成了包容各个“散点”的箩筐。

那么，北方10省区应该有一个什么样的规划，有一个什么样的共同行动纲领呢？

我个人觉得，除了上面所说的由北方各省市联合推出“二十新品”或“三十新品”外，似乎不妨先研究以下几个内容——

①研究各省区如何开发省区间的差异性的和互补性的旅游产品？

②如何共同招徕和接待跨省区的国内外游客？

③如何相互输送客源？如何实现互利的无障碍旅游？

④北方的京津鲁辽等，如何发挥自己已有发展的带动功能？其他省区如何发挥自己的后发优势？

⑤如何鼓励跨省区的旅游投资？

⑥现已存在的“北交会”，是否有下一步改进和补充的必要？

如此等等。

在以上的详细研究和讨论中，各省区也许就能够自然而然地发现自己的位置，从而在合作中找到自己的角色，并且进而在协商中明确各自的分工。这种分工也就水到渠成了。

比如，北方各省区，都有相近似的资源，也有相类相近的产品。尽管大家都有合作共赢的愿望，但是在竞争中，谁也不能说出“我强”“你弱”，或者说“我应该上”“你应该下”来。这中间除了距离较远可以在一定程度上避免近地重复和近地同质外，更重要的是，还需要各省区坐到一起来，共同研究如何发展差异性的产品（包括把相类相近资源开发为差异性产品），开发互补性产品。

有了差异性的产品，有了互补性产品，也就有了共同招徕和接待国内外游客的基础（而不再是热衷于同质竞争）。同时，也就有了更加广泛的合作的可能。

近几年，长三角、珠三角、泛珠三角、西南五市、东中部41市的无障碍旅游区的建设已经取得了极大的进展。虽然其中也不乏新的问题的出现，但是，允许合作区内城市间旅行社互设分支机构、鼓励优秀旅游企业跨城市连锁经营，以及逐步取消国内旅游地陪制等等的原则，也实在是新发展所必需的。北方省区虽然目前并不存在某些地区那种严重的障碍，但是更通畅的无障碍旅游区的建设也仍然有待于北方10省区的共识与安排。

无障碍旅游区的建设，有时不免会出现旅游弱势地区收益减少的现象。这就需要旅游发达地区的“让利”，就需要相互的协商与措施。因此，就必须更深入地共商北方的京津鲁辽如何发挥其已有发展所可能发挥的带动功能，以及如何规划出适当的补偿机制；而其他省区也需要就此共谋发挥后发优势，从而制定出共同发展的措施。

现在的“北交会”已经走过了10个年头，它所发挥的作用是毋庸置疑的。在我们充分肯定它的成绩的同时，大家也都发现了现在诸多交易会的“泛泛之交”的某些不足。因此，进一步的改进不仅是必要的，而且也更需要我们付出新的努力。

我们是不是不以考虑在此之外再举办一种更有实效意义的双边对口的展览交易会呢？

每一省区是不是可以充分利用已有资料每年另外再举办两次双边对口的展销交易会呢（每年集中力量与其他两个省市进行重点交流，同时进行对口的合作洽谈）。展销会不妨先面向当地居民开放（时间可以各为一周），有了居民的认知和购买热情，业界再商谈也就有了更可靠的基石，双方的买卖也就有了更多的基础和信心。

在展销会举办之前，本省区是否可以先统一思想，首先考虑“我们应该给对方一些什么东西？给对方的经营者（旅行社等相关企业）一些什么？”乃至“我们应该多给对方一些什么？”先拿出自己的优惠条件来，互相再商量。这种合作可能一开始就有引力。或者，这同时又是合作的多种方案的一个试点，如果可行，见了成效，就把它推广到与其他省区的合作中去。假如有问题，就再改进。

如果这样，最多只需4.5年，每一省区与其他9省区的双边合作或许就会有更实际更具体更周到的安排，北方10省区的全面的合作或者就会走入一个新的阶段。

3. 协调：高层发力，携手前进

前面已经说到其一（先汇精品，志在务实）和其二（共商纲领，科学分工），这里说的其三——高层发力，携手前进，也就是说，合作的立足点应该立足于整合，是不妨碍各自独立发展的整合，因而精品的成型，既是分工合作的供给又是共同引力的创造。而具体的行动规划，就不仅仅是规划师的事情了，或者反倒首先是多方决策人的责任。既是各方共识之所在，又是大家必须严格履行的行动纲领。而纲领所规定的行动，又需要不断地协调，不断地努力，因为旅游合作的涉及面实际上极为宽阔，所以就必须由合作各方的有职有权的高层领导人和责任人共同携手来完成了。

面对区域旅游合作的规划思考①

——当前中国区域旅游合作的难点、机遇与实操

① 此文原为作者2007年9月22日参加“第十二届全国区域旅游开发学术研讨会暨浙江区域旅游合作大会”的发言。2008年第3期《旅游学刊》发表时，使用的是发言时的题目《关于区域旅游合作的思考——当前中国区域旅游合作的难点与机遇》，其内容摘要和关键词是这样的“摘要：经过近三十年的发展，在实践运行和理论研究中，我国旅游业界和学界都越来越认识到区域旅游合作的重要意义。然而由于地区发展不平衡的现状、背景和各自的利益不尽相同，在近年的实际进程中，我国区域旅游合作的步法却仍旧缓慢，甚至踟蹰不前。本文意在从理论和实践两个侧面着手，分析当前中国区域旅游合作的难点、机遇和必要，并进而提出自己的有针对性的实操建议，期望能够以此为突破口推动区域旅游合作的进一步发展与深化”；“关键词：区域旅游；合作；难点；机遇；建议”。

旅游规划第五议：

旅游规划的区域协同

一、会议议题的强烈现实感

本次研讨会的主题是“区域旅游开发——地区合作与社会和谐”，其中的第一个子题是“区域旅游合作的机理研究”。

我想，研究区域旅游合作的机理，其第一步，自然就是要找出推动这一合作的原因、依据、核心动力、相互作用的过程，以及不断出现的阶段性结果；并从而研究出有关措施，进而推动其合作架构的建立，推动其共同的发展与繁荣。

近些年来，幅员辽阔的中国大地，正在形成一个个引人注目的包括了旅游合作在内的经济圈。所以我们2004年在编制的《旅游绿皮书》第四本的时候，就以特别组稿和征稿的形式，汇集了关于长三角、珠三角、环渤海、东北地区区域旅游合作与区域旅游发展的稿件[1]；在《旅游学刊》，2005年第一期编辑部文章《2004—2005：回顾与前瞻》[2]总结的第2件大的事项，就是“区域旅游合作蓬勃发展，长三角、泛珠三角、环渤海旅游协作区的形成，开启了区域旅游合作的新阶段”，文中所论述的“区域旅游合作，不仅符合旅游业进步的规律，也是居民旅游活动和旅游业自身发展的需要。2004年中国各大区域的旅游合作，除了上面三个耀眼的板块外，在西北、西南、华中、东北等等大小板块，不同层次的合作或正在启动，或正在激活。展望2005年，中国旅游发展的总格局还将继续沿着这一方向前进；在人们更加注目合作竞争与集群竞争的时候，中国旅游的地域竞争，将在经历了景点竞争、线路竞争、城市竞争三个阶段后，开始进入到它的第四个阶段——区域协同与跨区域竞争的新时代”等，曾一度引起了社会较多的注目。

但是，从发展的进程来看，由于多种因素的制约，目前我国区域旅游合作的这个第四阶段，至今仍然基本处于开始的“初期阶段”，所以，我们这次研讨会的题目仍然有它强烈的现实意义，具有它的前沿性。

二、区域旅游合作的难点

经济圈，以地域或经济的关联度将它们连接了起来。如果从理论上说，他们的合作，自当有利于资源配置的优化，有利于产业结构的调整，有利于生产的集约……甚至有利于最终消费率的提高。可是在实际运行中，结果却并不总是一加一大于二。

原因在于，合作区域内的这些地区，大多是因为相邻或相近形成的，其部分资源的同质化（相邻的小地区尤其如此），往往不可避免地导致了产品的同质化，加之部分目标市场的同一性，因此导致了竞争的不可避免。

关于合作，现在文章也许不少了。虽然写文章不容易，发表更不容易，模型构建、公式推导常常需要灵感，实地调研更需要傻力气，但是，比起具体的实际工作来，也许就显得较为容易了。所以，虽然大家也向往合作，谈合作的人也很多，合作的模式或方法也多种多样，可是无论国家间、国家内，还是某个小一些的区域，合作历程却往往很长，成功的往往有限，因为做起来实在不那么容易。

现在谈论共生经济的人越来越多了[3-5]。

人们正在研究或者已经开始寻找共生经济时代的区域发展模式，或者协调共生的增长模式。共生生态，来自生物世界，应该说这种共生并非放之四海而皆准的。我们人类比其他生物更有理智，所以愿意把共生当作理想状态去培育。当然了，对称互惠的共生模式，乃至共生一体的经济模式是更加诱人的。

但是理想与现实之间还有一段距离。在实际上，一体化是很难实现的。而且对于我国区域旅游合作而言，在相当多的地方现在还看不出它的迫切性。从20世纪1951年法、西德、意、比、荷、卢6国《欧洲煤钢联营条约》，到1965年6国《布鲁塞尔条约》经济共同体，再到1991年《马斯特里赫特条约》，其实已经经历了半个多世纪的历史，而且欧洲各国也为之付出了几代人的努力。姑且不说当年“七国集团”（为了与欧洲经济共同体抗衡，20世纪60年代由英国、瑞典、挪威、瑞士、奥地利、丹麦和葡萄牙组成的自由贸易区）与之的对抗和今天《欧盟宪法条约》在法国荷兰接连被公投否决的波折。

就中国的区域旅游合作而言，基于各个区域都有本地历史的沉淀，都有自身的发展环境，都有各自的发展阶段，都有各自的阶段性的关注重心，更都有自身的利益格局，所以要把大家捏到一起，都同步前进，那真是谈何容易。所以不仅跨省区的旅游合作不容易，即使一个省区内的合作也是很不容易的。

可能在座同志中有同志还记得，20年前由京津冀旅游学会发起的“京津冀区域旅游合作研讨会”，今天的具有12年历史的“中国北方旅游交易会”，就是在这个基础上发展起来的。但是，目前北方10省区的合作，却仍然停滞在交易会的阶段，新的开始目前还没有到来。

珠三角、长三角的区域旅游合作，前几年进展比较明显，最突出的是无障碍旅游区的建立。无障碍旅游区的建立与扩大，对旅游业的发展无疑是大有益处的，对旅游者（尤其是自驾游等游客）的好处也比较突出。但是就像是一阵风，现在人们几乎把它忘记了，连地方旅游主管当局似乎也不再提及。为什么？不仅因为其中的一些问题未能通过细化环节给以解决，而且还因为其有利于强者的倾向引来了逆向的推拒力。以致最终影响到了区域旅游合作的新进程。

合作，必须是互利。地区发展不平衡是中国的现状。即使是理论上所称的“寄生条件下的点共生模式”，对于双方来说，权利和义务也应该是对等的。某一方的让步也必须是自愿的。“自愿地合作”是合作的基础。只有这样，才能铺砌起较为稳固的合作平台，才能进而搭建合作的架构。

三、区域旅游合作的机遇

2006年，作为“十一五”规划的第一年，国内旅游的发展尤为突出，其旅游人数的15.0%的增幅，旅游收入的17.9%的增幅[6]，都是自“十五”规划以来（除了2004年特殊的复苏外）所从来没有过的。

虽然国内旅游的出游率仅为106.1%①，城镇出游者以中短途旅游和一日游居多，农村出游者以探亲者最多，旅游服务覆盖面业尚有缺失，但其发展态势仍然十分可喜。这在一定程度上，除了反映着中国居民收入的稳步增长和生活质量的不断提高外，也反映着国内旅游的价格与部分中高收入居民的消费水平的适应，随着中国居民的消费信心的逐渐增强，国内旅游的发展前景越来越让人感到乐观。中国老百姓国内旅游的需求的增长，必须有更加丰富的产品与服务的适应。

这些，既是中国旅游业面临的挑战，同时也是发展的新机遇。

而更重要的机遇是，中国旅游发展的新产品、新主题时代正在到来。

基于消费新思潮的涌动，旅游者旅游次数的积累，旅游者对产品类型的逐渐熟悉，以及旅游者个性需求的发生与发展，当前，逐渐成熟的消费者已经不再满足于原有的供给。如果注目一下当前旅游者的需求，可以感到旅游市场需求已经有着这些明显的特点：旅游目的地，人们更加注目于新鲜与稀罕；近地旅游，人们更热衷自驾与亲朋；观光，更讲究主题与深度；行程，开始试调与自主；游乐，更爱新潮与心跳；休闲，更趋向健身与轻松；高档，

① 2017年作者校后补记：出游率，既可以显示平均每个居民一年中出游的次数，也可以显示每百位居民在一年中平均出游的总人次数。此文这里的出游率，是就发言当时的2007年而言的，其最新数值，可据中华人民共和国国家统计局2017年2月28日《2016年国民经济和社会发展统计公报》的数据测算。测算显示，2016年我国大陆居民的国内出游率已经提升到了3.18次（318.2156%）；2016年我国大陆居民的境外出游率仍只有0.09次（9.7728%）。

追求的是野趣与豪华；即使目前未能选择旅游的居民，也在观望与卧游中等待[7]。

而区域合作正好就是当前中国旅游新产品、新主题开拓的最有底气的推力。

旅游新产品、新主题的开拓，也有着有关政策的利好。就在2007年9月，国家旅游局出台了《关于进一步促进旅游业发展的意见》，其中就特别指出，“我国旅游业面临着优化产业结构、转变增长方式、提升发展质量和水平的艰巨任务，迫切需要由粗放型经营向集约化经营转变，由数量扩张向素质提升转变，由满足人们旅游的基本需求向提供高质量的旅游服务转变。”[8]

比如《意见》的第三条就提出了：“要立足旅游需求、市场和特色资源优势，科学分析旅游产业发展前景，全面提升产业要素配套水平”，“旅游业发展后发地区要加快推进产业要素的发展”，“在巩固观光产品基础性地位的同时，切实提升旅游产品的文化内涵和科技含量；要依托良好的生态环境和丰富的休闲度假资源，积极发展休闲度假旅游产品，提高其开发、建设、经营、管理和服务水平；发挥专项旅游产品需求潜力大、附加值较高的优势，发展参与性、趣味性、娱乐性强的专项旅游产品；依托世界遗产地和国家AAAAA级旅游景区，打造一批旅游精品；大力开发红色旅游产品，使红色旅游与绿色环境、传统文化有机结合。”

又如第四条，就提出了：“促进旅游新业态发展”，“推动科考旅游、探险旅游、游轮游艇、海洋旅游、网络预订、旅游传媒、汽车俱乐部等新兴业态发展；促进与现代生活方式紧密相关的生态旅游、康体旅游、温泉度假、滑雪旅游、高尔夫旅游、自驾车旅游发展；促进旅游装备制造业的科技创新，推动旅游饭店、旅游景区、旅游娱乐等领域的设施设备及旅游房车、游船游艇、高尔夫设施、滑雪装备、野营设施、安全装备的研发和生产；跟踪了解太空旅游、深海旅游等旅游新领域的发展。”

以上这些，大多不是小地区所能够胜任的，都有待于旅游合作力量的发挥。

四、区域旅游合作的实务

今年7月，在“2007中国北方旅游发展高层论坛”发言中，我就曾针对当前各地说到区域旅游合作时的某种“重会议、重研讨、重形式、重宣言”的倾向对北方10省区的行动有个建议，我特别强调了“整合：先汇精品，志在务实”和“规划：共商纲领，科学分工”。

其中，我所建议的下一个合作重点，便是努力来打造并且联合推出诸如熔铸自然于历史的“中国黄河纵深游”主题路线、体验民族民俗传承的“蒙满风情游”主题路线、见证工业文明的“中国工业遗产游”主题线路，诸如跨省区或单一省区产品中的包括森林、山体、沙漠、草原、海岸、地貌景观、乡村旅游、民族民俗，以及自驾游等等产品系列或路线的“二十新品”或“三十新品”。

一是因为，前面我们已经讨论过的中国旅游发展的新产品、新主题时代正在到来。二是，就像“十个人同时说一句话，远胜过一个人说十句话”一样，以旅游合作区的共识来推出“新品”，自然远远胜过一地一省来推出。

前面建议所说的，其实是包含了两层意思：一是避免同质竞争的合作分工，一是促销协同的合力效应。

关于各地之间同质化竞争的危害以及防止的方法大家探讨得已经很多了。但是像北京王府井或者西单商业区的差异化经营却是经过许多年的教训和努力才最后实现的。

其实，众所周知的亚当·斯密和大卫·李嘉图等人的比较优势理论在这里也是有用的。在斯密看来，经济主体之间的利益关系并不像重商主义者声称的那样，一定是非赢即输的，而是可能实现双赢的；经济主体的利己，不应通过损人去实现，而应通过利他来实现，具体途径是，社会各经济主体按自己的特长实行分工，进行专业化生产，然后通过市场进行交易，从而在总体上实现社会福利最大化。[9]李嘉图的相对比较优势更认为，不论一个国家的经济处于怎样的状态，经济力量是强是弱，技术水平是高是低，都能确定各自的相对优势，即使总体上处于劣势，也可从诸多劣势中找到比较优势[10]。

在论及各国生产优势和国际贸易时，赫克歇尔和俄林是受到重视的。因为赫克歇尔和俄林的“要素禀赋”理论对比较优势的解释又进了一步。他们认为，在不同国家同种商品生产函数相同的条件下，比较优势产生的根源在于各国或区域生产要素相对禀赋的不同，以及不同商品生产在要素使用密集形式上的差别。因此各国应当以分工的理念生产出口那些密集使用本国相对充裕要素的产品[11]。

再后发展起来“内生比较优势”理论还认为，内生比较优势会随着分工水平的提高而提高：由于分工提高了每个个体的专业化水平，从而加速了个体人力资本的积累，这样，对于一个即使没有先天的或者说外生比较优势的个人，通过参与分工，提高自己的专业化水平，也能获得内生比较优势[12]。

比较优势是分工发展的基本驱动力。如果把上面理论中的“国家”换为“地区”（如幅员辽阔的国家里的一个省或市），把一般性商品换为“服务”，把国与国之间的贸易换为面对共有的市场，情况也是差不多的。那就是各个地区都有着自己的比较优势，或者是绝对比较优势，或者是更为普遍的相对比较优势，或者是各自要素禀赋的优势，因此在区域旅游合作中，各地完全可以各自生产自己的优势产品，并且由区域旅游合作的举措将它向共同的市场推广，从而形成合作区的共同引力；或者合作生产多样产品并将它们推向共同的市场。

要合作，就必须有一个规划，有一个共同的行动纲领，以期用来规定大家的合作内容，整合大家的努力，规范大家的行动，无论是以此作为重新开始，还是用来规划，都是前进中十分关键的步伐。这里想把今年7月在“2007中国北方旅游发展高层论坛”发言稿所说的合作中的问题和建议再次提出来，希望听过的同志再忍受一下我的叨唠。

如果实事求是的来考察，应该看到，现在的省区级规划的原有模式，已经越来越显出它存在的问题与不足[①]。

这首先集中表现在它的“无所不包”的“大而全”。

但是，从这些年各地的发展实际和当地旅游主管官员反映的执行情况来看，反映在操作层面上，这种“无所不包”的“大而全”的“万象规划”，由于没有“着力点”和“抓手”，再加之时间的有限，资金的有限，人力的有限，因此，越是大而全就几乎越是难以落实，常常也就不免变成了“纸上画画，墙上挂挂”的谈资了。

据称，现在有的跨省区合作大区，也正在使用原来省区规划模式进行规划。如果这种规划不能从旧式省区规划接受教训，其所制定的规划可能也将会遇到此前省区规划相似的尴尬处境。

我们熟悉的旧式规划有三种。除了上面所说的“大而全”的“万象规划”以外，还有“各自分割”的“散点规划”和“资源导向”的“资源开发规划”。

散点规划，就是以较小属地为范围的规划。假如不是将自身的发展放到总体发展中去思考，如果借助美术图案的术语，也就成了一个个互不相连的“散点”了。

划定一定的区域考虑旅游开发并制定规划，

① 2017年作者校后补记：从这里起，本文大约有3页的内容与本书《区域旅游合作机遇与旅游合作的规划》文中“三、合作务实的整合分工”之下“（二）我们的行动”的建议之二“规划：共商纲领，科学分工”的一部分内容重复。基于本文的完整性考虑，故此处就不再删略。读者如果已经阅读了上面的“区域旅游合作机遇与旅游合作的规划”一文，则不妨从此3页跳过（直到本文最后一节“一个值得一提的实例”之前）。

原本是旅游发展的基础。以区域作为规划的单位，或者以企业作为旅游开发的主体，曾经是旅游规划和开发的最佳运作模式。因此，在相当长的一段时期内，“小区域规划”和权属模式的开发，曾经为我国旅游事业的发展做出了巨大的贡献。

然而，旅游资源的分布，却是由地理和历史因素形成的，因此，它不是人为的小区域的划分，或者企业权属，或者行政区划和所能限定的。譬如某一系列的自然资源或历史资源，有时甲地有，临近的乙地也有；尽管甲地的某一部分可能优于乙地，可是乙地的另一部分却又优于甲地；甚至在不远的丙地，又存在着优于甲乙两地的丙地。

在旅游发展并未得到广泛重视的时候，散点式的开发并未显出什么问题；而今，当人们普遍发现旅游业是地方经济新的增长点的时候（或者普遍认为旅游业是朝阳产业的时候），面对这一资源的天然分布格局，各地的各自独立散点规划，或为企业视为“经济秘密”的散点规划，其所带来的，往往便是同一产品的重复开发，而且是不可原谅的近地重复。

同类重复，近地重复，早已是人们公认的诟病，即使退一步说，这样的开发，哪怕没有出现两败俱伤的局面，也不可能生产出汇集五个指头力量的“拳头产品”来。因而，不少目的地游人寥寥也就不足为奇了。

省区规划原本可以帮助小区域规划克服以上的“散点”问题，但是由于它的“大而全”的模式，或者为了体现省区首长的“全面”“平衡”的思维，所以常常反倒成了包容各个“散点”的箩筐。

那么，我们的区域合作应该有一个什么样的共同行动纲领呢？

除了上面笔者在“2007中国北方旅游发展高层论坛”所说的类似联合推出的“二十新品”或“三十新品”外，似乎不妨先研究以下几个内容——

1. 研究各合作区内如何开发各地区间的差异性的和互补性的旅游产品？

2. 如何共同招徕和接待区外的国内外游客？

3. 如何相互输送客源？如何实现互利的无障碍旅游？

4. 合作区内的先进地区如何发挥自己已有发展的带动功能？其他地区如何发挥自己的后发优势？

5. 如何鼓励跨区域的旅游投资？

比如，合作区内的各地区，或者都有一些相类相近的资源，也有一些相类相近的产品。尽管大家都有合作共赢的愿望，但是在竞争中，谁也不能说“我强”“你弱”，或者说“我应该上”“你应该下”。这中间除了距离较远可以在一定程度上避免近地重复和近地同质外，更重要的是，还需要各省区坐到一起来，共同研究如何发展差异性的产品（包括把相类相近资源开发为差异性产品），开发互补性产品。

有了差异性的产品，有了互补性产品，也就有了共同招徕和接待国内外游客的基础（而不再是热衷于同质竞争）。同时，也就有了更加广泛的合作的可能。

回头再来说无障碍旅游区的建设的问题。近几年，长三角、珠三角、泛珠三角、西南五市、东中部41市的无障碍旅游区的建设已经取得了极大的进展。虽然其中也不乏新的问题的出现，但是，允许合作区内城市间旅行社互设分支机构、鼓励优秀旅游企业跨城市连锁经营等等的原则，也实在是新发展所必需的。

如果从动态分析来看待比较优势，比较优势又是通过努力可以获得的。传统的比较优势理论认为，竞争力主要来源于劳动、自然资源、金融资本等物质禀赋的投入。而新兴的竞争优势理论却认为，一国的竞争优势是由生产因素、需求因素、支持性产业和相关产业、企业战略、结构与竞争、政府及机遇决定的[12]。

经济落后地区，通常都期望通过区域旅游合作，借助发达地区的辐射作用实现自身的发展；而发达地区的优势地位却往往更能够从周边地区域吸收大量的能量，从而在与经济落后地区的合作中获得更多的利益。所以，区域旅游合作必须注意“互利”这一十分重要的原则。

无障碍旅游区的建设，有时不免会出现旅游弱势地区收益减少的现象。这就需要旅游发达地区的“让利”，就需要相互的协商与措施。因此，就必须更深入地共商合作区内发达地区如何发挥自己的带动功能，而其他地区也需要就此共谋发挥后发优势，从而获得共同发展的措施。

如果我们的区域旅游合作能够从单一的无障碍旅游区建设的困境中走出来，面向更为广阔的天地，那么我们的区域旅游合作将是大有可为的。

一个值得一提的实例

去年，在北京大学参加了浙江省旅游局的一个名为“江南仙境游”的品牌推广研讨会。会上浙西南地区的区域联合或协同的做法，就是合作的一个好例子。[13]

地处浙西南山区的武义、龙游、缙云、仙居四县，富集着火山岩地貌、丹霞地貌，不仅峰高谷深，而且水秀山清，但是，许多年来，这一得天独厚的旅游资源却没能够给当地带来更多的经济效益。四县的有关同志在分析了旅游活动的特征后，深深感到塑造统一的旅游形象的必要与紧迫，于是在2005年把此事提上了议事日程；经过一年的策划和市场推广，一个以浙西南山区的仙泉、仙洞、仙山、仙水为卖点的“江南仙境游”概念，渐渐地就成了浙江旅游形象概念的组成部分。自那以来，他们以整体形象参加华东旅交会、全国旅交会，不仅引起了业内人士关注，而且也渐渐为更远更多的旅游者所认知。虽然在今后的发展中，他们还有很多要做的工作，但有资料表明，自“江南仙境游”推出后，省外游客已经明显上升，据有关资料显示，仅2006年“五一”黄金周，省外游客比例就达到了66%。效果已经凸显了出来。[14]

区域合作的模式有许多，区域合作的意义和价值无可限量。最重要的是抓稳“互利”的纽带，是接下来的实际行动。

由于时间关系，就汇报到此。不妥之处，请大家批评指正。

参考文献

[1] 张广瑞，魏小安，刘德谦．中国旅游发展：分析与预测NO.4［M］．北京：社会科学文献出版社，2005：112-163.

[2] 旅游学刊编辑部．2004～2005：回顾与前瞻［J］．旅游学刊，2005，20（1）：7-13.

[3] 高材林．共生经济决定合作创新行为［J］．国际经济合作，1995（7）：54-55.

[4] 冷志明，张合平．基于共生理论的区域经济合作机理［J］．经济纵横，2007（4）：32-33.

[5] 李鹏，岳敏敏．区域旅游合作机理的经济学分析与实践研究［J］．消费导刊，2007（6）：61-62.

[6] 中国社会科学院旅游研究中心．2006～2007年中国旅游：热点·前瞻［A］//中国旅游发展：分析与预测NO.6［M］．北京：社会科学文献出版社，2007：24-28.

[7] 刘德谦．必须进一步关注旅游需求的变化趋势［N］．中国旅游报，2006-06-07.

[8] 国家旅游局．关于进一步促进旅游业发展的意见［EB/OL］．中央政府门户网站，2007-09-13.

[9] 亚当·斯密著．国富论［M］．唐日松等译．北京：华夏出版社，2006：13-18+309-322.

106

107

[10] 大卫·李嘉图著．政治经济学及赋税原理［M］．郭大力，王亚南译．北京：商务印书馆，1962：108–113.

[11] 崔浩．比较优势理论研究新进展［J］．经济学动态，2003（12）：65.

[12] 杨小凯，张永生．对传统贸易理论的批评及新贸易理论的发展［EB/OL］．学术中国网，2004–07–09.

[13]"江南仙境游"品牌推广北大论坛实录［EB/OL］．新浪文化，2006–07–25.

[14] 刘德谦．如何加强促销力度（原题：必须尽快地把景区景点的"整合"提上日程）［N］．中国国内旅游交易会日报，2007–04–21.

旅游规划第五议：
旅游规划的区域协同

关于京津冀旅游协同发展的回望①

① 此文是《旅游学刊》编者在策划“京津冀旅游协同发展笔谈”时向本书作者的约稿。基于作者此前对京津冀的旅游合作进程有较多一些的了解，所以笔者选择了一种“回望”的方式来略加梳理。为了反映实况，所以未做评议；文末提纲式的简短建议，也是基于当前国情的可行性而言的，并不是理论的或理想的模式；再说，既然是“笔谈”，也就只能够在有限的篇幅中点到为止。特说明，以便阅读。原载《旅游学刊》2014年第11期。

一、有关共同研讨的回望

关于京津冀旅游协同发展的研究，已经有不少年了。我记得的第一次“京津冀区域旅游合作研讨会”，是在1987年由北京旅游学会发起召开的。由于三地旅游学会的共同努力，不仅每年的研讨持续举行，而且还由三省市发展为五省市、七省市，最后扩大成了十省市。据笔者此前参会的印象，不只与会各省市旅游学会全都表现得十分积极，而且讨论既认真又直率；遗憾的是，基于各学会的正副会长和中坚力量多是学者和旅游局退下来的局长、处长，现职负责人不多，因而会中的思路及不少有益建议大多不能变为现实；为了使这个意在推动“京津冀”“首都圈”“环渤海”“华北”“北方”旅游发展的研讨能吸引省市旅游局现职第一把手都来参加，在富有影响力的前任局长们的推动下，于是促成了1993年的北方七省市（北京、天津、河北、辽宁、山东、山西、内蒙古）和后来的北方十省市（北京、天津、山东、山西、河南、河北、内蒙古、辽宁、吉林、黑龙江）旅游局长“旅游峰会”的相继召开。不过此时旅游学会的学术研讨并未与局长峰会合一。

1996年“北方十省市旅游交易会”在天津召开，这是它的一次华丽转身。一是证明了旅游学会的学术研讨与旅游局长的高峰会议，确实推动了北方十省市旅游业界的市场合作；二是国家旅游局领导的与会，标志着这一合作已经成为全国旅游业中的大事。然而也是基于同一领导部门关于撤销全国各省市旅游学会的主张，从而造成了十省市旅游学会的学术研讨从此无法举行（只有北京旅游学会在民政部门的许可下保留了下来）。值得欣慰的是“北方十省市旅游交易会”后来不仅年年举办（到2014年，已经是它的十九届了），而且在其中一些年份还同时举办旅游研讨会或“北方旅游发展高层论坛”。会议的参加者既有官员也有专家学者。有意思的是，在主要官员发言后，与会省市领导和旅游局长们便大多退席，所以在有意无意间，也创造了一个学者自由交流的空间——这或者也不失为一件好事。

二、协作的进展与不足

应该十分肯定地说，这些年来关于京津冀和北方多省市的旅游合作，确实取得了重大的进展，而且其成效也是相当显著的。

天津与河北带头推动京津冀旅游发展的合作，最为引人注目的，是在“十一五”末期（2010年11月），河北提出的“环首都经济圈”的构想，在2011年1月其省政府发布的发展实施意见中，就将休闲度假观光列入了其环首都“13县1圈4区6基地”服务首都对接北京的部署的一部分。二是在更早的“十五”末期（2005年10月），天津推动成立的包括津、冀、辽三省的“环渤海港口城市旅游合作组织”（天津、大连、青岛、烟台、秦皇岛、丹东、滨州、沧州、东营、葫芦岛、锦州、盘锦、唐山、威海、潍坊、营口等16个港口城市）推动的合作措施，以及不久前（2012年9月）其所共同签署的《区域联合　共谋发展》旅游合作协议对16市未来邮轮航线、房车和低空飞行旅游等新业态的合作协同。

以京津冀为基础的环渤海及北方腹地等旅游发展得更广泛的协同，是2008年由北京发起的“9+10”区域旅游合作格局（环渤海的北京、天津、河北、山东、辽宁；环北京的山西、内蒙、河南、陕西；以及北京、上海、重庆、哈尔滨、南京、杭州、成都、西安、昆明、桂林等10个热点旅游城市）。迄今连续五届“9+10”区域旅游合作会议的成功召开，不仅先后签订有《合作框架协议》《京津冀旅游合作协议》等文件，更有2013年的第五届会上，包括入境旅游、旅游媒体、旅游研究机构、旅游投资的“四大联盟”的成立，这就为本区域旅游产品、推广、智力和投融资体系优化带来了更为紧密的合作机遇。

但是其中的不足也是不能回避的。一是地方政府推动协作的纽带作用仍然没有得到很好的发挥（或者就是研讨会上业界人士曾指出的“重会议、重研讨、重宣言、重形式”的倾向），另一个是这台大戏的主演还没上场（或者就是笔者曾经指出的更多的旅游企业还没有成为这一合作的主体），从而也就影响到它的实际效益。

三、推动更大发展的先行要素

应该说，关于京津冀旅游发展的协同的研究（包括“合作”、“整合”或“一体化”等不同程度的提法），此前已经相当多了，即使不说百度等引擎中可以找到的数以百万计的页面，即使在CNKI网经过精选的重要文献中，论及“京津冀旅游”和“环渤海旅游”等的文献也有上千篇之多。

如果浏览一下以上的论述，应该说这些研究已经进行得相当深入和全面了。即使一些后期作品有重复早期他人论述之嫌，但猜想也多是因为早年问题一直未获解决引起的。

笔者个人觉得，之所以京津冀旅游合作存在着以上的不足，主要原因或者还不是官员和企业家不懂得研究者们阐述的道理，而是在于实施起来的困难。由于各省市经济社会发展现状的不平衡，各省市自会选择各自发展的重心，再加之各地旅游资源、区位、发展基础的差异，因此其各自确定的旅游发展目标和中心工作也就不尽相同，而且在各省市分治的格局下，也还各有各的利益。因此，即使某地愿意对协同发展多做一些推动，也不一定会得到多边的响应；虽然在市场经济鼓舞下也会有商家希望向前冲一冲，但旅游企业的运行也难以挣脱地域行政管辖的划分。

笔者在“2007中国北方旅游发展高层论坛”发言时曾经唐突地提出过有关合作行动的三个建议：①在地方政府和旅游主管部门的主导下，建立以企业务实为核心的旅游产品的开发营销联盟；②与此同时尽快共谋区域性旅游发展规划，在利益共享的原则下商议多边和双边的分工合作；③在这中间，地方政府和旅游主管部门应该发挥主导作用。显然，这是寄望于地方政府功能的发挥。

在我国不断强调要发挥市场对资源配置的决定性作用的时候，为什么笔者仍然寄望于地方政府功能的发挥，是不是因为脑子“进水”了？对此，笔者愿意在这里敞开自己的认识：

其一，如今的旅游业早已不是单一的企业或行业，除了旅行社业是属于《国民经济行业分类》GB/T 4754—2011的L门类（租赁和商务服务业）外，旅游者所需的游、购、娱、食、住、行等的供给，现在已经成为我国20个行业门类中H门类（住宿和餐饮业）、G门类（交通运输业）、N门类（水利、环境和公共设施管理业）、F门类（批发和零售业）、R门类（文化、体育和娱乐业）的主要构成；而且随着乡村旅游、工业旅游的发展，它还正向着A门类（农、林、牧、渔业）、B门类（采矿业）、C门类（制造业）等延伸；如果再加上它的上游产业、支撑产业和延伸产业，那么D门类（电力、热力、燃气及水生产和供应业）、E门类（建筑业）、I门类（信息传输、软件和信息技术服务业）、J门类（金融业）、K门类（房地产业）等也都与旅游业密切相关。这些产业的配合与融汇，除了市场的力量外，也往往少不了政府的推动。

其二，现代旅游业的发展，不仅使得旅游公共服务成为旅游整体服务的重要内容，而且也成了旅游服务的基础和重要支撑，如旅游公共信息、旅游公共安全、旅游公共交通、旅游公益服务、旅游志愿者服务、旅游科普与旅游责任的教育辅导，以及旅游公共服务协同与监管等等，都是现代旅游发展的不可或缺的内容，而这些服务又不能不由政府来推动、来整合，甚至要由它来完成（包括由它去向市场购买）。而且还有不少营业性旅游景区也是利用公共资源建设的。

其三，从旅游者的行为特征来看，除了其旅游生活需要多样供给和多元的供给外，旅游活动的线性化特征及跨越性特征，也都需要旅游的供给超越行政区域的制约，再加之重新配置生产要素和构筑新的资本组织的优势引力的发挥，也都需要旅游产业摆脱单一行政区划的制约。

正是基于区域协同所面对的产业集群和旅游者都离不开政府提供的服务，所以在思考京津冀旅游协同发展的时候，也就不能不寄望于政府功能的合理发挥。即使一定要追溯理论，在当代学界瞩目的西方经济学中，也从来不回避政府功能的积极作用；萨缪尔森的《经济学》里，甚至对社会主义市场经济（混合经济）下政府的功能还多了一层肯定。

四、机遇与建议

第一个机遇是旅游市场正在变化。这些年旅游需求和供给的飞速发展，交通的改善，已经使得本地区游客的来往更加频繁。有资料显示，在2013年旅京的1.47亿人次国内游客里，数量居前的10省区就提供了64.4%的客源，其中的前5位就是环京的河北、山东、河南、山西和内蒙古；而在2013河北省接待的1.78亿人次国内游客中，京津冀游客更占了2/3。

第二个机遇是，中央高层2014年2月对环渤海和京津冀协同发展所做的明确指示，现在已经成为协同发展的强大推力。4月、8月，京津冀三地旅游部门连续召开的两次“京津冀旅游协同发展座谈会”，三地采取一系列细化和加强协同发展的具体举措，也标志着此前“一亩三分地”的地方思维正在被抛弃。

为了扭转此前行动跟不上协议的现实，在三地和更多边的旅游协同发展中，今后能否考虑这样的五点建议：①将现有的协同发展的协调机制，升格为省市长共同主持的决策机制；②深入研究多边旅游协同发展的利益格局，建立利益协调和补偿机制；③共同制定“十三五”旅游协同发展规划，尽快在各省市旅游局成立负责落实工作的办事机构，并由局领导专人专职负责；④发挥企业在协同发展中的主体作用，把动员和推动工作转化为政策与措施；⑤借助各省市多方力量，争取并力促各省市相关产业部门对旅游业协同发展的认可、配合与支持。

06

旅游规划第六议：旅游规划的相关各议

A组　城市旅游与古镇旅游

B组　乡村旅游

C组　自然文化生态与旅游目的地

D组　科教旅游、主题公园与旅游地产

* 旅游规划的编制，不仅需要规划学的理论和技巧，而且需要旅游科学的理论与实践。本书这里，作者特就此一方面的有关认识和体会安排了较为充分的内容，以期与读者展开交流。其中包括城市旅游与古镇旅游、乡村旅游、自然文化生态与旅游目的地、科教旅游、主题公园与旅游地产等。为了便于读者阅读，故本书在这一议题下，又将有关此一方面的论述分别归于A、B、C、D几组，以期既略具系统，又便于读者的阅读与检索。

A组　城市旅游[①]与古镇旅游

特色：旅游城市的品位

关于旅游城市的魅力

关于城市旅游的几点思考

北京人文旅游的可持续发展

古镇保护与旅游利用的良性互动

①“城市旅游”是以城市为旅游目的地的一种旅游活动。一般来说，“城市旅游”就是以城市为依托，以城市生活与其丰富的人文景观及自然环境为主要吸引要素，以城市特色服务为接待要素的旅游发展模式。基于我国行政区划分中的“市”，是包括了市区和大面积的郊区的，所以在游客口中的以城市名称为名的旅游（如杭州旅游、成都旅游等等），实际上指的是该行政区内的全部旅游活动。它实际是现今我国旅游目的地的主体，因此我们必须关注它。但是，为了避免产生歧义，这里我们不妨将它称为“泛城市”旅游。而那些以现代化的城市为依托，以城市设施和城市人文景观、自然景观以及都市风格服务为吸引要素而发展起来的旅游，或者以“都市旅游”来称呼更妥当一些，在某种程度上它大致相当于国外所说的urban tourism。这里几篇文章与读者讨论的，严格来说，应该是以“城市旅游”“都市旅游”为重点的“‘泛城市’旅游和古镇旅游”，其中自然也就包括了“城市旅游”和“都市旅游”。

特色：旅游城市的品位①

① 本文系《人民日报·海外版》向作者的约稿。原文载于2002年01月25日《人民日报·海外版》06版（即“旅游”版）。

旅游规划第六议：

旅游规划的相关各议

前不久，世界旅游组织的专家在我国考察时曾谈到，在世界大型旅游交易会上，买家对旅游供应商问得最多的是：你的产品的USP（中文大意是“独特性卖点”）① 是什么？这里问的“卖点”，自然指的是旅游商品的“卖点”。其实对于旅游城市而言，道理也相似。所以旅游城市要吸引游客，也同样需要认真研究自己的独特性。因为，旅游者之所以离开其常住地外出旅游，最主要的原因就在于目的地有着常住地无法提供的旅游目的物。如果目的地与常驻地一样，这趟旅游似乎也就可有可无了。

近几年，人们对于旅游业的经济意义已经多有认识。为了使旅游业更好地发挥作用，国家旅游局启动了创建全国优秀旅游城市的活动，以期通过各个城市的努力，营造一个适应旅游业发展的大环境。由于有了优秀旅游城市的评定，因而使得我国不少作为旅游集散地或旅游目的地中心城市的旅游发展环境和旅游接待能力，都得到了很好的提升。

现在，创建“中国最佳旅游城市”即将成为我国许多旅游城市的目标，作为“优秀旅游城市”更上层楼的代表，我认为，现在正是将城市特色提升为城市品位标志的最佳时机，也是考验考查“最佳旅游城市”的最佳时机，是将城市特色作为“最佳旅游城市”的重要标志的最佳时机。

在人类的发展中，一直十分注意城市的直接功能。我国的“城市”两个字，就说明它曾经一度最看重防御功能和交易功能；在和平年代，人们似乎更重视它的生产功能和经济功能；再后来，发展的趋向，更是朝着对人居环境的强调的方向，尤其注重适宜居民生活的方便与舒适。近些年联合国有关人居环境奖的颁发，其主旨也就在这里。

但如再认真回顾一下城市发展的历史，就可以发现城市在其自身的成长过程中，还因其所依托的自然环境与人文环境，因其历史地位及其发展进程与其他城市的差异而形成了有别于其他城市的特征。尽管这些特征，正随着人类对自然的改造、随着居民交流的频繁，以及社会变故对历史遗存有意无意的损毁，已有了极大的变化；然而，人们却仍旧喜欢、追求、留恋城市的特征，并正在保护和创造着城市的特征。

近些年来，由于工作关系，笔者大约到过全国20多个省区100个以上的城市，在诸多好印象

① 本文所说的USP(Unique Selling Proposition)原本是市场营销学的理论，即20世纪50年代初由美国人罗瑟・里夫斯（Rosser Reeves）提出，并由更多人深化研究发展的所谓“独特的销售主张”。它大致有这样的三个要点，一是强调其产品具有的特殊功能和效益，二是强调该产品在市场的特强竞争力，三是强调该产品强大的公众影响力。本文在这里特借指值得旅游城市管理者和规划师们注意的“城市特有的品味和引力”。

中也有个担心的问题，这便是全国城市趋同化的步伐实在太快了。城市总体形态趋同、城市建筑风格趋同、城市街道布局趋同、城市绿化模式趋同，乃至建筑外墙镶嵌材料都趋同……我总想，如果城市的主管官员、城市的规划师、城市的建筑师等能在对此现象给予关注之时多些思考，那么避免雷同现象，逐渐改变雷同现象，应该是完全可能的。笔者之所以要建议将城市特征或城市风貌作为城市品位的标志，或者“最佳旅游城市”的重要标准之一，就是希望能促进我国城市特征和城市风格的多样性和选择的准确性。也许城市特征和风格不能马上创造经济效益，但对建设城市文化和优化人居环境却是大有裨益的；而作为最佳旅游城市所形成的引力，进而带来的经济效益，则又是不言而喻的。

关于旅游城市的魅力①

① 此文原名“关于旅游城市魅力的思考”，系本书作者2010年10月19日在中国国际广播电台主办“中国旅游城市发展峰会”上的演讲稿。除当时的现场发布外，书面文字稿亦发表在中国国际广播电台的“国际在线(www.cri.cn)”上。与这次峰会同时举行的还有“2010中国城市榜·全球网民推荐的中国旅游城市”的评选结果发布。“全球网民推荐的中国旅游城市”榜，是由国务院新闻办公室、国家旅游局指导，中国国际广播电台在当时主办的全球网络评选活动，西安、杭州、济南、青岛、昆明、成都、哈尔滨、厦门、银川、拉萨、丽江、苏州、洛阳、三亚、黄山、喀什、张家界、西昌、焦作、开封，这次被该电台的世界网民评选为“中国旅游城市”的前20强。

一、旅游目的地的引力

在旅游活动中，旅游者的向往与去向，主要取决于旅游者选择时的自身判断。判断的作出，既反映出旅游者的喜好与需要，同时也依赖于目的地引力的发挥。因此，作为选择的因由而言，旅游目的地的引力实在是旅游选择的基础。

如果说旅游的本质是异地的体验，那么旅游目的地引力之所在，就是体验条件的具备和获得体验的广度与深度。如果说旅游的本质是异地生活与交流，那么其引力之所在，就是旅游者所追求的生活境界的获得与交流的方便。如果说旅游的本质是异地审美，那么其引力之所在，就是审美条件的创造和获得审美感受的丰度和深度。

二、城市的功能与旅游引力

城市，就汉语这个语词的结构而言，它指的是“城”与“市”，它满足的首先是居民对生活的安全与生活物资交流的必需。如果就所达成的共识而言，1933年的《雅典宪章》认为城市的主要功能有四个——居住、工作、休闲（旧译“游憩”）和交通。关于城市功能的休闲（recreation），如果使用Sue Warn在其著作*Recreation & Tourism*中的界定，那么leisure就是闲暇时间，而recreation才是在leisure时间所采取的休闲活动。无论是旅游者去外地休闲的旅游，或者居民在本地的休闲，都是recreation（中文译为“休闲”最好，或者也译“游憩”）[①]。

人们对于城市功能的认识，正在不断地深化，居民生活成了城市规划更加关注的对象。而《马丘比丘宪章》更加强调了城市对居民生活的动态适应。现在，生态、文明与和谐已经得到了人们的更多重视，全球都在注目于“宜居”城市的建设，因此旅游城市的成功建设，自当是既“宜居”又“宜游”的。

关于旅游城市，此前我国已经有了“优秀旅游城市”和“最佳旅游城市”的评选，对这个工作的积极意义我们已经有所体会，而且实在是受益不浅的（虽然目前我国的各种评选活动过多过滥，受到了一些专家的批评，不过那些能够推动整个城市的改善，进而能够真正造福居民大众的事，今后也还是需要我们继续努力的）。

就目的地城市的魅力而言，仅仅实现优秀旅游城市的设施要求、服务要求和管理要求又是十分不够的了（这自当是基于魅力是技术指标难于量度的原因）。

① 见Sue Wam所著*Recreation & Tourism*（《休闲与旅游》）一书，英国Nelson Thores 有限公司2002年出版。

据国际在线公布的资料，“2010中国城市榜”的20个晋级城市名单日前已经正式出炉。它们是：西安、杭州、济南、青岛、昆明、成都、哈尔滨、厦门、银川、拉萨、丽江、苏州、洛阳、三亚、黄山、喀什、张家界、西昌、焦作、开封。

为什么这些城市能够在最终确定的50个入围城市中脱颖而出，在老百姓的旅游关注中，除了这些城市的自然赋存与历史赋存，除了这些城市公共设施和旅游设施的建设之外，也有赖于旅游供给水平的不断提升，有赖于这些城市“旅游”形象的打造。很显然，老百姓的目光，并不仅仅停留在某个城市原有的知名度，也不一定只停留在某个城市的天然禀赋与历史遗存，更在于这个城市对它的第一引力的培育。

三、城市旅游魅力的所在与培育

应该说，我国不少城市的旅游资源禀赋都是全国唯一乃至世界级别的。虽然每个旅游者或潜在旅游者都有相当的科学头脑，但他们毕竟不是科学家，既不是地理学家、历史学家，也不是生物学家、人类学家……虽然他们也都接受社会的共识，但是在选择旅游时和取舍评价时却又各有自己的考量。因此，资源价值与旅游价值也就难以等同；更何况，谁也无法让人类越来越多样、越来越具有个性的旅游取向相同起来，于是，对于相近相类的资源就出现了不同的“评价”与选择。比如可观览度、可感知度，震撼力、冲击力，神秘性、启迪性，珍稀度、奇异度，愉悦感、舒适感，还有地域的跨越、历史的重要程度与久远、吸引物的体量与规模、人性的感动、生活的亲切，健康的增进等等，更有这些差异或互补的诸多因素的组合丰度和结构方式等，也都存在于旅游者的思考和比较之中。而所有这些，又不能不与地区旅游产品的成型与否，不能不与目的地的交通难易、接待能力、安全状况、方便程度、花费高低等等结合起来。

如果把旅游的引力比作磁石的磁力，那么上面所说的引力要素，就是旅游的磁力线。只是磁力的强度取决于磁力线延伸的远近，而旅游的引力是取决于这些要素自身的构成。

上面的魅力结构，其实反映的还是当前以观光为主的目的地的魅力结构。当前，我国不少地方都正在考虑度假目的地的打造，如果就度假目的地而言，其魅力结构又有所不同。

在度假目的地，除了旅游产业集群中的基础设施、旅游设施、管理水平、交通难易、安全状况、购买方便、花费高低……与观光目的地没有大差异外，在产品的组合中，度假环境的理想和度假者本人的参与性，以及时尚、新鲜等，显然，就比可观览度等重要得多了。对于度假休疗者而言，目的地的魅力更在于旅游者本身的体验与感受，他由此得到的舒适与愉悦，养身养性，以及对人生享受的获得，乃至对某种自我实现感和私密的需要，也都远远地超越观光旅游者对知识见闻的追求，对震撼力、冲击力、神秘性、奇异度的需要。

而作为适应于会议、展览等商务/公务旅游的城市魅力结构，又与适应于观光、度假等休闲类旅游的城市魅力结构有所不同。

有利于会议、展览旅游发展的目的地，其引力的基础，不仅在于地方经济的活力、社会活跃的程度、交通的便捷性、信息的通畅度、传媒的关注度，还更在于卖家的多寡（参会名家的多寡）、发起者的权威性与号召力、设施与服务的到位与否，以及环境的优美度等。其产品的组合，也不再是其诸因素之间的互补或差异，而在于其充分整合所形成的普遍引力，或者其优势组合所形成的特殊引力；其所表现出的魅力就是——会议或展览的成果显著、反响积极、传播广泛、整体和个体的知名度大大提升、可持续性明显、参与单位和个人价值得到实现，引起了会展举办地（或会议、展览所在国）和参展者（或参展参会国）政府的重视……

至于城市旅游魅力的培育与激发，目前许多城市都在规划和建设方面做了许多工作。

从前面提到的西安、杭州、济南、青岛、昆明、成都、哈尔滨、厦门、银川、拉萨、丽江、苏州、洛阳、三亚、黄山、喀什、张家界、西昌、焦作、开封等“2010中国城市榜”的20个晋级城市，在许多环节上都可以看到他们的努力。

比如焦作，谁都知道焦作曾经作为煤都名闻全国，它的旅游发展也是近十年才有的事，由于看准了谋求工业资源型城市转型发展的目标，而且付出了足够的努力，名不见经传的云台山也能够获得大发展的第一流的成绩，从而被人们誉为了具有启迪的“焦作现象”。有研究者认为，旅游资源开发的选择和大力度的媒体宣传，就是焦作旅游魅力的激活点。

谁都知道，历史遗存是西安的旅游魅力之所在，除了旧时帝都和秦兵马俑等都能够为西安争来旅游城市的盛名之外，还有其后如法门寺地宫的发现与开发等等。而近年陕西确定的依托周、秦、汉、唐和古都西安等代表性历史文化资源，建设具有世界影响力的历史文化旅游板块的努力，我想，或者这也正是为进一步培育和激活西安城市旅游魅力的一个决策。或许也正是基于早年的《仿唐乐舞》活化历史的启示。

值得注意的是城市旅游魅力的激活。这个过程，在某种程度上与核裂变时的能量释放有些相似，不过它没有裂变而只是放出能量而已。

激活的力量来自何处？应该说是多侧面的。城市为旅游发展所做的努力，许多就是激活魅力的重要措施。这里特别应该提出的，有三个侧面——

一是富有引力的旅游产品的开发。

二是人居环境的优化。笔者在《2010年旅游绿皮书》中关于“全球旅游竞争力”的分析中就提到，WEF有关竞争力的指标中，许多都是与改善民生密切相关的内容，所以我说，改善当地百姓生活环境的措施，同时也一样有利于增强国家和地方的旅游竞争力。

三是积极通过传媒提高当地旅游的知名度。比如上面名单中的济南、青岛，就在原有魅力的基础上，通过奥运会和全运会进一步完善了城市的旅游供给，通过媒体的广泛传播，进一步增强了魅力和知名度。

还应该认识到的是，有的旅游城市，比如上面还提及的昆明和成都，它们不仅是目的地城市，而且还是旅游集散地城市。昆明不仅有着自己的景区和四季如春的季节魅力，还以能够以支线机场和便捷的公路通达丽江、大理、版纳、香格里拉、腾冲、泸沽湖这些引力万千的目的地而构成聚合的魅力。成都，更以周边的九寨—黄龙，青城山—都江堰，峨眉山—乐山大佛，大熊猫栖息地等世界遗产而得天独厚，再加之三星堆、金沙等文明遗存和名人如武侯、杜甫而魅力倍增。如果用克里斯塔德的“中心地理论”的理论来理解，旅游城市的魅力也在于与周边地区的引力的整合，故而发挥出它的集聚引力的效应。

由此得到启示。可以说，“整合”地区的引力，也不失为激活城市旅游魅力的一个重要举措。

新近资料

网民对旅游城市的评价与选择

中国国际广播电台“国际在线（www.cri.cn）”的“中国城市榜·全球网民推荐的中国旅游城市”的评选活动，虽然近年已不再举办，但是人们对旅游城市以及对旅游景点的评价仍然是“心中有一杆秤”的。比如我国“在线旅行社”“携程旅游”这些年来的《中国旅游者点评与幸福指数报告》年度报告，其所包含的对旅游城市等目的地和线路的评价就十分引人注目。

今年（2017年）3月，全国不少传媒都报道了携程旅游发布的《中国旅游者点评与幸福指数报告2017》，虽然该报告关注的重心是旅游者对自己旅游活动中的幸福感受的点评，可是其对目的地的满意度和选择也就自然而然地把他们的评价包含在其中了，而且还更显得具体和真切。

《中国旅游者点评与幸福指数报告2017》的幸福指数的样本，来自100多万个旅游订单，覆盖了携程平台上2万多家旅行社。在最近一年携程跟团游的100多万个订单中，约有50%的用户参团后都自动在产品页面写点评和打分，并留下自己的心得与建议。

在该报告众多的幸福指数的分析中，其“国内游点评分最高15大目的地”显示，在国内旅游城市和目的地中，其评分排名在全国领先的，依次是杭州、九寨沟、峨眉山、三亚、普陀山、桂林、丽江、乌镇、稻城、昆明、上海、张家界、成都、长沙、西安。其中，杭州以4.82分位居国内第1名（5分为满分）。数据显示，用户点评最多的是交通线路、酒店住宿、餐饮、领队服务、导游讲解等。

该报告的“评分最高的20大国内游线路”显示，在全国众多的旅游线路中，排名在全国领先的，依次是位于川、云、江浙沪、桂、鲁、琼等省市的九寨沟一地、沪苏杭+迪士尼、成都+峨眉山+乐山、昆明+大理+丽江、曲阜+泰山+济南、三亚一地等。这些线路点评分最低也达到4.79分，最高的竟超过4.9分。

该报告认为，旅游者的幸福程度不一定与花费的金钱多少有必然关系。也不一定是经济发达地区的旅游者，幸福指数就一定高。决定旅游幸福指数的是三大因素：一是旅游者直接获得的旅游产品和服务的质量，不仅包括住宿、交通等硬件，还包括导游、司机、服务人员等人的服务；第二大因素是旅游环境，包括目的地安全性、天气气候、公共服务、当地友好程度等；第三，幸福程度还与旅游者自身的成熟度和期望值有关，对自身的需求、目的地情况、旅游期望有合理的认知，往往幸福指数越高。

由此看来，旅游城市和旅游目的地，若要提高自己的旅游竞争力，要培育出让人民群众满意的现代旅游服务业，确实还得认真了解群众的需要和感受，也还得付出更多的努力。

关于城市旅游的几点思考①

① 此文原为本书作者2005年12月10日北京城市学院和香港城市大学联合举办的“京港城市旅游休闲与人文奥运研讨会”上的发言。书面文字稿发表在《北京城市学院学报》2006年第1期。原文前的“论文摘要”和“关键词”是——“摘要：中国当前正处在城市化进程中，同时又正值旅游业发展的高潮期，如何发现和推进二者之间的良性互动，是目前中国旅游发展中的一个十分重要的问题，城市旅游与休闲的发展是其中的关键。本文试图从城市旅游的发展机遇与挑战、城市旅游发展异同、欢快的娱乐主调等三方面来探讨这个问题”。“关键词：城镇化；城市旅游；本地居民休闲；游乐主调”。

在人们早期观光旅游的时候，头脑里的旅游目的地，不外乎景区景点，至于景区景点是不是在城市，那是无关紧要的。所以，那时的研究者也就常常运用克里斯塔勒“中地论”的理论和方法，把城市视作游客集散地和服务支持中心。城市在旅游活动中的这些作用，的确不仅在过去存在，而且现在、将来也仍然不可动摇。但是，当城市以其自身的引力使旅游者和旅游经营者不能不把城市作为旅游目标的时候，城市就不仅仅是游客集散中心和服务支持中心，而且就是不折不扣的旅游目的地了。

一、城市旅游面临的发展机遇与挑战

在近现代人类生产和生活的发展中，城市化（或者城镇化）是必然的趋势和潮流。尤其是发展中地区和发展中国家，当前更处在这股无边无涯的大潮之中。就中国当前的走向而言，也同样处在城镇化发展的关键时期。从总体而言，城镇化不仅是社会发展的必然趋势，也是工业化、现代化的重要标志。我国政府的决策是坚持走中国特色的城镇化道路。

就人类的旅游活动和世界旅游业的发展而言，二战后开始的大众旅游时代正在迎来它的另一个更为兴旺的鼎盛时期。就中国旅游业50年来的变化（尤其是近20年的大发展）看，也同样地正在迎来大众旅游的新时代。

我国旅游业的大发展，正在开始迎来它的极为重要、极为关键的最佳期，同时它也为城市旅游和休闲的发展带来了千载难逢的好机遇。

旅游业的发展，尤其是城市或小城镇旅游的发展，将与我国城镇化进程逐渐形成互动链。现在，人们说到旅游业的时候，对它的认识，已经从可以推动货币回笼、拉动内需的功能，进入到有利于地方产业结构的优化及拓宽就业空间的功能，应该说这是对旅游的认识的进步与深化[1]。但是，从“以人为本”的深度去考虑，还应该十分清楚地看到，城市旅游的发展，还有可能给整个城市带来更多的机遇。

目前，我国城市管理者和经营者大都对旅游业有了较高的认识和较高的期望，纷纷注目于这个新的经济增长点或支柱产业，在考虑城市发展的时候，旅游业都是其关注的重点。此前人们已经注意到的七个方面的积极作用：1．发展旅游业自然还有利于城市布局调整和产业结构优化，进一步促进三大产业健康协调发展；2．发展旅游业自然也有利于拓宽更大的就业空间，从而进一步促进和谐城市的构建；3．有利于促进城市生态环境的优化，营造更加美好的人居环境；4．有利于促进城市功能配置的优化，营造更加完善的城市服务体系和更加舒适的人居环境；5. 有利于市民在与他人的友好交流中培养自己的良好素质和广阔胸怀，自我教育，进一步创建都市文明；6. 有利于本地居民休闲需求供给的进一步改善，消除疲劳，调整心态，增强体质，增长知识，陶冶情操；7. 发展旅游业还有利于进一步提升城市的知名度和品牌，增进本地与国内外的各类交流，为城市进一步发展创造良好的机遇。[2，3]

因此，城市发展与旅游发展两者的良性互动，不仅使旅游业以无可争议的巨大发展潜力跻身旅游城市支柱产业，成为国民经济新的增长点，同时在实现社会效益、环境效益等目标方面，旅游业也是符合科学发展要求的优势产业。在可持续利用资源、促进人与社会和谐、统筹区域和城乡协调发展、建立节约型社会、促进社会就业、带动贫困地区脱贫致富等功能方面，旅游业也将以其资源节约型、环境友好型产业的特征促进和推动我国城镇化道路的进程。譬如建设部副部长仇保兴日前指出的当前在城市化发展的过程中的“盲目拔高城市定位”“盲目进行旧城改造”等八种“盲目症”[4]，就有可能在优秀的城市旅游发展规划中得到克服。

然而城市旅游发展也不是一路畅通的，更不可能一蹴而就。除了表面开放而实际保守的思想障碍外，客观因素的制约也确实存在并需要不断克服的。这里所谓的制约因素，一是各个城市的旅游引力未能增长，二是接待能力不足，三是环境容量有限，四是受制于当地居民的接受力。即使努力开发，也还有资源的问题和环境问题需要进一步协调和解决。这是城市旅游发展不得不面对的挑战之一。

城市旅游发展不得不面对的挑战之二，是城市之间的竞争。面对挑战，各个城市就不能不考虑和研究自身旅游发展的战略和策略。其间既包括开发目标的选择，也包括市场营销环节的运用，而且还必须将其纳入构建和谐社会的总目标和可持续发展的总战略之中。只有这样，才能够努力形成资源节约、环境友好、经济高效、社会和谐的城镇发展的新格局。

二、城市旅游发展的几个侧面

在讨论城市旅游的时候，我们不能不注意“城市”在旅游活动中的两个侧面：它往往既是旅游客源的发生地和集散地，又是旅游者的最后接待地（即客源地、集散地和目的地）。无论从需求方面，还是从供应方面来考察，“大城市旅游”（或称“都市旅游”）的命题都蕴含着强烈的时代特征和巨大的市场价值。

因此，如果从广义的立足点来考察，就不能不既互相联系又各有差异地处理“城市旅游”的不同侧面的问题。

从城市是客源发生地来看，中国城镇出游者的增长是十分引人注目的。下面是2004年的两项统计：

2004年中国内地城镇居民国内旅游基本情况　　表1

统计范围	总人次数（亿人次）	出游率[①]（%）	总花费（亿元）	人均花费（元/人）
全国总计	11.02	84.8	4710.71	427.5
城镇居民	4.59	126.6	3359.04	731.8
其中：一季度	1.14	31.4	729.67	640.1
二季度	1.10	30.2	822.48	747.7
三季度	1.11	30.7	909.23	819.1
四季度	1.24	34.3	897.66	723.9

注：①出游率指城镇居民或农村居民出游人次数占其总人口数的比重

资料来源：中国旅游统计年鉴（2005年）、中国国内旅游抽样调查资料（2005年）

2004年中国内地城镇居民国内旅游出游及花费情况　　表2

城市	人均花费（元/人）	比上年增减（%）	出游率（%）	比上年增减（%）
总平均	731.82	6.90	126.56	25.93
北京	712.77	19.43	215.35	4.70
天津	699.87	8.18	198.48	39.16
石家庄	490.34	–19.74	131.28	54.61
太原	1031.12	28.09	114.19	147.72
呼和浩特	954.81	36.78	93.13	10.61
沈阳	361.67	–2.68	136.15	27.86
大连	366.45	8.98	150.09	35.22
长春	1492.72	–5.14	68.20	39.70
哈尔滨	1246.87	– 5.65	87.59	37.61
上海	1013.05	–19.73	370.78	39.40
南京	943.54	20.16	75.42	51.91

续表

城市	人均花费（元/人）	比上年增减（%）	出游率（%）	比上年增减（%）
无锡	1085.46	26.26	93.61	29.86
苏州	1021.99	110.13	100.80	7.13
杭州	807.54	86.47	159.75	20.83
宁波	968.35	54.41	136.71	22.51
合肥	531.56	–26.78	104.31	47.38
福州	794.75	39.61	102.91	35.83
厦门	660.41	23.52	156.49	68.67
南昌	973.34	–16.42	64.92	55.67
济南	584.11	3.91	91.30	–7.98
青岛	637.51	–0.63	120.98	–3.54
郑州	686.88	43.84	76.05	10.20
武汉	945.72	– 8.24	120.59	58.70
长沙	1080.23	10.51	88.27	17.43
广州	712.39	– 3.33	185.04	50.77
深圳	1734.06	6.23	142.81	12.96
珠海	987.10	17.82	123.77	36.13
南宁	1034.86	24.02	91.91	5.35
桂林	686.71	9.01	101.33	–10.97
海口	717.76	15.30	86.86	0.86
成都	600.17	74.28	127.96	–16.27
贵阳	615.14	15.63	130.67	–17.26
昆明	547.39	4.51	139.80	4.64
重庆	662.46	7.85	187.52	43.31
西安	520.10	14.35	173.07	43.07
兰州	668.47	–11.67	110.56	–3.00
西宁	2441.97	–13.43	59.60	90.46
银川	1296.82	3.99	67.54	32.30
乌鲁木齐	1963.28	12.45	72.02	63.64

资料来源：中国旅游统计年鉴（2005年）、中国国内旅游抽样调查资料（2005年）

从以上两表中不难看出，出游率为126.6%的4.59亿人次的城市居民，一年消费3359.04亿元人民币的旅游花费。2004年全国旅游总收入为6840亿元人民币[5]①。

从城市是旅游服务来看，其实城市旅游服务满足了两个方面的诉求，一是外来旅游者的旅游需要，二是本地居民的休闲需要。外来旅游者或者以该城市的吸引物作为其旅游活动的追求对象，或者以该城市作为其旅游活动的依托。本地居民的旅游活动在旅游统计上有时会有一些差别，即或者是不能够进入旅游统计的就近的休闲康体活动，或者是进入旅游统计的近地旅游。其中最显著的例子是中国国内十分普遍的“农家乐”。“农家乐”，按照其产品形态，应该毫无疑义地归为乡村旅游；但是目的地的归属往往却又是其所在城市的一部分，所以才有研究者把其归于“都市休闲”。[6]

应该说，不仅人类的休闲活动与旅游活动有着许多共同的内容，而且人类的休闲使得人类的旅游（尤其是大众旅游）得到了很好的发展；反过来，人类旅游的多样化又为人类休闲提供了丰富的内容。可是，简单地认为“休闲里面就涵盖了全部的旅游活动”或者“旅游里面就涵盖了全部的休闲活动”，如就学科体系的研究而言，这种认识也显然是不对的。

如果做一个简单的形象化的表达，那么可以把旅游活动涵盖的内容视作一个圆圈，把休闲活动涵盖的内容视作另一个圆圈，它们就是两个相交圆。两圆相交时的共有部分（中间的梭形部分）既是休闲里面的异地休闲，同时也是旅游里面的个人的闲暇类旅游。在这里，异地的休闲就是旅游，个人的闲暇旅游就是休闲。而它们的非共有部分，一是休闲圆圈里剩下的月牙形的那部分，那应该是居民的本地休闲（“本地休闲”没有离开常住地，不是旅游）；二是旅游圆圈里剩下的月牙形的那部分，应该是事务类旅游和其他类旅游（如商务/公务旅游等，它们都与个人是否闲暇无关，与是否有“余钱”去旅游无关，因此应该不归属于休闲旅游）[7]。

简而言之，城市旅游，就是旅游者为城市吸引离开常住地而来到一个或多个城市的旅游。就好像乡村旅游业是以乡村地域及农事相关的风土、风光、风物、风景、风俗组合而成的乡村风情为吸引物一样，城市旅游理当是以城市风貌、风光、风物、风情为特色的旅游。但是，如果不把城市旅游局限在闲暇类的话，那么就理当是人

① 2017年作者校后补记：据2017年2月28日国家统计局发布的《2016年国民经济和社会发展统计公报》，2016年“全年国内游客（即大陆居民境内旅游游客）44亿人次，比上年增长11.2%，国内旅游收入39390亿元，增长15.2%。”如以该《公报》显示的2016年“年末全国大陆总人口138271万人”计算，则2016年大陆居民的出游率为318.2%。相比之下，2013年间，出游者增加了33亿人次，旅游消费增加了36031亿元人民币，出游率增加了191.6%。说得简单一点，那就是出游人数增加了大约九倍，旅游花费增加了九倍多，出游率从该年平均每人出游一次多增加到2016年的三次多。

们出于观光游览、休闲度假、探亲、购物及会议、参展、考察交流等商务/公务目的，而以城市作为自己旅游目的地，离开自己的常住地的旅游活动。

各个城市都不乏自己城市的特征。就大城市而言，有资料显示，旅游城市的特色越来越为旅游者所注目。虽然目前还有许多城市因其传统的多样性和多特征而让人一下难以把握它的特征，但是人们还是逐渐地认识到了它们的特色，如“文化型城市”（以北京、伦敦、巴黎、罗马、佛罗伦萨等城市为代表），“商贸型城市”（以上海、纽约、法兰克福、香港、东京等城市为代表），“娱乐型城市”（以澳门、洛杉矶、拉斯维加斯等城市为代表），“花园型城市”（以新加坡、华沙、莫斯科、维也纳等城市为代表），以及“生态型城市”“森林城市”等等。

国内外有关各类城市的评选和排名如下：

1. 全球最佳旅游城市

关于“全球最佳旅游城市”，目前人们认可度较高的，是全球著名旅游杂志《旅游与消闲》（*Travel + Leisure*，隶属美国运通集团）的调查评价①。据称，该杂志评选出的2004年的全球十佳旅游城市是：悉尼（澳大利亚）、罗马（意大利）、佛罗伦萨（意大利）、曼谷（泰国）、开普敦（南非）、纽约（美国）、瓦哈卡（墨西哥）、伊斯坦布尔（土耳其）、旧金山（美国）、威尼斯（意大利）。

中国的香港、北京等地仅在亚洲最佳旅游城市榜中位列第三、第五。亚洲五佳旅游城市是：曼谷、京都、香港、河内、北京。

对这个排名榜的评选，《旅游与消闲》是依其评分标准，在调查了大批量读者后作出的。该杂志向投票者询问6项问题，要求投票者进行评估和打分排序，其分别是：旅游景点美观度、文化艺术魅力、餐饮魅力、人文风俗亲和力、旅游购物吸引力以及游客的花费是否值得。

2. 中国优秀旅游城市

根据我国国家旅游局的部署，“中国优秀旅游城市”的创建活动，自1998年起，迄至当前的2005年，已经评选命名了6批247个，每批被正式命名的“中国优秀旅游城市”的名单排序，均先

① 2017年作者校后补记：美国旅游杂志《旅游与消闲》（*Travel + Leisure*）进行的“全球最佳旅游城市”评选，迄今已有22年历史。其2016年的十大“全球最佳旅游城市”依次是，查尔斯顿（美）、清迈（泰）、圣米格尔·德阿连德（墨）、佛罗伦萨（意）、琅勃拉邦（老）、京都（日）、新奥尔良（美）、巴塞罗那（西）、萨凡纳（美）、开普敦（南非）。而其2015年的十大“全球最佳旅游城市”则是，京都（日）、查尔斯顿（美）、暹粒（老）、佛罗伦萨（意）、罗马（意）、曼谷（泰）、克拉科夫（波）、巴塞罗那（西）、开普敦（南非）、耶路撒冷。所以在2016年7月7日《旅游与消闲》的“2016年全球最佳旅游城市”公布多年蝉联第一宝座的日本京都市的排名已跌至第6时，日本多家媒体都发出了京都痛失榜首的惊呼。京都市的负责人分析，有可能是因为交通拥堵等问题的影响而导致了排名的下滑。

按该批城市的行政区级别排列，对同等级别的优秀旅游城市则按其验收得分的高低并结合对海内外旅游者的抽样调查结果顺序安排（其中，1998年第一批共54个，2000年第二批共68个，2001年第三批名单共16个，2003年第四批名单共45个，2004年第五批名单共23个，2005年第六批名单共41个）[①]。

如其中第一批的54个“中国优秀旅游城市”名单，就是这样排列的：

一、直辖市共3个：上海市、北京市、天津市；

二、副省级市共14个：深圳市、杭州市、大连市、南京市、厦门市、广州市、成都市、沈阳市、青岛市、宁波市、西安市、哈尔滨市、济南市、长春市；

三、地级市共24个：无锡市、扬州市、珠海市、肇庆市、苏州市、黄山市、桂林市、昆明市、威海市、烟台市、秦皇岛市、海口市、长沙市、岳阳市、南宁市、绍兴市、合肥市、三亚市、承德市、镇江市、泰安市、北海市、郑州市、咸阳市；

四、县级市共13个：峨眉山市、都江堰市、亳州市、敦煌市、曲阜市、武夷山市、吐鲁番市、韶山市、库尔勒市、景洪市、井冈山市、大理市、瑞丽市。

为此，国家旅游局还在1998年出台了《中国优秀旅游城市检查标准（试行）》和《中国优秀旅游城市验收办法》。2003年又对《中国优秀旅游城市检查标准》进行了修订，标准最后修订本对评分的设定为20个大项和183个评分点。其20个大项的要求，请见下列目录，由此也不难看出优秀旅游城市应该大致具备些什么条件[②]。

序号	项目分类	最高得分
1	城市旅游经济发展水平	60
2	城市旅游产业定位与规模	35
3	城市旅游业政策支持和资金投入	35
4	城市旅游业发展的政府主导机制	35
5	城市旅游业的管理体系	70

① 2017年作者校后补记：因近年“中国优秀旅游城市”已经不再评定，据 2012年9月27日新华社报道，国家旅游局副局长杜江在郑州举办的第三届世界旅游城市市长论坛上讲话时曾说，迄至当时，全国已有370个国内城市成功创建成为中国优秀旅游城市。会上，他还表示了对此创建活动应有的历史性的认识，“优秀旅游城市建立，是我国旅游业开展的重要载体，经过推进创立中国优秀旅游城市，加快了我国旅游目的地体系建立，提升了我国城市旅游的吸引力。”

② 2017年作者校后补记：对《中国优秀旅游城市检查标准》，2007年国家旅游局又作了第二次修订（最新修订本虽然整体上保留了前标准的诸多要求，但也略有改动，其结构由原设定20大项176个评分点，改为20大项183个评分点）。为了凸显对优秀旅游城市的标准要求，本书这次在选入此文时，作者特将《中国优秀旅游城市检查标准》评分的20大项类型和分值（依2007年修订本）补进此文中，以期有利于研究旅游规划的本书读者能够了解我国曾有的对“优秀旅游城市”的要求。

续表

序号	项目分类	最高得分
6	城市旅游行业精神文明建设	60
7	城市的生态自然环境	45
8	城市的现代旅游功能	100
9	城市的旅游教育培训	40
10	城市的旅游交通	60
11	城市的旅游景区的开发与管理	40
12	城市的旅游促销与产品开发	60
13	城市的旅游住宿	50
14	城市的旅行社	40
15	城市的旅游餐饮	40
16	城市的旅游购物	40
17	城市的旅游文化娱乐	40
18	城市的旅游厕所	40
19	城市的旅游市场秩序	70
20	城市的旅游安全与保险	40

3. 全球最适合生活城市

英国《经济学家》智库“经济学家信息部”（EIU）针对全球127个城市的安全性、医疗服务、文化和环境、教育、基础设施五大领域适用的40个评估标准，对生活的不便程度进行计算（在评估中得分越低越好，零分表现最好，100分最差），从而评出了它们的名次。据今年8月中新网转自法新社报道称，这次评估的结果是，大多数有吸引力的城市都在欧洲、北美和大洋洲。加拿大的温哥华市名列第一（总分只有1分），澳大利亚的墨尔本、奥地利的维也纳和瑞士的日内瓦并列第二。亚洲只有东京和大阪挤进前20名；香港等多个城市并列第41名；台北列第62名；上海、北京和天津则并列第70名。

4. 中国城市生活质量指数

“2005年中国城市论坛北京峰会”的首部《中国城市生活质量报告》中，首次推出了“中国城市生活质量指数”，并以此为依据，对中国GDP排名前 100位城市（内地）的生活质量进行了比较排名。排行榜显示，生活质量居前十位的城市是；深圳、东莞、上海、北京、杭州、珠海、宁波、苏州、广州和厦门。该研究认为，经济发展水平高并不等于城市生活质量高，经济发展水平和城市生活质量并不完全成正比。北京在12项具体指标中拥有大量位于前列的排名成绩，如消费结构、教育投入、医疗卫生、生命健康、文化休闲、就业概率等都处于100个城市中领先位置；但是，与排在北京前面的三个城市相比，北京的居民收入、居住质量、交通状况、人居环境都明显低于前三个城市，其中，北京的居住质量居100个城市的第83位 。

5.《财富》中国内地最佳商务城市排名

《财富FORTUNE》（中文版）最新公布的“中国内地最佳商务城市排名”前十名上榜城市是：上海、北京、深圳、广州、苏州、大连、青岛、杭州、东莞、宁波。该排名，主要依据年度外商投资调查、世界银行及联合国相关机构对中国内地城市投资环境的评价，并参考《中国城市年鉴》《中国统计年鉴》和《中国城市建设统计年鉴》所引用的相关城市国内生产总值数据等做出的。在2005年度“中国内地最佳商务城市”排名中，上海、北京和深圳依然位列前三甲。东莞挤掉成都，首次跻身前十位。本次调查内容主要包括商务环境、商务成本、劳动力供应和生活质量。与2004年相比，2005年上榜的前十名城市中，新面孔不多，仅东莞一家，长江三角洲有上海、苏州、杭州和宁波入选。

6.《福布斯》中国内地最佳商业城市排行榜

《Forbes福布斯》中文版公布的“2005年中国内地最佳商业城市排行榜”，是继2004年首次公布此榜单后第二次发布以中国661座城市为调查对象的榜单。按照2003年GDP超过110亿元人民币的标准，该次筛选出了206个城市进行“最佳商业城市”的详细评判。评判指标包括劳动力素质、高级人才、经营成本、市场规模、市场潜力、客运、货运和私有经济活力等8项指数。为了反映每个城市的发展状况，绝大多数的指数都采用了2001年到2003年的三年平均值，《福布斯》中文版“2005中国大陆最佳商业城市”前10名是：杭州、无锡、上海、大连、北京、苏州、宁波、南京、广州、深圳。今年上榜的100座城市中，只有4座城市保持了和去年相同的排名；而有13座城市首次上榜，其中江阴市一跃成为第55名。如果与去年的排名相比，名次上升最快的城市莫过于吴江市，从去年的第99名晋级成为今年的第51名；而名次下降最多的城市居然后退了44位，不免让人感到惊奇和遗憾。

7. 中国城市综合实力排名

由中国市长协会组织编写的《中国城市发展报告（2003—2004）》首次对全国有

代表性的50个城市的年度发展状况作出了排名，综合实力前10 位的排名是：上海、北京、广州、深圳、天津、杭州、武汉、南京、成都和沈阳。此报告是由中国市长协会组织编写的。据其首席科学家介绍，城市综合实力是从总体规模上衡量城市的发展状况和发展实力的强弱。报告选取了人口规模、经济总规模、交通运输、城市影响能力等15项指标，在进行标准化处理后，经过加权汇总，才形成了综合实力的排位。《报告》共分5篇21章，约300幅图表，是有关中国城市化如何落实统筹城乡发展的一次探索。

8. 中国城市竞争力

有关我国城市的竞争力的研究是由中国社会科学院财贸经济研究所在《城市竞争力蓝皮书》中提出的。2005年的报告认为：集群是中国经济的龙脉，为此，该报告用相当长的篇幅对产业集群进行剖析：包括产业集群的概念、解释、演化框架……中国产业集群的调查、计量……促进产业集群所要采取的管理模式和竞争体系；当前全球对产业集群的研究动态与发展现状等。

该书从竞争力角度对我国主要城市进行了排名——

指标/排名	1	2	3	4	5	6	7	8	9	10
综合竞争力	上海	深圳	广州	北京	杭州	宁波	苏州	无锡	厦门	天津
人才竞争力	北京	上海	深圳	广州	杭州	温州	天津	沈阳	武汉	南京
资本竞争力	上海	北京	深圳	广州	杭州	天津	成都	南京	大连	武汉
科技竞争力	北京	上海	武汉	天津	南京	广州	西安	深圳	成都	长春
结构竞争力	北京	温州	长沙	宁波	绍兴	广州	深圳	泉州	厦门	成都
基础设施竞争力	上海	北京	广州	深圳	天津	厦门	大连	秦皇岛	南京	沈阳
综合区位竞争力	上海	北京	广州	成都	天津	武汉	沈阳	南京	哈尔滨	重庆
环境竞争力	深圳	杭州	绍兴	无锡	大连	青岛	厦门	成都	上海	北京
文化竞争力	上海	温州	苏州	佛山	绍兴	重庆	南京	深圳	南昌	南通
制度竞争力	绍兴	宁波	上海	嘉兴	苏州	珠海	厦门	潍坊	佛山	大连
政府管理竞争力	上海	深圳	厦门	杭州	青岛	北京	宁波	南昌	佛山	大连
企业管理竞争力	宁波	深圳	上海	厦门	东莞	长春	温州	绍兴	佛山	杭州
开放竞争力	深圳	东莞	上海	珠海	厦门	青岛	大连	北京	惠州	佛山

上面所列的从1到8的各有重心的城市排行榜的排名，表面看来多是相互之间关系并不十分紧密的体系，不仅选择重心各异，甚至也不乏彼此抵牾之处。但是，如果能够看到发布方的思路，认真分析他们所制定的指标或指标结构系，并深入到各个城市的具体资料之中，则不难发现，上面排行榜中几乎每一个城市，都有着自身的不能不引起他人注目的特征。

而旅游者之所以要离开常住地去到目的地旅游，就是因为目的地有着自己常住地所不具备的特色，或者有着自己常住地不能够替代之处。最佳旅游城市、优秀旅游城市自然是多数旅游者憧憬的地方；宜居城市也同样令人向往；而商业城市、竞争力强的城市也都能够为商务客人带来商机，自然是发展商务旅游或会展旅游的理想地。即使不能说每一个城市，也至少可以说大多数具有特色的城市，都可以在旅游的发展中选择到自己城市旅游的细分客源市场。的确，城市特色就是旅游市场的开拓基础，因此，营造城市特色也就是营造市场。

随着旅游需求越来越多样化、个性化，绝大多数具有特色的城市都可以在城市旅游中扮演自己应该扮演的角色（相似的角色、风格各异的角色、作用互补的角色，或者完全不同的角色……），同时在角色的扮演中推动城市建设与旅游发展。

三、欢快的娱乐型主调

近年，旅游者的非单一观光的旅游活动越来越受到业界和学界的关注。有资料显示，国外研究者就曾将节日、会议、展览及各种活动界定为城市旅游产品。比利时学者Jansen-Vehteke认为，历史性建筑物、都市风光、博物馆、画廊、戏院、体育场馆就是非海滨都市旅游的第一要素。被Jansen-Vehteke列为都市旅游的第二要素的，是饭店、餐厅、商场、购物场所和其他服务[8]。研究者们的这些论述，既包含着对城市旅游（或者都市旅游）发展经验的总结，更是对城市旅游发展方向的探究。

当然，我们也不应该拘泥于目前已有的研究成果。我们应该对城市现状有更及时的研究，还应该有更长远的目光。因为我们应该不只看到城市旅游的现在，而且更应该看到它的未来，看到城市旅游的变化，看到城市旅游发展的新动向，只有这样，才能够以一种永不疲倦、永不停步的精神来规划城市的未来。

由于国外主题公园尤其是迪士尼乐园的影响，中国的城市旅游在度过一段一般化的主题公园热潮后，现在正在考虑着大型的游乐目的地及其相关的游乐项目。这两年

"嘉年华"大型的巡回移动式游乐场在进军我国上海，而且在北京等地也初战告捷。今年香港迪士尼顺利开业，也都召唤着中国地方当局和许多旅游规划考虑着游乐目的地和游乐项目的选择。应该指出的是，尽管旅游开发的娱乐型主调越来越明显，但是仍然有许多问题值得我们再思考，呼唤我们进一步地去解决。香港迪士尼或许就是一个值得我们研究的实例。

参考文献

［1］孙尚清. 中国旅游经济研究［M］. 北京：人民出版社，1990.

［2］刘德谦. 关于旅游规划修编的地域扩张与效益扩张战略［N］. 中国旅游报，2004-07-23.

［3］刘德谦. 序［A］//谢彦君，基础旅游学［M］. 北京：中国旅游出版社，1999.

［4］建设部副部长仇保兴把脉：8种城建"盲目症"［N］. 人民日报海外版，2005-12-10.

［5］国家旅游局. 2004年中国旅游业统计公报［R］//中国旅游统计年鉴（2005）［Z］. 北京：中国旅游出版社，2005.

［6］刘德谦. 关于乡村旅游、农业旅游与民俗旅游的个人诠释（2005年8月21日在"2005年昆明乡村生态旅游论坛"的主题发言）.

［7］刘德谦. 关于旅游活动两大部类的再认识［N］. 中国旅游报，2003-12-26.

［8］Jasnen-Vebreke M. Leisuer Recreation and Tourism in Inner Cities［M］. Amsterdam：Netherlands Geographical Sutdies，1988.

新近
资料

EIU《全球宜居指数排行报告》的城市排行

在全球有关"宜居城市"（或"全球最适合生活城市"）的评议中，英国《经济学人》周刊的智库"经济学家信息部"（the Economist Group's Intelligence Unit，即EIU）多年坚持的年度报告《全球宜居指数排行报告》（Global Liveability Ranking）是很引人注目的。如其2016年8月发布的《2016

年全球宜居指数排行报告》，便针对全球140个城市，以城市稳定性、医疗水平、人文与环境、教育与基础建设等角度为评估选项，并在考量了诸如轻度犯罪、内乱、康体设施建设、私校/公校建设、优质房屋建设以及电讯通信发展等方面，然后才给以总体评价的。

2016全球宜居城市排行的Top 10是这样的——

1. 墨尔本（澳大利亚）；

2. 维也纳（奥地利）；

3. 温哥华（加拿大）；

4. 多伦多（加拿大）；

5. 卡尔加利（加拿大）；

6. 阿德莱德（澳大利亚）；

7. 珀斯（澳大利亚）；

8. 奥克兰（新西兰）；

9. 赫尔辛基（芬兰）；

10. 汉堡（德国）。

其中以97.5分高分名列榜首的墨尔本，而且还连续6年享有桂冠，这实在是全球的翘楚。值得注意的是，这些城市也大都是全球著名的旅游城市。

就这前10名的城市所处地域来看，各有三个位居前列的宜居城市的澳大利亚和加拿大，应该承认，它们也是全球宜居环境最好的。

《经济学人》智库认为，全球最宜居城市中，大部分是在富裕国家的中型城市、人口密度相对较低。这些条件底下，居民能进行不同类型康乐运动，亦能避免高犯罪率及基建未能应付之需求。

此外，报告还提到，过去一年内全球共有29个城市的宜居水平直线下降，诸如叙利亚的大马士革、乌克兰的基辅等，都因国内动乱而治安堪忧；在恐怖主义袭击的阴影笼罩下，如巴黎、布鲁塞尔等西欧国家也退步明显；美国部分城市也因种族问题的冲突而表现有所逊色。

除了经济学家信息部《全球宜居指数排行报告》外，在全球还有另一家名为Mercer的全球咨询机构每年都会发布一次《生活质量调查报告》（*Mercer Quality of Living rankings*）的全球城市排行榜（国人也有将其译为“全球最适合生活城市”的）。其在2017年3月发布的《2017生活质量调查报告》称，2017年该榜的Top 10是这样的——

1. 维也纳（欧洲：奥地利）；
2. 苏黎世（欧洲：瑞士）；
3. 奥克兰（澳洲：新西兰）；
4. 慕尼黑（欧洲：德国）；
5. 温哥华（北美洲：加拿大）；
6. 杜塞尔多夫（欧洲：德国）；
7. 日内瓦（欧洲：瑞士）；
8. 哥本哈根（欧洲：丹麦）；
9. 巴塞尔（欧洲：瑞士）；
10. 悉尼（澳洲：澳大利亚）。

虽然这个排行榜的关注重心更偏于欧洲，但对澳洲和北美的选择也是颇有分量的。而且，这些城市仍然大都是全球著名的旅游城市，这也同样是值得我们关注的。

该机构排行榜的排序，是在对39个因素（包括人身安全、政治稳定性、犯罪、执法、经济、社会文化、娱乐、消费、住房、医疗、健康、自然灾害、交通、教育等等）进行分析及统计后，最后才给予的综合评判。

由此来看，虽然上面两家机构的城市排行榜的名称有异，排名所列城市也不尽相同，但是其对城市的观察和注目内容却是大同小异的，这就为我们宜居城市和旅游城市的建设提供了可资参考的共识性的准则。

北京人文旅游的可持续发展[①]

① 此文为本书作者2004年底在一次研讨会的发言，其所依据的，是作者本人承接并主持的一个项目的结题报告（同时，作者本人也是课题组的关键成员和结题报告的独立撰稿人）。发言稿的书面文字最早载于“人民网”2005年1月10日期，随后先后被《华东旅游报》等纸媒转载。

一、现实

在当代人类社会的发展中，城市化一直是其中十分引人注目的必然进程；而在原有的城市，随着城市人口的增加，经济活动的增强，以及城市本身相应的迈向大型化、现代化的进程，城市中的人文遗存正在失去其赖以生存的环境，甚至一些宝贵的文物古迹和历史文化街区正在逐渐地消失；虽然有的保存了其历史的躯壳，但是其中所蕴含的传统文化的精髓，其原有的历史真实性等却被某些不当的举措全然抛弃。这些现象不仅出现在偏远的省区，即使就在北京，也同样存在着。

在我们研究北京旅游业可持续发展的时候，我们就不能不正视这一问题。尽管旅游发展与文化遗存的关系，曾经引起了不少方面的误解（甚至包括了某些文化人士在内），但是旅游的可持续发展，却需要把这种人文遗存的真实性和完整性切实地保护起来。

二、理念

这里不能不提出旅游业与其他产业发展的理念问题。在对三次产业的比较中（据国家统计局的《三次产业的划分规定》），不难看出，旅游产业的发展对资源、环境的态度，对自然遗产、文化遗产的态度，是与多数第一、第二产业完全不同的，也与相当多的第三产业有着本质上的不同，因为，旅游业的存在是以对环境、对资源、对生态的保护为基础的，是以对自然遗产、文化遗产的保护为依托的。尽管旅游业的生存和发展也使用资源，但是它在资源的使用时，是不需要耗损资源或改变资源现状的，在绝大多数情况下都是用人的视觉非接触状态的感受，是与其他多数产业的耗损型使用截然不同的。因此旅游业的存在与发展，也就与可持续发展的总原则有着天然的一致性。

三、可持续的旅游发展

20世纪80年代，随着《全球保护战略》（IUCN，1980）[①]和《我们共同的未来》（WCET，1987）[②]两书的相继出版，“可持续发展”的理念逐渐在全

① IUCN，即世界自然保护联盟(International Union for Conservation of Nature)。1980年世界自然保护联盟在其《世界保护战略》中首次提出了“可持续发展”(sustainability)原则。这一把资源保护与经济发展结合起来的原则认为，“发展和保护对于我们的生存以及履行我们作为后代所享用自然资源的代管人的责任对于我们来讲是同等重要的。”

② WCET，即联合国环境与发展委员会（The United Nations World Commission on Environment and Development）。《我们共同的未来》是世界环境与发展委员会关于人类未来的报告，于1987年2月在第八次世界环境与发展委员会上获得通过，后又在第42届联大辩论通过，并于1987年4月正式出版。全书共分“共同的关切”“共同的挑战”“共同的努力”三部分，将注意力集中于人口、粮食、物种和遗传、资源、能源、工业和人类居住等方面，致力强调“持续发展”的基本纲领，以丰富的资料阐述了当今世界环境与发展方面存在的问题，提出了处理这些问题的具体的和现实的行动建议。

球引起了广泛关注，尤其是1992年6年联合国环发大会上有关全球性可持续发展的纲领——《21世纪议程》（即《里约宣言》）的通过，更将可持续发展的理念普及到了全球。

1992年联合国环发大会后，中国政府就为推进《21世纪议程》的实施，采取了一系列重大行动：首先便是制定国家战略《中国21世纪议程——中国21世纪人口、环境与发展白皮书》，初步形成了可持续发展的法制体系，在国家发展计划中明确地提出了可持续发展是我国推进现代化建设的重大战略，并建立了推进可持续发展的国家级协调机构。

值得注目的是，1994年我国第一本有关21世纪人口、环境与发展的白皮书——《中国21世纪议程》编制时，我国国家旅游局便已担任了编制领导小组的成员，而且在第7章有关大力发展社会服务与第三产业的行动计划中，便已直接写明了发展旅游与资源保护、环境保护的关系。应该说，我国对于旅游业可持续发展的认识，以及在正确对待旅游业发展与资源和环境的保护问题上，是先于世界旅游组织和世界旅游理事会的。

虽然世界旅游组织（WTO）、世界旅游理事会（WTTC）和地球理事会（Earth Council）已在1996年本着联合国《21世纪议程》的原则联合制定了《关于旅游业的21世纪议程》，然而2002年我国在编制《中华人民共和国可持续发展国家报告》时，有33个部委办局参加的领导小组和29人组成的专家组和工作组中，却反倒少了我国旅游主管部门和旅游专业人士的身影，并且，有关旅游业可持续发展的内容也从这份新的报告中消失了。也就是说，2002年在约翰内斯堡举行的联合国可持续发展世界首脑会议上，全世界都未能从我国的国家报告中得到来自中国的有关中国旅游业可持续发展的信息，这不能不说是一件让人遗憾的事情。

四、北京旅游业可持续发展的关键

根据我国有关部门的2002年统计资料（由于目前尚没有2004年的统计数据，而2003年因为“非典”的影响其数据缺乏代表性），我国共接待入境过夜旅游者3680.26万人次；国内旅游者出游人数为878000万人次。其中，北京共接待入境旅游者310.40万人次；游京国内旅游者为11500万人次（其中外地来京游人7800万人次，本市游人3700万人次），分别占全国总量的8.43%和13.09%，这的确是一个巨大的份额。[①]

如能就这些游人的旅游目的地选择作出分

① 2017年作者校后补记：据2017年公布的全国和北京市的统计资料，2016年我国共接待入境游客13844万人次，其中入境过夜旅游者5927万人次；国内旅游者出游人数为44亿人次。2016年，北京共接待游客的总人数是2.85亿人次，其中接待入境旅游者416.5万人次；北京市民在京旅游人数1.1亿人次，外省市来京旅游人数1.71亿人次。

析，就能发现，北京当前旅游业的核心产品究竟是什么。北京是我国的首都，作为历史名城的她，一直以其丰富的历史文化吸引着中外游人。应该看到，在来京旅游的这将近1亿2千万的中外游人中，除北京本地游人去向的多样化外，外地来京的国内旅游者和海外来华旅游者的首选目的地，大多都是北京的人文资源荟萃地。

同样也依据国家旅游局和国家统计局2002年发布的对入境旅游者的抽样调查结果，2001年入境旅游者对北京旅游资源的兴趣选择的比例，分别是文物古迹65.2%，民族风情38.9%，文化生态36.0%。由此不难看出北京旅游产品核心引力之所在。

因此，也不难作出判断：尽管北京旅游业的可持续发展涉及的问题很多，但是，人文资源和人文生态的保护将是北京旅游业可持续发展的关键。

五、保护的成就与不足

古老的北京正在向着现代化国际大都市的目标前进，这是历史发展的需要。任何一个地区、任何一个地方的居民，都有着神圣的不可改变的追求进步的权利，想要阻止这种变化的发生，不仅是不明智的，也是十分错误的，而且也是难以实现的。但是，保护历史遗存也同样是历史发展的需要，同时也是完全符合当地居民的利益的。因此必须把发展与保护统一起来，在发展中加强保护，在保护中寻求发展。我们面临的任务，就是如何把握这种两全其美的量度。

北京市在近50多年的建设中，取得了十分耀眼的成就，同时也出现了不少的失误。在历史遗存保护上的失策，就是这种失误之一，其发生的诸多实例也是人所共知的，此处无须提及。

值得重视的是，这些年来北京在保护历史遗存上所做的大量工作，尤其是近几年来北京市有关当局对历史遗存保护的更加重视，比如2000～2002年北京市财政安排3.3亿元人民币用于市级以上文保单位的文物建筑的抢险修缮，2003～2008年再斥资6亿元人民币用于营造北京历史文化名城的基本格局。无疑的，这些举措都是十分令人欣喜和值得称道的。如再加上由此带动的区县级的投入和社会资金的投入，其已经取得的成就和将会取得的成就都是十分可观的。

但是，在成就之中是否也有不足呢？本课题组成员认为，这种不足是存在的。一是保护的对象过于偏重于某些已被认知的“物”的“单体”，而忽视了蕴藏于这些“物”中的非物质文化，忽视了这些“单体”赖以存在的社会依存。

六、保护与可持续发展例一

北京国子监街，是1984年由北京市政府批准的“北京市文物保护单位”，现在街的东西两头仍然屹立着1984年7月的汉白玉石标志“北京市文物保护单位国子监街”。但如真到这条街上去考察，就会发现它正在一年一年地发生着变化，一些原有的院墙被拆了，街道正在展宽，一些旧式居民院落正在被雕梁画栋的仿古新建筑所取代，不仅商店一个接一个出现，而且还出现了近年才开张的现代酒店……据有消息来源的人士说，这是要恢复元代时的风貌；问其依据，倒不是因为发现了元代的照片（？）、绘画或设计图，也不是因为有了什么可靠的详细文献，只不过是曾由某某单位规划，某某某领导批准罢了。

更值得注目的是，有媒体报道说，在计划中的2003～2008年北京市政府投入的6亿资金外加社会配套的7亿元资金将要营造的展示北京人文色彩的区域中，就赫然写着“国子监古建筑游览区”的名字。的确，现在国子监街有着两组很有名的建筑，一组是孔庙，一组是国子监，但是无论是孔庙还是国子监，它的元代始建和明清两代的增建都是对儒学的尊崇，对国家教育的重视。就孔庙而言，无论是仿制石鼓也好，大成殿也好，崇圣祠也好，除奸柏也好，进士题名碑也好，它们都只是文化的载体；就国子监而言，彝伦堂也好，辟雍也好，敬一亭也好，也都可以从古代典籍中找到它们的依据。不能忽视的是在历史发展中，它们又与周围的民居形成了一个统一的共生体——有着丰富古代文化传承的普通北京百姓的生活家园。而按照新的设想，这样一个北京蕴含中华文化最丰富的地段，竟然被定位成了“古建筑游览区”，不免让人想起了那个“买椟还珠”的成语来——是制作盒子的人把盒子做得过于精致了呢，还是买珍珠的人不识货？

保护历史地段和历史街区，早在20世纪60年代国际古迹遗址理事会的《威尼斯宪章》就有了相当的共识，其后不久的《华盛顿宪章》更对地段和街区的格局和空间形式，对地段和街区的历史功能和作用，以及某些新建筑与历史建筑在布局、体量、风格、色调的协调等处提出了十分明确的原则。

而在我国，20世纪80年代我国在公布国家级历史文化名城名单的同时，便已经有了保护历史名城传统风貌和历史地段的概念，而且在1996年6月的黄山会上更已明确指出，保护历史街区已经成为保护历史文化遗产的重要的一环，已经成了保护单体文物、历史街区、历史文化名城这一完整体系中不可缺少的一个层次。现在，如果将街区的保护改换为了单体文物的保护，改换为见物不见文的保护，乃至连对物的保护都说不上忠实，何来旅游业的持续发展？

七、保护与可持续发展例二

在北京申奥成功的前后，北京有几处遗址公园建成并向市民开放，于是得到不少市民的称赞和媒体的追捧。对于策划者、规划者和政府有关部门的美意，是不能有丝毫的怀疑的，而且所花费的工程费用也的确造福了当地居民。

但是，如要对其作出冷静的评价，却与此前的某些评价不太相同。这里暂且用明城墙遗址公园作一例子——

· 作为对明城墙建筑体的保护，它是成功的；

· 作为对北京城市的美化，它是成功的；

· 作为对空气的净化和对噪声的阻隔，它是成功的；

· 作为对园林艺术的创作，它有成功的一面；

· 作为对城市休憩功能的体现，它也有颇为成功的一面；

· 但是作为对北京历史遗存的保护，它却有其不成功的一面。

上面所说的最后一点，也是作为历史遗址公园的最关键的一点。本课题组成员之所以作了这样一个不高的评价，那是因为：1. 作为遗址公园，应该尽可能的保存这一历史遗址的尽可能多的历史信息，然而现在保留的却仅有作为建筑物的城墙（残墙）；2. 城墙的最早功能是防御，因而墙内墙外是完全不同的环境，现在将其内外等同起来，造成了参观者对城墙原有功能的误导；3. 在明清后，城墙的原有功能逐渐开始消失，乃至部分地段成了居民（贫民）的聚居地，这是现代武器变迁的结果，是城市化功能改变的结果，现在明城墙遗址公园却把这些信息全部剔除，无异于切断了历史。因此，如严格地说，明城墙遗址公园只能说是建筑遗址公园，而不是历史遗址公园。规划者用心自然是好的，但是这种剔除某些历史信息的做法，让人不免联想到著名小说中古家具收购人遇到的那位农夫，旧家具倒是整治得干干净净了，但却在很大程度上失去了古董的价值。当然了，城墙和古家具不一样，无须完完全全都保留着当初破滥的旧样，但是保留一个完整的“横截面”却是不可缺少的。

目前这类遗址公园的创意，与可持续发展的要求也尚有相当距离。

八、结语

1. 旅游业的可持续发展，现在不仅在国际上受到普遍关注，在我国也同样得到高度的重视。但是无论从可持续发展的总纲领来看，还是从旅游业可持续发展的具体安排来看，目前人们的主要注目点还多局限于对自然生态和自然资源的保护上。对于人文生态尽管已经有了一些关注，但是，还多停留在理论框架上。

2. 历史遗存的保护和人文生态的保护，应该是人类面临的可持续发展课题的一个组成部分，这一部分的保护行动将直接关系到旅游业的可持续发展，尤其是像北京这样的以人文资源为主要引力的历史古城，这样的课题就显得更为迫切。

3. 以自然资源和人文资源两大资源体系为主要依存的旅游业，它的健康成长和可持续发展，必须依赖于自然资源、自然生态的保护，必须依赖于人文资源、人文生态的保护。人们需要努力用自身的行动去促进这两个领域的有效保护，并由此加深全社会对这一理念的认识。

4. 旅游业是一项敏感的产业，也是一项关联性极强的产业，它应该努力发挥自己关联性的特点来促进这两方面的保护；但在其自身力量难以达到目标时，就应该呼吁地方政府当局和社会各界来帮助实现这一目的。

5. 在人文资源和人文生态的保护上，旅游业必须首先同文物主管部门、遗址保护部门和文化保护者携手，力争达到更多的共识，形成更多的共同行动，以实现保护发展的良性互动。

6. 文化遗产的保护与旅游业的可持续发展，有着完全一致的目标。在新旧世纪之交时，联合国教科文组织、世界银行和中国国家文物局、建设部在“中国文化遗产保护与城市发展国际会议”上达成的《北京共识》，已经将保护与旅游发展的关系作了十分清晰地阐释：“长期以来世界各国为保护城市中的历史文化遗产所付出的努力，不仅有效地延续了城市的历史文化，同时极大地促进了当地旅游业乃至经济的发展。在人类即将进入21世纪的今天，我们更认识到保护城市中的历史遗产的重要性，同时，随着广大民众文明程度的不断提高和对精神文化生活的迫切要求，城市化进程中的文化遗产保护必将拥有十分美好的前景。”这是一个十分可贵的基础。

7. 旅游业必须充分发挥自身使用资源却不耗损资源，依托环境却不伤害环境的产业特征，努力克服并消除开发、经营和使用中的不当行为，在努力促进保护的同时，获得自身的可持续发展。

古镇保护与旅游利用的良性互动①

① 此文原为作者2004年12月在人民日报社《中国经济周刊》主办的“2004·中国经济论坛——南浔与中国古镇发展”研讨会上的发言。书面文字稿原载《旅游学刊》2005年第2期。因为原文较长，《旅游学刊》发表的只是其中的第二、第三两部分。作为学术论文，发表时原有如下的论文摘要与关键词——“[摘要]在‘保护与利用二者不可得兼’几乎成为一种思潮的时候，古镇的保护与利用，也和其他文物古迹的保护与利用一样，已经成为我们面临的无法绕过的课题。因为古镇是众多遗存单体的有机共生，因此决定了它在人类的遗产财富中往往有着远胜于其他个别的单体文物或遗址的价值。同时又基于它是现代居民实际使用的活文物，所以古镇的保护还必须探讨它自身的规律。本文中，作者对以上现实进行了认真的分析，并在此基础上提出了古镇保护与旅游利用的良性互动”。“[关键词]古镇；文物保护；旅游利用”。本书这里收录的是《旅游学刊》发表的文字。

古镇是历史对居民聚居地的选择，是自然环境与人类需要千百年来相互交融的结晶。古镇的保护与利用，与其他文物古迹的保护与利用一样，也与自然生态的保护利用一样，已经成为我们面临的无法绕过的课题。保护，是时代赋予我们的历史使命；如何在保护的前提下，让文物和古迹遗址更好地服务于当代和后代，也是我们不可推卸的责任。

此前，笔者曾经毫不隐讳地说过，在地方保护资金普遍缺乏而文化遗存又所剩无几的现实中，只有认真地推动保护和利用的良性互动，才是贯彻落实我国文物保护的“保护为主，抢救第一”原则的良策[1]。这里，笔者的观点是，合理地安排在保护基础上的旅游利用，不仅是保护其他诸多文化遗产的重要选择，也不失为是对古镇保护的多种方式中最佳的一种，或者它正是当前对少数幸存的古镇的一种最为及时的抢救。

一、消弭误会

我们在保护古镇，保护文化生态，保护文化遗产的时候，无论是在研究阶段或实践阶段，相互沟通都是十分重要的。

（一）缺乏沟通与指责

近20多年来，由于社会需求的推动，我国的旅游业得到了长足的进步。国内外旅游者的首选目的地，常常都是风景名胜、文化古迹，或者名城古镇，那么如何看待这一现象，如何处理好自然环境和文化遗存的保护与利用的关系呢？毋庸置疑的是，有一个已经获得全社会广泛共识的重要原则，那就是以文物和遗址作为旅游目的物的时候，或者以自然生态作为旅游目的物的时候，旅游的发展必须把保护放在第一位，应该在保护的基础上求发展，以发展促保护。

关于旅游与文物古建的关系、与文化遗产的关系，也像旅游与环境的关系、与自然生态的关系一样，近些年来，已经越来越受到有关部门和相关人士的注目。同时也像旅游与自然生态的关系一样，受到了许多十分激烈的批评和指责。对于其中不少批评和指责，笔者也曾经有过同样的观点，而且笔者也一度充当过发难者。但是如果认真做做调查研究，或者认真地分析分析，就可以发现，好心的批评者在曾经为保护做出重大贡献的时候也曾经在无意间制造了一些“冤假错案”，比如山东曲阜的“水洗三孔”、陕西秦陵的“遍植石榴”等等，虽然在经过认真的调查分析后才发现，原来事实并不是批评者所说的那样；但是由于当初批评时是井喷、改正时却委婉，在老百姓的意识中，或者永远也不知道原来“旅游”这个“弱者”是受到了冤屈。

既然“旅游”在并没有事先安排的阴差阳错中被塑造成为了一个并不招人喜欢的形象，那么批评起来也就比较随意了。再加之少数旅游开发者和旅游经营者决策或操作的孤立性的失误，旅游者个人行为的有欠检点，这就更加加重了社会舆论突然一阵一边倒的力量。在这种以批评旅游为时髦的氛围中，在你我间的互相感染中，更免不了出现一些缺乏深入分析的气愤之下的过头话，诸如旅游业的发展与开发是“对中国自然文化遗产和风景区的最大威胁”，“已造成国家风景区和世界遗产地有史以来最严重的破坏”[2]等等。

（二）旅游业生存的基点

其实情况并非如此。

旅游是人们的一种追求更高境界的活动，旅游业就是为了向旅游者提供在他自己日常生活中难得的理想环境。前面已经说到，旅游业的存在是以环境为资源为依存的①。谁都知道，没有环境就没有旅游业，没有资源就没有旅游业。在旅游研究中，人们通常把旅游的资源分成为两大类，一类是自然资源，一类就是文化资源。而在文化资源中，我们所说的广义的“文物”，无论是古文化遗址、古墓葬、古建筑、石窟寺和石刻、壁画，还是与重大历史事件、革命运动或者著名人物有关的以及具有重要纪念意义、教育意义或者史料价值的近代现代重要史迹、实物、代表性建筑，或者历史上各时代珍贵的艺术品、工艺美术品……或者是大而言之的历史名城、传统古镇，或者是集中文物展陈的博物馆，全都是吸引旅游者从甲地去到乙地的吸引物。

这里随机地抽出一份国家统计局和国家旅游局合作的对海外旅游者的抽样调查，看一看海外旅游者对我国“文物古迹”的兴趣——在北京接受调查的海外旅游者中，对“文物古迹”深感兴趣的占65.2%；天津占40.4%；河北占66.6%；山西占54.0%；内蒙古占15.8%；辽宁占33.3%；吉林占32.8%；黑龙江占22.7%；上海占38.8%；江苏占50.2%；浙江占50.8%；安徽占43.4%；福建占34.9%；江西占46.0%；山东占36.4%；河南占69.2%；湖北占56.3%；湖南占55.6%；广东占27.6%；广西占31.2%；海南占20.2%；重庆占45.8%；四川占51.5%；贵州占58.2%；云南占47.6%；西藏占55.7%；陕西占80.0%；甘肃占96.4%；青海占51.2%；宁夏占48.3%；新疆占47.0%（《入境旅游者抽样调查资料—2002》）[3]。由此看来，文

① 这里涉及的论述，在原发言稿的第一部分，本书收录此文时已经省略。

化遗产作为旅游业生存的基点的地位，是绝对不可能动摇的。平心而论，无论是地方当局，还是旅游开发者、经营者，谁能够不愿意保护旅游业赖以生存的基础？谁能够不愿意保护自己的命根子？

本文前面（指已经省略的发言原稿的第一部分）已经说到，旅游者也是在使用资源，享用环境，但这种使用和享用却不需要改变环境，更没有必要消耗资源。比起第一产业和第二产业来，它对资源的耗用，以及它对环境、对生态、对文化遗存的负面影响，实际上是小而又小的。如果引导得当，旅游者还可以成为资源、环境、生态、文化遗存的保护者；而旅游者在旅游中支付的费用，不仅为当地居民开辟了财源（使之改变原来对资源的耗用和攫取），同时也使当地居民对原有资源的价值和资源的使用方法有了新的认识，更不用说这些收入中的可直接用于保护的那一部分。

前面也已经说到，少数旅游开发者和旅游经营者决策或操作的孤立性的失误，旅游者个人行为的有欠检点，是的确存在的现象。但是解决的办法不是取消旅游业，而是加强对开发者和经营者的引导，完善立法和加强法制管理，注意对旅游者的引导，以及加强有关公共道德的教育。有了完善的立法，有了健全的管理，尽量减轻旅游活动的负面影响是完全可以实现的。因噎废食终究不是最好的办法。

（三）文化遗产的保护

现在人们所用“文物”一词，尽管在历史上、在民间、在习用范围里有不同的解释，但是在我国的《文物保护法》这一法定的文件中，已经得到一一列举式的详细说明，即，既包含可移动文化财产又包含了不可移动文化遗存。如果映之以官方批准的英文译名，我国《文物保护法》和国家文物局的“文物”一词，就是“文化遗产”（即cultural heritage）。

历史、艺术、科学的三大价值，是历史文化遗产实现其社会价值和作用的基础，这个基础反过来又反映了历史文化遗产的性质：一种特殊的历史遗存，一种特殊的文化财富，一种特殊的可资利用的资源，不允许消耗的公共资源，它不仅要服务于当代，而且要传之于后代全体。它具有：

①不可替代性、不可再生性——不能重复制造和再生。

②公共属性——不论谁是创造者和保存者，在本质上都是历史的积淀或结晶，因而应该视作人类共同的创造和共有的财富。

③代表性与重要性，差异性与无限性——既有人类创造物的难以替代的代表性，显

示着它在人类文明进程中的重要性，同时其代表范围和重要程度又各不相同，从而共同在总体上形成相互联系与互补，包罗万象，丰富多样；但是又基于历史的不可逾越，必然反映为后人认知的阶段性和未来认知的无限性。因此我们必须世世代代把它保护好。

但是天不尽如人愿，世界上的文化遗产正在受到威胁，正在受到来自各方面的各种因素的破坏，据一家有关文化遗产保护研究的国际机构（ICCROM，国际文物保护修复中心）称，这些因素是——①地震、火山爆发、洪水等导致剧烈损害的自然因素；②战争、抢劫、恐怖活动、野蛮行为以及基建工程、市区发展、现代耕作等导致剧烈损害的人为因素；③缺乏专业基础的决策、规划、立法、管理等行为导致剧烈损害的人为因素；④温度、盐溶、污染、光照、植物、动物、微生物、尘土等导致渐变损害的自然因素；⑤无知行为、观众超量等导致渐变损害的人为因素。

值得注意的是，就全球面临的态势来看，尤其是发展中国家面临的城市化加速，环境的恶化，贫富差距的扩大，以及其产生的野蛮攫取及暴力活动，加之其政府管理的乏力，包括名城古镇在内的遗产以及遗产的价值，也正在面临着生死存亡的威胁。但在ICCROM所作的以上的科学分析中，虽然遗产遭到损害的因素中包含有旅游活动，但主因却不在旅游。

就我国历史文化名城来看，1949年后第一任文物局局长谢辰生2004年6月做客搜狐，谈历史文化名城保护时就说到，我国自20世纪80年代起，先后一共公布三批四次历史文化名城的名单（第一批1982年，第二批1986年，第三批1994年，前三批是99处；2001年只批了两个），加起来是101处；而现在呢，可以这么说，101个历史文化名城除了丽江、平遥还有陕西的韩城等等极少数比较完整地保护下来外，相当多的名城或者破坏了一部分，或者破坏得非常严重。其破坏的原因来自哪些方面？除了当初缺乏完善的法制保障外，另一个主要原因是对名城保护认识不足[4]。

尽管如此，我国的文物保护仍然取得了巨大的成绩。这也得归功于有关文物保护的法制建设。

自从1951年我国政务院发布《古文化遗址及古墓葬之调查发掘暂行办法》以来，我国便陆续出台了不少有关保护文物和遗址的指示、通知、办法，直至最后的《中华人民共和国文物保护法》的颁布与实施。如，20世纪50年代的《关于保护古文物建筑的指示》、《关于在基本建设工程中保护历史及革命文物的指示》、《关于在农业生产建设中保护文物的通知》；60年代的《文物保护管理暂行条例》、《关于进一步加强文物保护和管理工作的指示》、《文物保护单位保护管理暂行办法》、《革命纪念建筑、历史纪念建筑、古建筑、石窟寺修缮暂行管理办法》、《古遗址、古墓葬调查、发掘暂行管理办法》；70年代的《关于加强文物保护工作的通知》；80年代的《关于加强历史文物保护工作的通知》、《中华人民共和国文物保护法》，等等。至此，全国文物保护已经进入了颇为完善的法制轨道。此外，还有首批、第二批、第三批……一批一批的国家级历史文化名城的确定和颁布，以及与之相关的《加强历史文化名城规划工作的通知》、《关于加强历史文化名城规划工作的几点意见》、《关于建设中认真保护文物古迹和风景名胜区的通知》的配合，再加之《中华人民共和国城市规划法》的有关规定，更为城乡规划编制中的文物古迹保护确立了指导思想和原则。无疑，这些内容都是我们考虑利用时所必须充分遵循的。

（四）寻求共识

我国的文物学者们，早在编写《中国大百科全书》时，就明确地重申了世界一致公认的有关文物的三大价值——历史价值、艺术价值、科学价值。对于人类而言，除了科学研究有利于这些价值的揭示外，向人民群众展示也是它实现价值的一个十分重要的体现。正是有了这些价值，保护的意义才能够体现出来。也正是为了更好地揭示这些价值，体现这些价值，保护这些价值，各国才制定了各自的法律法规和各自的管理规定。这里，我们首先要提到的是我国的《文物保护法》。大家都知道，贯穿我国《文物保护法》的基本原则，有这样的四句话：“保护为主，抢救第一，合理利用，加强管理”。如果回顾一下我国文化部前部长2001年10月在第九届全国人民代表大会常务委员会第二十四次会议上对《中华人民共和国文物保护法》修订草案作出说明时，所特别强调了之所以要对1982年以来施行的《文物保护法》进行修改的原因，那就是，随着改革开放和我国的飞速发展，原来文物保护法的一些规定已不能完全适应形势发展的要求。当时其中最突出的问题是：①文物保护力度不够；②不少文物未能得到合理利用；③文物管理制度不够严格[5]。

发展旅游与遗产保护这两个方面本身没有对立的必然。其实，这并非一家之言。在文物研究界享有盛名的罗哲文老先生也有着相近的看法，他认为“文物、风景与旅游的关系应该是相辅相成、相互促进、相得益彰”。他说，“旅游开发与文物保护绝对不是矛盾的。在过去，一提文物就只是保护。我认为，文物就是要利用，文物就是要发挥它的作用。”“文物（主要是指古建筑）具有不可移动性，只有通过‘旅游’才可以达到用‘物’说话的目的，反过来用‘旅游’来体现其文物的价值。”“美国总统里根先生站立在长城上无不感慨地说道：到了长城才体会到，如果没有这样一个伟大的民族，就创造不出这样伟大的奇迹。”（罗哲文，2004）[6]

由于文物所具有的不可再生和不可替代的本质属性，所以在笔者的观念中，主张保护无疑是绝对正确的。保护的主张，无疑是代表着绝大多数人的利益，代表着国家的利益，甚至是全人类的利益。但是也很显然，只有保护的主张而无保护的办法，保护也是难以实现的。我们谈保护谈了多少年，人们谈保护谈了多少年，而需要我们保护的对象，却在人们长期的谈论中，退化了，损坏了，消失了。因此，笔者还认为，主张保护是好心；在没有别的更好的办法之前，静态的保护的确不失为保护的一种办法。但是，只有保护的愿望还不够，静态的无所作为的保护也只能暂时有效，短期有效，却难以维持长久。保护绝对是重要的；但没有足够办法的保护、没有具体措施的保护、没有必需的资金的保护、没有当地居民积极参与的保护，这样的保护效果终将是极为有限的。多少年来侈谈保护而缺乏资金和缺少措施所形成的保护乏力的现实，难道不能举出几十、几百个例子吗？

关于这个问题，在国际上，1999年10月ICOMOS（国际古迹历史理事会）的第十二次大会通过的《国际文化旅游宪章》也已经有了十分明确的共识：“国内和国际旅游是文化交流的最佳载体，它向游客提供了一种了解历史和其他社会现实生活的个人体验机会。越来越多的人承认，这种活动是自然和文化保护的一种积极力量。旅游可以使遗址显现出经济价值，为保护提供资金，教育当地民众，并进而影响相关政策。旅游已经成为国民经济和地区经济的重要组成部分，如果管理得当，旅游可以成为一个重要的发展要素。”[7]也许有一些慎重的同志，对发展旅游还仍然保持反对态度或者观望态度。对此，我们不要性急，一方面应该继续听取他们的意见，并加强对旅游利用的立法，一方面切实加强指导和管理，以期将可能出现的失误消灭在未生状态或萌芽状态。这是当前我们在旅游发展和旅游开发中必须给予高度关注并且需要实实在在去解决的问题。只要我们的保护、利用和管理真正做好了，反对的意见自然就会越来越少。因为双方的目标是完全一致的。

二、古镇的现实课题

本文在开始时曾经说道，古镇的保护与利用，与其他文物古迹的保护与利用一样，也与自然生态的保护利用一样，已经成为我们面临的无法绕过的课题。

（一）人类珍视的古镇

在人类近代的发展中，城市化（城镇化）进程已经成为全球性的潮流，一股谁也无法阻挡的潮流。就在这个全球性的进程中，无数的历史文化名城成了“历史”的牺牲品。然而不平衡的发展现实，又让少数小城镇得以幸免，因此当人们为名城名镇的破坏感到痛惜的时候，便更加珍惜这些得以幸免的古镇。就像城市或村落一样，古镇也是历史对居民聚居地的选择，也是自然环境与人类需要千百年来相互交融的结晶。它的出现和成型，既有河流山脉的地势，又有交通往来的便捷；既能适应生产的需要，又能满足居民生活的诉求……它凝聚着人类文化十分丰富的创造，或者还经受过战争的刀光剑影的洗礼。这是历史的见证，是人类悲欢的结晶。

古镇，也与本文前已说到的别的人类文化遗存一样，它的不可替代性、不可再生性（不能重复制造和再生）；它的公共属性（不论谁是创造者和保存者，在本质上都是历史的积淀或结晶，因而应该视作人类共同的创造和共有的财富）；它的代表性与重要性，差异性与无限性（既有着难以替代的代表性和重要性，同时其代表范围和重要程度又各不相同，总体上的包罗万象与丰富多样，以及后代认知的阶段性和未来认知的无限性）等，所有这些都显示出它作为人类共同财富的珍贵。同时，又因为它是众多的遗存单体的有机共生，因此决定了它在人类的遗产财富中，往往远胜于其他个别的单体文物或遗址的价值。

（二）居民不是装饰品

关于古镇在文物保护中的地位，我国早年的《文物保护法》是语焉不详的，现行的《文物保护法》第十四条，就针对城镇、街道、村落所具有的文化遗产的价值，针对其重大历史价值或者革命纪念意义，做出了新的规定，其中已经明确地规定了有关保存文物特别丰富并且具有重大历史价值或者革命纪念意义的城镇、街道、村落的命名、规划与保护办法。

关于对历史地段的保护，国际上也是十分重视的。有关历史遗产的保护，除了不少国家早已有的法律、法规、条例、章程，以及劝告外，最具划时代意义的是1972年联合国教科文组织通过的《保护世界文化与自然遗产公约》，和成立世界遗产委员会。此外，达成共识的意见，诸如《雅典宪章》《威尼斯宪章》《华盛顿宪章》《洛桑宪章》等等，都为实现对文化遗产的切实保护，作出了重要贡献。譬如对“历史地段”所规定的这样的保护内容就显得相当具体而有利于操作，如：①地段和街道的格局和空间形式；②建筑物和绿化、旷地的空间关系；③历史性建筑的内外面貌，包括体量、形式、建筑风格、材料、色彩、建筑装饰等；④地段与周围环境的关系，包括了自然和人工环境的关系；⑤地段的历史功能和作用；等等。

但是古镇并不就是荒镇、废镇、死镇，因此将它等同于一般的文物、一般的古迹遗址也是不完全妥当的。不少古镇之所以能够幸存下来，还首先在于它有着活活泼泼的生命，甚至有着惊人的对时代变化的适应力。这样一来，古镇也就弥足珍贵了。正是基于不少古镇仍然是当代居民生产生活的依存，因此古镇也就不能够完全同于一般的文物。古镇的保护与利用，一方面也和文物古迹的保护利用一样，也和自然生态的保护利用一样，已经成为我们面临的无法绕过的课题；但是同时它也有着绝不相同的地方，就是必须让它仍旧活活泼泼地生活下去，而且要“活”得更好，更有意义。

正是有鉴于此，我们就应该对生活在古镇的居民有实实在在的安排和考虑。诚然他们不能因为自己是古镇的主人而做出不利于古镇保护的事情，然而他们也不是放在古董柜里让人赏玩的摆设和装饰品，他们和其他地方的居民一样，也都有改善生活，追求现代享受的权利。

由此看来，古镇的保护还必须探讨它自身的规律。

（三）推进古镇保护与旅游利用的良性互动

关于村镇的保护问题，近年已经让人感到越来越迫切。罗哲文先生在一次谈话中就说到，“村镇保护是非常非常必要的，现在属于抢救。县以上的城市真正完整保护的不多了；我们曾经也提出过，保护历史文化名城的大城市，但是现在已经不可能了，大城市基本没有完整保存的。但是县以下的村镇，有的是镇，有的是村，一般的镇和村有很多很多保存完整的，而且从建筑的价值、地形的选择、建筑保存的完整、文化内涵的丰富，都是非常非常有价值的。如果现在不保护，要城市化、现代化，村镇肯定不到几年全都没了。这是非常非常重要的建筑，是历史文化遗产。目前面临着一个大变革，如果我们不主动地保护，这是一个很大的损失。村镇是我们文化最根基的，大城市是从城镇发展起来的，几千年从原始社会从小的城镇发展起来，文化内涵特别是一些很了不起的建筑艺术比如说砖雕、木雕、石雕精彩得不得了。这些非常重要，我想应该继续再选择一些来公布。”（罗哲文，2004）[6]

当然了，保护与利用是相互促进的，前面已经提到的谢辰生先生2004年做客搜狐时，还说到文化遗产保护与旅游相互促进的关系，他说，“发展旅游业应该说是可以的，比如说丽江是历史文化名城，平遥也是历史文化名城，原来都很贫困，现在都发了，好得不得了。现在经济收入不是说随随便便种点儿菜种点儿粮食能解决的问题。发展旅游是绝对应该的，但是有一条不能过度，过度了，反过来就会成为破坏。”“因此，要发展旅游，而且旅游跟文物必须密切地配合，这样是双赢的局面。既有利于文物保护，也有利于发展旅游；如果不正确认识有可能变成两不利。一定要掌握一个度，不能超越这个度，不能破坏，只有在不破坏的情况下才可以搞旅游。”（谢辰生，2004）[4]

至于如何保护与利用，杭州市委、市政府遵循“抢救第一、保护为主”的原则，提出的“建新城、保老城”的发展思路，就是一个值得借鉴的做法。这种新旧分开的做法，在全世界也已经有了不少成功的先例。

近年，我国国家标准《旅游规划通则》在关于规划的“前期准备阶段”工作中，特别提出了对“相关政策、法规进行系统研究”的要求，这就更进一步加强了旅游规划中有关文物政策和文物法规的权威地位。尽管国家标准《旅游规划通则》已经有了明确的规定，而且在这之前，旅游规划界也已经有了关于这一内容的共识，但是旅游开发与文物保护不和谐的消息仍不断地见诸报端。虽然这并非普遍的现象，但是却不能不让人十分关注。

甚至几乎让人误解，以为是旅游发展与文物保护的必然冲突。其实，这正是前面我们已经提及的文化遗产保护研究的机构（ICCROM）所说的人为因素造成的——如基建工程、市区发展、现代耕作等导致剧烈损害的人为因素；如缺乏专业基础的决策、规划、立法、管理等行为导致剧烈损害的人为因素；如无知行为、观众超量等导致渐变损害的人为因素等。因此，如果要保护，那么涉及文物的地区发展、基本建设，就必须首先征求文物专家的意见，谋求在文物保护原则下的共识；如果要以此发展旅游，那么就必须谋取旅游专家的参与，取得有关旅游科学的共识。当然了，也还要注意听取各相关学科专家和包括当地居民在内的各方群众的意见。为了推动古镇保护与利用的良性互动，从而实现在良性互动中的更广泛的共识，笔者这里大胆地提出一些自己的理解，来与同志们商榷——

1. 旅游利用，不失为是对古镇保护的一种最佳方式，或者它正是当前对少数幸存的古镇的一种最最及时的抢救。

古镇的利用，这个难题实际上是与它的保护联系在一起的，因为保护需要大量的资金。如果是国家财政拨款，这个使用的安排无疑地应该属于国家；如果国家没有这样足够的经费，那么谁来保护它维护它呢？在目前资金来源不足，保护又十分迫切的时候，不由人不想到，是不是可以从合理使用中获取保护维护的资金呢？

对古镇的利用，抑或也像人们对其他古建筑的利用一样，抑或也有许多相同之处。对古建筑的使用，我们曾经走过了一段曲折的历程——工厂的利用、仓库的利用，军队的利用……虽然曾经在保护的历史上有过不可取代的“功劳”，但是作为保护的科学手段，却早已为大家所否定；学校的利用、博物馆的利用，曾经被认为是最佳的用途，但是，如果真正就其完整的文化价值来考虑，这样的使用实际上仍然是把它当成了一般的建筑物。如果这些使用没有与它原有的用途相一致（没有使它们的原生性、完整性、真实性、多样性得到应有的保护），那么，实际上就是对它的文化价值和存在价值的否定（至少也是部分的否定）。

在当前幸存的古镇已经不多，抢救性保护迫在眉睫，而且眼下又拿不出钱来或者没有人能够拿出足够的钱来进行抢救和保护的时候，基于前面我们已经说到的旅游业的四个因素（①尽管人们的旅游活动也是在使用资源，享用环境；但这种使用和享用却不需要改变环境，更没有必要消耗资源。②比起第一产业和第二产业来，旅游业对资源的耗用，以及它对环境、对生态、对文化遗存的负面影响，实际上是小而又小的；如果引导得当、法制健全，旅游者和经营者还可以成为资源、环境、生态、文化遗存的保护者。③旅游者在旅游中支付的费用，不仅为当地居民开辟了财源，使之改变原来对资源的耗用和攫取，同时也使当地居民对原有资源的价值和资源的使用方法有了新的认识。④在旅游收入中，还有相当大的一部分可以直接用于遗产的抢救和保护）。可以说，旅游利用，不失为是对古镇抢救保护的一种最佳方式。

2. 在研究考虑对古镇的利用时，必须十分注意保护古镇的原生性、完整性、真实性、多样性，这样才能够实现对古镇的价值的真正保存。

从1931年《关于历史遗迹修缮的雅典宪章》，到1933年的又名《城市规划大纲》的《雅典宪章》，再到1964年的《威尼斯宪章》，再后到1987年的《华盛顿宪章》等等，其中有关历史遗迹及名城古镇的保护、修缮、利用等等的有关规定，无不体现为对它们的原生性、完整性、真实性、多样性的保护。

原生性。《关于历史遗迹修缮的雅典宪章》所强调的“防止发生丧失个性和历史价值的错误”，“不要破坏其原有风格”“一些有特色的建筑群体和其周边的优美风景也应该注意保护”“应从保护古迹的角度研究装饰性植被如何与古迹协调”等[8]，无疑地都是在强调原生性。北京曾经发生的琉璃厂一条街的改造（现在的琉璃厂，是对原琉璃厂改建而成的，虽然借鉴了一些中国传统建筑的营造法式，显得更加富丽堂皇，但却使原来的琉璃厂街道出现了“面目一新”的改变，因而在实质上已经是一个“假”琉璃厂了），显然是不值得效仿的。

完整性。《华盛顿宪章》在述及“历史城镇城区中需要保护的是当地的历史风格以及表现这种风格的所有物质的、精神的要素”时，特别强调了“城市建筑街道格局”，“城镇或城区与其周边自然和人文环境的关系”，“长期以来形成的城镇或城区功能”[9]，无疑地是在突出完整性的重要。此前上海意在保护石库门的“新天地”的策划和实施，显然与以上的原则是格格不入的，自然也不值得效仿。

真实性和多样性。《威尼斯宪章》认为，文化遗址价值的基本特质就是它的真实性。而1994年体现的《威尼斯宪章》精神的《奈良宣言》（它的全名就是《奈良真实性宣言》），强调的正是《威尼斯宪章》的“真实性”，和与之密切相连的“多样性”。“真实性是文化遗址价值的基本特征，对真实性的了解是所有关于文化遗址科学研究的基础”[10]；“保护一座文物建筑，意味着要适当地保护一个环境。任何地方，凡传统的环境还存在，就必须保护”[11]。“文化和遗址的多样性是我们这个世界不可取代的精神资源和全人类的智慧财富”；“所有文化和社会都有一定的表现形式，由有形或无形的遗产表现出来”；“文化和遗址的多样性是跨时空存在的，需要得到各种文化和信仰的尊重”[10]。如果以人类学、历史学、社会学和民俗学的观点来看待这一事物，那么，当某一个街区或村镇，已经被确定为需要保护的文物或遗产地的时候，或我们已经意识到它应该就是我们需要保护的文化遗产，那么我们的保护内容，就不能忽视当地的居民，忽视当地居民的生活、社会文化和民间的历史传承……民俗……这些无可替代的活化石，至少在保护的核心区不应该有这种忽视。由此看来，不仅以某些建筑学家把村镇保护等同于建筑单体外观保护的思路应该及时得到扭转，那些把民族传承的庄严的祭祀改换为单薄粗糙的收费表演也应该及时得到扭转才行。

3. 必须十分注意古镇的空间布局保护，注意原有视廊和原有视野的保护。

古镇，不同于某些历史建筑或历史园林的单体，因而保护它的生存环境也是与保护单体同等重要的。古镇的空间布局，是古镇历史遗存的精髓，所以在保护上更需要精心又精心。基于目前保护的难点太多，为了实现严格认真的保护，也不妨效法生态保护区的三个区域（核心区、缓冲区、实验区）的办法，把它分为三个不同的层次，以便居民在安排自己生活改善和其他合理利用时能够有更好的分寸把握。由于人们视线的贯穿力和视觉审美的完整性，故此在保护时，还必须十分注意保护古镇的原有视廊，保护原有视野的完整、和谐与统一。基于目前不少地方已发生了无法复原的变化，在必要时，作为一种无可奈何的弥补，不妨考虑发挥我国传统造园手法的“隔”[12]的效应。

4. 对古镇的保护利用，还应该提倡先期编制概念性规划。

概念性规划是编制实施性规划前的一个很有价值的准备。尤其是涉及历史遗存的地方，这种属于先期预谋的概念性规划更是十分必要的。此前笔者曾经著文专门探讨过有关概念性规划的问题，特别指出了要注意概念性规划的“四高”、“四宽”的选择性运用（①规划理念和总体构想更具充分的前瞻性；②理论基础和规划手段更重科学的求真性；③运行机制和结构组成更富有机的关联性；④资源配置和因素聚集更需意念整合的一致性；⑤中心概念对当前现实，允许留有相当的距离间隔度；⑥布局安排对土地环境，允许留有一定的可变适应度；⑦规划本身对实施细节的非约束性；⑧规划本身对时段限定的可模糊性）[13]。笔者认为，概念性规划对古镇的保护与利用或许显得更加重要。因为在古镇的保护和利用时，如果稍有疏忽，就有可能出现某些无法弥补的失误；如果仓促地一步到位编制实施规划并将其落实，其不良后果将是难以想象的。诸如目前一些地方历史建筑跟前或者古镇里面就是现代化汽车停车场的现象，即使硬找出千百种理由来解释，也仍然不能摆脱那种令人尴尬而更令人痛心的局面。

5. 不断完善管理体制，并根据时代的发展趋势进行新体制的探索。

就古镇保护与利用的实践工作而言，加强管理和不断完善管理体制，就尤其显得重要。现在我们已经有了《文物保护法》，而且还有许多全球取得共识的宪章和宣言，因此，我们必须认真体会有关法律法规和国际性的宪章和宣言的主旨。但是，基于目前法规条款和宪章内容仍多偏于原则性的现实，在具体实施时往往还有许多难于解决的问题，所以，在《文物保护法》的新的实施细则没有出台之前，在《文物保护与利用法》没有制定之前，还需要我们认真本着已有法律法规和国际性的宪章和宣言的精神，力争尽快形成有关古镇保护的更多共识（如有关保护的重要原则、保护的手段、保护的分类分等分区体系等等），并对“保护基础上的利用、以利用促保护”的管理办法和管理体制进行不断的探索。必须认真研究时代的发展，必须要有与时俱进的精神，一方面注目国际成功的经验，一方面总结自己的成功经验，从而取得更多的共识，进一步推动古镇保护与利用的良性互动，创造出古镇保护与利用的更多的和谐。

参考文献

[1] 马莉．旅游给世界遗产带来了什么［N］．中国商报，2003-07-22.

[2] 谢凝高．在中国风景园林学会第三届第二次理事会上的讲话［EB/OL］．新华网，2002-07-01.

[3] 国家旅游局，国家统计局．入境旅游者抽样调查资料—2002［Z］．北京：中国旅游出版社，2003.

[4] 谢辰生．做客搜狐谈历史文化名城保护［EB/OL］．搜狐网（搜狐校园），2004-06-02.

[5] 孙家正．在第九届全国人民代表大会常务委员会第二十四次会议上关于《中华人民共和国文物保护法（修订草案）》的说明［R］．人民网（中国人大新闻），2001-10-23.

[6] 罗哲文．做客搜狐谈古建与文物保护［EB/OL］．搜狐网（搜狐校园），2004-06-04.

[7] 国际古迹遗址理事会．国际文化旅游宪章（1999）［A］//共同的声音［M］．北京：旅游教育出版社，2003.

[8] 国际现代建筑学会．雅典宪章（1933）［A］．其所在文件集，同［7］.

[9] 国际古迹遗址理事会．华盛顿宪章（1987）［A］．其所在文件集，同［7］.

[10] 奈良会议．奈良宣言（1994）［A］．其所在文件集，同［7］.

[11] 历史古迹建筑师及技师国际会议．威尼斯宪章（1964）［C］．其所在文件集，同［7］.

[12] 陈从周．说园（四）［A］//说园（摄影珍藏版）［C］．济南：山东画报出版社，2002.

[13] 刘德谦．旅游规划需要新理念［J］．旅游学刊，2003，(5).

旅游规划第六议：旅游规划的相关各议

B组 乡村旅游①

① 乡村旅游的意义和价值，其实是与人们对乡村的认识紧密联系的。自古以来，乡村的自然风貌和农业生产、农耕文明就是天下人所共议的事；渔樵耕读及其故事，不仅让中国旧时文人津津乐道，而且成为他们淡泊名利的精神领域。不过本议题这里的多篇文章，只限于将它作为一种现代旅游形态（rural tourism）在中国的发生发展来讨论，既议及它被认为是一种阻止农业衰退和增加农村收入的有效手段，也议及了乡村文明与生态文明，与城市文明的关系，同时也自当涉及了它的相关理念、成长模式、适应分类，以及乡村旅游的规划、经营和管理等。虽无后论者所热衷的那种系统，然而也不失自成一体。谨供读者品议。

关于乡村旅游、农业旅游与民俗旅游的几点辨析①

① 本文最初为作者在云南省旅游局主办，昆明理工大学和昆明大学承办的“2005·乡村生态旅游发展论坛”会上的主题发言。其后又应邀有了同样内容的两次演讲，所以目前存在着多种名称的多种文本：一是2005年8月昆明会议上的发言文本（该发言整理稿发表于《昆明大学学报》2005年综合版，篇名标题为“乡村旅游、农业旅游与民俗旅游——关于乡村旅游、农业旅游与民俗旅游的个人诠释”；2006年1月20日和23日《中国旅游报》以《乡村旅游、农业旅游与民俗旅游》为题连载的内容，就是对昆明会上发言的摘选）。二是2006年4月7日在《环球游报》等31家都市类报纸联合主办的“中国最值得外国人去的50个地方”评奖颁奖暨“2006国际国内旅游市场最新动态及发展趋势”高峰论坛上的演讲文本（同日“中国网”发表的，就是4月7日该网的网上直播速记稿）。三是《旅游学刊》2006年第3期发表的书面修改文本。虽然现场速记稿有着快速、生动、丰富的优点，但有时也不十分准确，考虑到读者对完整性和准确性需要，故这里选用了读者最熟悉的《旅游学刊》发表的最后修改文本。如据2017年初《中国学术期刊网络出版总库》（CNKI网）的数据，则拙文三种版本中仅“乡村旅游、农业旅游与民俗旅游的几点辨析”这一文本，在该网的被下载频次就已达到了13194次，被引用的频次也已达到528次。

旅游规划第六议：

旅游规划的相关各议

一、关于乡村旅游的辨析

（一）从内容说起

打开2005年的“北京乡村旅游网”，这个由北京市农村工作委员会主办、北京观光休闲农业行业协会承办的网页内，一共开设了14个栏目，它们是欢乐农家、休闲农园、节庆活动、乡土特产、农家美食、旅游景点、旅游百科、民俗荟萃、宾馆饭店、博物展览、休闲健身、异域采风、协会建设、游客论坛。从这里面，我们不难看到北京观光休闲农业行业对乡村旅游的引力和供给所给予的注目。其中，诸如“欢乐农家”“休闲农园”“节庆活动”“旅游景点”“民俗荟萃”“博物展览”“休闲健身”等，无疑的是反映着乡村旅游消费者的旅游兴趣；而诸如“乡土特产”“农家美食”“宾馆饭店”等，反映的则是满足旅游者旅游活动中并非第一需求的部分供给。这对旅游者了解乡村旅游的供给无疑是大有帮助的。

但是，仅仅向旅游者提供这些内容还不够。如果要推动乡村旅游的健康发展，我们还应该对乡村旅游发展的理论与实践有更多的研究与探索。本文下面想要做的初步辨析，也就是为了这个目的。

（二）一种界定

对于什么是“乡村旅游”，虽然现在已经有了大致相近的看法，但是，如果听听不同专家的谈话，翻阅一些书面的论述，就可以发现，人们对此的理解和阐述也不乏诸多差异。

那么，有没有一个比较一致的解释呢？如果依世界旅游组织在推荐给各国政府官员、地方社区和旅游经营者使用的《地方旅游规划指南》（《旅游与环境丛书》之一）的界定，那就是——

“旅游者在乡村（通常是偏远地区的传统乡村）及其附近逗留、学习、体验乡村生活模式的活动。该村庄也可以作为旅游者探索附近地区的基地。”[1]

在这个文件里，“乡村旅游”用的是英文“rural tourism”。大家都知道，对应“乡村旅游”的近义英文，还有“agro-tourism”和“farm tourism”等等。尽管有时候我们可以把它们都译作“乡村旅游”，但是它们的含义却也不完全相同。显然，前者比较偏重乡村风情，后两者的内容却难与农事分开：“agro-tourism”或者离不开农事活动，而“farm tourism”或者离不开农场或庄园。因此，对后两者，我们自然又可以将它们译为“农业旅游”和“农庄旅游”。

（三）我国早年的认知

20世纪，“乡村旅游”在我国就已经有了一些发展。对其给以较多关注的，是中央和北京等一些地方的农业主管部门；于是才有了中国农民旅游协会的正式成立。“乡村旅游”在我国受到较为广泛注目的事情，是在1989年。那年4月，中国农民旅游协会的第三次全国代表大会在河南郑州召开，在会上，根据有关同志的提议，“中国农民旅游协会”正式更名为“中国乡村旅游协会”①（其时，笔者忝列该会顾问）。

虽然由于多种原因，“中国乡村旅游协会”后来被“中国国内旅游协会”所取代（再后，“中国国内旅游协会”又被“中国旅行社协会”所取代）。但是“中国乡村旅游协会”的一度正式命名，仍然在一定程度上反映了20世纪80年代我国乡村旅游的兴起（以1984年开业的珠海白藤湖农民度假村为主要标志）及其随后全国发展的相当规模，同时也反映着乡村旅游经营者、乡村旅游研究者和有关方面对于此一领域所具有的视野和目光。

（四）后续的研究

尽管“中国乡村旅游协会”的消失使我国乡村旅游的发展缺少了应该有的认可和支持，但是在那以后，民间的研究仍然慢慢地多了起来。几年后，一次最具代表性的变化出现了，那就是由中国未来研究会旅游未来研究分会（又称中国旅游未来研究会）发起，并与天津市旅游局、《旅游学刊》编辑部、中国旅游管理干部学院、黄山市委、黄山市政府一起于1998年在黄山联合召开的以“乡村旅游”为主题的全国学术研讨会。会议不仅结合浙江、湖南、天津、安徽等地的实况探索了乡村旅游发展的诸多内容，而且还就乡村旅游的定义、乡村旅游的魅力、乡村旅游的资源特征、乡村旅游的规划特点、乡村旅游的前景、乡村旅游与可持续发展的关系，以及中外乡村旅游的比较等进行了具有相当深度的探讨，从而在当时的学界和业界产生了不小的影响。只是由于汇集发表这些论文的刊物（中国旅游管理干部学院学报《旅游管理》）当时发行范围比较有限，所以没有能够引起后起研究者的足够的注目。比如《旅游学刊》近些年来发表的有关乡村旅游的论文（2006年2月笔者补注：包括2006年第2期《旅游学刊》刊载的《中国旅游扶贫研究综述》[2]一文）和“海峡两岸观光休闲农业与乡村旅游发展”研讨会上的《中国乡村旅游发展研究》[3]等多篇论

① 本文这里和下面一些地方所涉及的一部分相关内容，是笔者从自己的亲历和实地考察获得的。因为没有现成的书面资料，故无法一一以参考文献的形式注录，特此说明。

文的作者，也许都没有能够读到上面所说的中国旅游管理干部学院的那期学报。

虽然研究仍然在进行，乡村旅游仍然在发展，但是，也不能不指出，在我国乡村旅游的发展过程中，在研究者的部分研究中，也曾经出现过乡村旅游概念有欠清晰、思路不够明确的过程。那就是20世纪的90年代，尤其是1995年的前后，业界、学界和旅游主管方面曾经一度较多地使用“观光农业”来指代“乡村旅游”。关于这一方面的内容，比较集中地反映在1995年出版的《观光农业》①一书中。该书的出版，无疑对我国观光农业和乡村旅游的发展起了不小的推进作用，但是也不能不指出它在研究初期的局限性。就此，1998年黄山的那次研讨会上就有一篇名为《是“乡村旅游”还是“观光农业”》[4]的论文，分别从“用语的误会”、“理解的偏颇与概念不清”等四个侧面对当时的一些混乱理解提出了辨析。正像该文指出的那样，姑且不谈“观光”一语在使用时可能出现的歧义现象（“观光”一语出自我国的《周易》，在新中国成立前和现在我国的台湾地区，以及在日本，人们所说的“观光”，指的就是“旅游”，与我们现在所指的“观览类旅游活动”是有较多的差异的，而《观光农业》一书所沿用的一些主体资料，却正好出自日本和我国的台湾地区），即使是大而言之的“观光农业”，也仅仅是农业生产中的一个部分，也只是“乡村旅游”的一个供给的组成。可惜的是，正是因为一部分人中对“观光农业”与“乡村旅游”的辨析不清，“乡村旅游”的归属不明，才导致了我国乡村旅游发展的本不应该的滞后，才造成了许多旅游业者多少年来对乡村旅游忽略的现实。

在这之后特别值得一提的，是2002年9月“海峡两岸观光休闲农业与乡村旅游发展”第一届学术研讨会在北京延庆的召开。这个会议是中国地理学会、北京市科学技术协会、北京市延庆县人民政府和台湾台中的一所高校联合发起主办的，从会议的名称、会议纪要和论文集的栏目（“观光农业与休闲农业”“都市农业与现代农业”“台湾乡村民俗与文化旅游”“生态旅游与景观规划”，以及“台湾观光休闲农业与乡村旅游”“农业和农村经济发展”）来看，很显然会议是以农业、农村为立足点从而研究在农村发展旅游业的诸多问题的②。应该十分肯定地说，这的确是推动中国乡村旅游发展的又一次很有价值的盛会；而且从地理科学和农业科学的角度对乡村旅游的广泛探讨，也为我国乡村旅游的成熟奠定

① 卢云亭、刘军萍等著《观光农业》，1995年10月由北京出版社出版，共收入卢云亭、刘军萍等5人论文5篇，北京远郊区县观光农业开发项目规划两份。

② 反映这次会议（2002年9月第一届研讨会）的论文集称《海峡两岸观光休闲农业与乡村旅游发展》，郭焕成、郑健雄主编，2004年1月由中国矿业大学出版社出版，共收入两岸论文84篇。其第二届研讨会已于2004年9月在台中市召开；第三届研讨会也于2005年8月在乌鲁木齐市召开。

了新的基础。

（五）乡村旅游的核心内容

但是，值得注意的是，我们不仅应该从农业的角度去探索观光农业、休闲农业与乡村旅游的关系，而且还应该从旅游业的角度去探索乡村旅游与观光农业、休闲农业的关系。如果我们从旅游活动来考察，从旅游学科来研究，那么“乡村旅游”赋予我们的担子也就不轻了。

笔者认为，乡村旅游的核心内容应该是乡村风情（乡村的风土人情）。乡村风情，似可以包括以下4个部分：

风土——特有的地理环境；

风物——地方特有的景物；

风俗——地方民俗；

风景——可供欣赏的景观。

如果再细致一些去发现，应该说，下面有关乡村的这些内容，也都是乡村旅游难以分割的部分：

风光——靓丽的风景；

风貌——喜人的外观；

风姿——引人注目的风度与姿态；

风味——地方特色（包括地方特色食品）；

风谣——民歌民谣和民间故事；

风尚——一定时期中流行的风气与习惯；

……

由于乡村历来就是从事农业生产的地方，所以乡村旅游的活动也就与农事难以分割。正是因为如此，观光农业、休闲农业也就成了乡村旅游的必不可少的供给。但是乡村旅游所包含的、所涉及的内容却比观光农业、休闲农业要广阔得多、宽泛得多。它不仅必须关注“需求”的一方，而且即使从“供给”来看，观光农业、休闲农业也仅仅是乡村旅游供给的一个部分（虽然是特别重要的一部分）。

（六）定义

以笔者个人这些年的认识而言，笔者认为——乡村旅游，就是以乡村地域及农事相关的风土、风物、风俗、风景组合而成的乡村风情为吸引物，吸引旅游者前往休息、观光、体验及学习等的旅游活动。如果从旅游者的需求重心来划分，似还可区分为传统乡村旅游和现代乡村旅游。当然了，如果从整体而言，中国现在的乡村旅游，理所应当包括现代乡村旅游和传统乡村旅游两个部分，而且这两个部分常常又是不可分离的。关于这一点，应该对《地方旅游规划指南》书中“通常是指偏远地区的传统乡村”[5]的限定给以必要的修正。

（七）成长模式

在我国，当代乡村旅游的成长，大体上可划分为四种模式——

1. 客源地依托模式（或者称毗邻客源模式）：借助于本地毗邻城市的区位优势开发的城市居民旅游（严格地说来，实际是对乡村差异性的资源和对城市市场的相邻关系的双依托）。其资源优势主要是自然环境，其产品要素是兼有观光的休闲，以“农家乐”“渔家乐”“山里人家”等产品为代表。

2. 目的地依托模式（或者称毗邻资源模式）：借助于与该乡村自己的或者相邻的原有名胜地的引力优势所开发的城乡居民旅游（严格地说来，或者是“搭便车”所形成的差异性产品组合，实际上也是双依托）。其资源优势是自然环境兼原有名胜，其产品要素是兼有休闲的观光。北京郊区的一些“民俗村”，实际上就是这种模式的①。这里，又有两种情况：①依托特色村寨或民居群落；②依托著名自然景观或历史文化景观。

3. 非典型模式：即，虽然地理位置在乡村，但是产品组合中却混合着许多不属于乡村，或者与乡村关系并不明显的产品组成（其中最突出的，是设在乡村的都市娱乐型的度假村）。其资源优势是在自然环境中的现代创新，其产品要素主要是休闲。早年最具代表意义的位于珠海的白藤湖农民度假村，实际上就是这类模式的，即使从它现在仍然使用的促销口号“住水边、玩水面、吃海鲜”，也不难看出这一点。

4. 复合模式：即上面多种模式的不同比例的混合组成。

综观以上4种成长模式，不难了解，其实正是居民的（尤其是城市居民的）需求促进了乡村旅游的成长。如果从当前的现状来考察，可以明显地发现，在我国乡村旅游的各种模式中，目前发展最为普遍的、也发展最快的一种模式，便是上面所列的客源地依托模式。其产品构成比较简单，雷同化也比较严重，但是却比较适应当前市场的需要（因为面向的多是就近城市市场，所以摆脱了远距离的竞争）；虽然还有进一步提高的必要，但是，其发展模式却无可指责。

① 如北京市延庆旅游局民俗管理服务中心所编《延庆民俗游》的34个民俗旅游点中，一半以上都有这样的依托。

（八）对需求的适应类型

对应旅游者的需求与选择，乡村旅游又表现为下列的7种类型（以类型的关联度排列）——

1. 休息娱乐型：以休息娱乐为主，其中以一般性“农家乐”“渔家乐”“山里人家”等为代表；

2. 收获品尝型：以特色餐饮美食，或采摘垂钓等为主，以“采摘游”“垂钓世界”“美食村”等为代表；

3. 运动养生型：以山野及水体运动、乡村自然环境疗养健身等为主，以“乡村运动俱乐部”、某些“温泉别墅”等为代表；

4. 观光审美型：以特色风光、农事活动或村落名胜等的观光旅游为主，其中包括现代农村观光，科技农业观光，古村落民居观光，临近名胜观光等；

5. 认识学习型：以学校或家长等安排的有目的的旅游与考察、写生、实习等为主，以学生远足、夏令营等为代表；

6. 复合型：不过分偏重以上的某一类型，而是某几种类型兼而有之；

7. 其他非典型型。

二、乡村旅游与社区发展

（一）中国乡村旅游近年已经受到全球的关注

2002年底，世界旅游组织秘书长弗兰加利先生和亚太部主管沃玛博士专程访问了我国贵州巴拉河乡村旅游示范区，并对该地乡村旅游发展给予了充分的肯定。在2003年10月的世界旅游大会上，各国旅游部长及世界组织的贵宾近300人又聆听了贵州省旅游局局长关于贵州省发展乡村旅游实施扶贫的发言[6，7]。发言中贵州同志不仅说到，到2002年底，贵州省农村已有53.2万人通过发展乡村旅游而消除贫困；而且对乡村旅游，贵州同志还提出了保护当地农民利益的重要措施。很显然，只有一个旅游企业致富是不行的，一定要让老百姓参与进去，让农民在旅游发展中富起来，只有这样，才能够更好地激发农民有保护自己乡土，保护自己文化的积极性，乡村旅游才能够得到可持续发展[8]。

（二）“乡村旅游”包含的又一理念

贵州的经验和世界旅游组织关于“以可持续旅游来帮助脱贫的有效手段”的理

念是值得重视的。但是，“反贫困”的理念并不能够代表旅游形式，“反贫困”也不是一种旅游产品；它只是旅游发展与管理的目标之一，也只是旅游发展与管理手段的一种。

（三）可持续发展的选择

世界旅游组织旅游可持续发展部项目主任里迈斯特2004年10月在贵州举办的“乡村旅游及扶贫国际论坛”上，除了阐述国际背景下旅游业的优势，阐述以发展旅游业来解决贫困问题的原则外，还具体建议了有关工作的7个方案。概括起来，其主体内容是：1. 在旅游企业中雇佣贫困人员，并保证其公正的工资收入；2. 由贫困人员给旅游企业提供优质、可信的商品及服务；3. 由贫困人员在有序和令人放心的消费环境中将商品和服务直接销售给游客；4. 要有一个具有资金、技术、信誉、产权、法律、市场营销安排的支持贫困人员创建企业的制度；5. 要有一个有利于减少对贫困地区税收的规划；6. 要鼓励旅游企业及游客的自愿捐赠；7. 旅游业促使基础建设投资，要真使贫困地区受益……这种有意地倾斜，与目前我国某些地方乡村旅游就是地方财政增收或者企业发财（富者越富）的途径或目标，显然是大不一样的[9，10]。

（四）旅游扶贫

发展中国家实施的乡村旅游“反贫困”措施，我国实施的“旅游扶贫”政策，对于地区的发展和国家的进步，无疑是一件很有见地的作为。而在摆脱贫困的措施上，“旅游扶贫”还有着变过去“输血式”扶贫为现代“造血式”扶贫的优点。

但是，如果以经济学家理论为出发点的决策而过分强调旅游发展的经济目标，却不免会给旅游业加上过重的经济压力；如果处理不当，将有可能给目的地的生态、环境，以及社会风气带来难以挽回的损失。目前，在我国的旅游发展中的某些负面影响，已经为旅游活动和旅游业招来了不少骂声。其实，这不是旅游活动和旅游业的罪过，产生问题的某些重要因素，不少都是决策人在决策之初考虑欠周，或者企业运行失当造成的。关于这一点，多数旅游研究者的研究方法与研究结论，都是与人类学、社会学、生态学、文化学、民俗学的研究是完全相通的。

（五）目前乡村旅游与生态的关系

乡村旅游与生态的关系（可以包括自然生态和人文生态），必须引起人们的高度重视。在致力于保护越来越稀缺的原生生态（或准原生生态）的同时，应该允许不同形态的广义的生态旅游的共生共存。

这里之所以要提出“不同形态”的存在，就是说，不能今后一提“生态”就只能够指某种原生生态（现在国际上通行的生态旅游，大多是指的原生生态）。笔者认为，我们应该看到不同的生态存在。即：原生生态、准原生生态、次生生态、再生生态、新生生态、仿生生态。

因此，广义的生态旅游也不妨考虑细分为“生态旅游”和“非原生生态旅游”两类——

1. 生态旅游。其依托的生态环境是：①原生生态；②准原生生态；

2. 非原生生态旅游（或称“准生态旅游”）。其依托的生态环境是：①次生生态；②再生生态；③新生生态；④仿生生态。

笔者建议，对这类旅游，我们可以在前面都加一个类别性定语，称“……生态旅游”。

与目前国际通行理解一致的生态旅游，我们仍然可以用“生态旅游”来称呼；非原生生态的旅游，我们可以用“非原生生态旅游”或“……生态旅游”来称呼。这样，我们既不与国际通行的理解“对着干”，同时也与另一些关注者的理解取得了更多的共识，从而也避免了把“生态旅游”泛化将招致的原生生态被破坏的严重危险。不同类型生态环境中的旅游，作为不同需要的对象，都有存在的必要。但是保护原生生态却是非常重要的。

对于以原生生态为载体的生态旅游，笔者仍然坚持认为，必须根据得到广泛认可的生态旅游的原则，参照国际生态旅游的标准，尽快制定出我国生态旅游的严格标准，并且强制性地规范与执行；任何模棱两可、姑息放任的想法（或理论），以及无限制地扩大推广的做法，都将是祸害无穷的。

应该说明的是，现在已经有学者对“生态旅游”的“生态”为什么就必须是具有科学、美学价值可以供欣赏的“生态”，甚至对“生态旅游”的提法都提出了质疑。因为这些问题涉及面太宽，这里难以展开讨论，因此也就只好暂且从略了。

目前，在我国学界和业界，人们对生态旅游在我国发展的意见尚不一致。不少学者认为，符合国际认知的“生态旅游”在我国的开展尚有相当的难度，开展起来也尚须一段进程。而乡村旅游在我国虽然已经有了相当规模的发展，但是目前在总体上尚处于发展的浅层；可是，其对乡村生态的冲击却又已经显现。因此，对乡村生态旅游课题的研究，不仅具有理论的前瞻性，而且也有现实的紧迫性。云南省把乡村旅游与生态旅游结合起来研究的“乡村生态旅游”课题，就是这样的一个极富开拓性的课题。

乡村生态旅游，对于乡村建设的一个十分明显的意义，还在于它不仅有利于原有生态的保护，而且有利于乡村生态的进一步优化与建设。

（六）“城市化”进程带来的机遇与挑战

人类发展中的全球性“城市化”进程（我国现在多称“城镇化”），使越来越多的乡村“城市化”起来（从而失去了原有乡村的面貌），这既使得乡村旅游越来越珍贵；同时也使得乡村旅游越来越难以保持原有特色和传统特色。

因此，在乡村旅游的开展中，如何减少乡村文化的流失和防止旅游者的“行为污染”，却又是摆在乡村旅游发展中的又一重大课题。

三、乡村旅游发展的多种形态

为了适应市场的需求，我国的乡村旅游在其发展中逐渐出现了各自不同的形态。当前在我国最具规模、最有代表性的是下面的几类区域团组。

（一）成都“农家乐”

虽然在1989年“中国乡村旅游协会”正式诞生前中国乡村旅游就已经有了一定的规模，但是形成大规模的“农家乐”却还是近10年的事情。“农家乐”的诞生地应该说是在成都。其发展进程大致可分为三个时期——自发萌芽期（1987~1992年）；推广发展期（1992~2004年）；规范成型期（2004年~现在）。

成都“农家乐”的发展，显然是基于成都客源的就近需要。来“农家”的客人多是成都市民，“乐”的多是休息、娱乐与餐饮。

2005年6月，“成都农家乐”网站推广的农家乐接待户一共占有28个页面（每页20家），共有548家①。而据各种资料估计，目前成都的农家乐接待户大约已有5000家②（截至2004年初，成都登记在册的“农家乐”经营户已有4559家[11]）。如果将各种资料汇总测算，目前全国的农家乐（包括“渔家乐”“山里人家”等）接待户至少已达30万家。

虽然我国研究者正在试图把目前“农家乐”

① 以上资料为2005年6月的搜索。由于发展与变化，目前成都的一部分小型家庭接待已经有了新的扩充，如据2006年1月对“成都农家乐”网（http//www.enjoycd.com）的“按类别查询”的“传统农家乐”的再次搜索，该网站推荐的传统农家乐接待方式的农家现为285家（每页14家，共21页）。读者检索时，请注意与其他同名网站、网页的区分。

② 由于近地竞争导致的原农家乐接待户的两极分化，实地考察资料也证实，近几年成都农家乐的发展已经走出了简单的数量增长阶段。故这里笔者的估算与他人的过高估算有所不同。

分为几种模式或类型，但是却不能不看到，目前得到良好发展而且正在继续发展的大多数乡村旅游项目，仍然偏于本文前面所说的“休息娱乐型”。因为这种类型最适合当前我国城市旅游者自身的工作节奏、适应于他们的生活习惯和消费水平。

这同时也预示着，乡村旅游的其他类型正面临着更大的发展机遇。

乡村旅游，虽然在全国多用“农家乐”来称呼，但是与成都“农家乐”却不尽相同。据笔者本人的实地走访考察，在成都郊区，不少“农家乐”的接待户此前都同时做着盆景、苗木和花卉的生意；他们为旅游者提供休闲和聚会的环境和餐饮（安排住宿的不多），其中，棋牌（麻将等）等几乎是家家都有的。而长沙郊区，“农家乐”虽然同样提供环境和餐饮（有的也安排住宿），也有棋牌（麻将），但是因为长沙郊区水面较多，所以多数的“农家乐”都把钓鱼作为主要的娱乐活动。而北京郊区的怀柔，虽然也有钓鱼，但是除了大型垂钓场外，不少虹鳟鱼、罗非鱼的垂钓地，钓鱼却只是虚晃一下，而供应鱼鲜和旅游者的大快朵颐，常常才是供需双方的真正目的。相比之下，珠三角的番禺、中山等地的农家乐，尽管也有餐饮和垂钓等等，但是最让旅游者心旷神怡的，却多是一望无际的农事天地。

（二）北京“民俗村”

北京的乡村旅游，虽然同样也可以称做“农家乐”，而且最先也是基于本地“桃花节”的启示；但是，北京的“农家乐”却是以村落为标志得到规范的。北京的乡村旅游虽然起步的时间和类型大致与成都一致，不过它的大发展却比成都来得稍晚一些。尽管如此，它现在的规模却已经超过了成都。

迄至2004年12月为止，北京全市已有316个行政村开展了民俗旅游接待（其中市级“民俗村”70个），乡村民俗旅游接待户已发展到了13819户（其中市级“乡村民俗接待旅游户”5537户）。如果加上2005年9月第三批批准的40个市级民俗旅游村和1582个市级民俗旅游接待户，那么北京市级“民俗村”已达到110个，市级“乡村民俗接待旅游户”已达到7119户[12，13]。

不同于成都的是，北京这些民俗村不少都是以历史古迹或自然风景区、森林公园、地质公园为依托的。而且，如果从总体上来考察，北京的乡村旅游虽然被人们称为“民俗旅游”，但是产品的民俗气息实际上并不十分浓郁，因此在对需求的适应类型上，它应该属于复合型。

值得注意的是，北京市目前正在进行郊区休闲目的地的研究，不仅初步编制了全市郊区的乡村旅游规划，而且密云、延庆等区县，更瞄准民俗旅游在努力，可以预见，在不久之后北京的乡村旅游必将会有新的发展。

（三）皖赣古村落[①]

2005年11月，有两个乡村旅游的集会颇为引人注目，一个是“婺源乡村文化旅游节”在江西上饶婺源举行，一个是“中国乡村旅游论坛”在安徽黄山黟县召开。这两个节庆或会议的举办，目的都是促进以乡村聚居地为中心的乡村旅游的发展。

黟县的旅游发展，已经有20年的历史，其宏厚基础是它地方特色浓郁的乡村聚居文明。黟县旅游不仅早已闻名遐迩，而且西递、宏村已被联合国教科文组织列入了“世界文化遗产”名录。地处皖浙赣交界的婺源，虽然没有名山名水，但却素有“书乡”的美誉；条条来往小街仍印着徽商创业的足迹，幢幢明清古建仍透出村庄往日的繁盛；十分重视历史文化保护的婺源，已经把旅游者的脚步唤醒。不久前在《中国国家地理》等媒体的“中国最美的地方”的评选中，“婺源古村落群”就被评为了“中国最美六大古镇古村”。

如果说，黟县的西递、宏村是乡村旅游发展中有关村民聚居地旅游发展的范式，那么婺源的汪口、江湾以及一些尚未被更多人知晓的村落，也定将成为旅游者向往的具有厚重的传统乡村文化的目的地。虽然在黟县和婺源乡村旅游的发展中将会越来越多地充实进田野农事和自然风光等方面的内容，但是可以预料，乡村聚居地文化（两地共有的“徽文化”）仍将长久地成为其乡村旅游产品的重要依托，而其中，民俗文化仍将会十分引人注目。

（四）台湾乡村旅游

此外，当前我国台湾地区的乡村旅游也有着自己的特色和区域形态，由于笔者未能前往考察，资料也不足[②]，这里暂且不论。

四、民俗旅游与乡村旅游

（一）民俗旅游的正本清源

如果以北京作为例子，那么可以看出，北京

① “皖赣古村落”一节，是2006年《旅游学刊》拟选用该发言全文时，作者本人在删略整理的同时补写的；同时补写的，还有有关韩国江陵端午祭申遗成功和国家旅游局推出“2006中国乡村游”年度口号的两小段。在《旅游学刊》2006年第3期发表本文时，文前增加有摘要与关键词，其分别是：“摘要：目前，乡村旅游、农业旅游与民俗旅游越来越受到我国旅游业界和学界的关注，但是，包括研究论文、会议发言和旅游规划中的片面理解不仅相当普遍，而且也正在传播。本文作者认为，如果业界、学界能够更广泛地注目业态实践，并在此前人们已有研究的基础上进行更深入的研究，则将有可能对乡村旅游、农业旅游与民俗旅游的理论和实践产生更加积极的作用。本文的几点内容，就是作者试图根据自己近20年的接触对乡村旅游、农业旅游、民俗旅游所做的一点个人的诠释和辨析”。“关键词：乡村旅游；农业旅游；民俗旅游；理论与实践”。

② 2017年作者校后补记：关于台湾乡村旅游的发展，2016年出版的《旅游规划与设计——台湾乡村旅游与民宿》一书可资参考。《旅游规划与设计》是中国建筑工业出版社出版的有关旅游规划设计的连续出版物，由北京大学旅游研究与规划中心主编。《旅游规划与设计——台湾乡村旅游与民宿》是该丛书的第20辑，该专辑由台湾学者担任特邀主编，供稿人也都是台湾学者和台湾民间组织、台湾业界专家，其内容足以弥补本文此处的不足。关于《旅游规划与设计——台湾乡村旅游与民宿》所辑文稿的篇目，本书将在此文后的“新近资料”框内加以介绍。

的民俗旅游应该分为两支，一支是都市民俗旅游（可以用“胡同游”作代表），一支是乡村民俗旅游（可以用“民俗村”作代表）。

因此，既不应该认为，民俗旅游仅仅在乡村才有；同时又应该看到，乡村民俗旅游又是乡村旅游的一个重要卖点。而且，正是因为乡村民俗所具有的丰富的文化内涵（更何况部分地区保存得还相当完好），所以它又是乡村旅游引力的十分重要（甚至是不可或缺的）的一部分。在当今老百姓的现代生活方式趋同走势不可逆转，而旅游产品同质化竞争越来越突出的时候，差异性的民俗旅游产品便成了吸引游客、增强竞争力的一个重要的组成（近10余年北京“胡同游”的引力发挥，就是一个很好的明证）。所以在发展乡村旅游时，就更加应该注意民俗旅游与乡村旅游的密切关系。关于这点，正是1989年在“中国乡村旅游协会”成立时笔者主题发言所阐述的问题。

应该正视的是，我们旅游研究和旅游业在论及“民俗旅游”时，对“民俗”的阐释绝不能够与我国和国际民俗学者的认知相去太远。民俗是民间的文化传承。如果就“Folklore”的词义而言，也就是民间的学问。民俗是一种活着的潜文化，即人们所说的“活化石”（活着，又由来久远）。民俗是在民众中经过传承得来的。“泛民俗”作为一个学派有它存在的理由，但是如果用“泛民俗”来代替“民俗”，那么其所导致的对传承的背离，却是与民俗的精神背道而驰的。

（二）民俗旅游的内容

传统的民俗学，大致可做一个“三大流派”的粗略划分。一是以民间文学民间文艺为研究对象的人文学派；二是以信仰传承为研究对象的心理学派；三是以人类生存民俗事象为研究对象的社会学派或人类学派。其实，这也大致反映着民俗学的三个主要方面的内容。

如果把已故钟敬文先生的民俗分类的11类[14]作一个归并，把乌丙安的4类 [15]也给以合并，那么民俗事项包括的内容就是以下这样的3类——1. 游艺的民俗（口头文学、民间歌舞、民间音乐、游戏、民间技艺……）；2. 信仰的民俗（除了迷信今天不能为旅游所利用外，节日和节日活动是最突出的内容……）；3. 生产的民俗与社会的民俗，或者称为经济的民俗与社会的民俗（生产活动事项、生活活动事项、人生民俗事项——婚丧嫁娶和生老病死……）。

在我国辽阔的乡村，极为丰富的民俗事项，不仅还有踪影可寻，而且在一些地方保留得还相当完好。我们有责任去挖掘它们、保护它们，同时在保护和利用中加强人们对它的价值的认知。

在这方面最具典型意义的是山东安丘的石家庄（村）。20世纪70年代初，石家庄是作为“社会主义新农村的典型代表”首先向外国人开放的“第一村”。虽然经历了70年代后期原有政治任务结束后的变化，但却伴随着山东1884年首届潍坊风筝节的举办和山东省旅游局的“千里民俗旅游线”的开辟，又和年画之乡的杨家埠等成了海内外驰名的中国民俗旅游村。在那里，不仅民俗事项得到了较好的挖掘，而且也比较好地与旅游者的需求结合起来。

（三）民俗旅游的定义

如果把个人早年专注民俗研究和今天改行研究旅游的体会结合起来，笔者认为：民俗旅游，就是以与城乡民众密切联系的民俗传承事项作为旅游主要目的对象的旅游活动。

旅游者在旅游活动中，除了观览、参与、体验当地民众的游艺民俗传承、信仰民俗传承、生产民俗与民生民俗传承之外，自然也不可避免地要观览、参与、体验到当地民众的现实生活内容（即某些“泛民俗”所指的内容），以及并非地方传承的文化艺术。

（四）民俗旅游需要得到更多重视

我们的旅游经营、旅游开发、旅游规划，在文字上、在口头上，常常也以“民俗旅游”作“主题”；但是在实际上，真正民俗旅游的内容并不很多，或者并不多。究其原因，其实还在于我们对于当地的民俗传承了解不多，或者是还没有分出工夫去挖掘。除了我们的经营者、开发者、规划者应该在这个领域更加努力外，还应该欢迎更多的民俗学者进入到旅游规划、旅游开发、旅游经营的工作中来。

在这里，不能不提到韩国“江陵端午祭”（韩国的中文网站上仍称“江陵端午节”）作为“人类口头和非物质遗产代表作”在去年（2005年）的申遗成功。在我国，虽然各个地方当局对“申遗”的积极性都很高，但是多把目光集中在本地的某一处历史古迹上。反观韩国，“端午节”在那里虽然在总体上也是一个正在淡化的民间节日，然而江原道的江陵市，却不仅把这个乡土味儿、农民味儿十足的节日活动保留了下来，而且努力去整理发挥，并从而取得了申报人类口头和非物质遗产代表作的成功。这对我国说来，是不乏警醒意义的。从此事后我国媒体发表的一些专家的评论来看，诸如什么“韩国端午与中国端午根本不是一回事”“韩国端午是祭祀山神而中国端午是祭祀水神”[16]的外行话，也说明了，即使是我们的某些专家，也仍然有进一步学习的必要。

随着人类社会现代化步伐的加快，作为生活传承的民俗正在不断地淡化和消退。但是，无论是国家还是地区，在现代化的进程中，乡村总是滞后于城市的。所以，乡村保存的民俗事项也就总是多于城市，再加之我国广袤土地上交通阻隔的历史差异，因此地域性的民俗特征就更显出了它的千差万别。

很显然，我国如此丰富，而地域表征又千差万别的民俗事项，在我们的乡村旅游的发展中却没有被我们充分认识和利用。这实在是太可惜了。

五、农业旅游与乡村旅游

（一）农业旅游的正式确立

“农业旅游”，在我国正式提出来，是2001年。为了认真贯彻落实国发〔2001〕9号文件和有关领导在2001年全国旅游发展工作会议上的讲话精神，国家旅游局把推进工业旅游、农业旅游列为2001年旅游工作要点。从2001年5月国家旅游局下发文件，到11月初全国各地共上报工业旅游和农业旅游项目的推荐材料223个。经过分析、调研、筛选、征求意见等一系列工作，最后于2005年1月正式公布了首批全国工农业旅游306个示范点名单，北京韩村河等203个单位成为首批“全国农业旅游示范点”。

2005年末，又有233个全国工农业旅游示范点通过验收，四川广安牌坊新村等156个单位成为第二批“全国农业旅游示范点”。

（二）农业旅游推动乡村旅游更加成熟

不言而喻，我国农业旅游的萌芽是与乡村旅游萌芽同时的。只是农业旅游的正式提出稍晚了一些。如果根据《全国农业旅游示范点、工业旅游示范点检查标准（试行）》中对农业旅游点的界定（“农业旅游点是指以农业生产过程、农村风貌、农民劳动生活场景为主要旅游吸引物的旅游点”）和入选旅游点来看，应该说我国正式提出的“农业旅游”的偏重点还是乡村旅游中与生产关系比较密切的那一部分，因此我们不能把农业旅游完全等同于乡村旅游。

但是另一方面，农业旅游又为更为广泛的乡村旅游的发展奠定了有利的基础。作为乡村旅游的主体，它也定将会推动我国乡村旅游的更加成熟。

为贯彻落实中央的有关精神和部署，更好地发挥旅游业在建设社会主义新农村中的作用，国家旅游局确定2006年我国旅游宣传主题为“2006中国乡村游”，并且制定了“新农村、新旅游、新体验、新风尚”的鲜明口号，这就为我国乡村旅游的新发展带来了新的契机。它不仅将有可能推动我国乡村旅游的进一步发展，而且也必将推动乡村旅游的进一步规范化和成型化，并进而在我国农村“三农”问题的解决和社会主义新农村的建设中发挥出它的积极作用来。

参考文献

[1] 世界旅游组织.旅游业可持续发展——地方旅游规划指南[M]. 北京：旅游教育出版社，1997：55.

[2] 曾本祥. 中国旅游扶贫研究综述[J]. 旅游学刊，2006，21（2）：89-94.

[3] 石强，钟林生，向宝惠. 中国乡村旅游发展研究[A]//郭焕成，郑健雄. 海峡两岸观光休闲农业与乡村旅游发展[C]. 北京：中国矿业大学出版社，2004：310-313.

[4] 刘德谦，付蓉. 是“乡村旅游”还是“观光农业”——乡村旅游与未来[J]. 旅游管理，1998（4）：19-21.

[5] 同[1].

[6] 世界旅游大会：推介贵州乡村旅游模式[EB/OL]. 金黔在线，2003-10-27.

[7] 乡村旅游：贵州旅游扶贫的重点[EB/OL]. 新华网，2003-11-10.

[8] 乡村旅游：中国寻求开发与保护的平衡点[EB/OL]. 新华网，2004-10-19.

[9] 乡村旅游及扶贫：行动方案建议书[EB/OL]. 贵州旅游在线，2004-10-19.

[10] 乡村旅游在保护和开发两难中加热升温[EB/OL]. 深圳新闻网，2004-11-01.

[11] 成都的“世外桃源”——“农家乐”[N]. 四川日报，2004-09-09，04（服务导刊·旅游）.

[12] 市十二届人大会常委会公报（第21号）[EB/OL]. 北京市人大会常委会网，2005-7-22.

[13] 北京市农村工作委员会. 北京市旅游局关于2005年北京市民俗旅游村和北京市民俗旅游接待户名单的公告[EB/OL]. 北京乡村旅游网，2005-9-24.

[14] 钟敬文. 民俗学概论[M]. 上海：上海文艺出版社，1998.

[15] 乌丙安. 中国民俗学[M]. 沈阳：辽宁大学出版社，1985：11-12.

[16] 联合国“非物质遗产”端午申遗之争韩国胜出，中国专家称并非坏事[EB/OL]. 南方报业网，2005-11-26.

新近资料

台湾乡村旅游与民宿

前面脚注提及的《旅游规划与设计——台湾乡村旅游与民宿》一书，是2016年6月由中国建筑工业出版社出版的。作为《旅游规划与设计》第20辑的《台湾乡村旅游与民宿》专辑，在其四个专栏里共刊出了论述和介绍台湾乡村旅游的22篇文章，它们依次是——

政策扶持与品质认证

1. 农业转型与台湾休闲农业政策
2. 台湾休闲农场服务质量认证制度
3. 台湾旅宿业推荐制度
4. 台湾民宿发展与好客民宿制度

乡村旅游业态

5. 田妈妈——台湾乡村美食餐厅品牌
6. 民宿：从民宿到民宿度假地发展
7. 休闲农业：论其产业特性与定位策略
8. 农村酒庄：台湾农村酒庄美酒之旅
9. 乡村观光工厂：兼论其对当地农业的企业社会责任
10. 创意礼品
11. 农村体验教育

乡村旅游规划

12. 台湾乡村旅游规划的特色
13. 乡村社区自主营造
14. 三级产业融合发展——以台湾乡村社区产业为例
15. 地方自产自销与食材旅游

乡村旅游个案研究

16. 每个人都需要的自然、健康、欢乐的牧场：飞牛牧场
17. 头城农场：卓妈妈的田园梦

18. 台一生态农场：从种苗场到多元化事业集团

19. 卓也小屋——民宿经营新模式

20. 老英格兰民宿：台湾经典民宿的代表作

21. 桃米生态村：从百废待举到声名远播的重生故事

该辑特邀主编郑健雄（世界乡村旅游联盟副会长，台湾乡村旅游协会名誉会长）在卷首语中对台湾乡村旅游作了这样的介绍：

“20世纪60年代末期以来，台湾地区随着经济上取得巨大发展，城市化的脚步加快，因而造成农村人口大量向城市迁移。回顾台湾的城市化进程，已经过去了50年，相较于大陆近10年来才开始的城市化进程，台湾地区已经开始迈入城市化进程的下一个环节——逆城市化，又称“后现代社会”现象，就是许多城市人口，尤其是之前从农村迁移而来的城市人口，开始回流到乡村居住，对于这些人，从社会学观点，称之为“新乡村主义者”。这些“新乡村主义者”，他们的祖辈可能住在农村，然后跟随城市化的脚步迁移到城市，时至今日又回流到农村。新乡村主义者知道怎么反哺乡村，利用本地资源并将其转化成都市人想要的产品。这些人回到农村并没有单纯“养老”，而是在经营一种新型旅游模式。因为他们对乡村有情怀、有梦想，能真正融入乡村和当地人一起过生活，才能把城市人的乡愁转化成本地的乡村旅游产品。

“从台湾乡村旅游发展30年的经验法则来看，乡村旅游经营者要多点理想，多点生活，少点铜臭味。过去，大陆许多地方政府采取招商引资的政策，比较重投资，但经营者跟当地居民是隔离的，很难变成真正的“乡下人”，乡村地区要发展民宿、餐厅、客栈，最重要的还是人，“人”才是最根本的“软件”。招商引资这种发展模式，不见得适用于乡村，乡村旅游的发展是要“招人引智”。乡村旅游需要的是有城市经验的新乡村主义者，大陆称之为“新乡绅”，企业则被称为新一代经营者，这些人知道如何与都市人打交道，知道工作繁忙、压力巨大的城市人真正需要什么，知道如何把都市人的乡愁情怀转化成民宿产品，而乡村旅游最重要的客源恰恰是这些寻找乡愁的都市人。也许有一天，大陆的乡村，也能像台湾的南投清境、苗栗、宜兰、花莲、澎湖一般，到处可见新乡村主义者的身影穿梭在民宿、农场、餐厅、咖啡馆；也许再过几年，有些人也会梦中惊醒，开始体悟，招商引资绝对不是唯一之道，乡村不需要太多过客，不需要太多的硬件。我们需要的是，乡村旅游经营者必须是融入乡村，有能力发展出自己风格的生活方式。本专刊的撰稿人，都是投入乡村旅游20年以上的人，有的是经验之谈，有的是诚心建议，有的是“醉后方知酒浓、爱过方知情重”的内心话。乡村旅游的核心不是商人、不是房子、不是硬件，而是新乡绅、是体验、是软件，乡村新的经营者必须真真切切提供一种让城市人喜欢的、甚至感动的乡村生活。”

由此可见，《台湾乡村旅游与民宿》专辑的诸多文章，以及诸如此类的见解，对于我们了解台湾乡村旅游的理念与做法，都应该是很有帮助的。

乡村旅游与城市文明[①]
——关于乡村旅游的人文精神

① 此文原为本书作者应邀参加2006年9月在贵阳召开的“2006・乡村旅游国际论坛”（联合国世界旅游组织、国家旅游局、贵州省人民政府和世界银行共同主办）的论文，文中着重讨论了乡村文明与都市文明、与生态文明、与可持续发展的关系，同时也对旅游的本质属性做了新视角的探索。原文载该会会议文件《2006・乡村旅游国际论坛论文集》第292~295页。次年，《中国旅游报》将此稿分为上、中、下三部分进行连载（请见该报2007年4月11日第13版、4月18日第13版，4月20日第8版），其间也为一些网络转载。

一、发展乡村旅游的人文精神

目前，乡村旅游越来越受到我国旅游业界、学界和管理层的关注，乡村旅游的“反贫困”措施和我国“旅游扶贫”政策也已经取得了一些令人瞩目的成绩。但是，在人们普遍关注经济利益的风气下，乡村旅游的人文精神往往被淡化了。本文在这里，不仅着重强调了“反贫困”所具有的人文精神，而且试图从人类聚居地的城市化进程、人类文明的发展阶段和旅游活动本质进一步分析发展乡村旅游的巨大作用和意义，试图从交流、平等、互动、环境等角度去探索在人文精神下的乡村旅游的可持续发展的原则。

为了克服我国50多年飞速发展中乡村发展的惊人滞后，解决城乡二元分割的问题，在近20年来的发展阶段中，国家陆续出台了一系列的相关政策；尤其是近年“以人为本”的重要纲领的提出，更把“三农”问题的解决推向了一个新的高度。伴随着国家的一系列的政策和措施，乡村旅游这个原本是一个普通产业的部分需求与供给，却以其实施的反贫困战略的新高度，赢得了国内外的普遍重视和赞扬。在发展乡村旅游的努力上，全国业界、学者、管理层和地方当局都为之付出了辛勤的努力。为更好地发挥旅游在建设社会主义新农村中的作用，2006年，国家旅游局“中国乡村游”旅游宣传主题的确定与提出，更使得乡村旅游成为中国旅游的亮点。

回顾历史，在人类发展的道路上不幸产生的贫富分化，一直是人类的共同关注。同时这也是各个时代的思想家所感到十分痛心的事情。如果用他们所共有的人类良知来考察，无疑的，我们通过发展乡村旅游来消除贫困战略和措施，都是极其富于人文精神的。

要消除贫困，不是要谁来施舍，而是要创造更多的就业的机会。贵州省在发展乡村旅游时提出的“一定要让老百姓参与进去，让农民在旅游发展中富起来”的措施和目标，世界旅游组织旅游可持续发展部在贵州“乡村旅游及扶贫国际论坛”上具体建议的7个工作方案（1. 在旅游企业中雇佣贫困人员，并保证其公正的工资收入；2. 由贫困人员给旅游企业提供优质、可信的商品及服务；3. 由贫困人员在有序和令人放心的消费环境中将商品和服务直接销售给游客；4. 要有一个具有资金、技术、信誉、产权、法律、市场营销安排的支持贫困人员创建企业的制度；5. 要有一个有利于减少贫困地区税收的规划；6. 要鼓励旅游企业及游客的自愿捐赠；7. 旅游业促使基础建设投资，要真使贫困地区受益……），也正是这种人文精神的体现。

二、面对城市化进程的乡村旅游选择

城市化不仅是当前的全球性话题，而且是我国发展面临的任务。面对全球的“城市化”进程，我国选择了中国特色的“城镇化”的道路。

我个人理解的中国特色的城镇化道路，首先是中国不能没有农村。那是因为：1．农村是全国民生命脉的第一产业的唯一基地，没有农村的生产供给，城乡居民将无以生存；2．农村是全国农村人口的家园，没有家园，他们往哪里去；3．农村是国家自然生态的广袤保存区，没有生态的保育，国家就没有其不可或缺的生态环境；4．农村是中华文化的主要发祥地和保留地，没有农村，中华文化将残缺不堪……

乡村必须继续存在，但是城乡二元分割却不应该继续存在。不仅乡村也需要同步的发展，农村居民也应该拥有城市居民同等的权利，享受同样的生活水平。

人们常常把人类文明划分为四个阶段。在前三个阶段中，人类从顶礼自然，到模仿自然，再到征服自然，人类既得到了利益，也得到了惩罚；当今天我们进入第四阶段，谋求人与自然和谐相处的时候，我们才发现内存的更多价值。所以我们应该从乡村文明中去发现更多的启示。

在人类聚居地分化为城市和乡村，以及随后城市越来越在人类生活中占着主要位置的时候，不仅乡村被人们淡忘了，而且乡村文明也往往被人们贬为过时（甚至遭遇着被扬弃的待遇）……而当人们开始觉悟，开始进入新时代创造新文明的时候，亲近自然就成了我们无法超越的选择。

即使从这样的略有深度的背景分析中，我们已经不难发现，乡村旅游，其实远远并非旅游活动和旅游产业发展的课题（这里不妨再强调一下：乡村旅游，其实远非旅游活动和旅游产业发展的课题）。

在我们已经选择了城镇化的道路的时候，我们也同时认识到建设新农村的重要。就在这个时候，乡村旅游在我国发展了起来，显然地，它进一步开阔了人们的视野，进一步启发了人们的思维。乡村，不仅唤醒了人们对农耕文明的记忆，更让人们感知了自己对大自然的不可或缺的依存。

因此，当前我国乡村旅游的发展，不仅可以在居民头脑中，推动对有关人类文明选择的许多有益的思考，同时在当前城乡发展的现实中，也有利于对乡村的保护与发展产生许多新的认识（如有关资源的非耗损使用，有关乡村资源和生产要素的重新配置等等）。

在此基础上，一方面可以进一步斟酌城乡发展的多样模式，一方面进一步研究在乡村发展中如何对乡村资源和生产要素进行重新配置，进而成为推动新城镇、新农村建设，推动人居环境优化的一股不可缺少的推力（因此，新农村发展绝不能继续仿建旧城镇）。

乡村旅游的发展，也为乡村增加了一个很有前景的产业，新的就业机会，对减少农村人口盲目拥入城市，乃至返回农村创业，也将是相当有利的。

此外，乡村旅游的发展，乡村服务供给的社会化，不仅可以寻找出新农村建设的多种模式，而且对新城镇的建设、对非旅游乡村的建设，也将起到一定的示范作用。

同时，我国和全球的乡村旅游的发展，又对此前我国已经出现的乡村的城镇化改造，以及改造中的规划模式化、功能简单化、特色模糊化、面貌单一化提出了挑战。而这挑战，无疑将大大地丰富我们的地方政府首脑的思路，同时也为我们的城市规划师、建筑师带来许多有益的启迪。

三、旅游的本质与乡村旅游

（一）乡村旅游是交流

旅游的本质是什么？在20世纪80年代，笔者曾经著文探讨它的审美本质；其后，发现也有不少学者在做着同样地探索。但是，随着20余年对旅游实践的接触，以及对世界旅游统计认识的加深，最近笔者的主张是：人类旅游的活动的共同本质，应该是人类的异地体验与交流。这种交流，既包括人与自然的交流、人与历史的交流，也包括人与人之间的交流。

虽然旅游常常是指为了度假、娱乐等休闲消遣而进行的旅行活动。但是，世界旅游组织在对旅游目的进行概括之后认为，旅游活动（tourism）是人们由于休闲、事务和其他目的而到惯常环境之外的地方旅行，其连续停留时间不超过一年的活动。显然，在“休闲”“事务”及“其他”的三类活动中间，只有闲暇时旅游者追求个人体验时才能够实现审美；而在为了“事务”（包括商务、公务和科技文化交流等等）及“其他”（包括修学、就医等等）所诉诸的旅游，却与闲暇与审美没有必然的联系。不难看出，不仅“事务”旅游及“其他”旅游中包含了大量的十分显著的交流，“休闲”旅游中也有着大量的与自然、与历史、与他人的交流。

在乡村旅游中，旅游的交流本质得到了很好的显现。客观事实已经表明，选择乡村旅游的旅游者绝大多数都是城市居民，在他们来到乡村的时候，不仅乡村的事物充分展现在旅游者的面前，不断刷新着他们的感受，而且乡村居民也成了他们的朋友。两者之间的关系，也不仅是简单的销售与购买的关系、服务与被服务的关系，同时在服务中和非服务中也存在着大量的人际交流，和几乎无所不在的人文交流。

（二）主客平等

本文在前面的讨论中，已经述及了乡村旅游的“反贫困”和我国乡村旅游的“旅游扶贫”。但是，这并不意味着乡村旅游活动就是扶贫活动，更不意味着乡村旅游者是在对穷人进行施舍。“反贫困”和“旅游扶贫”是社会目标，并非旅游者的个人行为。

乡村居民作为乡村的主人和乡村接待的主人，与作为客人的城市居民一样，是没有任何差异的平等的对象。即使有的乡村表现出了贫困、闭塞，乃至对现代事物的反应迟钝，但那是历史留给现代的印迹，并不影响乡村居民的地位和人格；就像城市居民对辽阔大地感到茫然、对乡村一无所知一样，同样也是历史留给他们的印迹。

作为历史发展的非理想产物，城市居民在获得城市提供的方便或舒适的时候，在他们享受城市文明的时候，也失去了本应该获得的大自然的馈赠物。在尘埃中阳光显得朦胧，污染中空气变得污浊，绿色只有在路旁和花盆里才能够找到，几乎整日听不到鸟儿的歌声……他们也是值得乡村居民同情的“穷人”。

城乡居民在历史发展中的这些失落，正好能够在乡村旅游的发展中得到补偿。

因而在乡村旅游发展中正确认识城乡居民的这种平等关系，对这种关系给以充分的人文精神的解释，将为乡村旅游的发展带来更多的和谐。

在乡村有着城市居民的兄弟和姐妹；城市居民来到乡村就是来寻找他们离别了多年的故乡。恢复了亲情，就有了更多的理解；有了理解，就增进了感情。

因而，乡村居民既不是施舍的对象①；城市旅游者也不是应该挨宰的羔羊。

（三）交互提升

在乡村旅游发展中的交流，是一种可以超越经济来往的重要活动。人类活动中的交流与学习，一直被哲学家、人类学家、社会学家们公推为人类进步的重要力量。在今天我国的城市化进程已经选定了“城乡一体化”模式的时候，城乡居民之间的交流就更显得重要与迫切。

① 2017年作者校后补记：作者一直主张，“反贫困”和“旅游扶贫”是社会目标，并非旅游者的个人行为。即使在10年后的2015年，作者在接受《南方日报》的采访时也仍然这样强调：“国家通过发展旅游来达到扶贫的目的是可以提的；但游客去旅游不是扶贫，他们与乡村居民的地位是平等的。旅游是友好的交流，消费与服务应建立在平等的关系上。如果带着“扶贫”的姿态去旅游，就会使得主客关系发生扭曲。应该努力建立乡村旅游经营者和游客的平等关系，这样才能使乡村旅游得到很好的发展。”见2015年2月11日《南方日报》网“发展乡村游　要跳出扶贫思维”。

乡村旅游不仅使城市居民享受到了乡村的环境，认识了乡村的文明，得到了休息和知识体力的增进，而且使城市居民的自然理念变得更实际，使城市居民的生态理念变得更真切，从而更加理解我国“城乡一体化”发展模式的选择……

乡村旅游对旅游者的接待，不仅使乡村旅游经营者增加了收入，可以用于生产和生活条件的改善，同时在接待中也使乡村居民的居住环境更加符合现代方式的人居习惯，进而为新农村的建设和小城镇的建设增添了更多的更切合实际的动能……

显然，人类的交流更重要的还是思想和情感的交流，在乡村旅游中的城市居民与乡村居民间的感情与思想的沟通，增进了相互了解，开始了相互学习，这正是我们促进“城乡一体化”和构建和谐社会所不可缺少的。

（四）可持续发展的选择

今天，可持续发展已经成为地球居民一致公认的准则。其中最最重要的国际性文件，除了联合国环发大会通过可持续发展纲领——《21世纪议程》（即《里约宣言》）之外，世界旅游理事会（WTTC）、世界旅游组织（UNWTO）、地球理事会（EC）还在1995年共同制定有《关于旅游业的21世纪议程》。本文这里强调的乡村旅游所构建的交流平台、乡村旅游发展中的主客平等，乡村旅游产生的相互促进等，应该说它们不仅有利于乡村旅游的可持续发展，而且对乡村的可持续发展，对人类文明的可持续发展，也将产生积极的效应。

当然了，如果乡村旅游得到恰当的安排，也一定能够实现环境的可持续利用，产生出资源节约、环境友好、社会和谐的发展格局。但是，当前在某些地方却出现了以某些经济学家理论为出发点的对经济目标的过于强调。如果以此决策，却不免会给旅游业加上过重的经济压力；如果处理不当，将有可能给目的地的生态、环境，以及社会风气带来难以挽回的损失。因此乡村旅游的发展还不能不认真考虑当地环境、生态和社会的承受能力。

在乡村旅游的发展中，当然还有与可持续发展相关的一系列问题需要进一步研究和讨论，诸如现代化新农村的建设与乡村文化保留的关系问题，乡村居民的现代生活与乡村原有人文生态的关系问题，旅游需要的展示表演与非常民俗事象的庄严性问题……很显然的是，乡村旅游的不少资源，都是十分脆弱的，在发展和保护之间，在利用和保护之间，都存在着这样和那样的矛盾，这是一个世界性的难题。不仅必须得到重视，而且需要多角度的研究，需要不断寻找面对不同情况的不同方法。

现在，人类发展中的全球性“城市化”进程，已经使越来越多的乡村“城市化”起来（从而失去了原有乡村的面貌），这既使得乡村旅游越来越弥足珍贵；同时也使得乡村旅游越来越难以保持原有特色和传统特色。因此，在乡村旅游的开展中，如何减少乡村文化的流失和防止旅游者的“行为污染”，却又是摆在乡村旅游发展中的又一重大课题。

（五）新的推进

值得高兴的是，2007年“和谐城乡游”主题口号的提出。这就使得此前人们对单一旅游流向变为双向。“和谐城乡游”，自当是城乡旅游的互动，是城市居民和乡村居民两个客源的主体的对流。这种“旅游流”的互动，虽然算不上传统口号的“农村支援城市”、“城市反哺农村”，但是，这种放松的自由交往，对城乡居民的相互沟通、相互了解，无疑正是构建城乡和谐所需要的推力。其积极意义，自当是“2006中国乡村游”的继续与发展，是推动和谐的又一次努力。

如果也从人文精神来思考，却又不能不看到乡村居民“支付能力”的“弱势”，不能不看到农村居民的收入水平。因而市场经济强调的在价格面前的“人人平等”，却反倒有失“公平”。据2006年12月出版的《中国国内旅游抽样调查资料—2006》对5584位农村居民已经发生的国内旅游的抽样分析，在2005年这些被调查的居民中，64.4%的旅游者的出行目的都是探亲访友（虽然在国际通行的旅游统计中，“探亲访友”的活动也是旅游，而且探亲访友所带来的亲情友情的体验是极为珍贵的，但是，探亲访友与其他类型的旅游比较起来，也有着许多的不同，一是它所诉求的旅游服务是十分有限的，二是探亲访友者也难以得到其他类型旅游者所能够拥有的更多的旅游享受）。同一的抽样调查还显示，有51.04%的农村居民游客“不曾使用”“住宿”，或者可以说，这些被调查的游客无论当年有过多少次旅游，其中超过1/2的，除了探亲访友者就是“一日游”游客；22.24%的游客“不曾使用”“餐饮”，就是说，这些被调查的游客无论当年有过多少次旅游，其中将近1/4的不是在亲友家就餐便是自带干粮；70.49%的游客“不曾使用”“娱乐”，18.82%的游客“不曾使用”“购物”，就是说，这些被调查的游客无论当年有过多少次旅游，其中将近7/10以上或者1/6以上的旅游者在所谓“旅游三大享受”的“娱乐”和“购物”上都还都是缺项（另一项是“游”）；而69.23%的游客“不曾使用”“景区点”，就是说，这些被调查的游客中，将近7成的竟然可能是连“游”都不曾有过的“旅游”。

当然了，2007年农村的经济形势绝对不会停留在2005年，农民的收入也定然会比2005年大大地增加。如果根据2007年2月底国家统计局公布的《中华人民共和国2006年国民经济和社会发展统计公报》，2006年中国城镇居民全年人均可支配收入为11759元，农村居民全年人均纯收入为3587元。显然，城乡居民的人均纯收入或可支配收入之间仍然有三倍的差距。

所以，农村居民或乡村居民的旅游活动的开展，还需要得到更多一些的人文精神的关怀。比如，在地方经济比较富裕的地区，集体企业效益较好的村镇，是否可以考虑给予村民旅游以适当的鼓励？乃至发达城市的有关部门能否给予开发农民旅游的产品的旅行社以相关的补贴？某些公园的门票、旅店的住宿，能否对农民游客或农民团体游客提供优惠价格？能否制订相关政策引导旅行社开发农民旅游市场？西部不发达地区的农民游客到东部地区旅游、考察，能否得到更多的扶持？能不能有计划地组织城市旅游的成功经营者到乡村“传经送宝”？能不能有计划地组织乡村旅游经营者到城市的成功旅游经营点考察和学习？因为开展和谐城乡游，不仅仅是一个旅程，它更该是一种理念（构建城乡和谐），因此它需要大家共同的努力，需要在大家共同努力的基础上产生实质性推进。或者这种农村居民的旅游，还能够从另一个侧面推动乡村旅游的新进展，就像20世纪80年代那样，珠海白藤湖农民的出游，却带来了白藤湖旅游开发的新天地。

说明：在《中国旅游报》刊用此稿时，又应该报编者要求就当时我国乡村旅游发展作了一点补充，即由作者结合着2007年全国旅游主题口号（“和谐城乡游”）的相关动向补写了第三部分的第五小节“新的推进”，以作为本文的最后一个小节。

新近资料

保护好传统村落的层次化空间布局

这是《中国建设报》记者肖正华在该报策划“传统村落保护发展”系列报道时，2015年3月对本书作者的采访记。原文如下——

刘德谦：保护好传统村落的层次化空间布局

□ 中国建设报记者　肖正华　北京报道

一个阔别故土多年的游子，在城里奔波久了，时常都会想念自己曾在那里生活过多年的传统村落，特想抽空回去看上一眼。可当他真正踏上故土，站在那片一直令他魂牵梦绕的传统村落边上时，往往会在如愿以偿之余，对那些破坏传统村落整体空间布局美感、影响整体风貌的冲突性景观产生心理上的排斥，如你如我。

“毫无疑问，散布在大江南北的传统村落是寄托乡愁的重要载体，人们之所以会产生上述体验，很多时候其实并不是传统村落本身的问题，而是在城镇化过程中一些地方的乱搭乱建现象突出，弄乱了传统村落原有的整体空间布局。”3月12日，中国社会科学院旅游研究中心副主任刘德谦教授接受中国建设报记者独家专访时表示，各地越来越重视传统村落的保护发展工作的确值得点赞，但在没有找到别的更好的办法之前，静态保护即保护好传统村落原有的层次化空间布局则不失为一种没有方法的办法。

中国建设报：传统村落和自然生态一样，已成为新型城镇化过程中无法绕开的课题。你怎么看传统村落保护发展问题？

刘德谦：保护传统村落，是时代赋予我们这一代人的历史使命；如何在保护的前提下，让传统村落更好地发展，也同样是我们这一代人不可推卸的责任。但只有保护的愿望远远不够，没有科学方法、具体措施、必需资金以及当地居民积极参与的保护，效果终将还是有限的。

在传统村落保护发展的具体实践中，用于文物保护的“保护为主，抢救第一，合理利用，加强管理”，也是我一直以来主张，其中，“保护为主，抢救第一”是前提和核心，“合理利用”是手段和目的，“加强管理”是关键和保证。

“保护”与“利用”既有细节上矛盾的一面，更有本质上相互促进的一面：“利用”如不以“合理”来限定，在实践中就有可能与“保护”发生抵触，因此如果出现了矛盾，“利用”就必须服从“保护”（即“保护为主”）；但如果我们能做到“合理利用”，将会大大促进“保护”，在当前保护资金不足时，“利用”便可以在一定程度上成为“保护”经费的来源。

中国建设报：上述原则很好，但在此过程中，提高人们对传统村落时代价值的认知也很重要，该如何正确认识传统村落的时代价值？

刘德谦：传统村落跟历史文化名城、名镇一样，都是难能可贵的历史文化遗产，都具备历史、艺术、科学三大时代价值，这也是它们实现各自社会价值和作用的基础，这反过来又反映了历史文化遗产的性质：它是一种特殊的可利用资源、不允许过度消耗的公共资源。因此，传统村落不仅要服务于当代，而且还要传之于后代。

某种程度上，随着城镇化进程步伐的加快，传统村落正在发生变化，因而代表着中华悠久农耕文明的传统村落更具有不可替代性、不可再生性，同时它还有强烈的公共属性：不论谁是创造者和保存者，在本质上都是历史的积淀或结晶，因而应该视作人类共同的创造和共有的财富。

除此之外，传统村落还具有它的代表性与重要性，差异性与无限性。传统村落作为农耕时代人类文明的代表，既有人类创造物的难以替代的代表性，显示着它在人类文明进程中的重要，同时其代表范围和重要程度又各不相同，从而共同在总体上形成相互联系跟互补的关系，真可谓是包罗万象。但是基于历史的不可逾越性，传统村落之于后人而言，在对它的熟悉认知上又存在一定的阶段性和无限性。因此我们必须世世代代把它保护好。

中国建设报：在正确认识传统村落时代价值的基础上，你多次提出要注重对传统村落空间布局的保护，具体而言有哪些方面？

刘德谦：一般而言，人们的视线都有一定的贯穿力，视觉审美都讲究完整性，所以必须注意保护传统村落的原有视廊，保护其原有视野的完整、和谐与统一。传统村落是一个整体，不同于某些历史建筑或历史园林的单体，因而保护它周边的环境与保护传统村落里的传统民居同等重要。目前不少地方的传统村落已无法复原，在必要时，作为一种无可奈何的弥补，不妨考虑发挥我国传统造园手法的“隔”的效应。

传统村落不仅在于它拥有一座座民居的单体，不仅在于它的每座单体的建筑文化，它的空间布局其实也是历史遗存的精髓，所以在保护上需要更加精细一些。为实现严格认真的保护，不妨效法生态保护区的三个区域（核心区、缓冲区、实验区）的办法，把它分为三个不同的层次，以便居民在安排自己生活改善和其他合理利用时能够有更好的分寸把握。

具体而言，核心区是传统村落文化特色、历史风貌最为典型的区域，在保护过程中应该以“历史建筑博物馆”的形式体现；缓冲区主要供当地原居民居住和日常生活使用，是传统村落“活”化最有效的措施；实验区可以发展与传统村落本身和谐的商业和旅游业，让传统村落具备一定的时代感，与核心区、缓冲区所代表的“过去”区别开来。

采访手记：重视传统村落文化多样性的保护

肖正华/文

“文化的多样性是人类世界不可取代的精神资源和智慧财富，它是跨时空存在的，需要得到充分的尊重。”在专访中国社会科学院旅游研究中心副主任刘德谦教授时，他一再强调保护好文化多样性之于传统村落的重要性。

1994年，体现《威尼斯宪章》精神的《奈良真实性宣言》正式颁布，其中也进一步强调了《威尼斯宪章》中有关保护文化遗存文化多样性的重要性。简单来说，完整意义上的保护文化遗存，意味着要适当地保护一个环境。任何地方，凡传统的环境还存在，就必须保护。

鉴于此，如果以人类学、历史学、社会学和民俗学的观点来看待传统村落，那么，我们的保护内容，当然不能忽视当地的居民，忽视当地居民的生活、社会文化和民间的历史传承——民俗——这些无可替代的活化石，至少在传统村落的缓冲区不应该有这种忽视。

“所以，目前以某些建筑学家为代表的把传统村落保护等同于单体建筑外观的保护思想，应该及时得到纠正。”刘德谦教授一再强调。

——原载《中国建设报》2015年4月1日，系该报策划的

全国“‘传统村落保护发展’系列报道”之12

附录：发展乡村旅游的三个重要条件[①]

① 2006年11月，吉林省旅游局“建设社会主义新农村，大力发展乡村旅游”为主题的全省旅游行政管理干部培训班在长春举办，本书作者和中国科学院郭焕成教授应邀到会，分别作了“关于乡村旅游的思考”和“乡村旅游发展与新农村建设”的讲座。在作者“关于乡村旅游的思考”讲座后的互动环节中，曾与参班的该省各地旅游局领导进行了对话与讨论。本文所论述的三个问题，就是本书作者回京后据当时的回答内容执笔整理写成的。基于该提问环节是吉林省旅游局时任副局长的王时阳安排主持的，我的回答也是基于提问的互动和讨论，所以在撰稿后将此文提交《中国旅游报》发表前，曾与王时阳副局长就共同署名征得了他的同意。《中国旅游报》发表时，分为上下两部分进行连载，文题为“发展乡村旅游的三个重要条件（上）”“发展乡村旅游的三个重要条件（下）”，原文请见该报2007年1月10日第13版，2007年1月12日第7版。

2006年国家旅游局关于发展乡村旅游的部署，和“2006中国乡村游”旅游主题的确定，不仅为我国乡村旅游的进一步发展带来了前所未有的契机，而且也正在为我国乡村旅游的进一步规范化和成型化，为我国农村“三农”问题的解决和社会主义新农村的建设中发挥着它的积极作用。不难预测，在即将到来的2007年，我国的乡村旅游，也定将在目前已有的基础上出现一个新的发展的好局面。

为了有利于这种新发展，我们二人2006年11月在吉林省的一个会议期间特地就乡村旅游的新发展进行了一次讨论。我们的共同认识是这样的：各个地区在发展乡村旅游时，应该对该地的相关发展条件进行认真的研究，并且要十分注意有关条件的创造。

一、市场依托——发展乡村旅游必须十分注意区位的选择

旅游业的发展是离不开市场的，乡村旅游的发展同样也必须十分注意它与市场的区位关系。在我国，当代乡村旅游的成长，大体上可划分为四种模式——客源地依托模式（或称毗邻客源模式）、特色资源依托模式（或称毗邻资源模式）、非典型模式、复合模式。在我国目前乡村旅游的发展初期，最有市场、最为普遍、也最具发展后劲的，就是其中的第一种模式——“毗邻客源模式”——即乡村旅游目的地与客源市场的邻近。以成都“农家乐”为代表的我国大中城市周边的农家乐的迅速发展，正是这种模式活力的充分体现。

乡村旅游发展的契机，一是城镇居民的可自由支配的闲暇时间和可自由支配的收入的增加，已经为旅游需求的实现提供了相应的基础；二是在目前城市环境非理想的趋势下，我国乡村的环境（自然、生态等）正是许多城市居民所向往的地方。

然而，城市居民的可自由支配的闲暇时间并不是很多的，而且在可自由支配的时间中他们还有许多其他事情要做，因此如果从总体上来考察，他们也不愿意把太多的时间花在居住地与目的地之间的交通上，更不愿意把休息时间用于路途的劳累奔波。这样一来，当然理想的目的地就是，既有乡村的优美宜人的自然生态，令人心旷神怡，又与自己的常住地没有太远的距离。

于是，乡村旅游目的地的交通要素就凸现了出来。可进入性，一直被旅游研究者列为旅游发展的要素，乡村旅游自然也不能例外。虽然不能够要求高速公路直达，但是比较便捷却是较为理想的条件。

如果更深入地来认识，这种“比较便捷”还包含着两个辨证的侧面。对此，也许可以适当借鉴“灰色空间”或者“黎明美”的理论——即既要出入性的方便，又不宜过于紧靠交通枢纽。过于紧靠交通枢纽，南来北往的频繁交流，不利于乡村风貌的保留；城市化的过早实现，将造成乡村旅游特色的淡化，一般说来不会是乡村旅游的理想目的地。因此在力争交通方便的同时，也需要与都市繁华有一定的距离。

说到交通便捷，我们也不一概地排除特色资源依托模式的发展（即使是它离客源市场有相当距离）。如果目的地的特色资源能够开发为独具一格的产品，而且有着强劲的引力，自然也就能够克服距离的阻隔，形成自己的独立的市场。而历史因素形成的交通阻隔，往往正是某些村庄之所以能够保持自己乡土特色的原因，或者之所以未被发现的原因。如果经过调查和论证，证实资源赋存的特色确实浓郁而且存量极大，开发的前景也仍然是十分乐观的。

二、产业基础——发展乡村旅游必须十分注意产业的构成

既然乡村旅游是以乡村风情为吸引物的，那么与农事相关的乡村风土、风物、风俗、风景所组合而成的乡村风情也就正是乡村引力之所在。如果没有特殊情况，乡村的原有生产和生活，理当成为形成旅游内容的一个很有价值的组成。此其一。

其二，乡村旅游和其他类型的旅游业一样，它的发展也必须以旅游供给作为基础。就旅游业的一般供给而言，人们习惯把它归纳为游、购、娱、食、住、行6个部分，并且认为前三项是旅游活动的目的供给，后三项是旅游活动的支持供给。由于乡村旅游的特性，游、购、娱、食、住、行这6项，都可以成为乡村旅游的目的供给。因此，地方在考虑发展乡村旅游时，必须把乡村旅游的供给作为一个完整的产业构成来考虑。尽管在乡村里，这些供给可能是以一家一户为单位，然而在一个相对完整的村庄里，却不能不对供应总量给以信息的指导和应有的筹划。其中，安全、卫生、市场秩序，还有适当的标准与规范，应该首先进入关注的日程。

其三，乡村旅游的发展，将带动乡村旅游供给的部分专业化，这是整个乡村旅游进程的必然产物。专业化的出现，还将进一步促进服务质量的提高，这是好事。但是在目前情况下，如果就整个村庄而言，除了极少数的特殊情况外，过度的专业化却很难说是最佳的选择。

其四，虽然时代的发展已经让旅游走进了普通中国百姓的家庭，但它目前却仍不

是普通百姓生活的第一需要。再加之乡村旅游市场供给十分丰富，以及市场进入的方便所导致的竞争的普遍，故而乡村旅游市场的波动将是一个无法遏止的现象。因此，在发展乡村旅游的时候，把旅游供给与乡村的原有生产活动有机地结合起来，不仅是乡村产业优化的重要措施，而且也是预防风险的有效手段。必须密切注意防止乡村生产活动的单一旅游化，只有这样，才能够出现“有补品身体更壮，无补品身体健康”的好局面；只有这样，才能够防止“孤注一掷”可能导致的尴尬。

其五，把旅游产品的内容与乡村原有生产生活结合起来，实在是发展乡村旅游的关键性安排。利用水塘养鱼发展垂钓休闲，利用瓜果生产发展采摘品尝，利用手工制作发展旅游购物，利用生活习俗发展民俗观光……全国已经有了不少成功的先例。但是，其中二者的结合与安排还需要引起更多的注意：一是，要努力克服结合中的简单化，既要努力发掘其中的文化内涵，又要适当突出各地的个性。在这方面，成都的“五朵金花”（红砂村的“花乡农居”、幸福村的“幸福梅林”、驸马村的“东篱菊园”、万福村的“荷塘月色”、江家村的“江家菜地”），北京的“一村一品”，都是不乏借鉴意义的。二是，要努力展示并非旅游目的的生产活动，这种展示既是十分真实的，又不需要为曲意迎合另费工夫，而且，旅游者对“这个乡村”“这种生产”的认识，正是这个村庄的形象传播，也正是这种产品的间接促销。在北京，就有这样的因为农产品的深加工而富裕起来的村子，它正在策划的乡村旅游就将围绕着这样的现实生产的内容。再如一些农业科技园区旅游观光和花卉苗木销售的结合，也是比较成功的实例。

其六，乡村旅游的发展，必将导致部分村民收入构成的改变，也为乡村致富和村民致富开辟了新的途径。但是从目前全国发展的经验来看，对绝大多数的村庄而言，旅游收入还只能是全村收入的一个补充。乡村旅游的发展模式和类型是多样的，各个村庄完全可以根据市场的需要，根据本村区位和资源赋存作出逐步适应的选择。不过有一点却不能不慎之又慎，那就是，如果没有特殊情况，没有十分可靠的可行性研究，“以旅游立村”的目标是不宜随意选择的。因为“以旅游立村”的目标是较难实现的。为此，在发展乡村旅游的时候，千万不要轻易地抛弃自己已有的基业。

其七，乡村的公共设施，原本是居民生活的必需，然而在乡村旅游的发展中它却成了满足旅游活动需要的一部分。因此，改善和优化乡村的公共设施，加速公用事业的发展，增加对乡村的公共品和公共服务的提供，不仅将为乡村旅游的发展带来良好的机遇；同时，乡村旅游的发展所推进的公共设施和公共服务的改善，也将使得全体村民普遍受益。

三、乡村民风——发展乡村旅游必须十分注意民风的培育

前面已经说到，乡村旅游是以乡村风情为吸引物的旅游活动，很显然，乡村的淳朴民风就是其中的引力之一。然而仅仅依靠淳朴也难以发展乡村旅游。为了发展乡村旅游，乡村居民还需要部分有关知识的补进。但是有关旅游社会学的调研报告显示，经营活动的开展，经济利益的凸显，常常会带来对原有朴实民风的冲击，因此必须进一步关注村民经济利益和原有朴实民风的契合，努力寻求最佳的契合点。

旅游需要安全，这是发展旅游的主要基础。为了避免不安全事件的出现，发展乡村旅游的村庄，理当是安全的村庄。即使是偶有个别情况的地方，也必须事先做好防止自然灾害和防止人为事件的安排。类似韩国济州岛所说的“济州三无”（百姓人家无院门、无小偷、无乞丐）的社会环境，对旅游者说来，自然是十分理想的了。

好客，和对陌生人的友好，也是旅游目的地不可缺少的。从另一个角度来认识，好客和对陌生人的友好，也是接待地安定和谐的反映。和谐乡村的建设既是社会主义新农村发展的需要，也同样有利于乡村旅游的开展，即使单就此一点而言，乡村旅游的发展与社会主义新农村的建设也是一种彼此促进的良性互动关系。

（作者：王时阳，刘德谦）

附：《中国旅游报》发表本文时，在文前补充了这样的文章提示——

- 依托中心城市发展乡村旅游是时代发展的要求，也是推进全国乡村旅游快速发展的现实选择。依托中心城市支撑发展乡村旅游，通过乡村特色的吸引，招徕城市客源，形成城乡良性互动、协调发展格局，是一条成功之路。
- 如果说以邻近城市为依托发展乡村旅游是当前最有市场的选择，那么，以特色资源为依托发展乡村旅游，则是今后市场越来越广阔的选择。
- 依托中心城市发展乡村旅游，在力争交通方便的同时，也需要与都市繁华有一定的距离。
- 在一个相对完整的村庄里，应该对供应总量给以信息的指导和应有的筹划。
- 在发展乡村旅游的时候，把旅游供给与乡村的原有生产活动有机地结合起来，不仅是乡村产业优化的重要措施，而且也是预防风险的有效手段。

关于乡村旅游的回顾和几点再认识①

① 此文原为中国旅游研究院《中国旅游评论》2014年向本书作者的专题约稿，原载《中国旅游评论》2014年第二辑。作为学术论文，发表时原有这样的论文摘要和关键词："摘要：近30年来我国规模型乡村旅游的发展，已经经历了它两个阶段的三个时期。本文全文共分三部分。第一部分，是对我国乡村旅游'萌动期'的回顾；第二部分，作者在提出'成长期'及其'全国涌动阶段'与'普遍壮大阶段'的同时，除了指出有关史事的标志及提出各阶段发展的动力因素外，更以自身亲历综述了其曾有的认知。本文的第三部分，是作者对我国乡村旅游当前面临的'日臻成熟期'的'集约提升阶段'的分析，主要阐述的是对当前发展态势的再认识，并提出我国乡村旅游迎接'集约提升'应该做出的努力"。"关键词：乡村旅游；发展阶段；曾有的认知；再认识"。

一、引子

百年中国的发展，让上亿的国人从乡村走向了城市；然而乡村的美好一面却依旧留在人们的心中。即使不论早年读书人对乡村的留恋，即使当今，乡村旅游也仍然是我国城镇居民旅游的一个重要选择。

乡村旅游我在国的规模性发展，显然是有一段其勃兴的过程的。近三十年，如果以当代“农家乐”产品作为乡村旅游的代表，现在人们大多认为，成都的郫县是农家乐发源地。

如果更准确一些说，其实应该把20世纪80年代判定为中国乡村旅游的雨后春笋般的萌动期（即“初期萌发阶段”）。其具有代表性的事件，如1984年广东珠海的白藤湖农民度假村的正式开业，如1984年前后在甘肃兰州、四川成都和北京等地出现的以“桃花节”为名目的乡村旅游的促销形式。所以，笔者2005年在《乡村旅游、农业旅游与民俗旅游——关于乡村旅游、农业旅游与民俗旅游的个人诠释》[1]中才说，1989年“中国乡村旅游协会”的成立是中国乡村旅游兴起的重要标志。

“中国乡村旅游协会”的前身是1987年在京成立的“中国农民旅游协会”。笔者对乡村旅游的注目和研究，也就是在那之前不久开始的。在1987年该协会成立之前，一些热心乡村农家旅游发展和农村居民出游活动的同志，已经在北京及全国开展了一些推动乡村农家旅游发展的活动，我因被他们的培训班邀去讲授乡村文化与旅游的关系的课程，从而与他们有了较多一些的交流。这些同志或属于“农口”（农业主管部门或农村旅游经营者），或属于“旅游口”（包括旅游主管部门和旅游经营者等），业界的、学界的、管理层的都有；而“中国农民旅游协会”的成立，正是他们试图在全国范围内推动乡村农家旅游发展，推动农村居民出游活动所做的一次努力。将协会名称由“中国农民旅游协会”更名“中国乡村旅游协会”，是他们为了使中国乡村农家旅游发展与世界的潮流衔接得更好而作的又一次努力。记忆中，那是1989年4月在河南郑州召开“中国农民旅游协会第三次全国代表大会”时，由一位“农口”的中层负责人在会上倡议的。而这之前我国的乡村旅游，正是它的初期萌发阶段。

二、对成长期的回顾及笔者曾有的一些认知

（一）乡村旅游的发展阶段与“成长期”

回顾近30年来我国规模化乡村旅游的发展，已经大致经历了“萌动期”（“初期萌

发阶段”）→“成长期”（“全国涌动阶段”→“普遍壮大阶段”）的两期三个阶段。本文前面“引子”说的1989年“中国乡村旅游协会”成立前的概貌，就是它的“初期萌发阶段”。而现在我们面临的，便是它即将到来的“日臻成熟期”“集约提升”的第三期的第四阶段。

“全国涌动”阶段（1989~2005年）：这时期的前几年，虽然经过萌动，各地乡村旅游得到一定的发展，地方当局也有了一些重视，但是还没有形成全国普遍发展的态势。到了1995年5月，由于我国实施普遍的“周五日工作制”，使人们对旅游的需求获得了前所未有的释放机遇，从而激发起城镇居民的周末旅游潮；再加之国家旅游局1998年“华夏城乡游”和2002年的“民间艺术游”旅游主题年的推出，又把乡村风情更多地引入了普通百姓的视野；同时在供给方面，国家旅游局为发展农业旅游和工业旅游又推出了《全国农业旅游示范点、全国工业旅游示范点检查标准（试行）》，更使农业旅游得到了各地有关部门的注目。

“普遍壮大”阶段（2006年~现在）：2005年末，国家旅游局正式向媒体公布了以“新农村、新旅游、新体验、新风尚”为宣传口号的“2006中国乡村游”主题年活动；并又以此为契机，于2006年8月发布《关于促进农村旅游发展的指导意见》的同时，在成都召开了“全国乡村旅游现场会”，从而形成了全国各省市共同营造了推进乡村旅游发展的合力态势。而接下来的2007年，国家旅游局又将“魅力乡村、活力城市、和谐中国”为口号的“2007中国和谐城乡游”主题年作为了推进乡村旅游持续发展的动力，并在这年3月，又与农业部联合下发了《关于大力推进全国乡村旅游发展的通知》，这就以部际协同的办法把我国乡村旅游的发展推到了一个新的高度与规模。

如果要探索这“两期三阶段”我国乡村旅游的发展动力机制，那么不妨这样说：萌动期的“初期萌发阶段”，是我国乡村村民、农业主管官员和学者们在国内外旅游发展背景下对于乡村旅游认识的觉醒；而后来成长期的“全国涌动阶段”，则主要是城镇居民（尤其是职工“双休日”）需求的拉动。这期间尽管主管部门也有所行动，但是发力还不够准。而在成长期的“普遍壮大阶段”，其发展动力则主要来自旅游主管部门对民众需求的响应（或者也可以称为“政府主导”）。这时期不仅主管部门对于乡村旅游的发展有了较深的认识，而且还为它的发展制定了政策和措施，更在接下来的多年给予了持续的推动，所以才形成了现在的蓬勃态势。

（二）笔者对“成长期”的认识

笔者对此的一些认识，应该说，就是在我国乡村旅游“成长期”的“全国涌动阶段”和“普遍壮大阶段”中结合着我国乡村旅游发展进行思考的产物。前面提及的1989年笔者在郑州会议上的发言，尽管作为一次关于乡村文化与乡村旅游的长篇阐述在会中已经受到注目，其后也有几家媒体对此做了些采访，可是发言稿却没有交予报刊发表。所以，笔者此前关于乡村旅游的一些认识，也就大致保留在《乡村旅游与未来》《关于乡村旅游、农业旅游与民俗旅游的几点辨析》《乡村旅游与城市文明——关于乡村旅游的人文精神》《发展乡村旅游的三个重要条件》《一种值得重视的发展选择》等几篇文章以及《乡村旅游的发展须对旅游者的需求有更多适应》《〈乡村旅游·乡村度假〉卷首语》中了。

《乡村旅游与未来》是笔者20世纪90年代撰写的一篇论文。该文除了分析中国乡村旅游的未来以外，还分别从“用语的误会”“理解的偏颇与概念不清”等侧面就当时人们对乡村旅游的一些混乱理解提出了辨析。之所以这样做的原因，是基于“中国乡村旅游协会”成立后乡村旅游却未能得到主管部门的重视，尽管有关上级将它的管理工作从农口划归到了旅游口，但是在那之后的几年中，有关主管部门并没有积极地将它的发展引导起来，甚至反倒将“中国乡村旅游协会”更名为了“中国国内旅游协会”，故而在“乡村旅游”转而向农口寻求支持的同时，一些乡村旅游研究者也转而向农口靠近，改为了从农业生产的角度，从供给者角度去研究这种旅游取向，甚至借用我国台湾地区的称呼，把乡村旅游改称为了“观光农业”（或者这也是导致那时我国乡村旅游发展不应有的滞后的又一原因）。有鉴于在我国绝大多数地方在“旅游”与“观光”词义上与台湾习惯的不同，为了有利于乡村旅游在我国的发展，所以笔者才特意撰写了这篇针对性的文章对其做了辨析。1998年，恰逢中国旅游未来研究会与天津市旅游局、《旅游学刊》编辑部、中国旅游管理干部学院、黄山市委、黄山市政府在黄山联合召开的以“乡村旅游”为主题的全国学术研讨会，笔者因故不能与会，便邀请《旅游学刊》付蓉编辑参与合作，将文稿再加工后带至会上宣读，这就是《是“乡村旅游”还是“观光农业”——乡村旅游与未来》[2]一文的由来。

虽然这一呼吁产生了一定的作用，但是其影响力仍然有限。国家有关旅游的主管部门仍然将“乡村旅游”称为“农业旅游”，北京市有关旅游的主管部门仍然将“乡村旅游”称为“民俗村”“民俗户”。为了有利于乡村旅游的健康发展，笔者决心不揣冒昧再撰写一篇辨析“乡村旅游”与“农业旅游”及“民俗旅游”之间的异同的文稿。此稿成后，恰逢2005年8月“2005·乡村生态旅游发展论坛”（由云南省旅游局主办，昆明理工大学和昆明大学联合承办）邀我去作主题发言，《乡村旅游、农业旅游与民俗旅游——关于乡村旅游、农业旅游与民俗旅游的个人诠释》就成了会上发言的内容（除了一些媒体的报道外，原讲稿全文也交由《昆明大学学报》在其2005年综合版发表）。

由于发言后第二年（2006年）正赶上国家旅游局“乡村旅游年”掀起的我国重新重视乡村旅游的潮流，所以2006年4月笔者又应邀在“‘中国最值得外国人去的50个地方’评奖颁奖暨‘2006国际国内旅游市场最新动态及发展趋势’高峰论坛”上做了一次时间比较充裕的“关于乡村旅游、农业旅游、民俗旅游的几点辨析”的演讲。由于《环球游报》等31家参与主办的都市类报纸的联合推广，以及“中国网”现场速记的网上直播，所以互联网上出现了各种不同取舍的摘要。为了准确完整地反应我的观点，笔者便将这次发言又做了整理与压缩，并补写了有关“皖赣古村落”、有关韩国端午申遗的段落，向《旅游学刊》投稿。该文除了当初演讲题目标明的对乡村旅游、农业旅游与民俗旅游的三者关系的辨析外，也包括对三者内涵的较详细的阐释。如乡村旅游，就包括了对它的内涵的界定，对那之前两个时期我国乡村旅游的发展进程、成长模式和适应类型的初步梳理等等。颇有前瞻性的是，那时的文章中已经明确提出了在人类走向生态文明的发展进程中乡村旅游所具有的价值。2006年《旅游学刊》发表的《关于乡村旅游、农业旅游与民俗旅游的几点辨析》[3]就是这一努力的产物。由于“乡村旅游”作为主管部门最新提法的出现，也基于全国乡村旅游发展的需要，所以这篇拙文引起了较多的关注，也产生了一定的影响①。

乡村旅游对我国乡村的发展的价值是不可低估的，但是如在执行中过于强调“旅游扶贫”的经济意义，却不仅降低了目的地居民的地位，更降低了乡村文明、生态文明在人类社会中的价值。于是笔者便借2006年“乡村旅游国际论坛”邀请参会的时机撰写了《乡村旅游与城市文明——关于乡村旅游的人文精神》[4]的参会论文。该论坛是国家旅游局、世界旅游组织、世界银行和贵州省人民政府，共同发起主办的一次以贵州乡村旅游为主要模板的推

① 据《旅游学刊》2014年第4期所载牛玉、汪德根、钱佳据《基于高被引频次的旅游文献影响力分析》一文2013年采自《中国学术期刊网络出版总库》（CNKI网）的数据，并对那之前全国167516篇以“旅游”为主题词的旅游文献所做的被引频次降序排列，《乡村旅游、农业旅游与民俗旅游的几点辨析》一文以其被下载3675次/被引用286次，排在全国这16万篇旅游文献中“强影响力”的第21名。

动乡村旅游发展的大型的国际研讨。笔者在这篇论文中除了继续《关于乡村旅游、农业旅游与民俗旅游的几点辨析》文中对世界旅游组织的帮助（包括发展理念、规划与措施等）的肯定外，更进一步从交流、平等、互动、环境等角度挖掘了乡村旅游“反贫困”措施和“旅游扶贫”政策的所应有的人文精神。与此同时，笔者还就人类文明的进程讨论了城市文明发展对乡村旅游的需要，乡村旅游促进乡村文明的保护，从而期望人们能够在看到乡村旅游在为乡村居民带来经济效益的同时所具有的更长远的意义与价值。

《发展乡村旅游的三个重要条件》[5]是2007年元月在《中国旅游报》连载的文稿。该文的核心内容有三点：一是，乡村旅游的发展必须从区位等原则中选准真实可靠的市场依托；二是，在优化乡村旅游产业结构时必须以优化乡村原有生产活动和村民生活为基础；三是，乡村旅游必须建立在乡村环境的优化和好客文明的民风之上，没有好的乡村就没有好的乡村旅游。该文也是一篇有的放矢的讨论，主要是针对当时某些地方不顾市场需求，不考虑当地村民生产生活基础而片面强调发展乡村旅游的鲁莽行动而写的，也可以说是一篇具有一定纠偏用意的讨论。引起这话题的是2006年11月笔者在“吉林省旅游行政管理干部培训班”讲座中与学员们的互动对话。该培训班是吉林省旅游局组织的一次全省各市县贯彻该省《关于乡村旅游发展的指导意见》的一次集中学习。正是讲座后的互动对话中来自基层管理者的敏锐提问，从而引起我的思考与回答；回京后，我便从中梳理出了三点有价值的回答写成了这篇短文。基于对问题深化认识的意义不仅限于吉林省，引出这答案的也是吉林的同志，所以我邀请吉林这次“干部培训班”主持人王时阳同志对该文进行了共同加工和署名。

这以后许多年，我国乡村旅游得到了长足的发展，研究的文章也有很多，笔者除了偶在特殊事件接受记者采访时做了一些点评和呼吁外，便很少再动笔了。

三、我国乡村旅游发展的新阶段

（一）新阶段的来临

2014年8月国务院发布的《关于促进旅游业改革发展的若干意见》，特别在其第三部分的第七点中提出了“大力发展乡村旅游”的具体指导意见。其中包括了有关乡村旅游资源与市场产品的安排与部署，乡村旅游与城镇化关系的处理，规划建设与乡村风貌的保持，带动贫困地区脱贫致富，完善乡村旅游服务体系，以及为乡村旅游发展提供智力支持等有关乡村旅游发展的诸多内容。如结合着国务院这若干意见第一部分、第二部分的五点原则性意见，第二、第三、第四、第五部分的十五点具体指导意见来看，乡村旅游在“树立科学旅游观”“增强旅游发展动力”和“拓展旅游发展空间”等方面也同样面临着“创新发展理念”“加快转变发展方式”“深化旅游改革”等加速改革发展的内容。因此不妨这样说，中国的乡村旅游也即将迎来它深化发展的新时期。

（二）成长期发展所奠定的基础

2009年7月，国家旅游局在黄山举行了“全国发展乡村旅游工作会议”。会上，局领导同志分析认为，我国乡村旅游当时还正处于初级阶段，并从而提出了“大力推进乡村旅游基础设施建设，推动乡村旅游产业化”发展的系列目标。从其同时公布的《全国乡村旅游发展纲要（2009—2015年）》征求意见稿来看，无论是其对乡村旅游发展的七个意义的阐述，对当前发展中四个问题的指出，还是指导思想中对六个原则的坚持，对方向目标的确定，以及十大“工程”的主要任务的安排，都表明了国家主管部门对大力发展乡村旅游的部署。这也就在发展规模、发展深度上为未来的发展奠定了厚实的基础。

从乡村旅游的产业形态来看，此前，如果说2003年成都锦江区开始打造三圣乡“农家乐”的“五朵金花”（“花香农居”“幸福梅林”“江家菜地”“东篱菊园”“荷塘月色”）的主题体现了乡村旅游对乡村风光丰富性的塑造，那么2009年北京旅游主管部门将传统的“农家乐”升级为“八大业态”（“乡村酒店”“国际驿站”“采摘篱园”“生态渔村”“休闲农庄”“山水人家”“养生山吧”“民族风苑”）就更体现了它对乡村旅游的旅游特质及其在产品体验类型和服务类型的特色性的关注。而这种深化发展，又是在此前乡村旅游“一区一色”“一村一品”“一沟一品”的已有推动的基础上取得的。

此外，更还有对乡村旅游集聚服务区的探索。旅游时，旅游者离开了他通常生活的环境，在旅游中，他除了需要他所追求的游、购、娱等旅游目的要素的供给之外，他还需要有日常生活所不可或缺的食、住、行等的支撑。单一的供给是难以适应这一需要的。虽然不能要求每一个景区或景点的服务都能包罗万象，但是把旅游者所需要的多方面服务很好地组合在某一目的地区域或某一行程之中，却是受人欢迎的。这一需求，现在正在推动旅游供给新业态对它的适应。近些年来，在一些市场条件较好的新老景区出现大型旅游服务综合体的同时，一些地方也注目到乡村旅游服务集聚区或综合体的建设。如《中国旅游报》2014年年初发表的《丽水农家乐综合体在路上》所报道的浙西南山区的丽水市，探索着有计划地建设旅游服务综合体的情况，就是一个新兴的典型。而笔者的《农家乐服务综合体：适应游客需求的可取选择》[6]，就是那时应《中国旅游报》之邀为配合此报道所写的分析“点评”。

（三）当前发展现状的例析

乡村旅游虽然在全国多数地方都得到了发展，但是无论是市场规模，供给能力，还是其发展的深度上，都是很不平衡的。

在被称为农家乐发源地的成都市，据2014年7月《成都商报》的报道，2013年成都接待的游客总数中，半数以上是游乡村①，虽人均花费仅167元，但从数量上看，总营收规模仍然遥遥超过了杭州和北京，处在了全国的领先水平[7]。披露这个统计数字的《2013年成都市乡村旅游发展报告》还显示，成都三证齐全的“农家乐”有4200家，其中星级农家乐187家。目前，成都农家乐已向“乡村景区”发展，进入了它的“第四代”。

文化古都成都2013年接待的游客“半数以上是游乡村”，那么其他文化之都的情况如何？如据2014年2月“中国网”的一则来自山东济宁的消息称，“山东济宁2013年乡村旅游收入近20亿，撑起半边天”。虽其内容，也同样述及该市乡村旅游的规模及乡村旅游的接待人数与收入（2013全年接待300多万乡村旅游游客，旅游收入近20亿元），但是如与有关数据比照，却无法显示其乡村旅游真的“撑起半边天”的状况②。

从省级区域来看，如湖南省，据有关统计，截至2013年底，该省共有全国休闲农业与乡村旅游示范县7个，示范点14个；国家级、省级旅游强县34个，旅游名镇60个，名村195个，乡村休闲旅游区点4000多家，其中星级乡村旅游区点2019家，五星级214家。2013年乡村旅游区点全年接待1.2亿人次，实现旅游收入190亿元[8]。如与全省2013年的旅游统计对照，乡村旅游接待人数正好是全省接待国内旅游者的1/3（2013年湖南

① 2013年度，成都市共接待国内外游客1.55亿人次（2014年1月“人民网”报道成都市人民政府副秘书长在“2014年中国城市旅游发展战略研讨会”公布的数据），同年成都全市乡村旅游接待游客超过8900万人次（2014年4月“四川在线”报道成都市农委发布的2013年农业发展数据），如据此核算，乡村旅游游客的确占了国内旅游游客的57.42%。

② 据《2013年济宁市国民经济和社会发展统计公报》，该年旅游发展的统计数是“旅游总收入392.6亿元，同比增长14.7%。全年接待入境旅游35.4万人次、下降5.3%，创汇15965.3万美元、下降13.3%；接待国内旅游4700.5万人次、增长11.9%，收入382.7亿元、增长15.8%”。相比之下，济宁乡村旅游的人数约占了国内旅游人数的6%，乡村旅游收入约占了国内旅游收入的5%。

全省接待国内旅游者3.6亿人次）。

而也处于长江流域的山清水秀的江西省，其“全省乡村旅游接待人数1.1亿人次”的目标，还只是停留在该省政府办公厅《关于加快发展乡村旅游的若干意见》的到2015年目标之中[9]。

从上面的比较中可以看出：1.各地乡村旅游的发展显然是不平衡的；2. 在部分区域，乡村旅游游客甚至占到了国内游客50%以上的分量；3. 在另一些区域，乡村旅游游客所占到了国内游客比重却只有6%或者更低；4. 2013年不少地方乡村旅游每人次平均只有100余元的花费，远远低于当年全国国内旅游平均花费的203.56元的水平；5. 经计算，即使一些乡村旅游发展突出（国内游客占50%以上）的地区，乡村旅游的花费也仅为国内旅游消费的11.56%（成都）；6. 而花费较低一些的地区，乡村旅游的花费也则只占到了国内旅游消费的5%；7. 乡村旅游占国内旅游的比重大的地区，或者是基于其乡村旅游已有的发展基础；8. 乡村旅游占国内旅游的比重小的地区，除了有些地区乡村旅游发展滞后外，也有一些地区是因为其他旅游资源引力巨大的原因（如济宁孔孟之乡的历史文化引力）。

（四）新发展的思考

人们常用城乡二字来划分人口和生产的地域范围，在粗线条的划分下，除了城镇就是乡村。中国是一个国土广袤的大国，如以目前可得的资料来估算，至今乡村的土地面积也仍占全国陆地面积的90%以上，全大陆非城镇人口仍然在46%以上。乡村所占国土比重和人口比重，是否可作为发展城乡旅游的比重的参照呢？显然这是仍需斟酌的，但若由此看到乡村旅游发展的广阔空间，却不失为视野的广阔。

就有关资料分析和笔者个人考察经历来看，是不是可以说，目前乡村旅游的发展仍然未能从产品同质化和粗放经营的状态中走出来。当然了，无论从总体上而言，还是从每一个小区域来看，这些年来乡村旅游的发展都是巨大的，无论是环境的改善，产品的设计，特色的凸显，服务的细化，还是安全卫生的保障，都在发生着巨大的变化。但是如果细细思考，便可以发现目前乡村旅游最为凸显的仍然是一般性乡村风光、农家餐饮、瓜果采摘，以及棋牌、垂钓等简单的文娱活动。

因此，必须通过调研，“深耕细作”地把蕴藏在乡村的农耕文化、中国民间文化等等很好地发掘出来，把宜人的生态充分地展现起来。比如：

——对即将失传的中国传统岁时节令习俗进行抢救，并对其整理和具化，在城镇居民节假日旅游时向他们展示、传播，引导他们参与，并让他们体会其中的意义；

——注意城镇居民消费的关注重心，把适应于儿童和青少年的农业生产体验（也包括渔业生产等），以及中国的传统健身、娱乐、游戏的内容作为旅游项目开发出来，以满足于“亲子游”和学生夏令营、冬令营等的诉求，满足中老年游客“怀旧”的文化需求；

——向有兴趣的城镇客人介绍和展示存在于当前农村的有关人们衣食住行的民间传承（生活习惯和技巧技能），更好地丰富民俗旅游的项目；

——有安排有计划地用实物和人的操作向游客展示本村或本地的非物质文化遗产，将制作出的部分纪念品向游客销售；

——对游客开放本地的草编、苇编、竹编、藤编生产场所，视条件和可能适度恢复少许金匠、银匠、铜匠、铁匠、锡匠等的传统作坊（乃至补锅、补碗的担挑），吸引游客参观，以让游客进一步了解非物质文化的技艺与操作；

——以半演示半实用的安排，适度恢复少许传统瓦匠、木匠（包括房屋修建的“大木匠”及“小细作”）的生产活动：

——视条件和可能适度恢复少许的旧式制瓦、制陶、制瓷的烧窑生产，以让游客能够真实地体验“陶艺”活动的全过程；

——把乡村旅游与城镇居民的生活结合起来，视需要与可能，适度将当前已有的“我有乡下一分菜地”的农耕参与旅游，再扩展到“我有林中六只鸡”“我有花间一箱蜂”“我种了一颗苹果树”等项目，将生产体验旅游与无污染新鲜菜蔬、鸡蛋等食品的配送进行有机地结合；

——针对城镇老年游客的需要，在就医方便的区域，发展城镇银发族居民的候鸟季节住宿型乡村旅游；

——针对城镇居民休闲的需要，在山水林木宜人、风光旖旎的地方，发展乡村生活的休闲服务，建立起与村民共同生活的度假村；

——利用村庄附近的荒地、荒坡、荒滩及废弃矿山，开辟自驾车停车场，并提供相应的服务，以满足当前自驾游热潮的需要，同时也为本村留住了自驾游客人；

……

中国乡村旅游新发展的相关内容是十分丰富的，除了上面的琐碎列举外，笔者这里拟就国务院《关于促进旅游业改革发展的若干意见》中提出的“旅游开发向集约型转变”，再提一点笔者对乡村旅游在其“日臻成熟期”走向以“集约提升”为主要特征的第四阶段的一些认识。

笔者认为，所谓“集约”，首要的便是生产活动中对“集聚性”原则的贯彻，对生产要素“集聚性”的配置，以期摈弃粗放经营，实现资源的高效利用，推动正面效益的最优化。这种最优化，既包括了更加注重资源能源的节约和生态环境的保护，更加注重各种资源的整合，也包括了推动旅游服务的集约优化，实现标准化与个性化服务有机统一的可持续发展等。具体而言，乡村旅游的小规模经营、分散经营、个体经营，虽然往往是不可缺少的，但是如果能够在理性认识的基础上给以适度的统筹，激发起非同质化的特色的发挥，能够争取在“集约化”的大潮中实现分散经营与集聚经营的共荣，从普遍的粗放经营走向部分集约经营，这也正是我国乡村旅游发展新时期中尤需大家留心关注的。

参考文献

[1] 刘德谦．乡村旅游、农业旅游与民俗旅游——关于乡村旅游、农业旅游与民俗旅游的个人诠释［J］．云南大学学报，2005（A2）：1-5.

[2] 刘德谦，付蓉．是“乡村旅游”还是“观光农业”——乡村旅游与未来［J］．旅游管理（中国旅游管理干部学院学报），1998（4）：19-21.

[3] 刘德谦．关于乡村旅游、农业旅游与民俗旅游的几点辨析［J］．旅游学刊，2006（3）：12-19.

[4] 刘德谦．乡村旅游与城市文明——关于乡村旅游的人文精神［A］//2006乡村旅游国际论坛论文集［C］．292-296.

[5] 王时阳，刘德谦．发展乡村旅游的三个重要条件（上）/（下）［R］．中国旅游报，2007-1-10（13）/2007-1-12（07）.

[6] 刘德谦．农家乐服务综合体：适应游客需求的可取选择［R］．中国旅游报，2014-01-29（10）

[7] 2013年成都市乡村旅游发展报告出炉　乡坝头最好耍［DB/OL］．四川日报网，2014-07-21. http：//region.scdaily.cn/gdbb/content/201407/21/content_8287273.htm? node=4790.

206

207

[8] 湖南2013年乡村旅游收入190亿元 接待人数1.2亿[DB/OL]. 红网，2014-08-26. http://tour.rednet.cn/c/2014/08/26/3449044.htm.

[9] 江西省人民政府办公厅关于加快发展乡村旅游的若干意见[DB/OL]. 江西省政府网，2011-10-20. http://www.jiangxi.gov.cn/zfgz/wjfg/szfbgtwj/201110/t20111024_342926.htm.

农家乐服务综合体：适应游客需求的可取选择①

① 此文为本书作者2014年受《中国旅游报》编者所邀，以“专家点评”形式为该报刊出的一篇有关乡村旅游综合服务体的文章所写的一篇短评。原载《中国旅游报》2014年1月29日第10版。

今天《中国旅游报》的《丽水农家乐综合体在路上》一文，介绍了浙江西南山区丽水市依托其得天独厚的资源与环境，如何以精心的规划与安排，从而建设起旅游服务综合体的情况，的确是一篇值得一读的好文章。

旅游服务综合体，又称旅游综合体，是近些年来才逐渐被我国旅游目的地地方政府和旅游经营者注目的新事物。虽然研究者们对此的认识较早，然而却只有有了实践的正反经验，人们才能够获得更为清晰的共识。比如20多年前，北京密云国际游乐场的由兴到衰，就是一个突出的例子。北京密云游乐场是北京的第一个现代化游乐场，建有国外引进的包括翻滚过山车等近20项大型游乐设施，其自1985年建成接待游人以来，一度也曾引来不少旅游者；但却因为缺乏食宿交通等服务的配套，开初时的人气很快便萎缩下来，以致最后不得不拆除变卖给他人。

旅游时，旅游者离开了他通常生活的环境，在旅游中，他除了需要他所追求的游、购、娱等目的要素之外，他还需要有日常生活所不能或缺的食、住、行等的支撑。单一的供给是难以适应这一需要的。虽然不能要求一个景区或景点的服务能够包罗万象，但是把旅游者所需要的多方面的服务很好地组合在某一目的地区域或某一行程中，却是旅游者十分欢迎的。

在当前旅游业已经发展为包括国民经济F、G、H、N、R等诸多门类，并且正在跨越A、B、C等门类，也离不开E、I、J等门类支撑的产业集群时候[①]，旅游服务综合体，就是将旅游产业集群的部分服务要素有效地组合在一起的旅游服务空间。这个空间不仅必须较为妥当地满足游客在其旅游过程中对游、购、娱、食、住、行等的某些需求，而且还要尽可能地满足游客对服务便捷、舒适、享受乃至私密等个性化要求，同时也还要尽可能地实现服务价格的公平度和可接受度。

除了上面所说的对旅游服务综合体的一般要求外，成功的旅游服务综合体，还必须具有自己独特的主题化特征，因为也只有这样，才能够在众多旅游服务综合体的同质竞争中处于不败之地，并且形成大区域内的互补优势。

一般而言，旅游服务综合体又有城市旅游综合体和乡村旅游综合体之分。

大型的旅游服务综合体，又可以称为旅游集聚区，这样的区域有时又与城市的综合服务区结合在了一起，如深圳的“欢乐海岸”便是将滨海旅游与购物美食、休闲娱乐和文化创意等融为一体，整合了零售、餐饮、演艺、娱

① 对此，本文作者在《一种值得重视的发展选择》文中曾有较详一些的论述（请见《中国旅游报》2013年10月30日第14版）。

乐、酒店以及公寓、办公、创意产业、湿地公园等多元业态的现代城市生活与休闲旅游汇合的综合服务区。

基于旅游活动对自然生态和文化元素的依托，当前业界和学界对文化旅游综合体的讨论也逐渐多了起来。

当然了，一概地求多求全也并非最佳模式；集聚到何种程度或何种规模，也要看需要与可能。

浙江丽水市建设乡村旅游综合体，笔者觉得，其间最可称道的，除了他们对乡村旅游的高度重视，把“农家乐”的发展视作促进农民增收的“惠民工程”的极佳思路外，就是他们的“规划先行”和“产业联动”。

正是他们既有市级的“农家乐综合体发展总体规划”，又有9＋1的县区级“区域布局规划”和每个综合体的“具体项目建设规划”，才使得农家乐综合体的建设得到了有序发展。而他们推动原有农业生产与旅游发展的结合，也是非常可取的，因为原有的农业生产既是其农家乐发展的有利基础也是其取得优势的依托，丽水市不仅把握住了两者之间的互补互促关系，而且还致力于产业链的延伸，积极发挥“农旅合一”的聚合效应。这是因为他们认识到了，只有这样，农家乐的经济效益、环境效益和社会效益才有可能很好地发挥出来。

丽水农家乐综合体对“文化为魂”的主题培育也是值得重视的。

在全国农家乐的发展中，此前，成都三圣乡农家乐“五朵金花”（“花香农居”“幸福梅林”“江家菜地”“东篱菊园”“荷塘月色”）的文化主题曾经引来旅游者和业界人士的普遍赞誉；北京乡村旅游的“八大业态”（“乡村酒店”“国际驿站”“采摘篱园”“生态渔村”“休闲农庄”“山水人家”“养生山吧”“民族风苑”），更给各地农家乐的发展带来了启迪；而现在的丽水，又在学习兄弟地区经验的基础上培育了农业景观型、民族风景型、红色旅游型、特色产业型、民俗体验型、农业科技型、森林氧吧型、生态渔家型、运动拓展型、国际驿站型等多种主题综合体，应该说也是十分有益的探索。

旅游规划第六议：旅游规划的相关各议

C组　自然文化生态与旅游目的地①

中国生态旅游的面临选择

对推动国家公园建设的思考

关于文化遗产与旅游产品的三点讨论

大足石刻与文化生态旅游

造园艺术的余荫

景区容量核定后的跟进

① 自然生态与人类文化遗存，一直被认为是旅游业赖以生存的两大资源，因此如何有效保护，并在保护中有效地利用资源，也一直是人们和旅游规划师们十分关注的问题。本书这里《旅游规划相关各议》关于“自然文化生态与旅游目的地”的C组话题，一共推出了三组论述：《中国生态旅游的面临选择》与《对推动国家公园建设的思考》，讨论的是如何借助生态旅游和国家公园模式推动自然生态的保护与利用，以及其间诸多关系的恰当处理；《关于文化遗产与旅游产品的三点讨论》与《大足石刻与文化生态旅游》，讨论的是人类文化遗存的文化生态现象与旅游发展的安排，以及其间的策略与具体措施；而《造园艺术的余荫》与《景区容量核定后的跟进》所讨论的，便是更具化的中国园林的造园艺术与旅游景区容量核定，以及在国家旅游标准《景区最大承载量核定导则》实施后还应继续跟进的景区有关管理。切合现实，以结合理论的实例来论述问题，仍然是本组话题诸篇文章的特征。

中国生态旅游的面临选择①

① 2002年是联合国定名的“国际生态旅游年”，为了响应联合国的决定和《魁北克生态旅游宣言》的各项建议，由中国社会科学院主办，并获得国家旅游局、世界自然基金会（WWF）支持，与中国旅游未来研究会、中国生态学学会、中国旅游报社、社科文献出版社、北京旅游学会等机构社团参与协办的“2002中国生态旅游论坛”于2002年11月25日至28日在京举行。此文即为本书作者当时参加“2002·中国生态旅游论坛”大会的发言论文。针对当时我国在生态旅游发展上的泛化倾向和保护主义的主张，本文特提出了“是无所作为的保护还是积极有效的保护”“是大众旅游还是特殊专项旅游”“是粗放的发展还是对其进行必要的规范”等三大问题，并作一一辨析，以期能对今后人们的选择有所帮助，能对生态的有效保护和旅游业的健康发展有所裨益。因发言整理稿较长，其作为呼吁有效保护的文章第一部分为《中国旅游报》（在2003年2月12日）选用发表；其作为学术讨论的第二、第三部分由《旅游学刊》选用（载2003年第2期）。本书这里刊出的是包括了三个部分的全文。

作为学术论文，本文2002年在《旅游学刊》刊出时，曾有这样的论文摘要和关键词：“[摘要]生态旅游如何发展，不仅是世界性的大课题，同时也是我国不得不面对的选择。针对当前我国在生态旅游发展上的泛化倾向和保护主义的主张，本文提出了‘是无所作为的保护还是积极有效的保护’‘是大众旅游还是特殊专项旅游’‘是粗放的发展还是对其进行必要的规范’三大问题，并作了一一的辨析，以期能对今后人们的选择有所帮助，能对生态的有效保护和旅游业的健康发展有所裨益”。“[关键词]生态；生态旅游；泛化；保护；可持续发展”。

一、是无所作为的保护还是积极有效的保护

（一）历史的警醒：《21世纪议程》的提出

历史研究早已告诉我们，人类社会在近几千年的发展中的确取得了巨大的进步，尤其是近几百年，这发展更显出了它的突飞猛进。但是，回顾足迹，才发现这些发展却是以资源和环境的巨大代价换来的。

在经过了多少世纪的生存拼搏，在为自己的胜利感到兴高采烈，在为此发出了“征服自然”的豪言壮语之后，今天，人类好像突然警醒了，才领悟到，如果与自然和谐共处和保护生态，却可能反倒更有利于人类的生存。因此，从20世纪的50年代起，有关对人类生存环境的保护、对自然生态的保护、对文物古迹的保护等，便越来越成为全球普遍关注的话题。

其中，首先值得注意的是，联合国在此期间的几次行动。1972年6月在斯德哥尔摩召开的联合国发展会议上，对《联合国人类环境宣言》（*Declaration of the United Nations Conference on the Human Environmen*）和《只有一个地球》（*Only One Earth*）取得的一致的认可，这就标志了人类对环境问题已经有了明白的警醒，因而宣言中有关“各国政府和人民应该为当代的全体人民和子孙后代利益做出共同努力”的呼吁，便成了与会代表的共同呼声；同时也才诞生了每年6月5日的“世界环境日”。1983年，联合国成立了世界环境与发展委员会后，经过5年的研究，终于完成了《我们共同的未来》（*Our Common Future*）的调研报告，可幸的是，这一报告于1987年12月在联合国第42届大会上获得了通过，其中采纳的“可持续发展”（Sustainable development）的观念——“既满足当代人的需要，又不损害后代的利益”，自此便逐渐形成了全球的共识。更重要的，自然是1992年6月在里约热内卢举行的联合国环发大会和会上通过的关于可持续发展的纲领——《21世纪议程》（*Agenda 21*）。

（二）提升认识：2002“国际生态旅游年”

正是基于上面几次会议的同样思潮，同时也基于上面几次会议的影响，“生态旅游”的思路和概念才逐渐形成。

尽管有人认为，一个多世纪前涌向美国黄石公园的旅游者就是最早的生态旅游者，但是其发展至今却是一个逐渐成熟的过程。值得注意的是，当初“保护主义”的主张和做法，是将保护区和居民隔离开来；然而这一做法的推广并未获得原所指望的成功，因而才滋生出具有有效保护功能的生态旅游。自20世纪80年代开始，来自肯

尼亚和哥斯达黎加等地的报告，就不断地证实着以保护为目的，同时也为当地居民带来实际利益的生态旅游，确实不失为促进保护的一个有效途径。于是生态旅游才首先在发展中国家继而也在发达国家蓬蓬勃勃地开展起来。尤其是在发展中国家，面临发展，国家的经济能力却有限，即使资源和环境没有遭到第一产业和第二产业的破坏，但也年积月累地遭受着自然变动和当地居民求生活动的耗损。在正反经验的比照中，人们才开始认识到，保护资源与环境，保护人类的遗存，最有效又最为直接的办法，就是唤起当地的居民，并使之真切地感受到，这一保护的行动，不仅有利于人类整体，有利于国家，有利于子孙后代，同时也能为本地为居民自身带来利益。生态旅游就是有着这样作用的一种旅游方式，肯尼亚以旅游代替对野生动物的滥肆捕杀，哥斯达黎加以旅游代替对原始森林的过度采伐，就是世界公认的成功做法。

正是基于全球生态保护的迫切性和生态旅游发展的可行性，正是基于生态旅游的快速成长，为了确保它沿着可持续道路发展，为了促进旅游业、政府、地方居民、旅游者之间的相互合作，1998年联合国才接受了世界旅游组织的倡议，将2002年定为了“国际生态旅游年”（International Year of Ecotourism，IYE）。

有鉴于不少非政府组织对国际生态旅游年表示的担忧，联合国环境署深感进行有效对话的必要性，“5月在魁北克举行的世界生态旅游高峰会议期间创办国际生态旅游论坛将是确保继续这种高级对话的重要的一步。”（Klaus Töpfer，2002年）这个终于实现了的对话，就是2002年5月如期在魁北克召开的有133个国家1100名代表参加的首次世界生态旅游峰会。这个峰会对话的成果就是著名的有关生态旅游的《魁北克宣言》（*The Quebec Declaration on Ecotourism*）。如果将这次峰会之前的18次预备会议都计算在内，则参加有关生态旅游对话的代表，还应再增加3000多人次。所以说，现在人们所谈的基于《魁北克宣言》的有关生态旅游发展的意见，实际上是包括了众多的探索者和研究者有关生态保护的意见，同时也是充分考虑了那些原持保留态度者有关生态保护的意见的。2002年1月29日联合国发言人在正式宣布2002年为国际生态旅游年时，又重申了它鼓励各国通过开展可持续旅游活动来促进环境保护和经济发展的目的，而这个目的也正是生态旅游发展的目的。

也许世界旅游组织为2002年世界旅游日所定的口号（Ecotourism：the key to sustainable development，即“生态旅游：可持续发展的关键”）就正是联合国2002国际生态旅游年的画龙点睛之笔。因此，不妨这样说，就生态保护而言，生态旅游就是一种积极推动保护的旅游；生态旅游的开展，在其本质上就是为了推动对生态的积极保护，而这保护是现实的，是有着具体措施的，并且是可以获得人力和资金支持的。

联合国有关国际生态旅游年的决定，一经传出，立刻在全球引起热烈响应。有消息说，地中海滨并不太大的希腊，在2002年也将耗资100亿德拉克马（2631万美元），以用于生态旅游的促销和生态旅游发展战略的制定。由此也不难看出，生态旅游的发展对于一个国家和一个国家的旅游业具有什么样的意义。

（三）生态旅游：不失为生态保育的措施

从我国目前的发展阶段来看，不仅人民日益增长的物质文化需要同落后的社会生产之间的矛盾仍然是我国社会的主要矛盾，而且生态环境、自然资源和经济社会发展的矛盾也日益突出。据一位专家对20世纪90年代的一项估算，我国每年的环境和生态损失已高达数千亿元。1993年，我国环境受污染受破坏的经济损失约为963亿元人民币，我国生态遭受破坏的经济损失约为2394亿元人民币，两项相加竟高达3357亿元人民币，相当于当年我国GNP的9.7%（徐嵩龄，1998）。虽然近几年，我国对环境和生态的保护采取众多的重大措施，包括各地的“天保”“退耕还林”“封山禁牧”等等，环境和生态的损失正在减少，但保护环境、保护生态仍一直是全国上下一致的共识。

近些年来，我国居民的国内旅游出现了飞速发展的态势，加深了全国上下对旅游业是我国经济新的增长点的认识。但在此形势下，也出现了不少旅游开发的失误，造成了很大的甚至难以挽回的损失。于是一些主张保护的好心的同志，便把矛头指向了旅游业，甚至认为旅游开发的不当已经造成了有史以来（或50年代以来）空前未有的损失。从世界遗产的保护，推及到一般遗产地的保护，再到风景名胜区的保护，再到风景名胜区周边土地的保护，似乎没有旅游者和旅游业，保护就能完成。

其实实情并不是这样的。众所周知，旅游业的存在是以环境为资源为依存的，没有环境就没有旅游业；不错，旅游者是在享用环境，但这种享用却不需要改变环境，更没有必要消耗资源。比起第一产业和第二产业来，它对资源的耗用，以及它对环境、对生态、对文化遗存的负面影响，实际上是小而又小的。如果引导得当，旅游者还可以成为资源、环境、生态、文化遗存的保护者；而旅游者在旅游中支付的费用，不仅为当地居民开辟了财源（使之改变原来对资源的耗用和攫取），同时也使当地居民对原有资源的价值和资源的使用方法有了新的认识，更不用说这些收入中的可直接用于保护的那一部分。

在人们称为香格里拉的迪庆，1998年以前，迪庆人大都以伐木和木材加工为生，从事木材砍伐和加工的人数约为3万人；该州的财政收入也多依靠木材行业（即所谓的“木头财政”），每年的财政收入约为1亿元。1998年国家实行“天保”工程之后，该州选择了发展“生态产业”的道路，旅游业即为其中之一。1998年以来，该州旅游收入每年以20%~30%的速度递增，仅2001年就接待了旅游者124万人次，旅游纯收入就高达8.8亿元，对森林的保护也就从意愿变成了现实。（郑劲松，2002年）

近些日子，长城的保护再次成为人们的热点话题。在对目前状况的惋惜和批评中，也有一些值得称道的例子。其中有专家就把秦皇岛董家口对长城保护及部分恢复与著名的北京司马台长城并列（董耀会，2002年）。但董家口长城的保护和修复行动却没有国际组织或国家的参与，而是由村民自己进行的，原因在于当地村民认识到了，对长城的保护不仅有益于人类、有益于国家，还可使当地村民自己受益，于是纷纷扒院墙、拆猪圈，把原来的长城城砖捐献出来；当然了，同时也在于发展旅游时一块城砖的价值，远胜于用于猪圈或院墙的任何一块破石头。

我们对这样生动具体的实例，是不能视而不见的。

如何才能在保护的基础上求发展，如何才能以发展促保护。这一问题的确是一个值得认真探讨的问题。而与环境、与资源、与遗产等有着密切关系的部门和相关人士，对此更在进行积极的探索。在这一方面，我国已有好几个主管部门迈开了坚实的步伐。林业主管部门为我们创造了一个很好的先例，以国家森林公园对游人的开放，部分替代了原来对森林的砍伐，既保护了森林、保护了生态，又安排了原有职工的就业。2000年国土资源部关于建立国家地质公园的决定，2000年水利部关于设立国家级水利旅游区（后改称水利风景区）的决定，也都同样是很好的例子。

尽管如此，但是在我国，当前人们对于旅游发展与保护的关系，认识却仍然不完全相同；尤其是在旅游开发与保护的关系上，分歧就更大一些。其中一种观点，是着重批评现状，只谈保护，不谈如何保护；另一种观点，是主张由国家财政拨款保护现状，而不赞成发展旅游；再一种观点，是认为只有让原主管部门充当旅游的经营者，集管理和经营为一身，才能实现保护的目的。

本文这里无意就人们对旅游的批评和指责进行讨论，但是仍想指出，在没有别的更好的办法之前，静态的保护的确不失为保护的一种办法；但是，静态的无所作为的保护只能暂时有效，却难以维持长久。保护绝对是重要的；但没有足够办法的保护、没有具体措施的保护、没有必需的资金的保护、没有当地居民积极参与的保护，这样的保护效果终将是极为有限的。多少年来侈谈保护而缺乏资金和缺少措施所形成的保护乏力的现实，难道不能举出几十、几百个例子吗？

旅游业不是万能的，旅游业的发展也有着它自身的规律，既不可以随时随处遍地开花，也不会是一蹴而就的。说发展旅游有利于保护，也并不回避在旅游发展的具体工作中出现的诸多问题。关键在于某些开发的不当，某些经营的不妥，某些游人的失误，并不是旅游活动和旅游发展的必然结果；因此，对旅游开发进行规划和论证，对旅游经营进行指导和管理，对旅游者进行引导或教育，都将有利于当前某些不良现象的转化，并使保护得以真正落实。现在，人们对生态旅游所确立的原则，就为旅游业的发展提供了很多有意义的启迪。

就生态保护而言，笔者认为，由生态保护实践者总结、由众多生态学者研究、由保护组织推荐，并且与诸多担心人士交换意见，而最终由联合国（包括其下的环境署、可持续发展委员会、世界旅游组织等）向各国推荐的生态旅游的方式，就是对生态的一个积极而有效的保护办法。

二、是大众旅游还是特殊专项旅游

（一）当前偏向：严重泛化

从我国“生态旅游”的发展现实看，目前的确存在着严重“泛化”问题。这一泛化的现象，就是将生态旅游解释为自然旅游、乡村旅游、农业观光旅游；甚至有的论者，就干脆将它解释为大众旅游，或者进而更说它是自然旅游等一切与生态相关的旅游形式和旅游产品的总称，亦即所谓“在生态环境中的旅游活动和与生态相关的旅游”。

有研究者在其所编教材中列出了前一时期在我国以中文形式表述的有关生态旅游的73种解释（卢云亭、王建军，2001），其中除了一部分论者是对国外生态旅游研究的引述或转述外，也有论者以其独立的研究得出了颇为精到的结论；但是也不能不指出，其中相当多的论者所表述的见解，其实还处在对生态旅游和自然旅游未作区分的阶段；有的论点，甚至是对世界生态旅游发展和研究全不了解情况下的望文生义的解说。

我国的生态旅游，应该说目前尚处在发展的初级阶段，也许正是基于某些研究者或解说者对生态旅游的泛化理解，才使得我国生态旅游的泛化现象日趋严重。这种泛化的确为某些旅游经营者严重危及生态的旅游经营送去了一块“金字招牌”，也的确为经营者带来了经济效益，但是却造成了难以挽回的生态破坏，造成了社会对生态旅游的严重误解，以致影响了旅游业的声誉，影响了生态旅游的健康发展。

（二）纠正途径：寻求共识

国外生态旅游的发展，已经有了近二十年的历史，近十几年的研究也成绩斐然。其对生态旅游的解说，尽管仍处在众说纷纭的状态，然而对生态旅游的概念、对其本质、主要原则、基本要素、运行模式却已出现了日臻于一致的趋向。这一趋向也许从下面的简单定义和解说中可见一斑（译文选自宋瑞《国外生态旅游研究综述》，2002年）。

Hector Ceballos-Lascurain（1987年）：生态旅游就是前往相对没有被干扰或污染的自然区域，专门为了学习、赞美、欣赏这些地方的景色和野生动植物和其存在的文化表现（现在和过去）的旅游。

Fennel and Eagles（1989年）：生态旅游或者自然旅游都是一种刺激经济而同时建立并维护保护区系统的可靠方式，其特点是以研究敏感环境中特定的自然要素为首要欲望。但是生态旅游却有着以下的三种功能，即，独特的可达到自然区域的引力；作为自然保护的一种工具，通过教育或获得利润来改变人们对生态保护的态度；为当地居民提供就业或从商的机会。

Butler（1989年）：生态旅游试图让旅游者进一步认识环境系统并积极地为目的地的经济社会和生态环境保护做贡献。

Kutay（1989年）：生态旅游就是直接或间接促进保护并支持经济可持续发展自然旅游。

IES（世界生态旅游学会，1991年）：生态旅游就是在自然区域里进行的、保护环境同时维持当地人福利的负责任的旅游（而其前身，ES，生态旅游学会的陈述，文字则显得稍多一些：生态旅游是为了解当地环境的文化与自然历史知识而有目的地到自然区域所作的旅游，这种旅游活动的开展在尽量不改变生态系统完整的同时，创造经济发展机会，让自然资源的保护在财政上使当地人受益）。

EAA（澳大利亚生态旅游学会，1992年）：生态旅游是促进环境和文化的理解、欣赏和保护的生态可持续旅游。

Brause（1992年）：生态旅游是指为了帮助人们更多地接触环境的美、神奇、价值，从而为保护或者恢复已经被我们的先辈破坏或者几乎破坏的东西而做点什么所设计的旅游机会。

Western（1993年）：生态旅游是将对自然的郑重承诺和强烈的社会责任感结合在一起的负责任的旅游。

CEAC（加拿大环境咨询委员会，1993年）：生态旅游就是对生态系统的保护做出贡献的、同时尊重当地完整性的、富有启迪意义的自然旅游体验。

Wight（1993年）：生态旅游是为生态系统保护做出贡献的同时尊重当地社会的完整性的、具有启迪意义的自然旅游体验。

Lindberg and Johnson（1994年）：生态旅游概念包括生态旅游发展对保护区域带来益处的种种期待。

ANES（澳大利亚国家生态旅游战略，1994年）：生态旅游就是涉及对自然环境的解释和教育的自然旅游，该旅游按照生态可持续的方式经营。

Medlik（1996年）：生态旅游主要是在界定清楚的区域中的小型活动，往往置于基本物种特定的保护形式，并保护当地的传统经济为主的就业部门。

Honey（1999年）：生态旅游是前往脆弱、原始的保护区的低影响、小规模的旅行。

David A. Fennell（1999年）：生态旅游是可持续形式的自然旅游。

从以上简单的定义或解说中不难看出，国外研究者对生态旅游的认识，的确也是在不断深化的，现在不仅对其内涵的理解日趋一致，而且连表述的方式也越来越相近或相同。这些相同或相近点是：

①生态旅游前往的，是相对没有被干扰或没有被污染的自然区域，为了珍重当地自然生态和社会生态的完整性，因而生态旅游必须是小规模的;

②生态旅游的确有着欣赏大自然的目的，但它还有着明确的学习并理解自然的目的，并且更负有保护生态的责任;

③生态旅游并不排斥经济收益，但这一收益除了用于生态保护外，首先考虑的是当地居民受益，其目的也是为了有利于当地生态的保护;

④生态旅游是负责任的旅游，它不仅尊重目的地原有生态的完整性，并且积极地为当地社会经济发展和生态保护做贡献，因此它也是独具特色的可持续旅游。

⑤特别应该注意的一点是，尽管生态旅游与自然旅游有着一致的地方，并且生态旅游也实在是自然旅游的一部分（生态旅游的早期研究者也有时将其混同），但是，生态旅游的研究者却越来越清醒地认识到，生态旅游仅仅是自然旅游中的一支，它有着不同于自然旅游的目的，担负着与自然旅游并不相同的责任，它为旅游活动和旅游经营添加了许多力图规范的限定，因而，它也就更不会是传统意义上的大众旅游。

这里，我们不妨再看一看有关研究者的进一步的解说。

如，Ercan Sirakaya，Vinod Sasidharan和Sevil Sonmez就曾经明确地指出（1999年，生态旅游的概念是包含了：

环境友好的旅游—从环境角度是安全的旅游，对自然和野生生物的影响最小化为环境保护做出贡献；

负责任的旅游—尊重文化、社会、生态和自然环境的旅游；

教育旅游—唤起环境意识，向旅游经营者、旅游者/客人/客户、当地人传授自然文化知识

低影响旅游—没有影响或者影响较小的旅游；

前往自然景区的娱乐活动、为当地福利做出贡献的旅游—为当地人带来经济和社会收益的旅游；

生态文化旅游—到那些具有文化和历史重要性的地方，了解自然区域的其他文化、集中于自然历史和当地文化；

可持续/非消耗性旅游—通过有控制的利用和对文化、环境资源管理所进行的可持续资源保护；

负责任的旅游经营—旅游企业对环境问题比较敏感，努力以生态可持续的方式经营，促进对环境的正确认识，使用目的地国家的旅馆、导游等；

社会参与—鼓励当地人的积极参与；

旅游者参与保护—鼓励旅游者积极参与保护，同时促进其与自然环境的互动为保护做出贡献。

另一位学者Matha Honev也认为，生态旅游必须具备以下基本要素：

到自然目的地的旅游—这些目的地通常是偏远地区，也都是国家、国际或者社区、私人等级别的保护区；

影响最小化—生态旅游努力通过重复使用或者大量使用当地建筑材料、可更新能

源、安全处理过的再生垃圾和废品，对环境、文化比较敏感的建筑设计和对旅游者的数量和行为进行规范来确保对生态体系的影响控制在限定的范围内；

建立环境意识—生态旅游意味着对旅游者和周围社区居民的教育，因此生态旅游的基本条件还包括训练有素、懂得多种语言、具备自然和文化历史知识、遵守道德原则、具有环境解释和有效沟通技能的导游；

为保护直接提供资金—生态旅游通过各种机制，包括公园门票收入、饭店、航空公司、旅游公司等旅游企业的纳税、志愿者的贡献等方式为环境保护、研究和教育提供资金；

为当地人带来资金收益并赋予其权力—当地人必须参与进去，并且从保护区和旅游设施得到收入和其他无形收益，更重要的是，应将经济、政治控制权交给当地社会、村庄或者企业；

尊重当地文化—要尊重文化，将对当地人口和自然环境的影响降至最低；

支持人权和民主运动。

（三）借助共识：做好选择

由此看来，国际生态旅游协会（TIES）和国际自然与自然资源保护联合会（IUCN）对于生态旅游的界定，还是反映着众多学者的共同意见的——

生态旅游是对自然区域负责的旅游，它既保护环境又向当地居民提供福利。（TIES）

生态旅游是到相对未受干扰的自然区域进行的对环境负责的旅游和游览，目的是享受和欣赏自然（以及其他附带的文化因素—过去的和现在的），促进环境保护，旅游者的负面影响小，给当地居民提供社会经济利益。（IUCN）

笔者认为，在我们讨论和发展生态旅游时，应该对于这样的颇为权威的界定给予必要的关注。在当前全球科学技术交流如此频繁，经济全球化已成为不可阻挡之势的今天，我们的刚刚兴起的生态旅游研究，似乎没有必要一定要抛开世界已有的研究成果而另立新说。因此，将生态旅游和大众旅游分开，不将生态旅游混同为一般的自然旅游，不仅有利于我国生态旅游的健康发展，同时也是一件利国利民的好事情。其原因有四：

1. 大众旅游不利于严格的生态保护

生态旅游既然并不是在一般常见生态环境中的旅游，而是在相对未受干扰未遭污染的自然生态区域（甚至是自然生态已较脆弱的区域）开展，因而对该地生态的保护应该是第一位的。虽然生态旅游以对环境无害为目标，而且生态旅游发展的现实也证明了生态旅游正在产生环境和社会的正面影响，但是，如果旅游者超过了生态的承载力，或者管理失当，也会造成难以挽回的损失。目前不少国家在对生态旅游目的地进行评估时发现，在一些旅游目的地，“期望的”（生态旅游应该是什么）和“现象的”（目的地经营的实例）之间，尚还存在着距离（甚至距离甚远）。为了防止不当的经营造成生态的破坏，在具体的目的地管理尚未成熟之前，或还未探索到适应大众旅游的可行办法之前，生态旅游还不可能是大众旅游。

2. 大众旅游承担不了生态旅游的责任

前已述及，生态旅游是负责任的旅游，这一责任的承担者首先必须是对生态深感兴趣，而且乐意把自己的闲暇和收入用于对生态的感受并从而对生态进行保护的居民，这与当前我国居民大众的旅游选择尚有很大距离；同时在我国大众旅游者的主体目前尚处于不太成熟阶段的时候，虽然对游客的引导还需社会继续努力，但当前游客仍然很难适应生态旅游对旅游者的“苛刻”要求。

3. 当前我国大众游客的消费水平，与生态旅游的消费尚有差距

海外生态旅游发展的经验已经证明，生态旅游的理想游客对象，实际多是消费水平高并停留时间较长的旅游者。如据对有关加拉帕哥斯群岛的研究（David Parra-Bozzano，2002年），在厄瓜多尔的加拉帕哥斯国家公园，入园门票费就是100美元；夜间航行旅途时间为4~7天，每天费用150~300美元；即使是面向低消费的一日游，费用每天也需40~80美元。而据我国的数据，2001年国内旅游者，一日游的人均花费为105.07元人民币，过夜游客的人均日花费为88.3元人民币，因此要将生态旅游作为大众旅游也还有着很大的距离。

4. 把我国生态旅游产品瞄准海外大众市场，也不行

姑且不说生态旅游在国际旅游市场上从来就不是大众产品，即使我们硬要将生态旅游瞄准入境的大众游客，目前我国生态旅游发展也尚未成型，同时也缺乏相应的产品，加之我国距国际生态旅游客源国的遥远，因此除少数热衷生态旅游的专项旅游者外，也很难吸引海外的大众游客。

这里值得提出的是，虽然生态旅游的多种项目中，也可以包括某些漂流、滑雪、登山、自行车、海上荡舟……以及其他一些可归之为探险旅游、另类旅游的活动（或

项目），但是并不意味着当前我国的漂流、滑雪、登山、自行车旅游以及探险旅游、另类旅游的活动（或项目）就是生态旅游。因为，只有上述这些活动（或项目）在安排和运行、管理的程序上都符合生态旅游的原则时，目的地的这些活动（或项目）才有可能以个案形式纳入生态旅游的范畴。由此看来，现在我国开展的某些类近生态旅游的活动（或项目），还有着一个需要提高的过程；同时，不愿提高或不愿接受生态旅游原则规范的活动或项目，永远也不可能是生态旅游。

为我国生态旅游的健康发展计，笔者认为，我国当前的生态旅游，无论对于国内游客还是海外游客，都只能是特殊的专项旅游。

三、是粗放的发展还是对其进行必要的规范

（一）摒弃粗放：选择路径

既然生态旅游是保护生态、关系到生态安全、推动生态的可持续发展和旅游产业持续发展的一条重要途径，因此找好路标便是道路建设的不可或缺的工程。国际生态学会主席也认为，尽管生态旅游几乎全部都是自然旅游，但并非所有的自然旅游都是生态旅游，当在可持续标准的旅游路线方面还有那么多工作需要去做而没有做的时候，是不会出现真正意义上的生态旅游的。（Megan Epler Wood，2002年）

回顾历史，旅游业的粗放无序的发展，已经使许多国家走过了不少弯路。在目前，我国旅游开发中的一些失误，也引来了群众较多的非议。因此，在我国生态旅游发展的进程中，更应该对可以预料的风险给予及早的防御。

由此看来，我国生态旅游的发展，除了从他国已有的研究和实践中借鉴经验之外，还需要我们自己不断地探索，并为此付出艰辛的努力。笔者认为，在这方面至少有这样三件工作摆在我们面前：

1. 寻求生态旅游的政策支持和法制规范；
2. 促进行业标准和认证制度的尽早形成；
3. 进行生态旅游的不同模式的试验，并不断地总结和探索。

（二）制定战略："双手"配合发力

基于各国政府在各个国家经济和社会生活中无可置疑的主导作用，因此，在世界生态旅游峰会所形成的《魁北克宣言》的建议中，第一部分的19条建议（另一文本为17条）都是针对各国政府提出的。它建议各国政府"制定与可持续发展的总目标相一

致的全国、区域和地方的生态旅游政策和开发战略”，“要建立适当的预算机制和立法框架”，“在上述框架中要包括国家、区域、地方各级必要的法律和监测机制”。笔者认为，这些建议都是与我国的国情相符的。尽管在市场经济体制下，政府的作用往往让位于那只“看不见的手”，然而在实行市场经济的国家，政府在重大的经济决策中的作用仍旧是十分关键的，更何况生态旅游首先关系到的是国家的生态保护乃至生态安全，绝不是简单的经济生活。当前我国正走在依法治国的轨道上，在旅游业的发展中，各级政府仍在发挥着它的主导功能，如果生态旅游的发展能得到各级政府和主管机关的更多重视，在全国各部委之间、在各地的厅局之间有更多一些合作和协调，为相应法规和政策的出台创造更多的融洽条件，可以指望我国的生态旅游就一定能够更加及时地得到健康的发展。

（三）认证体系：亟须建设

尽管生态旅游并非大众旅游，但是由于它涉及生态保护的诸多问题，涉及经济社会生活的各方面，因此对它进行准确的衡量和评估，无疑是至关重要的。由于目前还没有全球统一的认证体系，因而学习和借鉴他国的认证模式无疑是十分重要的。

从有关资料来看，目前国外对有关生态旅游经营的认证，一般程序是这样的：（如Smart Voyager）申请、自我评估、评估、审核、授予资格、认证合同和生态标志的始用、年检、抽查、非常时刻评估。这样的程序，对于我国旅游管理者和许多政府部门来说，早已并不生疏。我国的星级饭店的评定，旅行社的每年年检等，都已经达到了相当熟练的水平。因此，我国生态旅游经营的认证制度的建立，当前可能最迫切的还是原则的确认和标准的确定。

澳大利亚的“自然和生态旅游认定计划”（NEAP）被认为是制定生态旅游标准的先导者，一直受到国际研究人员和旅游专家的注目。自开展NEAP的五年来，它已开发了300个以上的旅游产品。

2000年11月在纽约城郊莫洪克山庄举行的来自20个国家的有关认证专业人士和业界、学界和非政府组织的人士的Mohonk研讨会，也是人们为此所作的一次努力。会上，对澳大利亚的NEAP给予了甚高的评价，并在此基础上草拟并通过了《莫洪克协议》。这个协议，便是一个对生态旅游和持续旅游认证框架和原则的一个共同的认知。

虽然《魁北克宣言》中，把“利用国际上认可的原则制定认证方案和生态标识，开展旨在保证生态旅游可持续发展的自愿行动，鼓励私营企业主参加这一认证体系，促进消费者对他们的认知”，作为对政府的一项建议（可能是考虑到众多的发展中国家的实情——本文笔者推测）。不过还值得一提的是，澳大利亚执行NEAP的组织却并非一个政府机构，而是两家行业组织联合并自筹资金的独立的非营利的组织。这合作的两家单位，一家是澳大利亚生态旅游协会，一家是澳大利亚旅游经营网络。尽管如此，但是，它们的工作却纳入了澳大利亚国家生态旅游战略，并从澳大利亚国家旅游局得到铺底的资金支持。

当然，我国也有自己的国情。因而参照他国的已有资料，根据国际的共识，制定中国自己的有关生态旅游的认定认证制度，现在已是可以着手进行的时候。在条件尚未完全成熟前，也不妨先制定出几套方案，分别在不同的区域小规模地试行，同时不断地进行有关资料的搜集和调研，力争在不长的时间后能拿出一个较为成熟的办法来。

（四）资本进入：完善制度

与目前对旅游开发进行批评的观点不同，笔者认为当前某些旅游开发的失当，并非起于私人资本的介入。而且，在当前我国经济发展的总格局中，限制私人资本进入旅游开发已经没有更多的法律依据。因而在生态旅游的开发和经营中，也应该允许私人资本的进入。

在生态旅游的开发和经营中，不论企业产权构成和经营体制如何，其投资者和管理者，都完全可以保有自己独立的关于生态和生态保护的理念和主张，这种理念和主张也完全可以自由地表达。然而在其对生态旅游进行开发运作和经营时，他们却必须服从社会公认的规范。无论是现在还是今后，即使是他们已经完全获得了生态旅游目的地的使用权和经营权，乃至获得了目的地的所有权，但是因为他们享有使用权、经营权乃至所有权的对象物，都是人类共同的珍贵财产，所以他们在财产的占有、使用、收益、处分这四个权项上也仍然必须受到相关法律和规则的制约（就像文物可以买卖，而文物所有者却对该文物没有随意处置的权力一样）。即使是有关生态旅游的，或者有关生态保护的实验和探索，也必须得到更多专家和认证机构的认可。自立标准、自行其是是绝对不许可的。

为了稳妥地促进资源的保护，在生态旅游的经营中还不妨考虑实施资源保护抵押金制度。对于确属珍贵的生态区域，经营者一旦开始进行经营的运作，就需向国土资源部门（或国家公园主管部门，或其他主管部门）缴纳高额的资源保护抵押金（其银行利息理当属于抵押金缴纳者）。不论其产权归属，也不论经营者姓公姓私，是独资、合资、外资，以及是否实行公司制等，如果其经营管理不当造成了珍稀生态的破坏，或者对可以预料的风险未能采取相应措施，经营者就应当面临赔偿乃至血本无归的处境。只有这样，才能把追逐最大利润的资本控制在合法合理合情的范围。

（五）借鉴与试点：科学稳妥推进

促进生态旅游的规范化发展，还有一个十分关键的工作，就是通过试验和探索，发现并培养旅游目的地或旅游线路开发、经营、管理的典范，并进而发挥其示范和带动的功能，以促进更大范围的规范和成功。国家旅游局不久前有关“三区联动”中的“生态旅游试验区”的策划，就是一个很有价值的思路。

为了使生态旅游发展的试验和探索更有开拓性和借鉴意义，试验点的选择不妨在资源类型、开发措施、经营策略、管理方法方面都允许多种模式的探索。这种试验都必须先有充分的准备，从规划到细则，都应经过科学的论证，在试验和探索中还须及时不断地总结和调整，以期通过试验和探索，创造更多可行的经验，尽量减少失误的教训。

基于我国目前旅游目的地的管理系统的不同，资源分属的差异，在生态旅游发展的试验中，是否可以考虑试行全国国家公园管理部门的统一管理体制。

目前不仅在我国，在其他相当多的国家，乃至在全球范围，公园管理者原来的资源管理职能都正面临各种挑战。虽然目前世界上许多公园仍然采取不收门票自由出入的制度，然而政府要求公园在财政上进一步自给自足的倾向正在出现。这对设有较多管理人员的公园，无疑是一个颇大的难题。因而公园的具体管理者及其上级的管理部门，其管理的职责都正在发生着变化，即形势逼着他们超越原来的资源管理进而发展为对居民的休闲管理、服务管理以及对全行业的管理。这样一来，显然原有的承载力概念已显得不够了，于是游客管理的理念也在变化，诸如提倡对国家公园进行分类管理以便为游客提供不同体验机会的ROS（Recreation Opportunity System，即“休闲机会谱系”）和用于解决国家公园资源保护与利用关系的LAC（Limits of Acceptable Change，即“可接受改变的极限”）等新的体系。

在这方面，加拿大的尼亚加拉公园委员会被认为是一个突出的例子，即它的行为职能已介入了原来全部以赢利为目的的私营部门，实际上，它不得不每年为1600万游客提供所有的旅游产品和服务，包括一些饭店、商店、货币兑换、专门化娱乐、道路、停车场，以及特许的尼亚加拉河漂流。显然，目前的管理已大大有异于从前的管理了。（Raul F . J . Eagles，2002年）

从目前我国的情况来看，旅游目的地的管理也面临着同样的态势。于是这又重复了此前我国其他部门和行业政企不分的问题。为了适应当前全球性旅游目的地管理职能的改变，为了突破当前我国旅游目的地错综复杂的管理体系，笔者认为我国旅游目的地的管理已经到了应该改革的时候了。是否可以考虑有关国家公园的立法，设立全国统一的国家公园的管理部门，专门承担管理的职责，而把经营权分离出去。目前生态旅游的发展，又将国家统一管理的这一问题提出来了，改善管理也将是我国生态旅游健康发展的关键。

我国生态旅游的发展，目前正面临着诸多有利和受制的现实。但是，只要我们选择正确，本着与时俱进的态度，趁着《魁北克宣言》发表的机遇，执着进取，不断探索，不断创新，我们就一定能迎来生态旅游健康发展的光辉前景。

参考文献

[1] 21世纪议程［Z］. 联合国新闻处，2002. 见un.org/chinese.

[2] 中国21世纪议程——中国21世纪人口、环境与发展白皮书［M］北京：中国环境科学出版社，1994.

[3] 世界旅游理事会，世界旅游组织，地球理事会. 关于旅游业的21世纪议程［J］. 旅游学刊，1998（13）2：50-54；3：52-56；4：52-56；5：48-50.

[4] 中国科学院可持续发展报告组. 2002年中国可持续发展战略报告［M］. 北京：科学出版社，2002.

[5] 中华人民共和国可持续发展国家报告（2002）［M］. 北京：中国环境出版社，2002.

[6] 伊恩·莫法特著. 可持续发展——原则、分析和政策［M］. 宋国君译. 北京：经济科学出版社，2002.

[7] 世界生态旅游峰会. 魁北克生态旅游宣言［J］. 杨冬松译. 旅游研究与信息，2002，（3）：1-9.

[8] 世界生态旅游峰会. 关于生态旅游的魁北克宣言 [N]. 王乃粒译. 旅游时报，2002-10-24（D4）.

[9] 金波，王如渊，蔡云龙. 生态旅游概念的发展及其在中国的运用 [J]. 生态学杂志，2001，20（3）：56-59.

[10] 曹宇，肖笃宁，赵弄，等. 近十年来中国景观生态学文献分析 [J]. 应用生态学报，2001，12（3）：474-477.

[11] 石田. 评西方生态经济学研究 [J]. 生态经济，2002，(1)：46-48.

[12] 周启星，孙顺江. 应用生态学的研究与发展趋势 [J]. 应用生态学报，2002，13（7）：879-884.

[13] 宋瑞. 国外生态旅游研究综述 [M].

对推动国家公园建设的思考[①]

① 2014年 9月21日由北京大学、中国生态学会、中国风景名胜区协会、北京林业大学、西南大学、中国城市规划设计研究院、盘古智库等8家单位联合主办的“国家公园建设思路研讨会”在北京大学召开。本文系作为发起人之一的本书作者在研讨会上的发言整理稿。此稿先后发表于2014年10月22日《中国旅游报》和2014年11月《旅游规划与设计——国家公园与风景名胜区》主题专辑。《光明日报》亦以“本报北京10月14日电”的“观点新闻”形式对此发言的摘做了报道（新闻标题为“建立国家公园体制须立法先行”）。

旅游规划第六议：
旅游规划的相关各议

中央明确提出的“建立国家公园体制”决策，把我国民间此前已有的建立国家公园的想法由试验变成了国策，从而使国家公园的理念与工作进一步得到了社会的广泛关注。

正是基于这一工作不是一蹴而就的，笔者希望与大家一起来讨论一组具体的难题。

一、范畴设定

自1872年美国正式建立世界上最早的国家公园以来，全球已有一百多个国家建立了自己的国家公园或相应的保护区，数量至少也有数千个。尽管名称多是“国家公园”，其情况却是大有差异的。这不仅在于早期美国的定义与世界自然保护联盟（IUCN）的定义、与欧盟的定义、与其他国家具有自我特色的定义有所差异，更在于其规模、构成元素、功能及管理制度等多有不同。美、加、澳、俄的广袤国土决定了其国家公园的大体量，而东亚日、韩的国家公园（国立公园）却要小得多，从而也就引出了美加体系、东亚体系及其他体系的诸多不同。

就是在美国，也有国家公园单一系列与国家公园体系之分。即使在其国家公园管理局的统一管理之下，这个体系的国家公园或保护区域也还有以相应法案为依据的并不相同的内涵与名称。如国家公园、国家古迹地、国家保护区、国家历史地、国家历史公园、国家纪念物、国家墓地、国家海岸、国家休闲区（多以大型水库区域为中心）、国家湖岸、国家河流、国家观光廊道、国家游径、国家战场等等。

那么我国要建立的国家公园体制，是借鉴美、加等国大型国家公园体系的理念，还是东亚国家中小型国家公园的理念?是参照美国国家公园单一序列的做法，还是参照美国有分类的国家公园体系的做法?是只限于自然公园的范围，还是扩展到人文的范围?我国在建立这个体制时又如何使之符合我国国情并融汇我们自己的经验呢?

就我国的国情而言，我国的国家公园体系，或者不可能仅仅局限在类似美国黄石公园的超大型的自然公园的模式。从我国的现实来看，将来可以参与创建国家公园的园区，其类型和数量都会是很不少的。我国现在的风景名胜区、自然保护区、世界遗产地、文物保护单位、森林公园、湿地公园（包括城市湿地公园）、沙漠公园、水利风景区、地质公园、矿山公园、国家公园（试点）、生态旅游示范区等等，虽然它们目前还不是典型意义的国家公园，但又的确多是我国建立国家公园的基础。

这些分类园区的系列，当前大多分属于我们国家的部和局，或者处在这些部或局的规章的管理之下（如住房城乡建设部、环保部、农业部、国家林业局、国家海洋局、文化部、国土资源部、水利部、国家旅游局等），或者又交由各个不同级别的地方政府代为管理。现实的情况是，此前对它们的设立和管理，大多有明确的法律、法规（条例、办法）作为依据，而且，它们也在其设立、建设和管理中依据自身的类别特征取得了不小的成绩。虽然在产权上不少都是国家所有（有的也掺进集体所有的土地），但是在今后的管理活动里，或者仍然不可能全都集中在中央的直接管辖下，不过，将这些分类园区系列的主体或多数纳入我国国家公园的管理体系，则应该是较为可取的。

二、立法基础

之所以我国国家公园的建设一直处在早期阶段，不能不说与我国国家公园立法的滞后，与这些分类园区管理权力分散的历史有着密切关系。此前，我国学界业界有关国家公园的研究，呼吁建立我国国家公园体系和体制已经有一段时间了，党的十八届三中全会决议在“划定生态保护红线”中提出的“建立国家公园体制”的目标，正是对民间呼声的一个积极响应。所以应该说，现阶段正是推动我国国家公园立法的一个最佳时机。

不少研究者都在说，建立国家公园体制，重要的是要立法。但是，就目前的国情来看，在立法的进程中也会遇到法制基础薄弱的困难。负责管理前面这些园区的部和局，虽然在管理时也多有专项的条例、办法等法规为依据，但是基于那些法规在制定的当时，并没有建立国家公园体系的整体构想，因此不仅其规制的内容带着时代的印记，而且也没有超越本部本局的立足点，自然也没有多方面协调的功能。因此，要将目前的某一类别的法规加以修改上升为法律，几乎没有可能。

如在此条件下仓促立法，不仅将会遇到重重困难，而且即使立法完成也会遇到执法困难或实施不畅的尴尬处境。因此，这一立法不仅需要借鉴其他国家此类立法的经验，更需要从我国国家公园的建立和管理的实践活动去总结。

所以，必须正视我国的国情，从而在锐意改革的同时，在充分研究我国已有经验，以及认识到经验不足的基础上，积极探索，从而推动我国国家公园体系和体制的尽早建立。

三、类型探索

有资料显示，不久前国家发改委讨论了一个关于各部委推荐国家公园试点单位的方案，提出了通过国家公园试点来推动国家公园体制建设的途径。笔者赞同这个途径，想补充的是：

需要更进一步增强这一试点的目的性，为此目的，每一个相关的部或局等，都需要根据我国建立国家公园体制的目的与理念，结合此前本系统已有的法规，制定出针对该试点单位的有关国家公园设立、建设和管理的规范（其中不妨包括该类型国家公园的资源标准、边界设定、居民安排、保护方针、管理办法、运行规范、经济依托等）。

各部门在与试点单位合作编制的有关本系统国家公园设立、建设和管理的规范（草案）时，须在初稿完成后与同类型及不同类型试点单位编制的规范（草案）相互交流，力争能够从其他部门其他单位的规范（草案）中吸取养料，并在进一步研讨中将其完善起来。

有鉴于被国际普遍接受的世界自然保护联盟的国家公园定义，它在强调国家公园“为现代人和后代提供一个或更多完整的生态系统、排除任何形式的有损于保护地管理目的的开发或占用”时，也把“提高精神、科学、教育、娱乐及参观的基地，用于生态系统保护及娱乐活动的保护地”作为它的存在要素，所以我国国家公园在推动保护和作为科学、教育基地时，也难于排斥它所应该具有的适度提供旅游体闲的功能。虽然我国旅游主管部门没有自己专属管理的园区，但其《旅游景区质量等级划分与评定》《国家生态旅游示范区建设与运营规范》等所提出的服务目的与规范，也是各个类型园区创建国家公园时值得参考的。

个人觉得，如果我国的各个类型的园区能够在各类规范的指引下经过三两年（或更多一些时间）的试点，在经过实践与时间检验后，再来共商中国国家公园的立法，各个部委局办再在一起来协调来讨论，大家的共识也就更多了，一部包括本国经验和国外经验的《中华人民共和国国家公园法》的诞生也就顺理成章了。

四、结构体系

基于前面的分析，我国的国家公园，未来或将仍是一个多系列的体系。理想的《中华人民共和国国家公园法》或者也当有一个与之呼应的结构。这里或者有几种可供选择的立法模式——

一是，未来起草的《国家公园法》可由数章的“总则”与更多章的“分则”组成，“总则”反映的是国家对各种类型国家公园的总体规制，而对其体系中各个类型国家公园的规制，则可以在“分则”中分章表述（有似于《中华人民共和国合同法》，该法便是在八章“总则”之后再加十五章“分则”，以分则的法条再对各类型合同给以细化的规制）；

二是，可以考虑由《国家公园法》与适用于各个类型国家公园的分支法（特别法）组成（有似于《中华人民共和国劳动法》与《劳动合同法》《就业促进法》《劳动争议调解仲裁法》的关系）；

三是，可以考虑由《国家公园法》与其“实施细则”组成（包括适用于不同类型国家公园的实施细则），实施细则自当也具有法律效力;

四是，可以考虑由《国家公园法》与各类型的国家公园的《……类国家公园设立和管理规范（标准）》组成。

也就是说，基于我国国家公园类型的多样，我国将要制定的《国家公园法》，必须有一个法律体系，必须有一套有利于实施、规制与规范的细节规定，只有这样，才有利于国家公园的整体建设。

有鉴于我国立法的速度并不是很快，如果比较上面的四种模式，第一种或者显得过于庞杂，制定的难点较多。基于“国家公园”在整个国家中的地位是不能与“劳动”相比的，所以要求国家的立法机构花更多精力来完善国家公园法律系列的第二种模式，或也是不够现实的。因此笔者认为，今后选用第三、第四模式较为可取。不过，由于我国国家公园多类型的探索性，因而又以其中具有不断完善空间的第四模式而最为可取，可在《国家公园法》中以必要的条款写明各类“规范（标准）”与这一法律的关系，从而在随后条件成熟时陆续将审查通过的“规范（标准）”正式发布推行。

关于文化遗产与旅游产品的三点讨论①

① 本文系本书作者应《旅游学刊》编者之约，参加其“中国旅游发展笔谈”的“文化遗产与旅游产品”专题讨论所写言论类短稿，原载《旅游学刊》2010 年第 6 期“中国旅游发展笔谈”。

人们在称呼“文化遗产”的时候，他可能指的是世界遗产名录中的“文化遗产”，也可能指的是《中华人民共和国文物法》中的受保护的“文物”，还可以指未进入名录或未受文物法保护的其他文化遗存。近些年来，它的范围又扩大到了“非物质文化遗产”（而其下，又可以分为三种类型：经申报成功进入世界《人类非物质文化遗产代表作名录》的，经国务院批准纳入第一批、第二批《国家级非物质文化遗产名录》的，以及尚未纳入任何一种名录的其他类型）。

1975 年 12 月 17 日生效（1986 年 3 月 12 日起对中国生效）的联合国教科文组织《保护世界文化和自然遗产公约》（*Convention Concerning the Protection of the World Cultural and Natural Heritage*）第一条对“文化遗产”所定义的“文物”“建筑群”和“遗址”，其实就是我国《文物保护法》第一条至第四条所界定的“文物”。二者的差异只是我国在“文物”的认定中对“历史上各时代重要物 …… 可移动文物”有了更多的关注。而且，当前我国国家文物局对自己工作的“cultural heritage”的英译也进一步证明，我国对文化遗产和文物的一致性已经有了完整的共识。

联合国教科文组织 1989 年的《保护民间创作建议书》及其总干事定期向会员国发布《人类口述和非物质遗产代表作》名录，2001 年的《世界文化多样性宣言》和 2002 年第三次文化部长圆桌会议通过的《伊斯坦布尔宣言》，都强调非物质文化遗产的重要性。基于其“非物质”的特性（当然也扩展及相关的工具、实物、手工艺品和文化场所），以及它与物质文化遗产和自然遗产之间的内在相互依存关系，再加之其与物质性遗产又有着可辨的界限，故被人们认为是对于物质文化遗产公约很好的补充。

不过在取得共识之外的另一面，也有值得提出来讨论的许多课题，诸如：

一、文化遗产的旅游利用是否需要深入研究

不同类别的“文化遗产”，基于其存在的现状的不同，及其所适应的世界性公约和我国法律法规的不同，所以在旅游利用时（这里似乎以不用“开发”一词为宜），其所能利用的内容是不尽相同的，其所适用的条件也不尽相同。因此，虽然适用于它们的保护原则一致，但是却又难于一概而论。

现在更为困难的是，没有进入遗产或文物保护名录的，我们应该不应该把它们作为“文化遗产”或“文物”？如果允许有适度扩展，这个扩展有没有可以量度的范围？

对它们又应该如何去保护与利用呢?

而其中尤其突出的，是非物质遗产的旅游利用，其所面临的民族遗存原真性尊严和本质应该如何保护? 对经营者（还有少数专家）的“泛民俗学”主张应该宽容到什么限度? 如果为了满足好奇心，或者获取经济利益而听之任之，那么我们对文化遗产是在保护还是在破坏?

这一系列的问题确实需要我们的深入研究。

二、相关人士可否考虑一下他人的不同意见

在文化遗产的旅游利用上，原已有了理解的差异，现在，又由于不多的相关单位、部门和学者的考虑欠周，或者又没有注意听取不同意见，以致产生了不应出现的后果，乃至酿成了一些全无必要的纷争。

比如不尊重文化遗产的历史和现状，遗产地周边的过度“开发”，古镇和历史街区的过度商业化……虽然民众批评、媒体曝光，但是地方政府和主管部门却倚仗手中之权，对眼前态势视而不见，对民众意见置若罔闻，致使一些问题长期不得解决，甚至愈演愈烈。

而另一些问题的关注者，却又不顾事实，放言什么旅游“对历史文化遗迹造成了巨大破坏”，诸如“敦煌莫高窟超负荷旅游承载出现危机”，“72万平方米的故宫，同时涌进了8万多人，每平方米平均约9人”等说法，就未免有些危言耸听，以致让一些不知实情的民众气愤万分（其实，这并不是来自有关单位的声音，而实际情况是，在文物保护与游人安排的关系上，敦煌一直处理得都较好，发生病害损坏的根本原因是自然降水和灌溉水形成的地下水和水汽，所以虽然第 85 号窟的大门已经紧闭10年却反倒是“百病缠身”；而故宫一天接待的8万游人，也不是同一个时刻涌入的）。

关于这个问题，其实国际古迹遗址理事会（ICOMOS）早已提供了一个共识的基础：“国内和国际旅游，是文化交流的最佳载体，它向游客提供了一种了解历史和其他社会现实生活的个人体验机会。越来越多的人承认，这种活动是自然和文化保护的一种积极力量。旅游可以使遗址显现出经济价值，为保护提供资金，教育当地民众，并进而影响相关政策。旅游已经成为国民经济和地区经济的重要组成部分，如果管理得当，旅游可以成为一个重要的发展要素”。

这样的理念，除了在《中华人民共和国文物保护法》第四条的“保护为主、抢救

第一、合理利用、加强管理”的方针中有所体现外，在中国文物研究界享有盛名的罗哲文先生也有着相近的看法，他认为“文物具有不可移动性，只有通过‘旅游’才可以达到让‘物’说话的目的，反过来用‘旅游’来体现其文物的价值”；“做到既保护了旅游资源——自然遗产、文化遗产，又能发展旅游，我想是可以做到的，不要把它认为是矛盾，而且也不要把它认为是没有办法进行的……但首先是要保护”。

这或许应当成为我们达成共识的基础。只关注单一侧面利弊的单位和个人，可否认真考虑一下他人的不同意见。

三、是否可以不把经济目标作为第一要务

如果能够在以上两点取得更多的共识，那么再来谈“文化遗产与旅游产品”，也就不那么沉重了。

即旅游者享用的仅仅是旅游产品中的“文化遗产”元素。旅游利用就是尊重文化遗产的历史和现状，尊重它的原真，弘扬它的价值，并为它的有效保护提供所需要的环境和条件。如果我们的政策、学者的思路，以及地方政府不强加给这一利用更大的经济目标，那么基于其存在现状与环境，基于其适应的公约和法律法规，根据民众的文化需要和其提高生活质量愿望，在仔细研究和共同探讨后所打造的旅游产品，必然会在提高旅游者素养和遗产的保护上做出更多的贡献。

大足石刻与文化生态旅游①

① 2009年10月30日起，由重庆市人民政府主办，中国文化遗产研究院及大足石刻艺术博物馆等承办的为期五天的“中国重庆大足石刻国际学术研讨会暨大足石刻列入《世界遗产名录》10周年纪念会”在重庆召开。此文即本书作者在会上的发言稿。会后，此文收入《2009年中国重庆大足石刻国际学术研讨会论文集》。

一、引言

为了推动文化、旅游的相互融合，相互促进，不久前，文化部、国家旅游局联合公布了一个《关于促进文化与旅游结合发展的指导意见》。这是一个十分难得的好时机。虽然有的人对其目的的理解仍然显得窄了一点（经济效益），但是《指导意见》本身“满足人民群众的消费需求；有助于推动中华文化遗产的传承保护，扩大中华文化的影响，提升国家软实力，促进社会和谐发展”的立意还是十分可取的。

关于这个意见的意义和价值，本文不拟多说，笔者此处只想就借着“2009中国重庆大足石刻国际学术会议”的时机，来与大家讨论一下大足石刻与大足文化生态旅游发展的关系。

为什么这里要来讨论旅游问题，也许有同志会就有不同的想法，其实文化、文物与旅游的关系还是十分紧密的。

我国的文物学者们，早年就明确地认识到，而且也阐述到世界一致公认的有关文物的三大价值——历史价值、艺术价值、科学价值。对于人类而言，除了文物研究有利于这些价值的揭示外，向人民群众展示也是实现它价值的重要的体现。正是人们有了对其价值的认知，保护的意义才能够体现出来。也正是为了更好地揭示这些价值，体现这些价值，保护这些价值，各国才制定了各自的法律法规和各自的管理规定。

这个理念，除了在《中华人民共和国文物保护法》中有明确的体现外，在中国文物研究界享有盛名的罗哲文先生也有着更为具体的看法，他认为“文物具有不可移动性，只有通过‘旅游’才可以达到让‘物’说话的目的，反过来用‘旅游’来体现其文物的价值。”（罗哲文《做客搜狐谈古建与文物保护》，搜狐网，2004年6月4日）

关于这个问题，ICOMOS（International Council on Monuments and Sites，国际古迹遗址理事会）也已经有了十分明确的共识：“国内和国际旅游，是文化交流的最佳载体，它向游客提供了一种了解历史和其他社会现实生活的个人体验机会。越来越多的人承认，这种活动是自然和文化保护的一种积极力量。旅游可以使遗址显现出经济价值，为保护提供资金，教育当地民众，并进而影响相关政策。旅游已经成为国民经济和地区经济的重要组成部分，如果管理得当，旅游可以成为一个重要的发展要素。”（国际古迹遗址理事会《国际文化旅游宪章》，1999年10月）

二、文化生态与旅游

（一）文化生态学的理论与方法

人们常说，文化是旅游的灵魂，旅游是文化的重要载体。在今天文化与旅游结合已经得到越来越多关注的时候，“文化生态旅游”也开始得到注目。

不过，人们对“文化生态”也有一些歧义和误解，即把它分成了“文化”与“生态”；或者把它们简单加起来——“文化”和“生态”。

实际上，学术界的研究，已经多把“文化生态”作为一个固定的词组来看待了，即：“文化的生态”，并且逐渐丰富为一门新兴学科“文化生态学”—— 研究环境对文化的影响及文化与环境间的相互关系，即，把人类群体及其文化作为整个生态系统的一部分加以分析、评价，其所要研究的是由于适当环境所导致的文化发展与变迁。

任何一个民族都在发展变化，体现民族特征的文化特点也随之变化。文化变迁是指或由于民族社会内部的发展，或由于不同民族之间的接触。因而引起一个民族的文化的改变。人类学家们认为文化的变迁是一切文化的永存现象。文化变迁，是文化人类学研究的主要课题之一。就一个较为宽广的地域而言，情况也大致相似。

如果从理论上去追溯，那么自人类学诞生以来，各个学派都在思考着社会文化变迁。早期的进化学派，用文化进化理论来说明文化发展的普遍性；传播学派，认为文化的变迁过程就是传播过程，文化主要在传播过程中发生变迁，侧重于进化论所忽视的文化的地理、空间和地方性变异；功能学派，着重于社会文化的功能、结构的研究……

当然了，文化生态学最突出的代表人物是斯图尔德。朱利安·斯图尔德（Julian Haynes Steward，1902~1972年，又译史都华、史徒华），是美国的人类学家，他被多数的研究者视为文化生态学理论与方法的创造者，文化变迁科学理论的创始人。在人类学界关于进化论的长期争论中，他以其多线进化论独树一帜，因此被视为新一代进化论的支持者，其影响也相当大。

斯图尔德认为：文化生态学是就对一个社会适应其环境的过程进行研究的学科。其研究的主要问题是要确定这些适应是否引起内部的社会变迁或进化变革。同时，他还结合变革的其他过程来分析这些适应。这一方法要求对社会和社会机构之间以及它们与自然环境之间的互动进行考察。

斯图尔德提出了“多线进化”（multilinear，或译“多线演化”）理论。他认为，人类社会的进化发生在不同层次上，每个层次都有一些不同的文化类型；若干基本的文化类型在相同条件下会以相同方式发展，但文化类型的变化却不完全相同。

斯图尔德也是物质决定论者。这与摩尔根（Lewis Morgan，1818~1881年）的人类文明发展观十分相似。不过，斯图尔德并不像摩尔根或泰勒（Edward Tylor，1832~1917年）那样把文化的发展视为一条单一的途径，相反地，斯图尔德强调人类的各个文化都有自己的发展历程，各自循着自己的发展路线前进，并且他也不用低度发展到高度来谈论文化，而是用文化的复杂程度来考察。这就是"多线进化"的观点。

（二）我国学界的认知与研究

中国期刊全文数据库（CNKI）统计显示，2004~2009年五年间，"中国期刊全文数据库"共收入了关于文化生态方面的文献共有489篇——

2004年共收入了47篇；

2005年共收入了69篇；

2006年共收入 了105篇；

2007年共收入了128篇；

2008年共收入了140篇。

如果纵观以上全部研究，不难看出，我国文化生态学的理论研究已经呈现出了两个鲜明的特点：

其一，积极介绍国外已有的研究成果，甚而借鉴其他相关学科的理论成果，不仅对理论有所诠释，而且对研究方法也有所探究，其研究的领域与范围也在不断扩展（其研究对象从文化结构、文化变化、文化生态的构成等本学科理论，发展到对相关领域的文化发展过程的研究）。

其二，对文化生态学的实证性研究特别突出，结合此一领域的既有理论对于区域文化的构成、影响因素、发展趋势等开展一系列的研究，甚而对其中的面临问题提出了相应的对策（尤其是对于民族区域文化的研究、对城市空间与文化等领域的研究）。

（三）文化生态的旅游关注

既然文化是旅游的灵魂，那么进一步关注文化生态与旅游发展的关系，就是至关重要的了。其中特别值得注目的有两个侧面：一是"多线进化"所揭示的民族和地方文化发展的特色，只可以作为旅游发展的重要资源基础；二是避免现代旅游的发展对目的地的负面影响的发生。

下面拟与大家进一步讨论的，是与“多线进化”相关的大足石刻的文化生态，与其在旅游发展中的利用。

三、大足石刻的文化生态与大足旅游

（一）大足石刻产生的文化生态

最近大足石刻被新闻媒体关注的一个热点，是大足石刻要不要改名为“大足石窟”。对此，人们的看法各异，都有比较充分的理由。主张改名的理由之一，是“石刻”名称的运用，将有可能导致人们对大足石刻的认知的“边沿化”。不过笔者认为，大足石刻在中国进入遗产名录的四大石窟石刻遗址中，其知名度略有逊色的原因，其实是多种因素造成的：诸如敦煌石窟，就有举世瞩目的敦煌文献与之相得益彰，进而形成了敦煌学；龙门石窟，不仅历史更为悠远，且还有魏、唐皇家关注所形成的石窟规模与体量……由此看来，大足石刻与其知名度的传播，还需要更好地发挥其独具特色的引力。

笔者个人认为，发掘、认识及传播有关大足石刻的独具一格的文化生态，将是大足石刻更好地脱颖而出的选择。如果这一努力得以成功，那么，其知名度“鼎足云龙”“伯仲敦煌”也并非不可能。

虽然此前人们对大足石刻的文化生态讨论不多，但是学界和大足的同志的研究已经相当出色了。早在9年前，大足石刻列入《世界遗产名录》一周年的时候，“大足石刻研究会第五届年会”（2000年11月）就收到了参会论著72篇；“大足石刻研究会”的会员就发展到220余人（见陈明光、黎方银、刘贤高《重庆大足石刻研究会第五届年会综述》，《敦煌研究》，2001年第2期，182~184页）。正是因为他们和国内外研究者的共同的努力，大足石刻价值和意义才越来越为世界瞩目。这些研究，虽然没有直接地引据文化生态学的理论，也还未能来得及以文化生态学的视野将其整合，其实，他们所研究的也就是文化生态学的研究内容。

对于研究者这些年来的累累硕果，我也略为注意到了一些。诸如陈光明，邓之金的“试述大足石刻的成因”（《四川文物》，1985年第1期，45~49页），胡昭曦的“大足石刻与宋史研究”（《四川文物》，1986年S1期，70~72页），张划的“宋代大足石刻崛起内因探讨”（《四川文物》，1991年02期 40~44），汪明林的“试述大足石刻形成之地理条件”（《内江师专学报》，1993年第2期，41~44页），黎方银的“试论大足宋代石窟的文化基础”（《社会科学研究》，1996年 1期，115~121页），江涛的“大足石刻：一部承载儒释道三教融合思想的文化巨著”（《中国文化遗产》，2009年第2期，55~64页）……

应该说，他们纷纷指出的大足石刻产生和成长的相关因素，就是大足石刻的文化生态。如，有的研究者就分析了大足石刻产生的多方原因——地理因素、政治因素、经济因素、社会因素、人物因素，并进而指出“宋代大足石刻崛起的五个方面的内因，互相联系，互相影响，对于宋代大足石刻的勃兴起着整体作用。其中有的因素在川内其他各地也是具有的，有的因素则为大足所特有，而同时具备上述诸因素的唯有大足。宋代大足石刻之所以能在其他各地造像一蹶不振之时，别开生面，独树一帜地崛起，其主要原因就在这里。”（张划，1991年）

在对大足石刻的分析中，社会背景的分析自然是十分关键的。如研究者指出的“由于历史的变迁，社会活动重心由北向南转移”，“蜀中无大战”，“蜀中虽无大战，也有小的战争……川中各地……都有兵民死亡，大足也不例外”，于是祈福、祈求平安便成了佛教等在蜀地得到更好传播的社会基础。（陈光明，邓之金，1985年）

文化生态学者，对经济生产和文化是并重的，而我们的研究者在这方面的分析也相当显著。如，就有研究者分析说，大足石刻所处之地“川峡四路是南宋极为重要的地区之一”，“在经济上，……是宋代社会生产的一个重要基地，也是宋代财赋的主要支撑地之一；在文化上，于唐代的基础上继续发展，许多方面都居于宋代前列。”（胡昭曦，1986年）

文化生态学的研究，更是将文化作为一个系统来认识的。在这方面，大足石刻的研究成果也是颇为引人注目的。如有研究者就指出，“及至唐代，佛教‘俗讲’等通俗宣传形式流行，使佛教义理以大众化、通俗化的形式深入民间，并在民间得到逐步改造，使‘大众佛教’迅速发展，从而加速了外来宗教与中国人传统观念以及传统民间信仰的融合，加快了佛教中国化的步伐”；“宋代佛教文化通过世俗文艺的途径，于勾栏瓦肆间则找到了一条出路，那便是将佛教信仰进一步渗透到民间，使佛教民间信仰的基础更为广泛，融入人民大众的日常生活而得以大发展”；“大足此期石窟造像之所以遍布乡里，多而分散，亦是因为其为一般俗从所造的缘故。”（黎方银，1996年）

大足石窟的一个让人惊异的特点，是释儒道三教的和平共处。对此，江涛的论述是相当突出的。文章对中国由唐及宋宗教哲学思想的变迁进行了详论，并在此基础上从而阐释了大足石刻特征的成因——“正是在宋代儒释道三教思想趋于成熟的特定历史背景下，大足石刻才出现了众多的包容三教思想，乃至于三教合一的精美造像。”（江涛，2009年）

当然了，在从多侧面研究了大足石刻产生的文化生态之后，下一步，重要的，便是作为一个系统来洞悉这一文化生态。为此，就还需要我们进一步去研究这一文化生态当前的遗存，努力去发现和发掘这些遗存，并且保护这些遗存。对此，需要我们去做工作，自然就是大量的了。

（二）大足文化生态带来的旅游机遇

今年9月，“第二届中国重庆文化艺术节”在重庆举行，大足的文化也得到重庆市的注目。10月，全国的60年大庆，大足的鲤鱼灯还被选入了重庆市的彩车。因此，大足的文化和旅游产业的发展，除了大足自己的努力之外，重庆市也是不可缺少的重要依托。有媒体报道说，在人们筹划“第二届中国重庆文化艺术节”的时候，为了大型情景歌舞剧《巴歌渝舞》的演出成功，剧组的导演和演员数次深入渝东南地区采风和体验，有时候为考证一个细节，到渝东南一住就是几个月，最短也是一个多星期。大足在重庆的西边，大足文化历来就是巴渝文化的重要组成，只要努力去发现、发掘，可以肯定，大足的文化遗存完全有可能成为今后重庆文化大发展的重要组成。

现在，大足的五金产业得到了很顺利的发展，甚至有人更提出了“五金文化”，其实，在一定的程度上这也是得益于当初开凿石窟，加工石刻对工具的需要。现在，大足的石雕，也有一定的发展，其发展的基础与起因同大足石刻的关系就更不用说了。此外，大足石刻的文化生态遗存，自然还能够找到很多很多。

有报道说，在大足的玉龙镇有一个小河村艺术团，是由10多位年过六旬的农村老年人自筹资金成立的，至今他们已在当地演出了10年。但是当读到他们的缺少乐器伴奏时，却让人惊异了。因为从大足石刻的内容来看，他们似乎不应该有这样的断层。

有研究者统计，“在大足石刻中有19处存有佛教音乐的实物资料。这些石刻分布在65个龛窟中，包括伎乐天、伎乐人、罗汉伎乐、佛伎乐、童子伎乐和其他伎乐计151身，有大小不同的乐组76个，乐器31种，240件。其中北山佛湾、宝顶大佛湾两处有音乐题材的龛窟45个，为最多。”他又说“大足石刻现有乐器31种，其中18种是唐窟中出现过的，有13种乐器是南宋窟新增乐器，如弓笛、横笛、竖笛、竹板、扁圆鼓等。这些乐器的产生，促进了说唱音乐的发展，适应了说唱音乐伴奏的要求，推动了宋代民间的文化生活。”研究者并且转述了一位音乐家见到宝顶大佛湾第17龛中的吹笛女时的惊喜赞叹——“这就是弓笛横腔吹！史籍上载有‘弓笛’之说，却始终不知‘弓笛’的具体形象，今天竟在大足石窟中找到了历史依据。”（段绪美“大足石刻与佛教音乐”，《中国宗教》，2004年第8期，33~34页）由此看来，中国音乐史上的这些遗产，是有可能在大足得到复苏和发扬光大的。

另一位研究者也研究到了大足石刻的音乐，他从对敦煌、龙门、云冈、麦积山等造像乐器的比较中分析到伎乐的表演，更进而分析了“不鼓自鸣”的天乐与非天乐的“供养伎乐”（刘忠贵“大足石刻中所见的伎乐”，《四川文物》，1986年S1期，101~103页），可见大足如果注目于中国的音乐遗产的发掘、整理与发扬，其前景是多么的广阔（这自然包括了宗教音乐和古代民间音乐）。

如果暂时不谈纯文化的音乐，或者扩而大之把它引申到文化产业、旅游产业，那么大足石刻曾经依托的文化，或者石刻造像反映的文化，实在是既有原本意义又有现实经济价值的。

发展旅游，大足有着十分丰富的人文资源和自然资源赋存，除了例如世界文化遗产的大足石刻外，国家级森林公园（玉龙山森林公园）、国家级水利风景名胜区（龙水湖景区），以及国梁白鹭自然保护区等，都是深有品位和很具引力的。但是，我们还应该把大足石刻的文化生态遗存加进去，使它们能够发挥出一加一大于二、大于三、大于四的效应来。

现在大足的龙水湖景区，已经成为重庆市民的现代化度假区，能不能让它有更多的引人项目呢？应该说，是有的，大足石刻也可以为我们带来启示。人们都说大足石刻的人物造型优美，含蓄沉稳，自然生动……但是却有研究者从中发现了他们的“气功相”来。他说，“大足石刻由于密宗造像特多，禅宗和道教造像突出，因而所展现的‘气功相’也比早中期石窟艺术更为充分繁多。特别是宝顶在南宋时期一度成为密教中心，赵智凤在此传承弘扬密教瑜伽金刚部法，造像中显示出来的瑜伽修炼色彩极其浓郁，其中有一些气功相是他处石窟未见或罕见的。”从其随后的一一列举的十多种气功相的分析来看，这不能不说是很有见地的（张划，“大足石刻优美的雕塑语言——气功相”，《雕塑》，1999年第1期，24~25页）。瑜伽健身，现在，在我国的大中城市已经颇为风行，但是目前关于站、坐、跪、卧等瑜伽体位以及其自我按摩及牵引的功能的探索，还是大有发掘和探索的空间的。如果能够借助对大足石刻造像的观摩探究，或者对当前瑜伽的发展和健身产业的发展也将做出可贵和难以替代的贡献。

此外，还有乡村，乡村旅游的发展在大足也是大有可为的……（就不逐一细说了）

文化生态学，在我国当前还处于研究的初期，目前，将其与旅游发展具体案例结合起来的探索还不很多。然而，这一学科的潜力却是不可低估的，其研究和运用的前景也是十分广阔的。笔者真心希望，大足石刻的研究能够对文化生态学有适当的借助，以期能够在更加科学的整合的基础上，把它的研究和积极利用推向一个新的水平。

“大足精神”——笔者愿意在拙文的最后，提出“大足精神”来与在座诸位讨论，那就是“大足精神”在人类宗教哲学发展史上的位置。在人类的宗教哲学史中，无数的宗教都对人类发展做出了难以磨灭的贡献，其得到信徒无比尊崇的教义也成为了精英人士和普通百姓向上向善的动力；但是在历史上，人们却不难发现其间相互难以互容的纷争（乃至战争）——即使在同一宗教中，不同教派也常有斗争。可是在大足，时代带给的机遇，大足民众的包容，却让并无雷同的释儒道共坐一堂。虽然这种现象在中国其他一些地方也偶有所见，但像大足这样的规模与格局，却是独一无二的。所以笔者愿意把它称作“大足精神”。无论是作为文化，作为社会思想，还是作为旅游发展的“吸引力”，它的意义和价值都是极其巨大的。因为，这就是我们大足石刻文化传承中最最伟大的精神！尤其在当今世界，在宗教歧见（乃至某些恐怖活动）让人难以适应甚至无所适从的时候，人们是多么盼望能够有神灵来给以指点，来化解这些纷争——这个时候，我们的“大足精神”或者就正是世界的福音！

造园艺术的余荫①

① 此文原载《中国旅游》1997年特刊，系本书作者时任《中国旅游》杂志总编辑时在广东采访时所作。当时的照片也在该期《中国旅游》选有，可惜现在遗失了。对于园林景色和设计理念，只靠文字去理解总是有缺陷的，有条件的读者除了去实地旅游考察或去北京园博园参观仿建的“馀荫山房”外，网上找些照片来辅助阅读也是能够有所裨益的。

旅游规划第六议：

旅游规划的相关各议

一到番禺，东道主便说要带我们去余荫园。我们一行四人都很高兴，因为大伙儿都明白，这座又称余荫山房的余荫园正是岭南的四大名园之一。

我们去的那天，正赶上珠江三角洲的连日大阴天。为了贪拍两张好照片，一进园我便落在了大家的后面。为不使导游左右为难，便索性悄悄地躲得更远些。

我独自信步，一边欣赏，一边追寻着造园者当日的神思。在我国最具代表性的岭南庭园中，余荫园既不同于顺德清晖园将园墙、园路、园廊、园桥与地形巧妙结合的自然布局，也不同于东莞可园聚散有致、逶迤多变的楼房群体的空间布局；眼前这座让众人啧啧夸赞的余荫园，早已是园林学界一致公认的运用几何图形组织景物空间的典型。

余荫园的主园由东西两园组成。西园为方塘水庭，所有建筑和组景都安排来与池边平行，临池别馆和深柳堂在池水南北隔水相对，北边是原主人读书之所，南边是他挥毫之室。伫立堂前，看池西的山石掩映在一簇翠竹之后；池东堤上直跨着连通南北的小小廊桥；这边，堂前古榆的遒枝探身水池之上，通透的棚架挂下来流苏般的炮仗花蔓藤……遥想主人当年，置身如此画境，诗书情怀还会有减无增？

余荫园的东园为八方形水庭。又名“波暖尘香”的八角水榭就建在八方池塘中央。萦绕水榭的水面，西穿廊桥，东通园外。稍近，是曲水、石径、花圃；稍远，有古树、竹林、石桥；再远一些，便是跨水的孔雀屋、依墙的来薰亭。从八角水榭高敞的窗户望出去，八面风光便可尽揽怀中（抑或就是游览简介所言的“丹桂迎旭日、杨柳楼台青、腊梅花正开、石林咫尺形、虹桥清辉映、卧飘听琴声、果坛兰幽径、孔雀尽开屏”）。仅只一亭，却可纵享花间、树旁、石丛、水畔的安亭之妙……环顾今之游人，三五好友小憩于此，或立或坐，或近抚或远望，无论“每思所过名山”，还是“漫说曾经沧海”，即使无意煮酒论文，其水石动静之情也定会油然而生。

那天游园，管理余荫山房的负责人梁先生又亲自接待了我们。他给我们介绍了此园的历史和现状，说到了同治六年（1867年）邬彬为感念祖先余荫而营建此园的缘由，还说到此园不久前为国家文物局、中国建筑学会等单位评为全国近代优秀建筑项目的荣耀。也太不容易了，仅有三亩园址的地方，竟能造就出容量这般丰富的庭园。是的，如今游人对邬彬祖上的余荫也许早已无从领会；而此园为来访者带来的美的享受，为园林艺术带来的启迪，倒真的成了泽及今人的余荫。

现在向游人开放的习称的余荫山房，是由四组建筑组成的。除了余荫园外，还有北侧与余荫园同年兴建的均安堂祖祠，南侧1922年邬彬第四代孙邬仲瑜所造的瑜园，以及新中国成立后在东侧增建的新园。

由于思考着当年造园人在三亩地基上的创造，思考着这里体现的中国园林的“隔”与“连”，同时也想弥补一下那天拍摄欠佳的遗憾，一周后，我又独自再去了一次余荫园。说也太不巧，刚下车拿出相机来比试，大晴天的日子却忽然下起雨来。无可奈何的是，此前未曾做好应急的更多准备，也就只好在雨中撑伞观光了。游人变得稀少了，时大时小的南国阵雨却仍旧淅淅沥沥地下个不停。深柳堂前池中是密集的珍珠和环纹不断交变所组成的图案，屋顶和树端升起了一片雨雾朦胧……突然，隔壁瑜园的绣楼上传来了《雨打芭蕉》的琴声，琴声急缓顿挫，正应着园里时骤时徐的雨声，哪个是琴声，哪个是雨声，让你既想分清又不想分清。说也太巧了，在《雨打芭蕉》的故乡听《雨打芭蕉》，在岭南名园听岭南名曲，天时地利、耳目之感又是如此的契合，对我这个远道而来的四川人，真是一生难得有一回！

琴声停了，我依旧信步着，与雨声作伴，自由地观览。我留意到了榄核厅裙板上的大幅木刻和窗玻璃上的套色图案，欣赏了深柳堂内的挂落和隔扇屏风上的精细木雕，琢磨了“南山第一峰”置石掇山的技法，品味了园中孤植、对植、丛植、群植的诸多植株产生的动势和韵律，并想象着它们随着四时变化将会出现的色彩和季相……一面咀嚼着当年造园者在每一细节上的苦心孤诣，我又再次领略了这座园子当年的总布局。我注意到，水流从园东引进来，先后在东西两庭形成八角和四方的两个水面，围绕水体安排的东西两园，正好被其间的一道精致的廊桥隔开。这用作“隔”的廊桥，造成了人们的视觉阻断，这阻断既有利于排除东西两园的视觉干扰，使小区域的视野在相对独立中延伸出完整感；同时廊桥又十分自然地把东西两园连接起来，从一个天地换至一个天地，不穷之景、不尽之意也就由是产生。

其实，在余荫园中，这种既分隔又联系的造园手法是不难寻觅的。在第二次游园时，我还特别注意了作为入口小院的南园。大门朝南开，一进园门便是南园的门厅，门厅出来便是极富岭南特色的天井，天井正墙是通花砖雕照壁，路向东转是一个圆洞门，进门后是一曲尺形小院，转向北行是一条竹径，径尽头便是余荫园的二门。进了二门就到了西园。从其平面位置来看，天井的正墙其实已经紧靠着临池别馆的后墙，但造园者并不安排你直行，更不让你穿馆而过，而是同样地运用了分隔的技巧，一步步，一层层，才使得你一进大门便感觉出庭院的幽深。二门两旁的对联引起我极大的兴趣：“余地三弓红雨足，荫天一角绿云深”，原正是此园布局的点睛之笔。

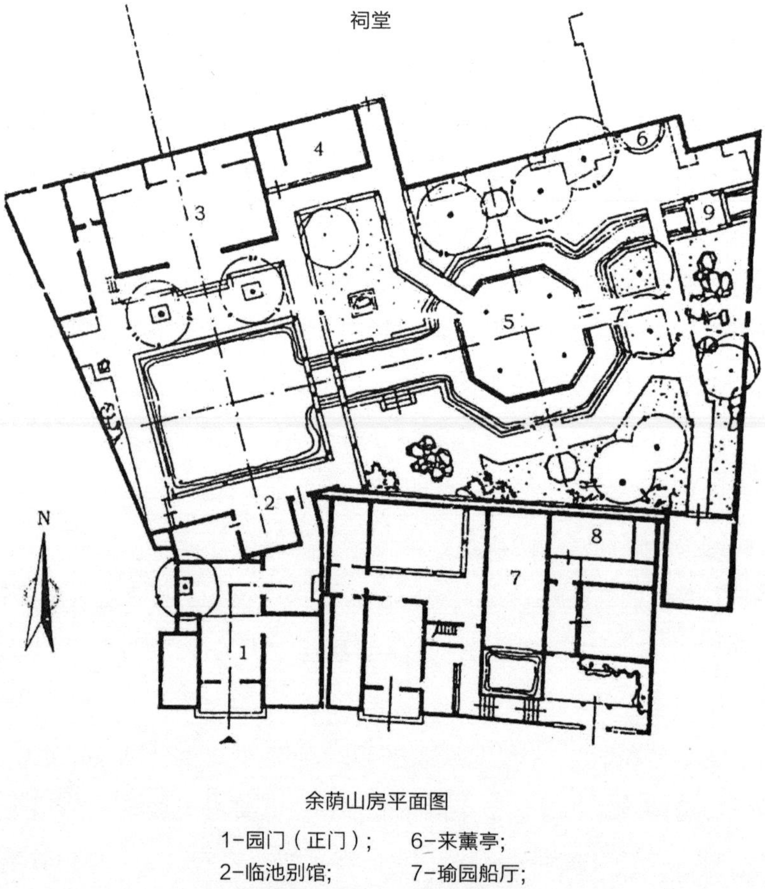

余荫山房平面图

1-园门（正门）；
2-临池别馆；
3-深柳堂；
4-卧瓢庐；
5-玲珑水榭；
6-来薰亭；
7-瑜园船厅；
8-瑜园书房；
9-孔雀亭

这次，管园职工已陆续下班了，经理梁先生仍在办公室等我。我为我的流连忘返向他道歉，他却不知疲倦地拿出照片簿来让我欣赏。当我翻到谢晋执导的《鸦片战争》的外景照时，梁先生说，除了很多卡拉OK影碟和广告片都来余荫山房拍摄外景外，近年不少电影电视巨片也都把余荫山房选作外景地，如《鸦片战争》《鸦片战争演义》《广州教父》《广州故事》《叶剑英》《气壮山河》等等。他说，谢晋导演的这么一句话，或者可以代表众多导演一致的心声："走遍大江南北，还是这里最有特色。"

离开番禺不久，《鸦片战争》便在全国放映了，《鸦片战争演义》也在电视里播出了好几集。这时我才惊异地发现，不知为什么，片中许多外景竟让我从如此熟悉变为如此亲切。我忍不住要拿起笔来，但对如此的美园我却不拟采用美文的形式，因为感受比笔法更重要。或者许多读者也跟我相似，也都愿意从实景地与影视的比较中去发现一份自己的熟悉与亲切。

2017年作者校后附记：

一、“余荫园”和“余荫山房”，原繁体字写作“餘蔭園”“餘蔭山房”；按简化汉字方案，为了避免误会，“餘蔭”中的“餘”字是可以简化为“馀”的，所以“余荫园”“余荫山房”，现在宜写作“馀荫园”和“馀荫山房”更合原意。

二、此文在《中国旅游》杂志1997年特刊发表时，原是附有余荫山房供稿的全园的平面图和廊桥的速写图的。现在虽然对“中国知网”的搜索中，也能够检索到此文篇名、作者名和文章开头部分的几句话，但却不能够下载全文了。因此在编校本书时，为了能够让读者有一份可以参用的平面图，这里只好从《余荫山房》一书引用了一份完全一致的平面图，以供使用（书名《余荫山房》；作者：罗汉强、梁连英；华南理工大学出版社2011年8月第1版）。

景区容量核定后的跟进[①]

① 此文原为本书作者在《旅游规划与设计》2016年12月2日组织的“旅游景区游客容量与游客满意度优化”小型圆桌会议上的发言稿。该稿除在2017年3月《旅游规划与设计——景区容量与游客管理》专辑里刊出外，也为《中国旅游报》选用（文题“试论景区容量核定后的跟进”，见2017年03月28日该报“视野”版）。

景区的容量问题，是大众旅游逐渐到来之后才在全球引起更多重视的。在我国，是从20世纪80年代才开始引起较多注意的。我国的前期研究者，如赵红红（1983年），刘振礼、金键（1985年），保继刚（1987年）等，虽然他们当时大多讨论的是各自关注的某一地域或旅游区域的具体容量，可他们的研究无疑都是建立在对景区容量的总体认识之上的。我国旅游专业的第一位博士楚义芳更在他的学位论文《旅游的空间组织研究》（1989年）里，对此有着多方位的阐述。这的确是一个很好的开始，一个很好的基础研究。我国旅游主管部门对景区容量问题的重视，除了2003年《旅游规划通则》中对此的思考和强调外，更全面的关注是从2014年国家旅游局委托有关机构编制《景区最大承载量核定导则》开始的。

2015年《景区最大承载量核定导则》发布的时候，一些新闻媒体采访我，问我有什么感想（因为在参加全国旅游标准化技术委员会审查这个导则时我担任了审查组长），我说，这是我们国家在旅游景区容量管理上的一个很大的进步，它为我国对景区容量的管理带来了整体的推动。尽管《导则》的最终版本对我提的意见没采用得太多，但我自己给以它这样的肯定还是由衷的。一是因为我觉得首先得让大家认识到推动这个工作的迫切性，而且首先应该肯定已有的成绩和它将会发挥的作用；二是多年旅游标准化技术委员会的审查工作告诉我，一个标准的通过与出台，还不能够离开现实太远，过于理想化的标准是难以获得多数票通过并难以得到实施的。所以我由衷地肯定这个《导则》，因为它已经为我国景区容量的管理奠定了一个十分必要的初步基础。

一、景区容量的整体核定与分区测定

之所以我自己要在那次审查会上提出最佳容量和游客舒适度的问题，原因是我觉得认识景区最大承载量，只是一个基础；如果从整个的景区管理来考虑（无论是从资源保护、生态保护来考虑，还是从老百姓旅游的感受来考虑），仅仅测定最大的承载量，进行容量的控制，也仍然是不够的。

当初我的想法是，改成最佳容量，也许最后会让老百姓、让旅游者更满意一些，景区管理者也就不会受到太多的压力。比如说，目前人们重点关注的景区空间容量的测算，其容量的总体核定可以不可以不是套用一个通用的公式来进行，是不是不要简单地以游人平均所占的空间（或平均游览时间）来作为全景区统一测算的基础。因为游人在景区内并不是平均分布的；测算时所依据的人均占用面积的估值，各家各派的主张也是有极大的差异的。所以很难说它就是一个很准确很合理的东西。

我还认为，每个景区的容量测定，如果能够从单一的景区核定，改为景区内分区容量的测定，然后采取分区测定的科学合成的办法，可能就会更有用处一些，也就能够为最佳容量的核定奠定起很好的基础。因为除了不多的城市公园外，多数的景区都是由许多不同功能的“功能点”（旅游点/景点）组成的，各个“功能点”的功能又与其地形地貌及其地面植被和建筑体分布密切相关，与人们对它的认知和当前对其的使用情况密切相关。所以在对其承载力进行测定时，就必须分区分类来进行。即，第一步是分景点、分项目、分路段去测定各自的容量，根据游客对景区内不同景点的喜爱度及该点的实际容纳力、承载力，根据道路、桥梁、门径的通达度、必经度及其现实可流通量去衡量；第二步是分析景区内各功能点（各景点、各路段等）在景区构成中的地位与关键性，然后再进行有机的合成。有时，也还须十分注意考虑景区内外交通的承载量和社会承载量等等。这样测定出来的景区容量，既有利于景区内部景点和道路等的容量把控，也有利于景区总体的容量的控制。同时，也只有进行分区分类的测定，才有可能够将“设施承载量”“生态承载量”“心理承载量”，以及“社会承载量”真正考虑进景区的容量承载力之中，真正融进景区的容量承载力之中，而不是让“设施承载量”“生态承载量”“心理承载量”等仅仅以“两张皮”的形式停留在《导则》内的概念描述之中。如果以此为基础，核定景区最佳容量、游客满意度容量，乃至最大容量，效果也许就会好得多。

二、关于早年事故的教训

当前人们最为关注的景区容量问题，其实是景区时空容量问题，其核心仍然是空间容量。有研究者认为，现在《景区最大承载量核定导则》中提出核定承载量所用的“旅游者单位游览面积”“每位旅游者在景区的平均游览时间”“人均空间承载指标”等，实际上，主要目的就是希望用一个经验数据或理想数据来框定一个景区的安全值。这个推断也许是不无道理的。从这些年由游人拥堵引发的景区恶性事故所引致的受害家庭的悲恸、相关部门的追悔、地方政府的被动和社会议论的叹惋来看，不能不促使有关主管部门首先把对景区容量的关注，集中于对游人安全的考虑。

回顾早些年我国景区发生安全事故，如1983年华山游人从“千尺幢”跌落的事件、1991年太原迎泽公园“煤海之光灯展”的恶性伤亡事件、2004年北京密云迎春灯展的恶性踩踏事件，教训都是极为深刻的，而且无一不与景区或具体路段的容量失控密切相关。

1983年华山“千尺幢”的险情，发生在5月1日。起因是这天华山的游人陡增，闻名于世的“太华咽喉”千尺幢，平时游客侧身才能上下的崖梯被堵得水泄不通。突然一位中年游客被他人挤离了台阶，从上滑落下来，在他往下滑落的过程中又不断碰撞他人，以致形成十多个游人急速地往下翻滚滑落……正在这里旅游的第四军医大学学员们，马上行动起来，冒着自身被砸伤、被撞落的巨大危险，奋力抓住扑救从崖梯跌落下来的游人，最后终于让他们转危为安，使整个事态化险为夷。千尺幢，是一条利用峭壁裂缝改造的台阶登山路，陡峭的台阶陷在两旁的巨石之间，坡度极陡，相连共有370余级，有的台阶的宽度甚至不过半个脚掌。从上俯视脚下，如临深渊；石级顶端犹如井口，所以又有“太华咽喉”之称。

1991年太原惊人的伤亡事故，是“煤海之光”灯展载誉回晋于该年中秋之际在太原迎泽公园做汇报展出期间发生的。由于灯展连日大量售票和赠票（有资料称，9月22日售票4万余张，23日又售了5.8万张，24日再售6.4万张，还陆续发出赠票5万余张），而所售所赠门票均无日期限制。9月24日，是灯展行将闭展的日子，因此持有门票的市民都集中前来灯展观灯，从而使得原已拥挤的灯展倍加拥挤。发生惨祸的地方是该园七孔桥及其周围地带。据称，先是拥挤混乱中有人行劫造成了人群的突然异动，从而酿成了挤倒、踩踏、落水、拥挤窒息，以致伤亡高达204人（官方统计数字：106人死亡，98人受伤）。迎泽公园的七孔桥是该园内一座横跨迎泽湖的拱桥，长约64米、宽约6米，是贯通东西两园的必经之道。灯会没有游园路线规定，所有路桥都是双向而行，东西两门入园的游人都希望去对面观灯，以致最终酿成争相过桥的极度拥堵混乱的伤亡。

2004年2月5日（农历正月初十五），是北京密云的密虹公园举行第二届迎春灯展的第六天，观灯游人从平日的大约3000人骤增至3万多人，由于游人过于拥挤，终因一游人在拥挤的云虹桥上跌倒，引起连锁混乱踩踏，从而造成踩死挤伤52人（37人死亡，15人受伤）的恶性事故。事故发生地点的云虹桥（又称彩虹桥），是一座阶梯式拱桥，长7.80米左右，宽约4米，既是东西往来的必经要道，又是人们认为的最佳观灯的地点，因此很多人登上桥后不愿意下来，而另一些人却不断从两头上桥希望从拥挤中通过，以致越堵越死，从而酿成惨祸。最后查明，主要原因是负责云虹桥安全保卫的有关负责人擅自压缩值勤人员、推迟上岗时间，事故发生时值勤人员没有到岗，现场缺乏对人流的疏导控制。

从上面综合多种资料的三个案例来看，酿成安全事故的原因是相当多的，也是错综复杂的。但十分显然的是，所有悲剧都与景区或园区的整体容量密切相关，其中尤以1991年太原惨案最为突出。如从具体问题来分析，事故发生的主因，都是景区或园区交通要道的不堪重负。从发生事故的时间来看，都是游人最多的节假日或节事活动期间。从管理者的角度来追究，以上一切发生的原因，还在于主管部门对景区容量和假日（包括节事活动）期间游人剧增缺乏认识，缺乏对人流的引导及控制措施，自然也还有疏导和秩序维护人员的缺位和失职等等。像1991年太原“煤海之光”大量过度发售和赠送无期限门票的做法，如用现在景区管理者的认识来看，简直是利欲熏心的愚蠢。

当前《景区最大承载量核定导则》的出台，对防止以上事故的发生，显然是十分有利的，自然其中也吸取了往昔血的教训。但是，如从上面的事故原因来分析，仅仅有最大承载量的控制也显然是不够的。

三、控制最大承载量后的跟进

前面已经说到，由于“景区最大承载量核定”是以游人平均所占的空间（或平均游览时间）作为测算基础的，但是，由于游人在景区内并不是均衡分布的，所以“景区最大承载量”也就只能够在总体上进行承载量的初步控制。

游人在景区内非均衡分布，一是因为游人对景区内各景点的关注度并不一样，园内道路的通达度和必经性是大不相同的；而景区各景点、各路段的承载力与游客的选择也不可能完全匹配，这就必然形成了景区内游客非均衡分布的常态性，形成景区内各景点和各路段负荷的非均衡性。再加之景区内各景点的潜在危险性、资源及设施所需的保护程度、游客对不同景点的舒适度等的要求的不同等等，这就使得粗线条的平均分布的核定办法面临更大的挑战。这是无论进行“景区最大承载量核定”与否，景区都不能不重视的一个重要问题。

第二个问题是游客的动态变化。这里所说的游客的动态变化不是指景区自身条件变化和市场变化所产生的游客数量的变化，而是指的游客从进入景区到离开景区都一直都处于流动之中。即使是在景区内的剧场及餐厅，游客的相对静止也是短期的。这也是常态。对于这种常态性的游人流动，一般景区都是能够自如应对的。难于应对的，是非规律性的人流变化，尤其是非规律性的集群式的流动，往往更是无法预料和难以掌控的。诸如气候的突然变化，园区新增项目的推出，节庆活动或演出的举办，媒体新闻引爆的兴奋点的出现，以及某些自然灾害和人为事故的突发，都可能引致人流的突然聚集和流向的异动，甚至一个小小的事件就有可能扇动起蝴蝶效应。如回顾中外景区及群体活动中发生的令人痛心的伤亡事件，人流的突然聚集和流向异动，正是其事故突发的起因。

所以我个人认为，有了景区最大承载量后的核定，或者在对本景区最大承载量采取了控制措施之后，并不是就此“万事大吉”了。针对上面说的游人非均衡分布和人流非规律性群体异动，所以，应该跟进的，一是尽快完成有关本景区游人密集点和路段的分区承载量的测定；二是及时制定游人流动常规变化和游人流动异常变化的疏导与控制方案，及早研究并完成相关的措施安排。比如适度扩大某些功能点的容纳空间、增加道路或拓宽路段、制定人流限制和疏导方案、增置疏导设施和安全设施、安排多样多次的游人提示和即时提醒，配置秩序维护和安全保障人员……在这方面,《景区最大承载量核定导则》“附录B”的“景区旅游者流量控制建议”的内容是值得充分注意的。虽然它只是以“资料性附录”形式出现的“建议”，但是它对景区管理深化的价值，并不亚于这份《导则》的正文。在《导则》的这一“建议”尚未具化形成规范要求之前，各个景区理当就此进行积极的探索。对于某些新建景区而言，这些工作最好在制定规划时就能够得到先期的考虑和安排。

近年对景区容量的管理，已经有了更有利的条件，那就是“智慧化”新技术的具体运用，包括线上预订票务与电子验票的配套，容量的即时监测、汇总与分析，信息的及时沟通与传播，管理预案与应对措施的制定与及时启动，以及将数字技术的多媒体展演作为游客分流的手段等，这些内容虽然在《导则》中没有明确的规定，但是积极探索的与时俱进，却也是多数景区所应该创新跟进的。

还值得各个景区进一步跟进的，是如何在保障游客安全、保护资源、保护环境的同时，增加游客的体验度和满意度。也就是如何用“服务游人”的理念来逐步改造“管理游人”的办法，从而使得游人从不太乐意的“被管理”状态进入自觉地接受“舒导”（有利于公众安全舒适的“疏导”）。近些年来，我国学界正在探讨的如何借鉴海外的有关理念的问题，如人们已经注意到的美国国家公园管理的逐渐深化中出现的三个管理理论模型——①提倡对国家公园进行分类管理以便为不同的游客提供不同体验机会的“休闲机会谱系”（Recreation Opportunity System，简称ROS）理论；②用于解决国家公园中的资源保护与利用问题的“可接受改变的极限”（Limits of Acceptable Change ，简称 LAC）理论；③基于ROS、LAC两个模型的改良深化而总结的“游客体验与资源保护”（Visitor Experience and Resource Protection，简称VERP）理论等，都是值得适度借鉴的。这方面的有关内容很多，好在我国对此的介绍和研究已经不少，这里我就不详细讨论了。也就是说，如果我们的景区在落实《景区最大承载量核定导则》并不断总结自身管理经验的同时，还能够继续深化自己的工作，不断地借鉴他人可资借鉴的理念与做法，在注意游客的安全保障和资源的保护的同时，还能够不断增加和深化游客的体验感受，不断地增强游客旅游休闲的满意度，那么景区管理工作的更上层楼，也就正是老百姓的需要。

旅游规划第六议：
旅游规划的相关各议

D组　科教旅游、主题公园与旅游地产[①]

关于发展科教科技旅游的思考

对旅游地产发展的冷思考

主题公园应直面旅游休闲供给侧改革

① 对于旅游现象，除了旅游学科对它的关注外，各个相关学科都在关注它，同时各个社会群体也在关注它；其间，又各有各的研究切入点，各有各的关注重心。或者还可以说，即使是从旅游学出发的关注，由于旅游学科的交叉性质，所以其中的不少研究者，也或多或少保留着或持有着成熟较早的姊妹学科的视野或视角。如果从经济学的角度来看，旅游是各国国民经济的一部分；如果从文化学的角度看，文化是旅游的灵魂；如果从生态学的角度看，旅游最应该关注的是生态的保育和对游客的生态教育；如果从哲学、美学的角度看，旅游是人类追求真善美的活动（或旅游者的愉悦体验和美学欣赏是旅游的本质）；如果从教育学角度看，旅游是家庭教育和学校教育之外的社会认知教育的一部分……所以本书特地在《旅游规划相关各议》安排了"科教旅游、主题公园与旅游地产"的D组话题，对科教旅游作了较为充分的讨论。同时基于越来越受人注目的主题公园旅游，它在"把大众休闲空间主题化，把国内外生态和文化的某种主题给以凝练和艺术化、科技化复制以供游客享用的同时，使得这些空间富集了更多的新内容与新引力，随之也就创造出了前所未有的市场"，因此在此话题中，本书作者也就"主题公园应直面旅游休闲供给侧改革"和"对旅游地产发展的冷思考"作了一些前沿性的探讨。

关于发展科教科技旅游的思考①

① 此文是本书作者根据其撰写的一份课题报告改写的。2013年，北京联合大学旅游学院让本书作者承接了北京市旅游发展委员会的一个委托课题——“北京市科技资源旅游化途径对策研究”，并责成其担任组长组成课题组对此进行研究。课题成果在甲方组织的专家评审中获得一致好评，并受到了社会各方面的高度重视。本文原系北京《新京报》向其约写专版文稿，2013年11月27日该报D10版以整版发表此文时因题图照片的占用而对文章内容有所压缩（文题：“当科学技术成为旅游的吸引物”）。为便于读者了解此文原貌，这里选用的是2014年1月8日《中国旅游报》第11版刊出此全文文稿（文题：“发展科教旅游，提高全民科学素养”）。

人们在旅游活动中对科学技术的感知、对科学技术的思考，如果追溯起来，都是由来已久的。然而，以科学技术作为体验和认知的目标，以提高人们科学思维能力、提高科学素养为主要目的的大众旅游的开展，在全球说来也都没有太久远的历史。这种旅游，如果从感知对象来定义，可以称之为科技旅游；如果从它所担负的教化作用来认识，它就是科教旅游；如果强调其中的科学普及的功能，有时又可以称为科普旅游。为了叙述的方便，这里不妨将它们通称科教科技旅游。

虽然科教科技旅游发展历史并不悠久，但是人类的生存环境和劳动创造，却是现代科教科技旅游发展的坚实基础。这是因为历史上人类的发明创造，从上古农耕时代直到如今农林渔牧生产中的科技运用，从手工生产到工业革命再到现今工业生产活动中的科技的运用，当代新技术从创新到使用的进程，以及饱含科学价值的水文、气象和地质、地貌等地球的历史和现状，还有与人类共存的动植物与自然生态，乃至人们对宇宙的观测甚至对太空的探索等等，都是人们满怀兴味的关注与研究的对象，也都可以成为旅游的吸引物。

一、科教科技旅游的核心构成

如果就当代已经逐渐成熟的科教科技旅游而言，它现在已经具有了这样5个明显的核心要素，那就是科教科技旅游理念的本身的开拓性，科教科技旅游内涵的知识性，它的可参与性、趣味性和不断创新性。

如果把新兴的“科教科技旅游”比作一个人，“科教科技旅游开拓性的理念”就是他的母亲，“知识性/科学性”就是他的灵魂，“参与性”就是他的体质和体能所展现出的运动技巧与活力，“趣味性”就是他的品格和智慧所形成的人格魅力与亲和力，而其“不断创新性”却是任何人的个体所不具有的长生不老，而且越来越强壮的体魄（或者有似人类整体的不断繁衍和不断进化的规律）。

如果把“科教科技旅游”比作一片果林，那么“开拓性的理念”就是生长这片果林的土地，“提高民众科学素质”就是千株万株果树结出的果实，“趣味性”就是众花开放的缤纷色彩和各种花香，“参与性”就是果农的劳动与大自然爱好者进行耕耘与实验探索，而其“不断创新性”就是快速地对新品种的培育。

虽然人们在旅游活动中关注身边的各种科学技术由来已早，但是“科教旅游”、“科技旅游”和“科普旅游”却是一组较新的概念。自从人们有意识地将科学技术的知识普及与旅游融汇在一起，科教科技旅游的发展便成了科学技术界、教育界和旅游界共同关心的一项崭新的事业。所以，现代“科技旅游的理念”就成了养育科教科技旅游的母亲。

有研究者认为，“科技旅游”是起源于20世纪30年代欧洲的工业旅游的，经过“二战”后和平时期的发展，进入21世纪时，科技旅游市场已经在欧美等国相当成熟。我国的科教科技旅游起步要晚一些，尽管早在新中国成立前我国各地学校的“远足”活动（相当于今天学校春游、秋游的一日游）中已经有到工厂参观的内容，但是科技旅游在我国蓬勃发展还是进入21世纪的事情。其动力正是来自人们对科教科技旅游的自觉认识，并且有意识地把这种理念作为发展科教科技旅游的推手。

二、科技科教旅游的发展现状与潜力

研究者大多认为，在我国率先提出并有计划地实施科教科技旅游的是南京和北京。有关资料显示，1997年6月南京市就在全国率先以“科技旅游”的理念推出了爱国主义教育科技旅游专线；北京市在1998年编制《2000—2010年北京市旅游发展总体规划》时已将“科教旅游”列为发展的重点。而北京市的海淀区，更早于1995年便在已有发展的基础上把“科技旅游”和“文教旅游”纳入了该区的“九五”旅游规划之中。

正是有了旅游规划的安排，有了不断地实施的推进，“中关村科技旅游月”终于在2000年5月正式开幕。从这一届“中关村科技旅游月”所策划的“科教之旅”“神奇植物之旅”“科学健身之旅”“宇宙探秘之旅”“气象之旅”“生物科学之旅”“农业科技之旅”等10条旅游线路来看，从其在20多家旅行社的组织下所安排的各种科技旅游活动来看，尽管这一“旅游月”也确实让游客真切地认识到了北京市海淀区的飞速发展，感受到了中关村科技园区的魅力，然而更多地让受众感受到的却是科学技术带给他们的启迪。

有鉴于2000年“中关村科技旅游月”取得的良好效应，2001年，北京市旅游局和海淀区人民政府联合举办的“中关村科技旅游月”便提前在这年的4月拉开了序幕。这年的“中关村科技旅游月”开放的科技旅游景点，除了中央电视塔、锦绣大地农业观光园区、中科院北京植物园、鹫峰森林公园、北京水生野生动物救治中心、北京体育大学、北京太平洋海底世界、北京海洋馆等20个科技旅游目的场所外，又新增了中华世纪坛、中国军事博物馆、北京天文馆、北京自然博物馆、北京游乐园、北京科技大学、北京林业大学、海龙电子大厦、富国海底世界等9个新的景点。也就是说，虽然2001年“中关村科技旅游月”的开放景点仍然以海淀区为中心，但是却已经开始向西城区、崇文区（现已为北京东城区的一部分）和朝阳区辐射，即它正在发展为北京市科技旅游的活动月。

因为多种客观原因，“中关村科技旅游月”没有能够坚持下来；但由于科教科技旅游蕴藏的蓬勃的生机，所以便酝酿着一个更大范围、更大规模的2010年“首届北京科技旅游月”和2011、2012年“北京科技旅游季”的连续举办。值得注目的是由北京市科学技术委员会、北京市旅游局（或后来的北京市旅游发展委员会）联合主办的“北京科技旅游月”和“北京科技旅游季”后来还得到了北京市东城、西城、朝阳、海淀、丰台、石景山、门头沟、房山、通州、顺义、大兴、昌平、平谷、怀柔、密云、延庆等16个区县科委和旅游局（旅游委）共同的支持和共同的协办；而更值得注意的是，作为2010年“北京科技旅游月”和2011、2012年“北京科技旅游季”的实质性支撑一部分的海淀区“中关村科教旅游节”却不仅坚持了下来，还在2013年以更大的规模、更多的旅游线路、更加注重参与性的特征获得了多方面的好评。

的确，北京市科教科技旅游发展的潜力是十分巨大的，如果细细考察北京科教科技旅游发展的现状，人们就可以发现，在科教科技旅游发展的传统科技类博物馆旅游、现代科技场馆旅游、工矿企业生产流程参观旅游、工业遗产旅游、现代科技园区企事业单位观光旅游、现代科技会展参观旅游、科研机构和科学服务机构的科普游、自然保护区生态游、自然景观科考游、农业生产观光体验游、现代农业示范园区游、青少年科技夏令营冬令营、高等院校科技活动体验游、高科技国防基地特许科普游、科技项目模拟游，以及其他与科教科技旅游有所互相跨越和包含的16个旅游类项中，其中有的许多类项在北京已经有了较好的发展。当然也不能不看到，目前北京也有一些类项发展得不好或不够好，有的甚至几乎是空白。除了某些资源条件的欠缺外，究其原因，不少都是对资源认识不足或重视不够造成的。

比如其中的工业科技旅游。据《2012年北京市统计年鉴》，2011年北京市规模以上工业企业单位（依2011年的标准，“规模以上”是指主营业务收入2000万元及以上的法人工业企业）共有3740个，共有员工117.87万人，资产总计已达25321亿元。2011年这些工业企业的年增加值已经高达2899.1亿元，除了因为首钢搬迁导致的“黑色金属冶炼及压延加工业”增加值居于1.6亿元的低水平之外，其他的“通信设备、计算机及其他电子设备制造业”，“电力、热力的生产和供应业”，“化学原料及化学制品制造业”，“交通运输设备制造业”，“通用设备制造业”，“专用设备制造业”，“电气机械及器材制造业”，“仪器仪表及文化、办公用机械制造业”，“医药制造业”，“非金属矿物制品业”，“石油加工、炼焦及核燃料加工业”等，其年增加值都在数十亿或数百亿之列。这么庞大的产业群，它们拥有着多么宏大的科学技术体系，又包含有多少科学技术的运用啊！可是，我们北京市民和旅游者却大都对其没有丝毫的了解，更不知道这些产业是如何运用着现代的科学与技术的。而我们老百姓（尤其是年轻的学生群体），却不能对这些内容毫无所知。显然，这正是北京科教科技旅游发展中的一个突出的缺项，同时这也意味着，工业旅游、工业科技旅游，乃至工业遗产旅游的发展，在北京的确存在着极为广阔的发展空间。

又如科研机构和高等院校向社会开放的科普活动，现在也实在是北京科技旅游发展的一个突出的弱项。其实早在2006年11月，国家科学技术部、中宣部、国家发展和改革委员会、教育部、财政部、中国科协等部门就联合向各省、自治区、直辖市科技厅（科委）、党委宣传部、发展改革委、教育厅（教委）、财政厅发布了《关于科研机构和大学向社会开放开展科普活动的若干意见》。这份文件，除了充分地反映中央各部委对全国科技普及活动的高度重视外，而且还直接对各“科研机构”和“大学”发出了明确的指示，指示中的13条意见已经把科研机构和大学向社会开放和开展科普活动的意义和做法说得非常清楚（尤其是第7条、第8条、第9条、第10条更是十分具体），可是各地的科技厅（科委）、教育厅（教委）和研究机构、大学对此的贯彻却不够得力，有的甚至是毫无动静，这实在是很不应该的。据《2012年北京市统计年鉴》，2011年北京市共有普通高校89所（暂不计入成人高等学校和民办的其他高等教育机构），校舍建筑面积3086万平方米，多媒体教室座位数将近92万个，共有教职员13万人（其中专任教师58735人）。依托这些条件，他们是完全能够分出一点力量来完成教育部安排的开放和科普任务的。如果北京市有关主管部门能够对此有更多的关注，从而推动在京高校按照有关部委意见向社会开放，并且积极开展科普活动，那么北京科教科技旅游就一定会出现前所未有的发展与繁荣。

三、继续发展的机遇和措施

2006年3月新华社全文播发了国务院颁布的《全民科学素质行动计划纲要》。《纲要》所提出的直到2020年的提高全民科学素质行动计划，不仅为我国发展科教科技旅游指出了方向，也为北京科教科技旅游发展带来了极佳的机遇。提高公民的科学素质，的确是关系于国家民族的大事。因为公民的科学素质就是公民素质的重要组成部分，它不仅与国家的科学技术发展密切相关，与个人的成长发展密切相关，也是国家和民族生存和发展的依托与动力。

为了全面地了解外来旅游者与北京市居民对北京科教科技旅游的认知与期待，2012年12月，北京联合大学旅游学院的有关课题组受北京市旅游发展委员会的委托曾在京进行了一次抽样调查，从调查小组回收的800份有效问卷的分析来看，在问卷所设的11类专项旅游（影视旅游、科技旅游、修学旅游、健康旅游、体育旅游、文化旅游、会展旅游、婚庆旅游、医疗旅游、乡村旅游、美食旅游）中，文化旅游和科技旅游是各类游客中最感熟悉的前两位。就科技旅游的适应度而言，其中超过半数的受访者（50.6%）认为科技为主题的旅游最适合自己或者自己最感兴趣，其次为中小学生和他们的家庭（分别为25.6%和23.5%）。

抽样调查还显示，在科技旅游的多样形式中，受访者对“参观科普类博物馆”“参加科技类短期学习或培训”“与科技人员会见与交流”“亲自体验或动手参与科技小制作”“参观科技基地”的选择，以“亲自体验或动手参与科技小制作”的兴趣为最高（高达80.5%）；其次是“参观科技基地”（达77.6%）；再次是“与科技人员会见与交流”（达64.9%）和“参加科技类短期学习或培训”（达60.4%）；即使是比较常见的“参观科普类博物馆”，感兴趣的游人也在一半以上（达59.6%）。

为了推进首都科技科教旅游的新发展，除了呼吁北京市相关部门编制发展规划和出台政策外，北京联合大学旅游学院《北京市科技资源旅游化途径对策研究》课题组还就此提出了北京科技资源旅游化的路径建议。课题组认为，针对当前北京市科教科技旅游发展的现状，在今后进一步的发展中，首先是要推动科教科技旅游布局与资源赋存格局的契合；第二和第三，是要以科教科技旅游类型的开拓释放出科技资源的潜力，要以资源的充分利用推动科教科技旅游品位的提升，以期能够推动科教科技旅游实现“多元、多样、多功能、多主题”的发展。

“多元”，不只是科教科技旅游类型的多元、项目的多元，也是指推动科教科技旅游发展动力的多元、投资者的多元、经营者的多元，让政府的力量、社会的力量、资本的力量都进入到科教科技旅游启动、规划、建设和管理之中，让科教科技旅游在我们现代的多元社会中获得无穷的活力。

“多样”不只是科教科技旅游内容的多样，形式的多样，也是指科教科技旅游开发模式的多样、运行方式的多样，从而适应于立意要发展科教科技旅游的不同主体，让其能够充分利用其原有优势，投入到科教科技旅游的建设和运行中来。

有了上面的“多元”与“多样”，实现“多功能、多主题”也就不会太难了。“多功能、多主题”指的是科教科技旅游对大众需求的适应，亦即是科教科技旅游内容的多样和形式的多样的反映。如该报告论及的科教科技旅游的16种主要类型，每个类型下面也还都有着不同主题和功能的选择，加之不同开发者的立意、取向及其对自身优势的依托，“多功能、多主题”也就顺理成章地得到了显现。

应该看到，此前“中关村科技旅游月”“北京科技旅游月”“北京科技旅游季”和“中关村科教旅游节”的成功举办，都已经为北京市科教科技旅游的发展奠定了很好的基础。如今年第四届“中关村科教旅游节”举办的时候，包括地方政府、旅游和教育主管部门、旅游行业组织、教学科研单位、相关科技场馆和企业等61家单位的积极主持和参与，8大主题24类项活动的开展，5大类11条科技旅游精品路线的推出，从而使得这一活动不仅丰富活泼而且精彩迭出。如果我们能够进一步总结我们的有益经验，发现不足，并由此迈出更大的步伐，那么北京的科教科技旅游的发展不仅将出现推动北京市民科学素养提高的有利态势，也将为我国全民科学素养的提高做出它的积极贡献。

对旅游地产发展的冷思考[①]

① 此文原为本书作者2014年底参加《旅游规划与设计》编辑部的“圆桌会议”的发言稿，原载《旅游规划与设计》（中国建筑工业出版社连续出版物）2015年3月“创意旅游综合体”专辑，系该辑“万达文化旅游地产的热与忧——圆桌会议”文中几人发言里本人发言的那一部分。基于读者对象的差异，本发言稿整理后，又曾以《对旅游地产发展的冷思考》为题投寄了《中国旅游报》；该报发表时，编者将文题改为了“旅游地产”模式不能盲目复制”（见该报2015年4月1日第11版）。这里使用的是《中国旅游报》发表前的文题和行文。

旅游规划第六议：

旅游规划的相关各议

关于具体企业的发展，大家已经说得很多了[①]，我这里只想泛泛地谈一下旅游地产的话题，即现在人们爱说的"文化旅游产业"。细想起来，其实旅游地产仅仅是"文化旅游产业"中不太大的组成部分，一个较新的组成部分而已。说它新，也不太新，即使远不说全球主题公园发展中早已出现的旅游供给的综合区；即使在我国，十年前"东部华侨城"公布的规划中，也已经有了主题公园多样供给与住宅地产的合一。

东部华侨城这思路在我国一出现，便引来不少投资者的效仿，就在2004年它开工后不久，致力电子科技的深圳华强集团便马上开始了对旅游地产的进军，其拟建的"华强旅游城"项目，就是主题公园与住宅地产的结合体，而且随即在安徽芜湖拿到了三平方公里多的建设用地（即芜湖"方特"）。其后，效仿者就更多了：一家企业多向发散的也有，多家企业共襄盛举的也有，殊途同归，各出奇招；尤其是在近些年地产商考虑转型的时候，更形成了角逐旅游地产的大潮。就像2011年8月国家发改委等三部委联合印发的《关于暂停新开工建设主题公园项目的特急电报通知》所说的那样，自2003年和2004年国务院两个文件强调大型主题公园必须上报国务院审批后，"近些年来，一些地方政府仍自行审批了一批规模较大的主题公园项目，同时，也有一些企业以建设主题公园名义，开发商业地产项目"，所以才在"特急电报通知"里特别强调了今后一段时期"一律不得批准"，"也不得开工建设"，"暂停办理主题公园项目的规划、土地手续"的"两不一停"的严格限制。有研究者认为，近些年来以"文化旅游事业"为名的旅游地产在全国的再次涌动，除了少数确实已经上报国务院的项目外，不少都是企业和地方政府合作打的擦边球。这也就是三部委之所以那时要以"特急电报通知"叫停主题公园地产的原因。

广义的旅游地产，自然指的是旅游用地与其地面的附着物的权属，因此它所包括的内容是相当丰富的。如果回到现在人们习用的"旅游地产"一词，那么，除了在休疗地建设的供居民度假选择的第二住宅是旅游地产的一种表现形式外，主题公园地产，也是旅游地产的另一个主要部分。这类地产源于国内外主题公园供给元素的逐渐扩大化，即，这些园区在对国内外文化的某种主题给以凝练和艺术化、科技化展示的时候，把对游客的旅游供给从观览游乐扩展到了多样的游、娱、购，再扩展到食、住、行，以及健身运动休

① 因为是"圆桌会议"的最后发言，故这发言开头说的"大家已经说得很多了"自当系指前面发言者刘锋、戴斌、王兴斌、吴必虎、刘思敏、吴殿庭等六位专家先后已有的意见。

闲、文化休闲、养身休闲等的多种形式，从而形成了旅游休闲服务供给的综合体。而后来主题公园的投资者，更将其与住宅、商圈等的开发结合在了一起，乃至进而发展成了我国部分地产商转型或脱困的一种选择。所以国家发改委才在它几乎失控的时候发出了“叫停”的通知。

2013年3月国家发改委、国土资源部、住房城乡建设部等12部委局会联合下发的《关于规范主题公园发展的若干意见》，被人们认为是对主题公园建设的解冻。尽管其中也仍然规定了“主题公园用地应按照国家土地管理有关规定通过招拍挂等方式取得，严禁采取划拨方式”，“园区土地用途，严禁利用园区土地进行租售用商品住宅、酒店、写字楼、大型购物中心等房地产开发，并合理控制园区内配套商业设施用地面积”，“主题公园周边的房地产开发项目，必须单独立项、单独供地，不得与主题公园捆绑审批”；但更重要的是，12部委局会的新意见中，不仅终止了2011年“两不一停”的限制，而且也在一定程度上体现出对旅游地产的某些肯定，并提出了“符合条件的主题公园项目可享受国家有关鼓励文化和旅游产业发展的优惠政策”，主题公园周边的房地产开发项目可以单独立项、单独供地，单独审批。显然政策的走向已经从控制转为了适度的鼓励。

尽管政策上对这部分旅游地产的开发是放开了，但是开发建设的成功与否还需开发商自己来考虑。在当前“机遇与挑战并存”的现实中，风险投资的效益自当与风险并存。

就这部分旅游地产（或称“文旅地产”）的效益而言，除了地方政府对三大效益（社会效益、环境效益、经济效益）都有所关注外，就多数企业而言，自然是以经济效益为第一位的。地产商羡慕深圳东部华侨城的成功，据称，首先就是东部华侨城很快就收回了全部投资，并且投资回报率也颇为可观地显现了出来。对老百姓而言，房地产商用商住房地产的收益来为大家开辟旅游目的地，自然是好事情。然而东部华侨城的成功却是难以复制的。其九期“天麓”的八区高档楼盘（没有建设第四期）纷纷售罄，别墅平均售价竟高达7万~8万元每平方米，甚至更高，这不仅因为它地处珠江三角洲的区位，其所在的深圳市在全国城市竞争力中名列前茅，而且还有毗邻香港优势。这种理想的成功不仅二三线城市望尘莫及，即使其他一线城市几乎也难具这种可能。尤其是在与“大块头”地产商的竞争中，远离大型中心城市的旅游地产自然更缺少优势，所以多数“文旅地产”指望以住宅楼盘销售回收投资并取得理想的效益就难以如愿了。而另一些没有与其他地产更多结合的“文旅项目”（如某些演艺项目、单一的游乐类主题公园等），若能以中心城市为依托，其前景则反倒可以乐观得多。

以“文化旅游产业”为名称的这部分旅游地产，大多准备着以旅游业的运营收益作为其投资的“第二梯队回报”。投资者和策划者几乎一致认为，这类旅游园区所面向的应该是中高档游客的一系列消费，然而我国的中高收入者却多为出境旅游所分流。据国家旅游局的公报，2013年中国公民出境旅游9818.52万人次；中国旅游研究院预测，2013年中国出境旅游花费为1200亿美元（因为这发言稿是2014年所写，故2015年交《中国旅游报》发表时，这两句改为了“2014年中国公民出境旅游已经高达1.09亿人次；如据《中国国际移民报告（2015）》蓝皮书估算，2014年我国出境旅游花费更达到1550亿美元”）。Global Blue称，2013年中国高端消费者在外旅游购物平均每笔消费7000元人民币；美国旅游协会早年统计称，每个旅美游客的平均消费为6000美元……面对这样的消费群体，我国“文化旅游产业”的投资商们自然都希望把他们吸引到自己的旅游园区来。但是，却又面临能不能具有与境外著名历史文化景观匹敌的引力，是不是具有境外那样的购物平台（品牌、质量、价格）的问题。于是，这样园区所预定的一年数百万乃至上千万游客的目标，也就不得不面对现实的考验。

为此，我们也就只好把客源目标更多地转向国内的大众旅游者。如从目前的已知资料来看，2013年，我国国内旅游人数已达32.62亿人次，花费已达26276.12亿元人民币；但居民人均出游花费水平却是不高的（平均每人次花费仅为806元，不仅意味着约有1/2游客的花费达不到这个水平，而且这一费用中还包括长途交通在内）。有资料显示，其中花费较高的游客，一是奔赴了我国著名的风景名胜区，二是留在郊区高档景区休息。因此文旅地产开发的旅游园区也就面临着如何在异质及同质竞争中彰显引力，以及如何适应大众游客消费水平的难题。

在市场经济时代，毕竟资金和智力是举足轻重的砝码，这两年万达在全国各地收购旅行社的举措，无疑不仅是基于其转型中深度进入旅游业的战略，同时也是为使其旅游项目突破客源瓶颈的努力。应该说这是十分明智的选择。然而雄厚资本所能够采用的大手笔又非所有地产商都能效仿的，由于资金的局限，甚至连简单的“效颦”动作也难以完成。

东部华侨城已经取得了成功；万达近期为人瞩目的五大文旅项目——武汉双雄（“汉秀”、电影乐园）、长白山国际度假区、西双版纳国际旅游度假区、无锡文化旅游城，也正在走向成功；全国各地许许多多的“文旅项目”自然也正朝着成功的目标拼搏着。我真心期盼所有旅游地产商未来的成功，只是我的愿望与现实仍然有些距离。

最后我只想再补充两句话，即，并不是任何地方都可以大规模开发文旅地产的。由于老百姓的消费能力有限，因此注定了“文旅项目”难以达到在全国遍地开花结果。当然了，地方政府的官员也是很聪明的，他们已经考虑了，不管你地产商、投资商最后赚钱不赚钱，反正你建的住宅、商场、公园等等，你一个都搬不走。不过，怕就怕资金链中途断裂，园区变成撂荒地，建筑变成烂尾楼，落个某些地方此前“经济开发区”开而不发的结局；如果地方政府还是项目投资的合作者，甚至是贷款的担保人，那就更可怕了。我真心地希望这样的现象一个也不要发生。如果真要做到这样，前期的可行性研究就得认真再认真。

新近资料

旅游地产项目失误之实例

2017年4月17日北京《新京报》以《华侨城“甩包袱”：泰州项目资不抵债》为题，发表了这样的新消息（以下是对该消息的部分引用）——

4月12日，华侨城公告显示，拟将泰州华侨城有限公司（以下简称泰州华侨城）100%股权转让给大股东华侨城集团公司的全资子公司华侨城华东投资有限公司。该项目总投资达25亿元，如今受让方支付现金对价仅为5196.49万元。交易完成后，上市公司华侨城不再持有泰州华侨城股权。

新京报记者近日走访看到，泰州华侨城旗下的高档住宅区内没什么人，多处底商关门歇业，客流量周末方有所回升，而停车场至今仍长着荒草。

根据官网介绍，泰州华侨城总投资25亿元，地处国家AAAAA级景区——江苏省溱湖旅游景区内，规划用地3000亩，内部有温泉、高尔夫球场、高档酒店、商业街、别墅等众多项目，2010年开业。该项目被称是华侨城在全国县级城市布点的第一个旅游+地产项目。

4月14日，新京报记者来到泰州华侨城，看到商业街没什么人。项目入口不远的停车场面积较大，但至今仍是坑洼的泥土地面，野草丛生。

旅游规划第六议：
旅游规划的相关各议

记者随后来到华侨城的溱湖酒店，大堂和前台并无服务人员。大堂内一则公告显示，因酒店经营需要，溱湖酒店前台现暂停使用，客人需前往对面的奥思廷酒店办理入住和退房事宜。一位工作人员称，由于溱湖酒店客人较少，所以撤掉了前台。

4月13日，新京报记者走访华侨城纯水岸内多个别墅区看到，几乎所有别墅的大门与车库都开着，未见有人居住的迹象。

现场的施工工人说，这些房子五年前都卖完了，当时一万多块钱。房天下信息显示，华侨城纯水岸项目2012年6月开盘，去年11月底之前为12400~15100元/平方米之间，高于泰州市区房价，去年底显示为7100元/平方米左右，低于泰州市区。

商业街的入口处，多家底商处于待租状态。商业街一位工作人员称，这里已有四五年没有新商户了。附近店内工作人员称，之前他所在的地方有人开超市，就是看中了这里的招商优惠政策："前三年免租金"，但因为客流量少，第四年就关店了。

"这里人确实不多，周末时候每天销售额有三四千元，五一、国庆最多能过万，但平时每天也就一两千元。"商业街入口处一家超市工作人员说，平时她一个人在这里照看着就够了。

目前，泰州华侨城未公布其客流等方面数据。但从公告数据来看，泰州华侨城近年来营业收入大幅下滑。

公告显示，泰州华侨城2014年营收9108.73万元，2015年降至5998万元，2016年为5999万元，两年间下滑了34%。

据观点地产网报道，泰州华侨城曾预计8年内可回收投资。而如今已被华侨城列为"特困企业"。

对于转让泰州华侨城的原因，华侨城在4月12日的公告中解释称，泰州华侨城是公司所属特困企业，泰州华侨城目前每年亏损近2亿元，处于严重资不抵债状态，出售泰州华侨城可以提高公司整体经营状况。

华侨城集团，是我国在主题公园与旅游地产结合上很有成绩的企业，除了其“锦绣中华”“世界之窗”“欢乐谷”等主题公园获得巨大成功外，其后“东部华侨城”旅游地产的成功开发也引得全国主题公园和房地产商的争相效仿。据其2016年年报，华侨城集团2016年营业收入354.81亿元，净利润68.88亿元，均创历史新高。但是这次泰州华侨城的挫折，不仅值得泰州华侨城和华侨城集团认真总结，对全国旅游地产投资者也是一个难得的警醒。

旅游规划第六议：

旅游规划的相关各议

主题公园应直面旅游休闲供给侧改革①

① 此文原载2016年6月《旅游规划与设计——主题公园》专辑。原为本书作者2016年参加《旅游规划与设计》编辑部讨论“中国主题公园全面进入国际化竞争时代”的圆桌会议的发言稿，该期特邀主编为此发言所加文题是“大批量国内主题公园与大块头国际主题公园如何竞争中国市场”。（在这次圆桌会议上发言的专家，先后还有广州、武汉、上海、北京、深圳的保继刚、马勇、楼嘉军、吴必虎、董观志等研究主题公园的著名学者）。本文随后又为《中国旅游报》选用（载2016年3月16日C2版）。这里的文题“主题公园应直面旅游休闲供给侧改革”是《中国旅游报》编者新加的，文章导读（“虽然主题公园的发展并不自今日始，但如果从供给侧的理论来认识，主题公园主题的选择、凝练与展现，其所体现的便是旅游休闲供给侧创造新市场的过程。在这旅游休闲业迎接新变化、拥抱新事物的好时期，中国主题公园面临的任务应该是准备以何种努力去推进旅游休闲供给侧的改革，创造新市场”）亦是《中国旅游报》编者代劳的。

在我国旅游休闲产业的发展中，独树一帜的主题公园也得到了长足的发展。主题公园把大众休闲空间主题化，把国内外生态和文化的某种主题给以凝练和艺术化、科技化复制以供游客享用的同时，使得这些空间富集了更多的新内容与新引力，随之也就创造出了前所未有的市场。虽然主题公园的发展并不自今日始，但如果从供给侧的理论来认识，主题公园主题的选择、凝练与展现，其所体现的便是旅游休闲供给侧创造新市场的过程。

一、主题公园主题引力之所在

如果从这些年来国内外主题公园的发展，从这些年全球主题娱乐协会（TEA）和全球最大的综合咨询集团艾奕康公司（AECOM）联合发布的《全球主题公园和博物馆报告》所列主题公园来看，国内外主题公园的“主题”大致可以归之为两个层级的类别：一是园区主题与游客感受关系的大类别，二是园区主题细化选择后形成的独树一帜的自我类别。前者，如生态与遗产观览类、演艺节目欣赏类、模拟场景身临类、多维电影体验类、游乐活动参与类，以及运动健身体育类、养身养心休疗类等等。而后者，却是各主题公园精心打造的自有的特色。

在上面第一层级的主题分类中，游乐类是最聚人气的。从这些年全球排名前10位的主题公园集团来看，它们几乎都是大批游乐园的经营者；而在2014年全球排名前25位的娱乐/主题公园中，即使不都是游乐类的主题公园，也大多融入了不少游乐的项目。

从中国的情况来看，也是如此。如华侨城集团，它下属的主题公园很多，诸如锦绣中华、民俗文化村、世界之窗、欢乐谷、东部华侨城等，应该说都是相当成功的，但是它复制推广到全国的，除了深圳欢乐谷以外，还有北京欢乐谷、成都欢乐谷、上海欢乐谷、武汉欢乐谷、天津欢乐谷的几家连锁，也就是说，华侨城集团已经从实践经验中意识到了，高档次的游乐性主题更具普遍的吸引力。再如香港的海洋公园，它原本是以海洋动物展演为吸引力的科普公园，但是在近些年的发展中却主动加强了大型游乐器械设施的建设，从而成为科普与游乐并重的多样性主题公园，这也就是说，香港海洋公园之所以宝刀不老，之所以能够在亚洲东南部的区域市场上与声名显赫的香港迪斯尼争雄，也在于其努力增添了游乐性主题的引力。

从各个主题公园的众多项目来看，即使是游乐，游乐与游乐也是多有差别的，这就不能不说到主题公园“主题”的第二层级。第二层级，便是在各个公园的细化的主题中，该主题公园（或其集团）对各自特色的凸显，也就是“各显其能”。但也不能否认的是，基于这些主题公园们对市场的分析与判断，基于其拓展竞争力的需要，各个主题公园集团或主题公园在其发展中，也正在走向多样主题的选择。

二、国外著名主题公园集团的经营

在《2014全球主题公园和博物馆报告》中，以接待量为指标而排名第一的，是迪斯尼集团。迪斯尼旗下的主题公园，除了香港迪斯尼乐园、巴黎迪斯尼影城在2014年全球前25个娱乐/主题公园中名次居中或居后外，如美国奥兰多迪斯尼魔法王国、东京迪斯尼乐园、加州迪斯尼乐园、东京迪斯尼海洋公园、奥兰多迪斯尼未来世界、奥兰多迪斯尼动物王国、奥兰多迪斯尼好莱坞影城、巴黎迪斯尼乐园、加州迪斯尼冒险乐园都位居全球的前10名（竟夺得了9/10的席位）。可以看出，尽管迪斯尼至今没有离开米老鼠、唐老鸭等早年吸引“亲子游”的传统卡通元素，以及白雪公主、睡美人等著名童话故事所需要的巍峨城堡，但是却在不断地融入科幻、未来、动物、海洋、探险、影剧及各种游乐项目等力求新奇的细化了的主题。这些园区，全都保有着“迪斯尼”的名称，但是却以附加的“魔法王国”“海洋”“未来”“动物”等修饰语彰显着自身细化了的个性主题，除了以示其相互间的区别外，也在于要不断地增多自身的个性引力，以招揽更多层次的客源。

《2014全球主题公园和博物馆报告》中位居第二的默林娱乐集团，是国际著名的“黑石集团”旗下的子集团。默林其下的知名主题公园品牌，多是21世纪才并购组成的。在其乐高乐园、海洋生命水族馆、加达兰度假村、杜莎夫人蜡像馆、伦敦眼摩天轮、切斯顿冒险世界、奥尔顿塔度假村、伦敦地牢、索普公园等主题园区中，除了国人最熟悉的伦敦眼和杜莎夫人蜡像馆外，其“乐高乐园”是最负盛名和最有特色的。虽然乐高乐园也有着其他游乐园常备的过山车等游乐器械，但它最突出的却是用“乐高积木”拼插而成的人像、动物、房舍等等，尤其是用成百上千万块乐高积木拼插而成的迷你世界。如在丹麦比隆小镇的乐高乐园，就拼插出了哥本哈根港口、阿姆斯特丹运河、丹麦王宫，以及希腊的帕特农神殿、德国的新天鹅堡、美国的自由女神像等等。不仅如此，在乐高的玩具室里还提供了数以万计的乐高积木供游客自由玩乐使用，所以它分布在丹麦、英国、德国、美国、马来西亚的多座乐高乐园才那么深得许多孩子的欢迎。

《2014全球主题公园和博物馆报告》中位居第三的环球影城娱乐集团，是“NBC环球集团”旗下的旅游分支。该集团旗下“环球影业”的影片制作与发行，是“环球影城”得以再现影片场景并招揽游客的天然基础，因而“环球影城”主题公园也随之在全球蔓延。除了好莱坞环球影城、奥兰多环球影城度假区外，它近十多年来已经陆续开拓出了日本环球影城、新加坡环球影城、迪拜环球影城等多处主题公园。公园中，除了早年美国荒野西部特技秀、德古拉古堡现场秀、试镜戏院、天龙特攻队特技秀等已先后被新秀项目取代之外，NBC环球影片体验馆、木乃伊复仇过山车、百老汇玫瑰剧场、滨海舞台、芝麻街4D魔法电影等观览欣赏，都是“环球影城”主题公园的热门项目。随着环球大片在全球各地的热映，包括哈利·波特魔法世界、变形金刚3D历险、小黄人乐翻天、侏罗纪公园河流大冒险等场景的再现，自然吸引了观众对身临其境的向往。

在《2014全球主题公园和博物馆报告》中位居第五的，是六旗集团。与迪斯尼被称作“目的地主题公园模式”全球布局不同的是，六旗集团常被研究者称为“区域性主题公园”，这或者是六旗集团旗下的20多家主题公园主要分布在美国、加拿大和墨西哥的缘故。由于六旗集团注重游乐的科技含量和创新，所以尽管它下面的公园几乎都不乏各种演出项目，甚至旗下还有野生动物园，但是它最为引人的还是它建造的各具特色的过山车系列。虽然这些几乎各有名号的过山车都在行车速度、加速变速、上升高度、轨道长度方面各有其自身的高追求，但同时却又通过攀爬、加速、扭转、摇晃、颠簸、俯冲、失重、第二次攀爬等的不同程序、不同形态的编排，让游客在悬挂、急转弯、急速加重、零重力、螺旋旋转等的不同感受中，体验到各种不同的惊险对自我极限的挑战。这些多创“世界第一”的过山车，对青年人自当是最有引力的。

或者是由于追求高刺激的游客毕竟不是大多数，所以这些年来六旗集团的经营并不十分理想，在2014年，它便是四个游客负增长的主题公园集团中的一个。2014年其余的三个游客负增长的集团，分别是美国的雪松会娱乐集团、美国的海洋世界娱乐集团和西班牙的团圆娱乐集团，尽管在《2014全球主题公园和博物馆报告》里它们还仍然处在全球接待游客最多的第六、第七、第八名。

三、中国三大主题公园集团的创业

在《2014全球主题公园和博物馆报告》里，中国的华侨城集团、长隆集团、宋城集团在游客接待量方面位居全球的第四、第九、第十名。

20世纪80年代末，主题公园“锦绣中华”“中国民俗文化村”先后以中华文化为主题，在深圳一举创园成功；随后，“世界之窗”“东部华侨城”又以世界文化为主题，相继建成；再加之以游乐见长的“欢乐谷”（一期二期）的打造，从而使得“华侨城”在深圳形成了中国最大且接待游客最多的主题公园群落。它的成功，是它首先独占了中国现代主题公园发展的先机，选择了人们对文化乐园渴求的最佳时机，既注意到了园内多样主题项目的设置，注意到了各种演艺节目的创作与更新，更加上对现代游乐项目设计和大型机械游乐的配套装置的引进，并由此不断稳步推进这一群落的拓展再拓展，以及由此产生的吸引游客的群落效应，所以才成为中国主题公园第一个最为响亮的品牌，从而受到国内外游客的普遍喜爱和好评。

长隆主题公园的出现要比华侨城主题公园晚得多，但是由于它一开始就选择了科技与投资的高起步，又最先取得了民营资本对接市场的优势（1997年长隆香江野生动物世界的开业，就是民营资本进入野生动物园经营的独一份）；而对于游客而言，它也同样有着高品质主题的集群效应，所以才产生了聚集游客的最大结果。现在长隆集团的广州长隆旅游度假区，已经具有了长隆欢乐世界、长隆野生动物世界、长隆水上乐园、长隆国际大马戏、广州鳄鱼公园等主题园区，这正好展现出了它不断适应游客需要的多元主题，以及其在主题选择中对“亲水”“游乐”“动物”亲和力的特别关注。而在它策划新发展时，又正好赶上了澳门特区发展休闲产业的机遇，赶上了粤澳合作开发毗澳的横琴岛的机遇，所以不仅其广州园区的“长隆水上乐园”在2014年蝉联了全球水上乐园年接待量的冠军，其珠海横琴长隆国际海洋度假区在2014年初刚刚开业的“长隆海洋王国”，也因其领先的特色项目而冲刺到了2014年全球年接待量的前20名。

宋城集团，给人印象最深的是位于杭州的“宋城景区”和它近几年才最后完善的大型舞台演出“宋城千古情”。受《清明上河图》启迪建设的“宋城”主题公园的选址，就在南宋故都临安，这本身就有着极强的引力；而园区又将其演出不断地丰富和锤炼，于是又有了后来被人们称作宋城景区灵魂的“宋城千古情”。即使不谈园区主管方这许多年的不断努力，仅从杭州一年接待数千万（2014年更是上亿）游客的旅游生活的多样化来考虑，它也是不会为客源发愁的。然而管理者又从其经验中认识到了发掘“宋城千古情”含金量的意义，从而将“千古情”理念和舞台艺术向不少旅游目的地推荐，进而产生了与其他地方历史文化结合的多个“××千古情”。这个让目的地和游客都多了旅游休闲内涵的举措，当其落在实处之后，也就成了宋城集团、相关目的地、游客三者都皆大欢喜的事情。

四、我国主题公园面临的挑战

前面说到的主题公园的核心吸引力，也就是它在市场上的“独特性买点”（USP，即Unique Selling Proposition）。不过，这些主题公园的成长与发展，却不是依靠单一卖点能够一蹴而就的。前面说到的，无论是主题公园集团还是主题公园，其实它们都不是仅仅提供项目让你观览、体验等的单一园区，而几乎都是在市场需求方面同时提供着餐饮、购物、住宿乃至交通等服务的综合性服务体。这既是它们对市场的适应与开拓，又是赢利的模式。所以，这些集团旗下的一些主题公园，有的便干脆将“度假村”“度假区”作为了自己的园区名。但在我国，有研究者考察后发现，目前许多主题公园提供给游客的，却仍旧是第一代和第二代的初级产品；而面对居民日益提高的消费品位与多样需求，我们的主题公园早已应该走出“有胜于无”的时代。

《全球主题公园和博物馆报告》以接待量为指标的排名，不免会给人一种“以人头论英雄”的印象。这个错觉似乎不应该有。企业的规模与顾客量虽然是非常重要的，但是也不能够只从一个维度来看问题。任何企业的发展几乎都不可能直线上升，挫折往往是难免的，因此停顿、后退、调整、出让、兼并、再上升……获得成功，乃至失败，时时都有可能出现。也就是说，它们随时随地都在接受着不同需求消费者所形成的市场选择。

从另一个角度看，其实全球主题公园的供给，许多都是由中型主题公园乃至小型主题公园提供的；在中国，情况也是如此。虽然我国居民对主题公园的需求潜力十分巨大，可是这些面向本地和邻近市场的主题公园的开拓与成长，并不都那么顺利。从我国主题公园发展的进程看，就有不少主题公园已经退出了历史的舞台。人们在研究时，往往都会有许多惋惜。除了老品牌因设施陈旧无力更新，或新的拓展受制于国土规划而不得不寿终正寝外，一些半途夭折的主题公园则更让人感叹唏嘘，诸如北京密云游乐场、苏州福禄贝尔乐园、广州番禺飞龙世界……真可谓不胜枚举。究其缘故，或者还在于区位与选址的失误（如北京密云游乐场）、土地使用权的纠纷（如北京昌平沃德兰游乐园）、主题与展演的错位（如广州番禺飞龙世界）、对市场需求估计的过于超前（如苏州福禄贝尔乐园）等多种原因，自然也还有资金链断裂、规划不切实际、主题凝练不当、项目陈旧单调、游客进出不便、环节连接脱扣的问题，以及其他当初未曾料到的难题等等。至于早年"西游记宫""封神榜宫"等的纷纷倒闭，那更是"克隆"泛滥、同质竞争造成的引力消减、客源摊薄的恶果。其间所缴的"学费"，也不能不说是太高昂了一些。

如果再回顾一下那些地处京、沪、穗等特大城市的主题公园，许多年来，在几乎"不愁客源"的背景下也仍然倒了一大批。这就不能不联想到当前我国主题公园的发展了。

这些年来，在各地政府的鼓励和支持下，主题公园得到了空前发展。自近些年房地产商大批转向旅游投资以来，尤其是2013年3月国家发改委等12个部委局联合下发《关于规范主题公园发展的若干意见》对主题公园建设的解冻，对"符合条件的主题公园项目可享受国家有关鼓励文化和旅游产业发展的优惠政策"的提出，更使得主题公园迎来了近年的梅开二度的好时机（摆脱了2011年文件的"两不一停"的限制）。这对于各地以招揽中近距离游客和本地居民为目标的主题公园的竞相开拓，确实是一个发展的新机遇，所以各地主题公园再次上马的风潮又一度强劲了起来。特别引人注目的，还有实力雄厚的企业集团的纷纷介入，于是主题公园更被画出了一幅幅宏伟的蓝图。

虽然这些年来，我国国内旅游人数的年增长率都是两位数（约10%~13%），2015年国内旅游人数更达40亿人次；可是，这些年我国旅游投资的增长更快（权威专家的估计数是20%~30%），目的地景区的增多也是日新月异。因而，除了节假日旅游运力严重不足和热点景区一时爆满外，在我国旅游的常规市场上，各环节的供给量几乎都没有十分明显的短缺。现实的态势是，著名景区的吸引力谁也取代不了，越来越热的出境旅游正在分流，因此，除了多样化多层次休闲空间的仍旧不足，除了节假日不多的热点景区的游客增长仍然十分显著外，国内一些地方的传统景区和乡村农家乐的游客已经出现了衰减。面对供需关系仍将不断变化的趋势，我们的"高大上"大手笔的主题公园，以及近地重复建设的大批量的中小型主题公园，也就难免会失去当初预想的n半径市场圈。再加之外来大块头主题公园品牌竞相进入，如果我国这些主题公园再不研究市场的需求及其多层次，再不培育自我的特色主题，再不从他人的挫折中吸取教训，再不以质量与创新求生存求发展，那么在未来的竞争中，或者也就难于规避败北。这绝不是危言耸听，而是我们不得不未雨绸缪的问题。

所以笔者认为，在这旅游休闲业迎接新变化、拥抱新事物的好时期，中国主题公园面临的任务应该是：准备以何种努力去推进旅游休闲供给侧的改革，创造新市场。

本文原为在2016年4月中下旬与读者见面的《旅游规划与设计》19期上《圆桌会议：中国主题公园全面进入国际化竞争时代》里作者的一段发言。基于中国建筑工业出版社出版发行的《旅游规划与设计》的读者大多为建筑规划与设计界的朋友，故日前作者本人对其略作了一点改写后，寄与了《中国旅游报》，以期能够供旅游业界和学界的读者参考，这里是该报发表的全文。

《旅游规划与设计》的19期是“主题公园”专辑，其中在《圆桌会议：中国主题公园全面进入国际化竞争时代》与大家分享其研究成果的发言作者，还有保继刚教授、马勇教授、楼嘉军教授、吴必虎教授、董观志教授（以该文中发言出现先后为序），请大家关注。

07

旅游规划第七议：旅游规划的广义拓展

旅游规划的广义拓展[①]

① 本文选自课题成果《广义旅游学》一书。该书为北京市旅游发展委员会、北京旅游学会组织在京旅游专家合作撰写的，社会科学文献出版社已在2013年7月正式出版发行。全书分为18章，共59万字，由14人执笔撰写。本文系该书中有关旅游规划的专题论述，是本书作者独立承担的该书的第五章。本章最初定名为“广义旅游规划学”，后更名为“广义旅游规划”，全文共约4万字。编入该书时，原文第二节下的小标题曾随全书安排有所改动；因本文在本书中已经独立成篇，故改回了其原来行文样式。为便读者阅读和检索，这里特将原文小节目录赘于文前。

旅游规划第七议：
旅游规划的广义拓展

旅游规划的广义拓展

一、原有旅游规划的问题正在逐渐凸显
二、两大挑战带来的机遇
三、广义旅游规划的目标与功能结构
四、广义旅游规划的依存要素与对其的把握
五、广义旅游规划的编制
六、广义旅游规划的技术环节
七、本章结语

规划，作为人类进入理性时代的一项重要活动，其目的就是要做出一种合理的选择，以期能够积极妥善地安排未来的行为，对其流程给以科学组织与控制，进而有效地推动预期目标的实现。旅游规划的总体意义，也同样是为了对未来旅游的发展给以尽可能妥善地安排，以便充分满足旅游者的需求，有效地推动旅游产业预期目标的实现。

一、原有旅游规划的问题正在逐渐凸显

改革开放这30多年来，我国的旅游规划也像城乡建设规划及其他规划一样，取得了巨大的进步和成绩；然而也不能不承认，我国的旅游规划也仍然存在着难以适应时代的现实，原有旅游规划的问题也正在凸显。

（一）科学规划理念的不足

1. 令人叹惋的建了又拆

2013年年初的一条颇为引人注目的消息，是西安建成仅仅13年的“秦阿房宫景区”因其“选址不佳”将被拆除。于是媒体上传来了一阵阵老百姓的惋惜之声[1]。

这事的大致过程是这样的：位于西安红光路的“秦阿房宫景区”，是借助阿房宫遗址引力的旅游开发项目，其所依托的资源元素，除了《史记》《汉书》等史料的记载和现代的考古收获外，就是唐人杜牧《阿房宫赋》的文学演绎了。该景区1995年开工建设，占地680多亩，投资2亿多元人民币，就当时的投资规模而言，自当是属于大型旅游项目了。耗时4年，终于在2000年正式与游客见面，自其开放第二年起，每年游客量都在50万人以上，而且很多影视制作都慕名前去取景拍摄，景区也成了西安市积极的宣传景点，2006年还被评为“陕西最值得外国人去的10个地方”之一……如果按一般的要求来看，这个规划开发应该说是相当“成功”的。

而现在之所以要拆除，是因为有了经过专家评审、有关方面已经确认了的《阿房宫遗址保护规划》[2]。根据这个分期实施的新规划，将以阿房宫遗址的文物保护为核心，建立一个2.3平方千米的全方位展现秦文化及秦代历史风貌的国家级考古遗址公园和城市中央森林公园。

据新闻媒体2013年3月下旬的报道[3]，随着2012年5月政府有关方面“拆迁通知”的发出，“景区失去了往日的繁盛”，“景区前的‘六大铜人’已不见踪影”，“售票窗口虽然半开着，但几十分钟也不见一人买票”，“站上台阶一眼望去，景区内几乎看不

到游客的身影"，"景区外的商店、小吃店已全部停业"……景区有关负责人说，现在该公司已经出现亏损，员工从350人锐减至100余人；在那里表演了13年歌舞的演员回家了，导游讲解班也解散了；员工宿舍楼的门窗也被挖掉，大殿里上千片瓦当、奇石被人买走。据2013年4月的最新消息，日前该景区已经贴出公告："因景区内部施工，暂时停止营业"。

对此，"秦阿房宫景区"有关负责人介绍说，投资者当年在最终选定这个被陕西省政府作为招商重点项目来投资时，也是经过多方考察、听取了多位文物专家意见的；而且项目的规划、选址等过程，也是通过省、市文物局、规划局负责把关的。

而西咸新区沣东新城管理委员会所提供的资料显示，依据新出台的保护规划，阿房宫景区因为存在三大问题以致必须拆除：一是景区部分建筑处于遗址保护控制区内；二是某些建筑超高；三是景区影响了遗址南北景观的视线通廊。负责拆迁工作的相关负责人也解释说，"秦阿房宫景区"是属于阿房宫遗址周边的人造景点，并不能代表真正的阿房宫，不仅景区及周边配套陈旧落后，景点后方部分还占用了市政规划路，最最重要的原因是，这个景区地处遗址保护区范围内，却没按照规定建造，存在不少违规建筑。

秦阿房宫遗址位于西安市西郊15千米的阿房村一带，总面积约11平方千米。作为我国历史上最著名的宫殿建筑群遗址之一，1961年阿房宫被国务院公布为第一批全国重点文物保护单位。目前经确认的遗址主要有8处，包括前殿遗址，上林苑建筑遗址，好汉庙建筑遗址等。据《阿房宫遗址保护规划》，今后的保护规划将分为三个时期落实：近期目标（2012~2015年），为对遗址的抢救性保护和对周边城市建设的控制；第二期目标（2015~2020年），为实现对阿房宫前殿遗址的整体保护，建设考古遗址公园；远期目标，将实现对阿房宫前殿遗址及周边环境的整体保护。保护区将分三级进行管理与控制，即保护范围（将禁止建设任何新建筑物、构筑物，禁止进行生产、生活建设行为）；建设控制地带（对造成遗址严重污染的企业将限期改造或搬迁，一类建筑控制地带构筑物限高8米，二类建控地带构筑物限高18米）；景观协调区（将控制建筑的高度、体量和密度，要求建筑物形式、色彩与遗址景观风貌相协调）。

"秦阿房宫景区"拆除矛盾的产生，一是当初"秦阿房宫景区"是不是真是陕西省政府的招商重点项目？二是地方政府将其作为招商项目来引资时，是不是有了相关的规划？三是发标方和投标方是不是对景区的开发与规范达成过共识（包括景区内的规划和建筑设计应该由谁来规范和批准）？四是双方对文物部门有关遗址地周边建筑的规范（以及国际社会的共识）有没有充分的认识？五是景区周边地带的规划由谁来负责和管理？……

从这个的事例不难看出，当初地方政府招标时关注较多的是引来资金开发建设，而投资者更多关注的是园区的设计，都对景区未来的生存缺少更深入的掂量。也就是说，这个工程当初的启动是缺少深层的思考和更为宏观的全面规划的。不少平头百姓惋惜，这个花费2亿元才修建好的庞大景区仅仅运营了13年竟是这样的“短命”。如果现在的博弈双方在其中并不存在利益权衡的话，那么这一笔偌大的资金，就是有关方面为其当初思考不周付出的“学费”了。

2. 缺乏科学规划理念是类似问题的症结

前面已经分析，“秦阿房宫景区”的建了又拆，原来是上下层级对景区内外的规划与安排出现了问题。其实类似的问题在其他地方也是存在着的，只是目前暂时被其他兴奋点掩盖，或者暂时没有成为热点而已。

比如2013年湘西凤凰古城准备向入城人一律收取148元的入城费的安排，也一样引起了大众传媒的非议。据地方当局的解释，之所以做出这样的抉择，是为了限制人流，获得资金，以增进古城的保护。姑且略去人们对收取入城门票费是否合理的争论焦点，其实全国不少古村、古镇、古城都在不同程度上遇到了人流过度，缺乏保护的问题。不仅现在的凤凰古城已经与早年的古城大不相同，诸如周庄商业化的过度，丽江古城正在失去原有的风貌等等，也都遭遇了许多人的批评。其实古村也好，古镇也好，古城也好，不少地方当初开发旅游时就缺少科学的旅游规划，只想到游客来了钱就来了，没有想到如何向游客提供人们常说的“游购娱食住行”，于是各式商家纷纷进村、进镇、进城开店，本地居民也做起买卖来，院墙拆了改商铺，百姓住房改旅馆，好端端的古村镇东打一个补丁，西切一块肉，好端端的古城拆了真古董造个假古董。如就当前这样的实情来考察，即使当初曾经有过规划，也是未能落实的规划，或者原本就不成功的规划。

但是也不能够把这些规划的不成功归之于古村、古镇、古城的偏僻。因为即使在北京，在上海，问题也是存在的。诸如拆了真琉璃厂建了个假琉璃厂，拆了中国味的王府井修了个“国际味”的王府井，也都很难说是成功的。再如北京把民风浓郁的什刹海改为西式的酒吧街，上海把民居荟萃的石库门改成了新天地商业区，虽然都取得了商业开发的成功，但却失去了宝贵的遗产（至少失去了很大一部分）。如果用早已获得全球共识的标准来衡量，《关于历史遗迹修缮的雅典宪章》《威尼斯宪章》《华盛顿宪章》《奈良宣言》①所强调的原生性、完整性、真实性和多样性，几乎全都被某些规划师、建筑师，以及某些有关官员忘得了干干净净。

即便是我们的以保护古迹见长的专家，有时也不免出现失误，比如在某江南古镇的旅游规划中，就作出了拆除民居修建游客停车场的错误建议。应该说，这样的停车场本应该离村镇有一小段路程（如数百米）的距离，而且最好设置在树丛之中，以期游人能够经过田野路径的步行，才能够进入到这个旅游古村镇。

由此看来，旅游业的健康发展，的确需要我们的旅游规划走上科学的道路才行。

（二）供需矛盾与发展的需求

1．旅游城市显示出的新问题

三亚是海南岛南端的一个新兴的旅游度假城市，它借助的历史文化遗存不是很多，更没有保护大量历史遗产的沉重包袱；可是近几年批评其住宿价格飞涨、市内交通不便、餐饮宰客等等的声音却不绝于耳，弄得其省委书记与省长也不得不亲自出来道歉和解决。原因是什么？那就是那里旅游需求的成长为三亚市早年规划所料之未及。

资料显示，三亚许多景区的开发，三亚许多高档酒店的建设，都是经过精心规划的，三亚也成了中国民众热切向往的旅游目的地。有关统计资料还显示，2012年三亚市共接待过夜游客人数1103万人次，旅游总收入190亿元[4]。而截至2012年末，三亚市的户籍人口才有57.25万人[5]，外来旅游者与当地户籍人口之比，竟高达19.26：1。即旅游者的总量大致相当于户籍人口总量的20倍，这里还没有算进在三亚长期居住的外来流动人口的20.01万人（据2010年的统计数，大致相当于三亚市户籍人口的34.95%）。

如果将三亚全年旅游分为淡旺两段，以过夜旅游者平均滞留两天计算，则旺季的六个月期间三亚市共需接待游客15442万人天，平均每天需要接纳旅游者84.85万人，比三亚户籍人口还要多出27.6万人。这是一个多大的接待量啊！

更何况旅游者的进餐、住宿等等的需要也与

① 诸如第一届国际历史遗迹建筑科技大会《关于历史遗迹修缮的雅典宪章》（1931）所强调的“防止发生丧失个性和历史价值的错误”，“不要破坏其原有风格”，“一些有特色的建筑群体和其周边的优美风景也应该注意保护”，“应从保护古迹的角度研究装饰性植被如何与古迹协调”等等；国际古迹遗址理事会《华盛顿宪章》（1987）在述及“历史城镇城区中需要保护的是当地的历史风格以及表现这种风格的所有物质的、精神的要素”时所强调的“城市建筑街道格局”，“城镇或城区与其周边自然和人文环境的关系”，“长期以来形成的城镇或城区功能”等等；第二届历史古迹建筑师及技师国际会议《威尼斯宪章》(1964)和奈良会议《奈良真实性宣言》(1994)在述及“真实性”和“多样性”时所强调的“真实性是文化遗址价值的基本特征”，“保护一座文物建筑，意味着要适当地保护一个环境，任何地方，凡传统的环境还存在，就必须保护”等等。

居民大不相同，这么多人的吃喝和安寝都需要由三亚的旅游市场来供应，而且来往于住宿地与景区之间、来往于景区与景区之间的交通需求，也都数倍于本地居民……三亚是不是为此做好充分的准备了呢?

据2013年三亚统计局《2012年三亚市统计年鉴》发布的数据，2011年三亚市“限上住餐业”（限额以上有一定规模的住宿餐饮业）的客房是30195间，床位是51127张，餐位是72265个[6]；因此对多数游客的服务，都需要由散布全市各处的中小企业来提供，因而，对企业的规范和管理都需要有关监管部门投入极大的人力。如果没有预先的规划与安排，有关交易和服务的问题自然就很容易发生。这也正是近些年来三亚旅游服务与价格的问题累累浮上舆论浪尖的原因（也正是对此问题的发现与重视，现在三亚已经加强了对旅游市场和价格监管，并取得了不小的成绩）。①

由此看来，我们的许多旅游城市如果要适应全国旅游业的新发展，进一步完善本地区的旅游规划（或重新修编原有规划，或重新制定规划），已成为了一件当务之急的重要事情。

2. 出游态势和产业集群的发展需求

三亚也好，别的旅游城市也好，其实当前在我国的许多旅游目的地，都面临一个如何解决供需矛盾的问题。

就旅游目的地而言，虽然对于旅游业发展的业绩，地方行政首脑和有关人士都为旅游收入的增长而满心欢喜；但是游客对服务质量的抱怨和旅游旺季的拥挤，也往往使得他们感到焦虑和力不从心。

就旅游者而言，他们也不是来目的地散钱的财神爷。因为他们是为寻求与自己常住地不同的体验才出来旅游的，所以他们在目的地“食住行游购娱”等的正当需求理当得到充分的满足。

难题的产生，难题的解决，不由得让人们回到我国旅游规划和地方规划的问题上。

而此前的我们旅游规划，却大多是有关旅游景区的散点式的开发规划，或者点线式连线规划，它们主要安排的都是游客们在景区内的活动，对旅游者生活的多侧面要求大都没有相应的考虑。即使是地方政府委托编制的旅游规划，也大多是就旅游谈旅游（而且也大多限于对多个景区的整合）。至于旅游者怎么来，怎么走，

① 2017年作者校后补记：本文写于2013年，所引据资料自然是完稿之前的。如据2017年1月18日三亚市第七届人代会上的《政府工作报告》，2016年三亚市全年接待过夜游客已经达到1647万人次，实现旅游总收入354亿元（分别增长10.1%和17%）；入境游客也止跌回升，达到43.6万人次（增长22%）。

到达后在本地交通如何解决？住在哪儿，怎么住，住得是不是舒适？吃什么，在哪儿吃，吃得是不是放心？买什么，在哪儿买，买卖中是否有“陷阱”？……以致旅游者的人身和财产的安全，价格的合理性，本地公共服务的可靠性，本地居民好客习惯的培养，游客是否满意，突发事件如何处置，投诉是不是能够得到及时解决，等等等等，许多旅游规划都很少涉及。这或者是因为此前在规划者的思考中，在当局管理职能的分工中，许许多多的内容都不是“旅游”所能够考虑或管辖的。显然，原来这种散点式或点线式的旅游规划是不利于现代旅游业协调发展的。

现在，我国的不少城市都接待了超过本地常住人口数倍的旅游者，而这座城市却是按照当初设定的户籍人口来规划与设计的。姑且不说户籍人口的增加、外来务工人员的递增已经对城市提出了增加供给的紧迫要求，即使单从许多城市发展旅游的目标而言，大批量游客到来所形成的对城市的有关供给的压力，也都亟须城市急速作出修编城市规划的安排。

除了游人增长为目的地带来的压力之外，旅游产业本身的发展也同样面临一个有关旅游规划的重新思考和重新编制的任务，而且在编制时也必须有更多的新思维与新内容。面对旅游产业早已形成的包括国民经济F、H、I、L、N、R等等行业门类的产业集群[①]的发展态势来看，旅游规划的编制再也不是地方旅游局一家的事情，它应该是一个直接关系于地方经济社会全面发展的规划。因此它也不再是地方首脑出席一下旅游规划评审会表示一下关心就够了的事，不再是地方各相关部门仅仅来提一点意见就完了的事，而应该由地方政府精心策划整合协调，更需要各相关部门来共同参与和共同实施。

现在全国各省市自治区党委与政府的负责人，地市县的“一把手”，都十分重视旅游业的发展，因此也为当前旅游规划与城市规划寻求新突破带来了难得的条件，也正是地方当局集中精力全面安排旅游产业与相关产业融合发展的好时机。尤其是在我国发展社会主义市场经济的时候（乃至在许多情况下市场往往失灵的时候），在《中华人民共和国旅游法》颁布实施的时候，正是政府履行自己职责，推动地方发展的好机遇。

在新编或修编城市规划时，在编制旅游规划和制定旅游产业发展计划时，同时也应该注意另一个值得把握的分寸，那就是“新发展”和“新

① 如依2011年重新修订的《国民经济行业分类》GB/T 4754—2011，则旅游供给所需的食、住、行、游、购、娱等等所在行业门类应该是国民经济的H门类、G门类、N门类、F门类、R门类，以及A、B、C多门类的产业集群。

适应”绝不是旅游产业无依据的放量扩张，尤其是在旅游发展前景有限的地区，更需要冷静地根据资源和市场的可靠性认真测度发展的有限空间，做好科学论证与发展预评，不要抱不切实际的幻想，也不要被投资者和规划师所忽悠（尤其是那些以“圈地”“圈钱”为目标的所谓“投资者”，以及用浮夸来实现邀宠的所谓“规划师”），以避免今后难以挽救的泡沫的大量产生，以免陷入难以解脱的困境。

现在的最佳机遇是，即将在2013年10月1日开始实施的《中华人民共和国旅游法》已经出台。这部旅游基本法已经把“旅游规划和促进”写进了该法的第三章，在其第十七条到第二十五条的9条中，不仅规定了“地方人民政府应当将旅游业发展纳入国民经济和社会发展规划”，而且还规定了“各级人民政府编制土地利用总体规划、城乡规划，应当充分考虑相关旅游项目、设施的空间布局和建设用地要求”，“建设交通、通信、供水、供电、环保等基础设施和公共服务设施，应当兼顾旅游业发展的需要”[7]。这不仅在根本的立足点上确立了旅游规划在旅游发展中的重要地位，在地方经济和社会发展中的位置，而且也为旅游规划的编制拓展了极大的空间。

新近资料

有关三亚市近年旅游发展资料的补充

如据2017年1月18日三亚市第七届人代会上的《政府工作报告》，由于该市抓产业，调结构，转型升级逐步加快，2016年三亚市全年接待过夜游客已经达到1647万人次，实现旅游总收入354亿元（分别增长10.1%和17%）；入境游客也止跌回升，达到43.6万人次（增长22%）。

关于三亚旅游的综合治理，据国家旅游局网站2016年转载《三亚日报》消息称，三亚市已在那之前建立了常态化机制，依法管理旅游市场。三亚市为此还专门召开了市政府常务会议，审议通过了《三亚市旅游市场综合整治工作机构常态化工作机制》的议题。该报道还称，据了解，《三亚市旅游市场综合整治工作机构常态化工作机制》包括制度建设、暗访机制、举报机制、检查机制、联合执法机制、督办机制、曝光机制、旅游警察协助制度等内容。其中，三亚完善旅游市场暗访工作机制，针对旅游市场突出问题，制定暗访工作方案，组织暗访工作小组，开展日常暗访和专项暗访；加强旅游市场综合协调机制，整合旅游、工商、公安、执法、交通、文体、海洋、质监、物价、安监等力量，提高旅游案件的快速反应和协同办案能力；建立旅游“红名单”、“黑名单”制度，市整治办定期收集重点问题或违法违规重大案件，对其办结情况进行通报或公开曝光。

关于2017年的发展，三亚市2017年初的政府工作报告在对2017年全市重点工作的“推进供给侧结构性改革，加快产业转型升级”部署中，还首先提出了“加快发展以旅游业为龙头的现代服务业”的安排：“大力实施全域旅游发展计划，争取今年通过国家全域旅游示范区初次验收。继续推动海棠湾现代服务业产业园、凤凰岛邮轮母港产业园建设，确保亚特兰蒂斯项目10月开业，海棠湾梦幻不夜城、亚龙湾旅游文化综合体、红塘湾旅游度假区等项目加快推进。依法稳妥推进天涯海角、大小洞天、鹿回头等景区委托管理和升级改造，策划建设精品新景区，结合东岸棚改策划商业文化旅游综合体。加快推进美丽乡村建设工程，完成2016年16个美丽乡村示范村项目，新启动10个示范村建设。加强旅游铁路和海棠湾、崖州、机场等区域主要旅游通道的绿化、彩化、美化。严格执行农贸市场、水果店、餐饮服务行业、旅游购物点管理办法，清理淘汰一批，整顿规范一批，打造一批精品示范点。加强市民游客中心和旅游数据中心建设，加强旅游大数据应用，升级12345和12301服务热线平台，实现海鲜排档商家信息化系统全覆盖，抓好旅游常态化管理。推动‘大三亚’旅游经济圈建设，加强互联互通、资源整合，开展宣传营销、产品开发、监管服务等方面的合作。积极促进旅游业与其他产业融合发展。”并在接下来的着力加强城市建设和治理管理中提出了“坚持以‘多规合一’为引领，统筹推进城市建设”。

如据2016年8月8日三亚市旅游业发展报告新闻发布的消息，据抽样调查统计，三亚市游客满意度已经达到了82.59%。

二、两大挑战带来的机遇

前面实例中说到的旅游规划之间的矛盾，说到的游客增长带来的供需难以配合的问题，其实仅仅是当前旅游发展中显现出来的一两个热点而已；如果多加注意就可以发现，我们的旅游发展中仍然有不少的问题，只不过目前暂时没有得到明显的暴露或者暂时没有暴露而已。所以如果我们对此的认识仅仅停留在对过去的简单反思，那就不够了；我们更需要的，是前瞻性的研究。

无论是从提升百姓生活质量的需要而言，还是从旅游市场急速变化的需要而言，时代都为旅游发展带来了挑战和机遇。而这些挑战和机遇，都需要我们积极地面对与把握，所以就不能不从旅游发展的新角度来思考我们的旅游规划，不能不尽快地寻求新突破。

（一）休闲诉求发出的呼唤

1. 第一个突破：对旅游规划的重新定位

除了游客的抱怨外，其实目的地的供给不足和服务欠佳，也还有另一个侧面的效应，那就是本地居民的不满和批评。因为旅游的发展并非一本万利的事情，它在推动区域之间友好交流，为目的地带来经济收入的同时，也必然会产生对当地公共资源的摊薄和占用，或者引来本地居民生活的不便，乃至引来物价的上扬等等。

1933年国际现代建筑学会《雅典宪章》（*Charter of Athens*）在论及城市的四大功能（居住、休闲、工作、交通）时，曾对西方城市居民休闲空间的不足提出了批评。无论是宪章第30~34款的批评，还是其35~40款的建议，都说明了这一国际性学术团体对城市旅游休闲功能的高度重视[8]。可是在相当长的时间内，我国的城市规划都忽视了城市的这一应有功能。

为了城市的和谐发展，为了本地居民休闲生活质量的提升，为了城市发展旅游的需要，也为了摆脱当前许多城市捉襟见肘的尴尬，我们寻求新的突破，就是改变此前城市规划编制的老旧套式，让城市规划和旅游规划迈出新的步伐。

在编制新的城市规划时，在修编原有的城市规划时，一是必须有对城市“四大功能”（居住、休闲、工作、交通）的通盘安排，对城市规模人口的重新计算（不能再局限于原定户籍人口的数量了）。如果这个城市要有旅游功能，或者已经确定了发展旅游的目标，那么更需要对游客所需的“食、住、行、游、购、娱”等有充分的计划与安排，以期能够尽快改变原来城市的某些旧式格局。

当然了，在我们村镇的发展中，村镇居民也应该通过我们的村镇规划同样地享有现代城市服务的“四大功能”。

2. 对第一个突破的跟进：旅游与休闲发展的全面统筹

在2006年4月杭州召开的“世界休闲高层论坛”会上，我国政府就对中国休闲的发展表示了十分积极的支持；其后，无论是2007年的《政府工作报告》、2009年的《政府工作报告》，还是2009年的中央经济工作会议，国家的最高层面都对中国的休闲发展有了许多明白的意见和指示。正是基于以上的意见，2009年12月，国务院在出台《关于加快发展旅游业的意见》（国发〔2009〕41号）和《关于推进海南国际旅游岛建设发展的若干意见》（国发〔2009〕44号）的文件中，才更明确了有关促进休闲发展的若干方针和政策。最值得注意的是2008年，国务院在机构改革的“三定”方案中便赋予国家旅游局“引导休闲度假”职能（首次明确了“休闲”在国务院工作部门的归口），与此相应的，还有2007年《职工带薪年休假条例》的制定与2008年正式开始实施，这就把决策层的认识和思路变成了可以实施的具体措施。也正像国家旅游局对此总结的那样，这就充分表明，“积极引导和推动休闲发展已进入国家发展战略”[9]。

闲暇与收入的增长，是休闲得以产生和实现的两大基础性因素，正是有了国家和个人的经济基础，所以当1995年5月中国职工有了双休日后，没有任何人的号召，便迅速出现了“周末旅游热”；当1999年10月实施长假日制度后，也没有人来指引，便迅速出现了出游人的“井喷”。当然了，与中国居民休闲关系最密切的事件，还是2008年1月1日起开始施行的《职工带薪年休假条例》和2009年12月国务院《关于加快发展旅游业的意见》明确地提出的要“制定国民旅游休闲纲要”，这就把居民的休闲的安排作为国家的制度确立了下来。

“休闲”和“旅游”都是人类的重要活动。一般说来，虽然二者常常都需要相同相似的基础，或者也还需要人们相同相似的心境，但是，“休闲”主要是从时间的范畴来认识的，而“旅游”考虑的却是地理范畴的位移。这就是它们的本质性的差异。虽然“休闲”与“旅游”紧密相关，而且更有着许许多多的可以互相包含的共同之处，然而它们却不可能完全重合，也不是甲对乙或者乙对甲的完全覆盖，如果一定要厘清它们之间的关系，那么不妨把它们比作两个相交圆更显贴切。

如果用具体行为来划分，那么“休闲”与“旅游”的不可能互相涵盖，还在于人们的休闲可以是异地的休闲，也可以是本地的休闲；人们的旅游可以是基于休闲的目的，也可以并非基于休闲目的。下面图1的示意是再清楚不过的。

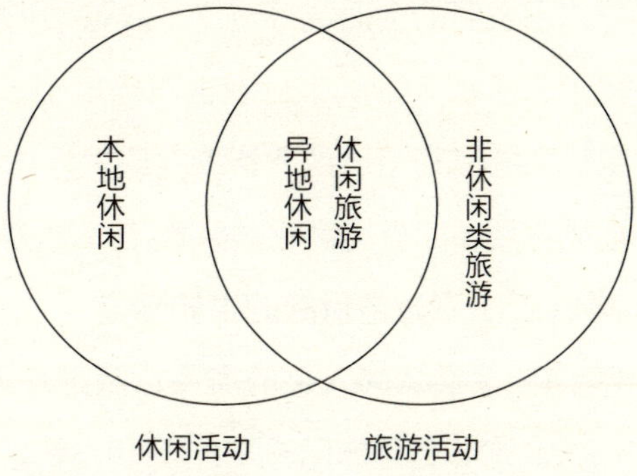

图1　休闲活动与旅游活动关系示意图

从图1中可以看出，休闲与旅游既有相互包容的一部分（“休闲旅游”即“异地休闲”），也有互不包容的一部分（一是居民的“本地休闲”，一是“非休闲类旅游”）。“休闲”中的“异地休闲”就是“旅游”中的“休闲旅游”；而“休闲”中的“本地休闲”，由于没有离开原住地，所以就不是“旅游”。

然而理论上的认识并不影响居民的行动，不只人们在意识上并不在意什么是本地休闲什么是外地休闲，加之交通的发展，在缩短了人们出行的空间距离的同时也缩短了时间的距离，更使得旅游与非旅游难以作出距离的区分。既然国务院在机构改革的“三定”方案中赋予旅游主管部门“引导休闲度假”职能，那么将原有的旅游规划拓展为更有包容度的旅游休闲规划，就成了不可能回避的选择。

1995年我国开始实施的每周休息两天的工时制度，和2008年开始实施的第二次修订的法定节假日制度（《全国年节及纪念日放假办法》[国务院令第270号]）已经为居民带来了一年大约三分之一时间的休息日，居民收入的逐渐增多也使得许多居民“有闲钱”来用于旅游休闲的花费，所以如今迫在眉睫需要缓解的问题，便是如何解决供求之间的矛盾。

不久前，发生在2012年“十一”黄金周的游人拥堵的现象，已经引起了全社会的广泛关注。如果究其原因，除了目的地运营的必须优化和假日制度还需继续优化外，更与居民休闲过于偏重旅游的选择有关。如何能够让居民在假日里有更多样的休闲选择呢？这就不能不回到有关休闲制约的问题上来，也就是如何克服休闲供给的相关制约——克服休闲公共服务供给的制约，克服休闲市场供给的制约，克服休闲相关环境的制约，克服居民自我习惯的制约……而所有这些，也就需要通过新的旅游与休闲发展规划来进行全面的统筹。

基于2008年国务院在机构改革的“三定”方案中赋予国家旅游局“引导休闲度假”职能，也基于2013年2月《国民旅游休闲纲要（2013—2020年）》的发布，这就为旅游与休闲发展的全面统筹奠定了政策共识的基础；2003年4月国务院发布的《中华人民共和国旅游法》第二十三条也明确规定了“国务院和县级以上地方人民政府应当制定并组织实施有利于旅游业持续健康发展的产业政策，推进旅游休闲体系建设”。所以必须把握住现在的极佳机遇，努力开拓，以使居民的旅游休闲权益得到很好的安排。

（二）旅游多目的的世界潮流

1. 全面认知人类的需要：旅游并不仅仅是休闲

旅游规划与休闲规划的汇合，是旅游规划发展的最新趋势；但是，旅游规划却又不应该只局限在满足对居民休闲的安排。因为除了闲暇类旅游之外，旅游还有着并非休闲的内容。这些并非休闲的旅游也同样具有自身独立的生命力，其原因在于，人类旅游的目的需求实在是多种多样的。

那么旅游者的旅游有些什么目的需求呢？1937年江绍原先生在《中国古代旅行之研究》中说到“离开自己熟悉的地方而去之暂不熟悉或完全陌生的地方”旅行时，曾经历数了中国古人的“出畋，出渔，出征，出吊聘，出亡，出游，出贸易……”[10]；1995年笔者在《中国旅游文学新论》中梳理先秦旅游活动时，也将其归纳为了“巡游、游畋、观光、游娱、托志、泻忧”和“伴随类型”七种[11]。不过从现在国际共识的新划分来看，还应该以世界旅游组织的归纳为准。

关于什么是“旅游”，《中国旅游大词典》的解释是“人们由于闲暇、事务和其他目的而到其惯常环境之外的地方旅行，其连续停留时间不超过一年的活动”。其实这个解释就是联合国和世界旅游组织《旅游统计建议书》（*Recommendations on Tourism Statistics*）①对“旅游者旅游活动”定义“Tourism comprises the activities of persons traveling to and staying in places outside their usual environment for not more than one consecutive year for leisure，business and other purposes”[12]的译文。在这个定义中，根据旅游者的行为目的，旅游被划分为了leisure（闲暇），business（事务）和other（其他）三大类。

现在我们的教科书在阐述旅游的产生要素时，往往都强调“可自由支配的时间的增加”“可自由支配的收入的增加”对旅游产生和发展的意义。其实，教科书上所说的这两个“增加”，都只是休闲活动产生的要素，自然也就是

①《旅游统计建议书》署名时之所以将世界旅游组织（WTO）与联合国（UN）并列，是因为那时世界旅游组织还不是联合国的下属机构。世界旅游组织成为联合国的专门机构是那之后的事，是在联合国经济与社会理事会提议吸纳世界旅游组织为联合国的专门机构，在2003年12月23日由联合国第五十八届会议审议并公布双方签署的《联合国与世界旅游组织之间的协定》开始的，现在世界旅游组织已经成为联合国的专门机构了，所以其英文简称已经改为了UNWTO。

前面世界旅游组织所说的旅游目的的第一大类——“闲暇类”旅游产生的因素。而旅游的第二大类——“事务类”旅游的产生，却与这两个“增加”没有什么关系。

因为“事务类”的商务/公务等的出行，都是基于商业企业或政府有关事务部门等的派遣。与居民休闲旅游的不同之处是，商务/公务旅游大多不需要旅游者的闲暇时间，而且旅游时也不需要由旅游者自己“掏腰包”来支付费用。

在事务类旅游中，诸如人们在异地的商务交往，文化、教育、科技的考察与交流等等，都是基于经济社会发展的需要，也都是经济社会活跃的必然产物。国内外旅游经营者所说的MICE，就反映着它的核心组成。MICE通常被译为“会议、奖励与展览旅游”。M（meeting），常指各式的会晤和规模不大的会议活动，I（incentives），指企事业单位为奖励职工工作或培育职工团队精神而安排的旅游活动，C（Conferencing or Conventions），指各种大型会议或专业性会议，E（Exhibition or Exposition），指展览会或博览会一类的展示性活动。

在联合国和世界旅游组织《旅游统计建议书》中，有关旅游者的活动，又被细分为了6类，即——

· Leisure，recreation and holidays　休闲与度假

· Visiting friends and relatives　访亲问友

· Business and professional　事务和专业

· Health treatment　保健医疗

· Religion，pilgrimages　宗教/朝圣

· Other　其他

其中，“事务和专业”类的活动，包括了“企业在海外在设备安装、检查，商品的采购和销售，参加各种会议、交易和展览的活动，雇主的奖励旅游，外出演讲或演出，导游和旅游业者的旅游踩点及对旅游食宿交通的安排活动，参与体育职业比赛，政府的外访任务（包括除驻外人员之外的外交、军事、国际组织的人员活动），高等学校公休假时教育、考察、研究的外出，与游客商务及专业相关并由其支持的语言、专业或其他特殊课程等”[13]。

虽然世界旅游组织的这个列举是基于出入境旅游而言的，但是我们不过度地注目旅游的疆界，而只注目于活动（现在申根协定已经使欧洲的旅游疆界逐渐虚化，而中国国内旅游跨越的领土面积大约也正好与包含40多个国家的欧洲面积相近）。所以在判断出行

目的的类别上，有时已经没有太多必要一定要作出十分硬性的国内或国际的划分。

如果就旅游的本质来看，事务类旅游正好说明旅游活动的异地交流的实质。被人们称作近代团队旅游开端的托马斯·库克所组织的那次旅游活动，其实就是在本国之内的事务类旅游①。

在近30多年来我国旅游的发展中，事务类旅游在一定程度上也是与闲暇类旅游大体并行的。这些年来随着我国经济社会发展的需要，随着社会生活的活跃，事务类旅游在国内旅游中所占份额也已经开始引人注目。如据《2011年国内旅游抽样调查综合分析报告》，2011年事务类旅游在全国城乡居民的国内旅游中的比重就已经超过了15%。如据该调查结果进行粗略的估算，则2011年我国城乡出游的事务旅游者就已经达到了4.048亿人次（2.56亿人次＋1.488亿人次）。这实在是一个不容忽视的人群[14]。

较之国内旅游中事务旅游15%的比重，海外来华的事务旅游所占的比重则要高得多。如据近年的我国有关机构的入境旅游抽样调查，这些年来因事务活动的入境游客所占比重大多在30%以上（2009年，入境旅游者中商务活动的占24.6%、参加会议的占5.4%、文体科技交流的占2.7%，合计为32.7%；2010年，商务活动的占23.4%、参加会议的占5.4%、文体科技交流的占3.4%，合计为32.2%）[14]。由此可见，中国国内的事务类旅游还潜藏着极为巨大的发展空间，所以我们的旅游规划还需要寻求旅游发展的“第二个突破”。

2. 第二个突破：发挥旅游的人类交际功能

在我国旅游业的发展中，对“事务与专业旅游”的忽视是由来已久的，其滞后的状态目前也仍然没有得到扭转。在世界经济论坛的《旅游竞争力报告2011》里，中国旅游业的一项关于“事务类旅游”拓展的指标，竟在全球139个国家和地区中排在了百名之后（全球排名第105）[15]。这就是一个很有代表性的说明。

中国对此出现的误区，是混淆了假公济私的“公费旅游”和正当的“公务旅游”的区别。基于某些错误的思维只注意了部分官员假借公务活动的“公费旅游”的贪腐，所以“事务类旅游”也遭到了不分青红皂白的攻击；可惜的是，攻击者却没有意识到，正常的事务（包括商务/公务）旅游与专业旅游，实际上是人类不可缺少的交际活动，这些活动也正是推动社会和经济发展的动力。

① 1841年一个名叫托马斯·库克的英国人包租了一列火车，运送570位居民从莱斯特前往洛赫巴勒参加禁酒大会，库克向每个参加旅行的人收了一先令的费用，同时免费提供了带火腿肉的午餐，还有一个唱诗班跟随。旅游史的研究者们认为，这次往返行程22英里的会议旅游，这种服务与付费的关系，既是近代团队旅游和会议旅游的发端，更是近代旅游业的发端。

商务/公务旅游者除了在花费上能够为目的地旅游业带来更多的经济贡献外，更重要的还在于经济文化交流是国家和地方发展所不可或缺的要素。像来访的休闲旅游者一样，他们同样也是来到我们家园的尊贵客人，为他们准备合适的工作和休息的环境，不仅是主人待客的必须，而且也是实现双方交流不可或缺的前提。作为旅客，商务/公务旅游者的旅游需求，除了对目的地的景区关注较少外，他们的食、住、行，他们的购、娱等，都与休闲旅游者是完全一致的。就世界各地已有的经验而言，他们的消费还要比一般的观光休闲客有更高的要求。所以目的地的旅游接待，除了不能忽视事务旅游者的数量之外，也必须注意他们对旅游环境与服务质量的高要求。

本文前面已经提及，对商务/公务旅游的安排，历来都是中国旅游规划的弱项，基于中国的政治经济和文化都正在成为全球关注的焦点，国内各地发展的不平衡，为了国家和区域的更大发展，新的旅游规划在注意国民旅游休闲的拓展之外，还应该以汇合的形式（或单独的形式）把business（事务）和other（其他）两大类的旅游纳入到全国和地方的旅游发展之中。同时还基于它们与闲暇类旅游的不同之点，在规划的安排中也当充分考虑其多样需要的特征。

基于此前不少教科书在阐述旅游原理时过度地强调了休闲旅游内容，也基于我国旅游发展初期运行的多是旅游的休闲供给，从而使得部分业界人士和地方管理者形成了对旅游三个大类别的长期忽视，就更甭提外行人对此的不知究竟了。以致2012年12月在十一届全国人大常委会第三十次会议第二次审议“旅游法”草案时，才出现了“一些常委会委员和地方、部门提出，草案规定的旅游定义范围过宽，一些活动如探亲访友、参加会议及从事经济社会活动等不应属于旅游活动”[16]的错误看法。显然这看法是对现代旅游业和国际认知的缺乏了解造成的①。如果我们的“旅游法”不慎采纳了那些“常委会委员和地方、部门”的意见，那么中国的“事务类旅游”的发展定将会遇到更多的难题。

所以，我们国家如果真要推动旅游业得到健康全面的发展，像国务院文件说的那样，“把旅游业培育成国民经济的战略性支柱产业和人民群众更加满意的现代服务业”，就必须尽快恢复“旅游”本来应有的含义，消除此前部分人士对旅游和旅游业过于偏窄的误解，包括纠

① 不仅联合国和世界旅游组织的《旅游统计建议书》明确规定了“闲暇类”旅游对“休闲与度假”“访亲问友”等的包括，而且在“事务类”旅游下的“事务与专业”中还包括了“参加各种会议、交易和展览活动……”，由此可见“探亲访友”“参加会议”等的旅游属性是无可非议的，而且这个概念早已为当今世界各国所一致采纳。

正教科书对其过于偏重居民闲暇旅游的倾向，纠正少数研究者提出的将“旅行”与“旅游”分开的说辞，纠正某些民意代表不解实情提出的错误主张。

三、广义旅游规划的目标与功能结构

在本文上面的第二节里，我们已经就国民生活中“休闲诉求发出的呼唤”与“旅游多目的的世界潮流”的现实需要做了分析，面对这“两大挑战带来的机遇”，我们的旅游规划思想、我们的旅游规划方法，不仅必须尽速地跟进，并且也需要更多的创新与改革。而广义的旅游规划，也就在多年酝酿的基础上，在这些年来旅游规划的经验与教训的土壤中应运而生。

（一）广义旅游规划的目标

本文一开始就已经论及，人类之所以要为自己安排规划，其目的就是要安排一种合理的选择，以期能够积极妥善地安排未来的行为，对其流程给以科学组织与控制，以便有效地推动预期目标的实现。作为广义的旅游规划，也就是要在旅游活动涉及的更加广阔的范围内来安排未来对旅游者的服务。如果从旅游发展的管理层面来表述，这也就是国家、地方等和有关方面为旅游未来发展做出的顶层设计、中层设计以及基础层设计。中层设计、基础层设计，如果就其所处层级而言，或者也可以说是“相对的顶层”。

因此，广义旅游规划的目的，就是要尽可能地推动这服务的优化和满意化，同时也必须尽可能地发挥出旅游活动对人类社会和经济发展的最佳效能来。

作为广义的旅游规划，它虽然与此前已经出现的许多旅游规划有着不少的共通之处，同时也有许多的不同点。其最大差别，就是它的广义性，亦即它的更为宽阔的视野，更富前瞻的思考，更具效力的统筹，更有包容量的安排。

如果把广义旅游规划放在当前我国发展的现实中，它的功能就显得更加重要。正是基于旅游业既是提升人民生活质量的服务业，同时又与自然生态、与历史文化、与社会经济密切相关，所以当国家提出“深入贯彻落实科学发展观的基本要求，全面落实经济建设、政治建设、文化建设、社会建设、生态文明建设五位一体总体布局”的时候，正好迎来广义的旅游发展的好时机，迎来广义旅游的规划部署的好时机，因为它恰好可以视为国家和地方推动“五位一体”发展的重要组成。这也就成了在重新认识旅游属性之后进一步调整旅游产业与旅游事业关系的契机，成了旅游产业结构再构与重构的手段。所以，只有进一步把握住旅游产业结构再构建的方向与方法，才能够更好地推动旅游规划的编制与实施。

这里所称的广义旅游规划，如果说得更具前瞻性一些，那就是我国旅游发展面临改革深化时所应该推动的改革措施的一个不可或缺的组成。.

（二）广义旅游规划的功能结构

正是基于广义旅游规划的广义性，因此它的功能的发挥途径也与此前的许多旅游规划有着明显的不同。其首要之点，就是它的功能及其层级系统的构成。

1. 广义旅游规划功能的纵向结构

广义旅游规划的功能分工，如果从纵向来看，它的层级结构应该有两大分野的3个层面。

分野的第一支系，是泛指导性规划。泛指导性规划是一个体系，这个体系没有狭隘的局域限定和执行群体的限定，其所作出的对旅游全面发展的指导性安排，既包括国家和地方权力部门有关法制与政策的制定，也包括了非政府组织的宪章、宣言、决议，以及政府的旅游相关机构的设立，国际组织和国内非政府组织的发起及其运行与策划等，自然也包括了我国此前曾经有过的全国旅游发展规划。但是，传统的国家旅游规划仅仅是它的一部分。

分野的第二支系，是地域性全息规划。它是具体的地域范围内的与产业布局及土地使用相连的对旅游具体发展做出安排的规划。说它“全息”，是因为它既包括了旅游发展的地方法规政策，包括了规划前期的概念性规划，也包括能够落地的各级实施规划，以及修建规划等等。

这两大支系的功能结构层级的大致情况，请见表1、表2（由于两个支系的层级结构没有对应关系，所以只好分别列出）。

泛指导性规划的功能与层级结构 表1

第一分野	泛指导性规划			
第一层级	权力部门规划		非政府组织规划	
第二层级	立法与政策安排	旅游发展规划	宪章、宣言、决议	不同民间机构的设立
第三层级	法律解释和实施办法	旅游发展规划	专项意见	民间组织的旅游干预

注：其中，分野层面的规划概念最大，由第一层级向第三层级，概念越来越小。

旅游规划第七议：
旅游规划的广义拓展

地域性全息规划的功能与层级结构　表2

第二分野	地域性全息规划		
第一层级	旅游政策与法规	概念性规划	落地性总体规划
第二层级	旅游规章与办法	第二层级概念性规划	落地性实施规划
第三层级	针对性指导意见	第三层级概念性规划	落地性修建规划

注：其中，分野层面的规划概念最大，由第一层级向第三层级，概念越来越小。

表1中“泛指导性”的意思，一是指它规划内容有着十分宽广的实施领域，它在适用度上表现出的极大的普适性；二是指它对旅游活动和旅游产业具有强烈的覆盖度，甚至也不局限于对狭义旅游的专指（尤其是在法律和政策方面）。“泛指导性”的“泛”，意在它覆盖面的“广泛”，亦即是它所具功能的发散力、辐射力与穿越度，同时它也具有主动杜绝言不及义或不切实际的自控能力。

表2中“地域性”的意思，是指规划内容有特定的“实施地域”①。它既可以是地方土地利用规划、城乡建设规划与旅游相关的规划的结合体，也可以是旅游与休闲的合一，或者是不局限在休闲范围内的旅游产业的全面安排。它既可以是包括了国民经济F、H、I、L、N、R等行业门类的产业集群的供给型规划，也可是不专注市场的公共服务规划。如果就一个城市而言，在某种程度上便大致相当于该地域国民经济和社会发展规划、土地利用总体规划、城乡建设规划中的相关部分与旅游休闲规划等的综合体，自然也可以是专注于解决旅游发展某一“短板”问题的专项规划。

在表2中，“地域性全息规划”由三个不同功能的分支组成：第一个分支，着重于政策法规方面的规制，以期在总体上引领地方旅游的健康发展；第二个小分支，偏重于概念性规划的制定，以期用一种前瞻性的思维规划出地方旅游发展的方向来；第三个小分支偏重于落地性规划（实施性规划）的制定，以期能够脚踏实地地将旅游发展的工作一步步落实。

“落地性规划”的“落地”，意在强调规划实施的确定性。如“落地性总体规划”，它与传统的“地域性总体规划”或“区域性总体规划”的不同，是在于它摆脱了某些传统“地域性总体规划”“区域性总体规划”内容的虚化成分，而选择了规划内容的“落地”；同时也和相关“政策法规”的拟议与制定，与“概念性规划”突出核心概念部署，既有着分工

① 为了与人们常将“区域”的使用作为低于国家级别的土地领域范围，所以这里特别用“地域”来表达，以说明它并不拘泥于土地面积的大小，不拘泥于它的行政级别，或者有否对行政区域的跨越。

又有协同，从而可以摆脱过去某些总体规划往往流于空洞与幻想的偏向。

2. 广义旅游规划功能的横向结构

广义旅游规划的功能分工，从横向来看，除了上面已经述及的各自包含的两大分野的3个层级外，还有与之并行的辅助性支系和专项规划支系。它们之间虽然相互配合、相互支撑，但基于各自功能的差异，故而没有你我之间固定的从属关系。见表3所列。

广义旅游规划功能的横向结构　　表3

横向结构体系分野			
泛指导性规划支系	地域性全息规划支系	辅助性支系	专项规划支系

广义旅游规划的辅助性支系、专项规划支系，既是两个各自独立的支系，却又是作为前述泛指导性规划支系、地域性全息规划支系的支撑和补充存在的。

辅助性支系是由消费大众、民间社团、社会传媒等与民意代表、咨询顾问、评审专家、监理专家等所形成的非固化、非层级的辅助和监督的动力结构，他们可以依照法规政策和相关的协议深入到各个层次的规划活动中，进而发挥他们推动或制约的作用，以保证各层规划制定的科学性、民主性，进而保障各层规划功能的发挥。

广义旅游规划的专项规划支系，是由一系列的各自独立的专项规划组成的，虽然其中也不乏相互的关联或组合，但是在总体上却又是自成体系的。如"旅游公共服务专项规划""旅游交通优化规划"……乃至包容度更大的"休闲类旅游专项规划""交流类旅游专项规划"，以及大而言之的旅游与休闲合一的"旅游休闲规划"、闲暇类旅游与交流类旅游合一的"全覆盖旅游休闲规划"等。而在各个专项规划之间，各种专项合一的综合性规划之间，虽然也有着比肩并行的牵手型联系，但是如果不是共生关系以及综合汇总关系的话，就难有彼此的从属。

广义旅游规划的纵向层级与横向分支的汇合，进而便形成了广义旅游规划互相交错、互为补充和互为支撑的功能体系。由于旅游需求与旅游供给的复杂性，所以旅游规划这种网状格局的纵横交错，便不是简单的网格格式所能够比拟的，它既不像中国"田"字显示的理想化的阡陌交通，也不是纺织品那样的泾渭分明，因此也只有从不同体系和不同层面去仔细领会，才能够最大限度地发挥出旅游规划互相促进的功效来。

如将广义旅游规划与传统旅游规划做一粗略的比较，则可以看出，一是规划的领域“前伸”了，二是规划的内容“扩展”了，三是服务的对象“增多”了，四是规划的分工体系“明晰”了，五是前瞻的视野“长远”了，六是相关部门的积极性发挥出来了，七是各种业态活跃了，八是旅游规划的失误概率大为减少了。也就是说，广义旅游规划把旅游业的发展放置在了更为科学有序的系统之中，从而对产业的成长、对满足民众的需求、对社会与经济的发展有了更好的适应。

3. 广义旅游规划内容的横向结构

广义旅游规划的横向功能分工，除了上面“旅游规划功能的横向结构”论及的规划结构在自身“范畴”上相互配合的横向关系之外，还有横向结构的另一个侧面——即规划编制“内容”的横向关系，即“全覆盖旅游休闲规划”与“旅游休闲规划”和“多功能旅游规划”三者之间的交叉与融汇的关联。如图2所示。

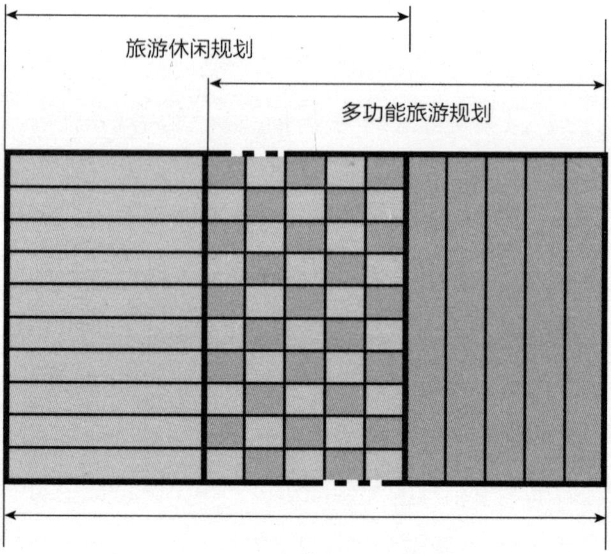

图2　全覆盖旅游休闲规划

图2左侧的带横线的方块，是服务于本地居民的休闲与外来旅游者的旅游需求的“旅游休闲规划”；其右侧的带竖线的方块，是服务于旅游三大旅游目的（闲暇类旅游、事务类旅游、其他类旅游）的“多功能旅游规划”。它们相互重叠形成的小方格所组成的不大的长方块（图2中间部分竖长横窄的长方形），即过去人们多有研究多有论及的“旅游规划”（亦即狭义的旅游规划）；此外，还有左右两部分的“旅游休闲规划”与“多功能旅游规划”各自独立的两个长方块。把它们重合与不重合的三者合起来，就是广义旅游规划所倡导的“全覆盖型旅游休闲规划”（实际上，就是“旅游休闲规划”与“多功能旅游规划”两者合起来）。也就是说，广义旅游规划所要完成的规划，既包括对外来旅游者闲暇类旅游的供给，也

包括了对外来旅游者非闲暇的事务类旅游、其他类旅游的供给，还包括了对本地居民原地休闲的供给。

（三）广义旅游规划的地域性层级

如就前述的广义旅游规划内容的横向结构来看，无论是“旅游休闲规划”，是“多功能旅游规划”，还是兼容二者的“全覆盖型旅游休闲规划”，也与此前的规划有着这样或那样的异同。

而就前述广义旅游规划自身结构来看，其第二分支的“地域性全息规划体系”在规划实践的层次上，与此前人们熟知的旅游规划的共同点就更多。

如果就广义旅游规划的目标而言，最有包容度的旅游规划自当是“全覆盖型旅游休闲规划”。如果就当前我国的发展现实而言，编制其中地域性“旅游休闲规划”的条件则最为成熟。

如果就其地域性和包容性来划分，“旅游休闲规划”所形成的层级可以分为四级，它们依次为——第一层“国家和地方层级的民生规划”，第二层“国家或地方层级的旅游休闲规划”，第三层“地方产业集群型的旅游规划”，第四层“主题区域的安排规划”。见表4所列。

地域旅游休闲规划层级结构 表4

旅游规划的地域性层级（以地域性旅游休闲规划为例）	
第一层级	国家和地方层级的民生规划（部分介入）
第二层级	国家或地方层级的旅游休闲规划
第三层级	地方产业集群型的旅游规划
第四层级	主题区域的安排规划

这些层级之间的关系，自然上一层级规划是下一层规划的依据，下一层的规划也必须与上一层规划紧紧相连。可是由于此前编制规划时，在某种惯性（传统）的作用下，一些地方上下之间沟通不够，因而导致了许多衔接的困难，目前尤其是一些省级旅游规划与省会城市旅游规划之间，其问题又最为突出。

这种相互脱节的现象应该得到尽快的扭转。解决的办法就是互相沟通。在编制上一层的旅游规划时，必须真切地了解下一层原有的规划，知悉其属地当前对有关问题的真实打算和想法。双方之间绝不能虚与委蛇，表面应付；最佳的途径是以平等协商的方式达成更多的共识（尤其需要上级放下架子），这样下层在编制规划或修编规划时才有可能与上层规划有更多的吻合。近两年，随着国务院相继发布了《关于加快发展旅游业的意见》和《国民旅游休闲纲要》，以国家主席令公布的《中华人民共和国旅游法》也即将在2013年10月1日开始施行，因此不少地方都酝酿着旅游规划的新编和修编，这正是以旅游规划推动旅游新发展的好时机。

近些年来，从中央到地方，每年的“政府工作报告”都已把民生的安排作为报告的主体。如果把这种安排作为一个信号，那么广义旅游规划第一层的“国家级的民生规划”的编制，便已有了越来越多的可能性；而第二层的“国家或地方层级的旅游休闲规划”也正在成为现实——2013年国务院所发的《国民旅游休闲纲要（2013—2020年）》已经形成了一个良好的开端，地方当局如果能够闻风而动，那么“地方层级的旅游休闲规划”的编制也将会从可能变成可行。

至于“多功能旅游规划”及“交流类旅游规划”“商务/公务型旅游规划”“MICE服务旅游规划”等的编制，虽然目前我国一些地方也已经有了“会展旅游发展规划”或“高端旅游发展规划”等，但是由于我国旅游业的开拓中对交流类旅游的忽视，所以交流类旅游规划的编制，还需要有更大的推力。

从不久前《中国人民共和国旅游法》的起草工作屈从于某些人大代表的意见，而将国际认知的“旅游”所包含的“探亲访友、就医疗养、购物、参加会议或从事经济、文化、体育、宗教活动”从草案中删除①，不难判断，中国旅游业的全面发展，也还需要旅游学界、业界和管理层做出更多的不懈的努力。或者这也正是“广义旅游学”存在和发展的重要价值。

如果我们的旅游主管部门，我们的研究者，我们的规划师能够在旅游与休闲的认知上取得更多的共识，能够对交流类旅游有更多的共识，并且尽快地行动起来，那么旅游与休闲规划的融合体系的建立，事务交流类旅游的发展，也就会逐渐迎来水到渠成的现实。

①《中华人民共和国旅游法（草案）》的第二条内容，原为——

第二条 （适用范围）中华人民共和国境内的旅游与旅游经营活动，包括在境内组织的出境旅游经营活动，适用本法。

本法所称旅游，是指自然人为休闲、娱乐、游览、度假、探亲访友、就医疗养、购物、参加会议或从事经济、文化、体育、宗教活动，离开常住地到其他地方，连续停留时间不超过12个月，并且主要目的不是通过所从事的活动获取报酬的行为。”

现正式发布的《中华人民共和国旅游法》的第二条内容为——

第二条 在中华人民共和国境内的和在中华人民共和国境内组织到境外的游览、度假、休闲等形式的旅游活动以及为旅游活动提供相关服务的经营活动，适用本法。

相比之下，这种对国际认知的旅游概念的阉割是显而易见的。

作者在思考

对旅游规划与“多规合一”关系的个人浅见

国家政策的“多规合一”，现在规划界大家都比较熟知，应该说，它是我国有关规划的理论与实操面对中国问题的一种创新。

记得2012年，北京旅游学会的一些专家在讨论《广义旅游学》编写大纲时，就有其他章节执笔专家向笔者提出，是不是“广义旅游规划”可以借助“多规合一”的有关内容来写。因为那时候，有些地方的旅游规划编制已经提出了这样的课题。但是，我没有采纳。原因在于，对当时他人刚刚提出并尝试的“多规合一”，我知之实在不多；而且此前我也没有这样提出过研究过。我感到，即使加强学习，“临时抱佛脚”，也难以获得准确的真谛，同时我也没有替别人来阐释来总结的本领和勇气，总觉得自己还是接着写自己原有的认识和体会更好些。

现在，如果在网上搜索一下“多规合一”，那么随即便可以得到诸如这样的解释：“多规合一”，就是指将国民经济和社会发展规划、城乡规划、土地利用规划、生态环境保护规划等多个规划融合到一个区域上，实现一个市县一本规划、一张蓝图，解决现有各类规划自成体系、内容冲突、缺乏衔接等问题，以便实现优化空间布局、有效配置土地资源、提高政府空间管控水平和治理能力的目标。

或者有的资料还会说，多规合一并非机械地将一个地方（市、县等）的各种规划简单叠加，只编一本规划，而是通过对地方整体发展思路和空间布局的融合归一的思考与安排，为各个规划的编制提供一个顶层设计。多规合一后的“一本规划”，只能是一本战略性、基础性、统领性的总体规划，是一部总框架、粗线条、大空间尺度的综合规划，即“一本总规”；而“一张蓝图”，则是一张与上述总规内容相一致的、能形象展示规划思路和布局的蓝图，即“一张总图”。

如果依后面这种解释，那么，这种领先于国民经济和社会发展规划、城乡规划、土地利用规划、生态环境保护规划等多个规划的预谋式统筹，既可以说是它们的“合一”，又不是它们的“合一”——因为它们各自依然存在，并没有被“多规合一”所取代。为此，“多规合一”必须回归《关于开展市县“多规合一”试点工作的通知》政策上的定义，从而摆脱这里字面理解造成的分歧。

其实这些年来，虽然不少出现了地方国民经济和社会发展规划、城乡规划、土地利用规划，以及生态环境保护规划相互脱节乃至互不让步的“打架”现象，但一些地方较顺利的相互衔接、相互关照的情况也不少。

从立法上来看，立法机构2004年8月28日通过修订的《中华人民共和国土地管理法》第三章第十七条规定，“各级人民政府应当依据国民经济和社会发展规划、国土整治和资源环境保护的要求、土地供给能力以及各项建设对土地的需求，组织编制土地利用总体规划”。2007年10月28日通过制定的《中华人民共和国城乡规划法》第一章第五条规定，“城市总体规划、镇总体规划以及乡规划和村庄规划的编制，应当依据国民经济和社会发展规划，并与土地利用总体规划相衔接”。2014年4月24日通过修订的《中华人民共和国环境保护法》第二章第十三条也规定，“县级以上人民政府应当将环境保护工作纳入国民经济和社会发展规划”。由此看来，显然有关法律已有明确规定，地方的国民经济和社会发展、地方的土地管理，应该是这些规划编制的重要依据。现在推敲起来，只是法条的要求比较笼统，因而缺乏具体协调机制罢了。

2014年8月26日，国家发展改革委、国土资源部、环境保护部、住房城乡建设部等部委联合发出了《关于开展市县“多规合一”试点工作的通知》（发改规划（2014）1971号）。通知称，将通过开展试点工作，探索经济社会发展规划、城乡规划、土地利用规划、生态环境保护等规划“多规合一”的具体思路，研究提出可复制可推广的“多规合一”试点方案，形成一个市县一本规划、一张蓝图，同时，还将探索完善市县空间规划体系，建立相关规划衔接协调机制，以解决市县规划自成体系、内容冲突、缺乏衔接协调等突出问题。显然，其立意就是要试图探索法律中未能具化的多种规划的相互衔接。

从“多规合一”所“合理确定规划任务”来看，即需要“按照资源环境承载能力，合理规划引导人口、产业、城镇、公共服务、基础设施、生态环境、社会管理等方面的发展方向与布局重点”，“探索整合相关规划的空间管制分区，划定城市开发边界、永久基本农田红线和生态保护红线，形成合理的城镇、农业、生态空间布局，探索完善经济社会、资源环境政策和空间管控措施”。

如从某种角度上来认识，“多规合一”与国际通行的“comprehensive planning”（综合规划）有些相似。一是它在主体要求上，与“综合规划”的基本要求（全面性、长期性、通用性、聚焦物质性发展、与政策的联系等）是一致的；二是它规划的内容，与“综合规划”的要素要求（土地利用、人口规划、住房建设、基础设施、教育、休闲环境、交通设施等）略有参差。

应该说，无论是我国的“多规合一”，还是国外的“综合规划”，它们所要完成的任务也都为地方旅游的发展创造了极为良好的基础条件。所以有研究者认为，当前国家旅游局提倡的“全域旅游”正是实施“多规合一”的最佳抓手，或者认为“多规合一”的推出已经为当前国家旅游局“全域旅游”的推广创造了极佳的环境条件。因此，有不少旅游研究者认为，旅游规划理当进入各地“多规合一”的编制团队，进而取得自己在“多”中的一家地位。不过，地方规划中传统的“三大家”（或“四大家”）是不是能够让旅游规划在中间平起平坐，或者给以其讨论的发言权，还有待进一步观察。当然了，这就要看地方政府如何看待本地的旅游业了。

从国家发改委等四部委在《关于开展市县“多规合一”试点工作的通知》中提出在全国开展“多规合一”试点的28个市县名单来看，旅游业在试点市县的厦门、大理、敦煌等地，都占有举足轻重的地位，或者它们的经验将有可能为旅游规划进入“多规合一”创造成功的先例。

另一方面，由于全国越来越多的省、市、区、县自愿申请进入全域旅游示范区的名单，因此地方当局在安排地方“多规合一”规划的时候，将有可能授权当地旅游主管部门或旅游专家参与“多规合一”规划编制，并给他们较多的发言权，这自然也就为当地旅游的发展创造了更多的好条件好机遇。

基于“多规合一”的规划编制完成后，仍然必须有独立的旅游规划，因此本书本篇（《旅游规划的广义拓展》）所论的“旅游休闲规划”与“多功能旅游规划”（或覆盖二者的“全覆盖型旅游休闲规划”）便成了地方当局必须继续认真完成的工作。

相关资料

“多规合一”

为了实现多个规划（国民经济和社会发展规划、城乡规划、土地利用规划、生态环境保护规划等）在一个区域上的融合编制，以期解决各地现有各类规划自成体系、内容冲突、缺乏衔接等问题，国家发展改革委、国土资源部、环境保护部、住房城乡建设部2014年8月26日联合发布《关于开展市县“多规合一”试点工作的通知》（发改规划（2014）1971号）。通知说，按照中办、国办有关工作部署，国家发展改革委、国土资源部、环境保护部、住房城乡建设部等部委将联合开展市县“多规合一”试点工作。开展市县“多规合一”试点，是为了解决市县规划自成体系、内容冲突、缺乏衔接协调等突出问题，保障市县规划有效实施的迫切要求；也是为了强化政府空间管控能力，实现国土空间集约、高效、可持续利用的重要举措；同时也是改革政府规划体制，建立统一衔接、功能互补、相互协调的空间规划体系的重要基础，以期加快转变经济发展方式和优化空间开发模式，坚定不移实施主体功能区制度，促进经济社会与生态环境协调发展。

该文件接着还说，开展“多规合一”试点的主要任务是，探索经济社会发展规划、城乡规划、土地利用规划、生态环境保护等规划“多规合一”的具体思路，研究提出可复制可推广的“多规合一”试点方案，形成一个市县一本规划、一张蓝图。同时，探索完善市县空间规划体系，建立相关规划衔接协调机制。其具体任务是：（一）合理确定规划期限。统筹考虑法律法规的要求和相关规划的特点，探索确定统一协调的规划中期年限和目标年限，作为各类规划衔接目标任务的时间节点。以2020年作为规划的中期年限，研究探索将2025年或2030年作为规划中长期目标年限的可行性和合理性。（二）合理确定规划目标。把握市县所处的大区域背景，按照县市的不同主体功能定位，以及上位规划的要求，统筹考虑经济社会发展规划、城乡规划、土地利用规划、生态环境保护规划等相关规划目标，研究“多规合一”的核心目标，合理确定指标体系。（三）合理确定规划任务。按照资源环境承载能力，合理规划引导人口、产业、城镇、公共服务、基础设施、生态环境、社会管理等方面的发展方向与布局重点。探索整合相关规划的空间管制分区，划定城市开发边界、永久基本农田红线和生态保护红线，形成合理的城镇、农业、生态空间布局，探索完善经济社会、资源环境政策和空间管控措施。（四）构建市县空间规划衔接协调机制。从支撑市县空间规划有效实施的需要出发，提出完善市县规划体系的建议，探索整合各类规划及衔接协调各类规划的工作机制。

为此，该通知还特地从“试点方案的制定”和“试点工作的组织”两个方面对“开展试点工作的组织实施”作了安排。

作者在思考

关于“全域旅游”与旅游规划关系的个人浅见

自从2016年1月末全国旅游工作会议提出“要推动我国旅游从‘景点旅游’向‘全域旅游’转变”以来，“全域旅游”就迅速地成了旅游学界的热词。会上，该工作报告明确表示，“在我国旅游发展的初级阶段，我们发展旅游，主要是建景点、景区、饭店、宾馆，然而，旅游业发展到现在，已经到了全民旅游和个人游、自驾游为主的全新阶段，已经不能满足现代大旅游发展的需要。现实要求我们必须从现在的景点旅游模式转变为全域旅游模式。全域旅游就是要把一个区域整体作为功能完整的旅游目的地来建设，实现景点内外一体化，做到人人是旅游形象，处处是旅游环境。全域旅游是空间全景化的系统旅游，是跳出传统旅游谋划现代旅游、跳出小旅游谋划大旅游。”

回顾这一年多的发展进程，“全域旅游”的理论与实践，正在迅速传播与推进。同时它也是在不断地丰富与完善之中的。当前，由于“全域旅游”已经成为国家旅游局推动全国旅游发展的战略部署，所以在各地地方旅游主管部门，在旅游相关业界都得到了积极地响应。只是在学界，学者们的态度还不完全一致，其间大致有三种情况：一是积极地配合研究，并且以自己更加细化的探索来进一步阐述全域旅游的各个相关环节；二是在总体肯定和支持中，也在其阐释和具体措施上提出了一些修正和补充；三是表示疑虑和反对（虽然人数很少，但有的态度却相当激烈）。

笔者这里，无意参加学界对此的有关讨论。下面供读者参考的，是我个人曾以旁观者的态度对此公开发表过的意见：

一是同年9月，“首届旅游行为研究学术研讨会”在济南召开，主办方邀我到会上致辞。致辞中，我除了表示祝贺和旅游行为学价值的肯定之外，也就那时大家关注的一些热点谈了谈自己不多的看法，其中就说到了“全域旅游”。我的发言是——

下面的例子更是姑妄言之了。前不久，国家旅游局提出了“全域旅游”的政策导向，应该说这是一个值得重视的好主张。除了不少学界人士的积极响应外，也有持强烈反对意见的。我个人想冒昧地在这里说一句，“全域旅游”的主张，应该是站得住脚的。

如果“全域旅游”是从“旅游行为学”的角度提出，而不是从“旅游管理学”的角度去切入，那么让业界、学界去接受就会顺畅得多。因为旅游是人们离开常住地的活动，旅游者的旅游生活需求，与他在原住地的需求，与经行地、目的地居民的需求，是没有本质差异的；加之旅游者是身处异地，所以对游、购、娱、食、住、行等要素的需求，又比当地居民更直接（更需要社会来直接供给），更需要社会供给的及时响应，加之旅游者的足迹无远弗届，因此对他们需要的服务供给，自然而然地就具有了地域上的全域的性质。

另一方面，在我国同联合国《国际标准行业分类》接轨的《国民经济行业分类》（现行最新版本是GB/T 4754—2011）的20个门类中，“旅游业”所需的游、购、娱、食、住、行等的供给，实际上是跨越H（住宿和餐饮业）、G（交通运输业）、N（水利、环境和公共设施管理业）、F（批发和零售业）、R（文化、体育和娱乐业）和L（租赁和商务服务业）等多个门类，由这些门类共同来提供的。而且随着乡村旅游、工业旅游等的发展，它还正向着A（农、林、牧、渔业）、B（采矿业）、C（制造业）等门类延伸；如果再加上它的上游产业、支撑产业和延伸产业，那么，D（电力、热力、燃气及水生产和供应业）、E（建筑业）、I（信息传输、软件和信息技术服务业）、J（金融业）、K（房地产业）等等门类，也都是旅游业发展所不可或缺的。而且旅游公共服务，旅游秩序的保障，还需要政府（S门类）的提供和介入。所以说，如今的旅游业早已不是单一的企业或行业，而是一片产业的集群。因此它也正在超越社会生活中许多大而又大的产业门类，进而获得了全产业的性质（或称产业的全域性质）。

可是从旅游管理的角度去入手，困难就多了。由于国家旅游局是我国较晚成立的行政管理部门，在国家权力分配中余下的管理权已经不多了，已经没有了把涉及旅游的各个领域都管起来的可能。即使是产业集群，它也只是H门类（住宿和餐饮业）、G门类（交通运输业）等的主体，而在其他行业门类，连“旅行社业”也只能够是L门类（租赁和商务服务业）下的第72大类（商务服务业）的727中类（旅行社及相关服务）的一部分（7271小类）。再说任何一个行业门类或大类，都有一个自己的行业核心及运行模式，你可以要求人家优化他的旅游服务，却无力改变他的核心。如再从全域旅游示范区而言，也只有部分省市才能够开展这种试验；即使是示范区，也是在部分省区或真正的旅游城市才比较适合；而且地方政府也都是在为本地纳税人当家的，不管官员怎么说，最终他也不能不以服务本地居民为主体。

所以若要落实全域旅游的部署，从行为学的角度去普及全域旅游的认知，仍然是重要又重要的了。比如“一带一路”的建设与开拓，旅游原本就是其始源之所在，然而由发改委牵头的多部委在编制其规划（《推动共建丝绸之路经济带和21世纪海上丝绸之路的愿景与行动》）时，却忘了邀请国家旅游局参加。如果也从行为学的观点来认识，那就是高等生命的行为多是有意识的行为，因此全域旅游也只有更多人有了更真切认识，才能够变成更多人的行动。为了旅游业的可持续发展和旅游科学的新发展，旅游行为研究关系着它的未来！

（据会议致辞的演讲稿，实际发言时略有增删）

我的另一次随感，却比这早的多，那是同年的3月，因为见到几位学人在微信中对此话题的漫谈意见，故也在“北京旅游学会微信群”即兴地聊了几句自己一知半解的体会。我写到——

以前咱们为《广义旅游学》一书撰稿时，虽然书名冠以了“广义”，其实“广”得也有限，那只是从管理者的角度想把手在管理范围伸得长一些罢了。如果从旅游现象和旅游活动而言，它仍然是处在比较狭义的范围内的（在那期间，一次我曾经对中科院一位研究员这样说过）。现在国家旅游局的“全域旅游”，也可能是受到杨振之等早年对旅游规划的提法影响提出的，我推测当初杨的意思，是想让规划委托方调动规划地的一切积极因素，以期最后能够形成较为完整的旅游供给。也许现在国家局也有相似的目的，但是面对全国相关因素难以调动（从部门到地域权力都是分散的，连中央有时都感叹政令出不了中南海），所以只好让旅游目的地地方政府自己做主来申报（指各地自主申报创建“全域旅游示范区”）。不过，地方政府虽然头头应承了，拿了牌子，但是他能够真把一切工作都围绕着旅游来部署来开展吗（除了极少数十足的旅游城市外，更多地方班子内的领导人也不会全都真的那样做的，真要做，其下属的部门也不一定会同意啊），再何况旅游者的旅游多是线性的活动，往往一迈步就出了示范区，显然这就难以感受到行程中的“全域”服务了。国家旅游局提出此理念的初衷是好的，而且也能够起到相当的效果，下一步就看国家局和地方政府如何去贯彻、去协调了。一时感言，肯定说不周全。

（据2016年3月21日，08：39微信记录。）

上面的说法，肯定仍然有片面的地方。不过这里接下来想进一步补充的，确是一个好态势。那就是当前全域旅游示范区的不断增多，正好赶上国家发展改革委、国土资源部、环境保护部、住房城乡建设部等部委联合发布的《关于开展市县“多规合一”试点工作的通知》，这就使得许多要求进入示范区名单的省、市、区、县或想要借助旅游业推动地方发展的地方政府，不得不把对“全域旅游”的部署纳入到“多规合一”的顶层设计之中，因此“全域旅游”与“多规合一”的互动，也就正好从规划的起点去全面部署地方旅游业的可持续发展。这真是一个千载难逢的好机遇！

四、广义旅游规划的依存要素与对其的把握

作为决策人和规划师，要想安排好广义的旅游规划，就必须对旅游规划的要素有真切的了解，同时还需要在调动这些要素的时候，能够做到科学的把握。

一个人的知识和智慧毕竟是有限的，除了借助于“外脑”——紧紧地依靠所在团队的群策群力和使用必要的科技手段外，还需要自己广博的见识和善于思考，更需要不断地学习，学习他人的最新研究成果，寻找和发现人们已经形成或正在形成的前瞻性共识，乃至尚未达成共识却具有超前眼力的独到见解，从而在尽可能精准的把握中，将这些有关旅游规划要素的精华丰富到规划中去。

旅游规划的依存要素，应该成为一个完整的科学体系。而广义的旅游规划学所担负的学科任务，就是成为建设这个体系的积极推手。为此，下面拟做一个简略的概说。

（一）对资源要素的把握与安排

1. 旅游资源是旅游规划的第一依存

基于旅游是从甲地到乙地以及到丙地等的活动，因此旅游对地域资源的依托也就首先凸显了出来。我国从地理学的角度研究旅游资源是开始得较早的，而且多数学界的朋友也都赞同旅游资源的“两分法”。如1992年出版的中国科学院地理研究所主编的《中国旅游资源普查规范（试行稿）》就认为，旅游资源的“全部基本类型共有74种，归为6类：（1）地文景观类；（2）水域风光类；（3）生物景观类；（4）古迹与建筑类；（5）消闲求知与健身类；（6）购物类。然后再将这6类归并为两大类：1~3类属于自然景观资源；4~6类属于人文旅游资源[17]。

长期以来，虽然“自然旅游资源”和“人文旅游资源”的“两分法”一直占据着旅游资源分类的主流位置，但是它也遇到了“三分法”的挑战。其持论者认为，“旅游资源具体包括三个部分，即自然资源、人文资源和由人文资源中分离出来的社会资源”[18]。可是支持“三分法”的研究者却一直不多，直到《中国旅游资源普查规范（试行稿）》出版十年之后的2003年（也大致是“社会旅游资源”提出十年之后），研究者们仍然认为“社会旅游资源属于人文旅游资源”[19]。

2003年，以国家标准的形式推出的《旅游资源分类、调查与评价》GB/T 18972—2003，将旅游资源的类别调整为了8个主类、31个亚类、155个基本类型。8个主类依其从A至I的排序，分别是地文景观、水域风光、生物景观、天象与气候景观、遗址

遗迹、建筑与设施、旅游商品、人文活动[20]。如与《中国旅游资源普查规范（试行稿）》比较，一是在自然景观资源的大类下增加了“天象与气候景观”；二是在人文旅游资源的大类下将前“古迹与建筑类”分为了“遗址遗迹”和“建筑与设施”，同时将原“消闲求知与健身类”做了增补后改名为了“人文活动”。从某种程度来看，或者这里面也适度接纳了旅游资源“三分法”的一些可取的主张，但是“两分法”的分类格局仍然没有改变。

基于我国的旅游资源研究是植根于对地理学的深刻认识的，同时更有着全国不同地方实地考察的丰富收获，所以在编制《中国旅游资源普查规范》和《旅游资源分类、调查与评价》时给它下了一个很有概括力的定义——“自然界和人类社会凡能对旅游者产生吸引力，可以为旅游业开发利用，并可产生经济效益、社会效益和环境效益的各种事物和因素”[21]。

2. 旅游者的目的资源并非旅游资源的全部

现代经济学在研究资源时，常常更宏观地关注于国家或地区内拥有的物力、财力、人力等各种物质要素和能量要素，乃至认为资源就是生产过程中所使用的投入。虽然有的学者硬性地将“地理资源”和“经济资源”分割开来，但我国旅游资源的研究者却将旅游资源和它的三大效益紧紧地结合在了一起；虽然其规定的范围还仅限于旅游者所关注的那一部分，但其与效益的连接，无疑也是与多数经济学人的思路完全一致的。或者这也正像国际学者贾法里（Jafar Jafary）在其《旅游百科全书》（*Encyclopedia of tourism*）中所说的那样“旅游资源不是，但它却正在成为经济地理学主张的最大成绩”[22]。

如果从旅游规划的角度来研究，我们的旅游资源观就不能仅限于旅游者关注的那部分了。因为要实现对旅游者最关注的内容的提供，实现旅游的发展，除了吸引物资源是旅游发展的“第一资源”外，它所需要的资源类别却要多得多。

1993年“旅游规划理论与实践研讨会”召开时，笔者曾经在宣读的论文中论述到旅游资源与规划的密切关系，并说道“这里所说的资源，既包括旅游业的两大资源范畴（①基本资源范畴——即人们常说的自然资源、人文资源等旅游目的资源，②可用于定向使用的资源范畴——即人们常说的接待能力、交通条件与运力等旅游业运行资源），也包括了整个社会人、财、物等方面的资源”[23]。很显然，这里所提出的资源范畴要比前面的“两分法”或“三分法”宽泛的多。旅游规划在提出资源配置的建议时，不仅需要关注旅游目的物资源，还必须关注旅游开发和旅游运行的支撑性资源。其实早年笔者的这一资源观，也是与现代资源理论与国际上的旅游资源论接轨的。

比如在WEF（世界经济论坛）推出的《2011年旅游竞争力报告》（*Travel & Tourism Competitiveness Report 2011*）里，国家和经济体的“旅游竞争力”第一层级共有“三大板块”，而其中第三板块就是资源——“旅游的人力、文化、自然资源”（T&T human，cultural，and natural resources）。

在《旅游竞争力报告》的“人力、文化与自然资源”板块下，共拥有旅游竞争力全部二级指标体系的4/14份额（即在该报告所称的14根“主要支柱”中占有了4根），即“人力资源”“旅游亲和力”“自然资源”“文化资源”四类。如与我们此前常用的旅游资源“两分法”比较，显然它是把旅游业运行的人力因素与当地政府和居民对旅游的态度都包括了进去。如果再逐一考察其下具体的三级指标，那就是——

· 在二级指标“人力资源”下又包括了初等教育入学率、中等教育入学率、教育体系质量、本地专业研究与培训的有效性、本地员工培训程度、招聘和解雇的常规做法、是否易于招聘外籍劳工、艾滋病传染百分率、艾滋病对商业的影响、人口的预期寿命。

· 二级指标“旅游亲和力”又包括了旅游开放度、居民对外国游客的态度、对入境商务客人的旅游推介。

· 二级指标“自然资源”又包括了世界自然遗产数量、国家保护区域的国土面积比、自然环境质量、已知物种总量。

· 二级指标“文化资源”又包括了文化遗产数量、体育场馆人均数、国际博览会和展览会举办数、创意产业出口在全球的位次。

从《2011年旅游竞争力报告》反映出的中国“自然资源”在全球位居第5，“文化资源”在全球位居第16，可以看出我们的资源优势；可是同属于资源类的“旅游亲和力”却在全球139个国家和经济体中位居124[24]，足见我国遗产资源的丰厚和当代努力创造的不足。这种现象不能不引起我们的高度重视。

虽然不能说，世界经济论坛《旅游竞争力报告》反映出的这种资源观就更准确，但是这一国际的认可，也在一定程度上指明了发展旅游时必须对资源的认识有更为开阔的眼光。

3. 对旅游资源的价值的多重考量

地方当局、投资者、规划师在研究旅游规划时，除了注意发现目的地各类资源的特色引力外，在旅游规划时还需要有对资源价值的深度认识。笔者在“2010中国城市榜·旅游城市发展峰会”的一次发言中曾经说到，虽然我们有的地方资源的客观价值是全国前列乃至世界级别的，虽然每个旅游者或潜在旅游者都有相当的科学头脑，但他们毕竟不是科学家，既不是地理学家、历史学家，也不是生物学家、人类学家……虽然他们也都接受社会的共识，但是在选择旅游时和取舍评价时却又有自己的考量。因此，资源绝对价值与旅游价值也就难于等同；更何况，谁也无法让人类越来越多样、越来越具有个性的旅游取向相同起来，于是，对于相近相类的资源就出现了不同的评价与选择。

更何况旅游资源的价值，并不全然体现为其单一外在的物质性外壳。比如可观览度、可感知度，震撼力、冲击力，神秘性、启迪性，珍稀度、奇异度，愉悦感、舒适感，还有地域的跨越、历史的厚度、吸引物的体量与规模、人性的感动、生活的亲切，健康的增进等等，更有这些差异或互补的诸多因素的组合丰度和结构方式等，都在旅游者的思考和比较之中。

即使将这些资源开发为旅游者需要的产品，又不能不与地区旅游产品的是否成型，不能不与目的地的交通难易、接待能力、安全状况、购买方便程度、花费高低等等结合起来。如果把旅游的引力比作磁石的磁力，那么上面所说的引力要素，就是旅游的磁力线。只是，磁力的强度取决于磁力线离开磁极的远近，而旅游的引力却取决于这些要素的自身和组合。

这就需要我们建立起新的旅游资源观。在以新的资源观看待资源问题时，还须有新的思维模式和规划中对下一步工作的准备。即使只就旅游者的目的资源而言，也须具有新理念——

一是，资源的单体的价值与共生价值，即应从资源共生的现实性认清其单体的价值与共生价值的变量，亦即共生资源、群生资源所能够产生的$1+1>2$乃至$1+1<2$的诸多问题（共生资源，指不同类型资源的共生；群生资源，专指同一类型的丛生）。

二是，资源的有限性与认识的无限性，即以可持续发掘的能动性认清资源的有限性与无限性的两个侧面，亦即自然资源的物质是有限的，然而人类认识是无限的，因此资源利用的潜力也往往是无限的。

三是，资源量与质的互补效应与积聚效应，非共生体资源的集聚，其价值也不是简单的1 + 1；应以辩证的思维认清资源规模与品质所具有的互补效应与积聚效应，认清资源量的累积和质的提升中的乘数效应，并以之为依托，既充分又留有余地地来安排对它的合理使用。

四是，与资源本身赋存相连的整合利用与局域利用的多重效应，即以产业规模的集群性认识到整合利用与局域利用的不同效应，亦即规模力度和个性引力的协调布局与资源效益的预测问题。

五是，资源的节约使用和非耗损的充分利用，即以资源节约观为指导的非耗损性充分利用和必要耗损的节约使用的互补问题，亦即旅游主体资源的非耗损利用和日常生活必需资源的节约的可行性研究。

为防止资源评价的僵化、固化和过于现实化，为防止对资源组合认知的错位，在认识分析资源时，在对资源关系已有的辩证分析外，更必须有前瞻性眼光和未来学的思维。在看待资源和对待资源的问题上，除了本文前面已经述及的人类认识的无限性之外，还必须认识到资源自身的变动性（包括其天然的变动性和外在干扰引致的变动性）。

（二）对自然环境要素的把握与安排

旅游是旅游者从甲地到乙地的一种追求，除了乙地的差异性的引力外，环境也是旅游者所关心和在意的，甚至也是旅游者的追求的一部分。

另一方面，有时旅游目的地的主体引力并不是环境，但是主体引力对环境因素的直接和间接的依存或依托，常常也发生着十分关键的作用，因此也需要借助环境来辅助引力的塑造。而更为重要的，还在于自然环境是旅游主体的人、旅游客体的目的地、旅游介体的旅游服务，都依赖自然环境才得以活动与生存。

就自然环境而言，其内容自当是十分丰富的。因此珍视和保护自然的多样性，也是旅游规划不可推卸的责任。20世纪的90年代，国际社会便就生物多样性达成了广泛的共识，如果依据在里约热内卢形成的《生物多样性公约》，生物多样性既是地球生命的基础，也是人类生存的基础，在人类对哲学、对文学、对艺术，以及对多种多样的事物的认知中，都反映了生物多样性对人类发展的重要价值。

如果仅就我们的旅游活动的侧面而言，自然的多样性，生态的多样性，都既是旅游景观多样性的基础，都是旅游者在旅游中充分认识地球、认识生命、认识人类社会的基础，同时更是旅游者旅游体验以及有关旅游服务得以有效供给的源泉。

所以旅游规划者对自然环境的理念，对规划范围的自然环境要素，都应有准确的把握——

1. 关于水和水体的珍贵

由于地球已经进入了一个枯水的周期，而现代社会人口的增长、生产活动和城市化进程的用水，已经让地球上的淡水出现了近千年来少有的短缺，加之竞争性开发形成的不合理耗费及水质的污染，已使水资源即将有面临枯竭和水环境恶化，并严重地威胁着人类的福祉的不佳态势。这是当前人类不得不面对的现实。

对于旅游者来说，水就更显出了它可以焕发的生机。除了环境对水的依存、水对自然生态的滋养、淡水和海水都是观光对象的重要组成（如“水域景观”）之外，旅游接待用水和旅游者用水，也都超过了居民的人均用量。关于这点，波兰规划专家B. 马列士（1968年）在他的旅游门槛分析法中就指出了，水是制约旅游发展的门槛。所以旅游规划中对水源、水体和水景的保护，对用水的节约，都是绝对不能缺少的。

在人类的生活史上，“亲水”从来也是旅游者的重要取向。湖畔、河边、海滨，从来就是游人的向往；瀑布带来的震撼，人造水景增添的雅趣，都让人难以忘怀；而现代体育旅游的开拓，更将水体作为了水上运动和水中运动的载体。面对使用与保护的两难选择，面对人类的困境，所以无论你正在编制的规划是不是涉及江河湖海，或者包含着几个水体景区（乃至一个也不包括），如何运用现代理念与现代科技因地制宜地妥善安排水和水体的保护与利用，都是规划主持者必须解决好的首要问题。

2. 关于气候的多变

气候既是观光旅游的组成元素（“气候景观”），更是度假旅游的重要依托，而其舒适度也几乎是任何类型旅游所不可缺少的。可是，旅游规划的关注却不应该只限于此，更要关注它一年四季和风霜雨雪等变化所构成旅游价值的锐化和钝化，关注它可能对生态、对人的安全及其对日常接待运行的负面制约。

UNWTO（世界旅游组织）曾经将2008年“世界旅游日”的主题设为“旅游：应对气候变化挑战”，这也充分反映了全球气候变化对旅游业影响的加剧。近年来，人们对“旅游与气候”相互关系的研究正在成为国际旅游科学的新热点。世界旅游组织与联合国其他机构连续召开的三届旅游与气候的国际会议，国家旅游局2008年11月发布的《关于旅游业应对气候变化问题的若干意见》，都值得旅游规划编制者的认真关注。

因此，加强旅游对气候资源开发与利用，规划好目的地防灾防险的气象预报的环节，以及避免旅游发展对于气候环境的不良影响，都是旅游规划人员所应该认真做好的工作。

3. 关于生态环境与环境质量

众所周知，旅游业是天生的环境友好型和资源节约型产业。由于旅游者对环境的高要求，旅游活动所依存的生态环境也就尤其值得旅游规划的关注。虽然规划师所接受的第一任务不一定是生态环境的保护和优化，但是规划师注目对环境的调研，注意未来旅游活动对环境的依存，以及主动将旅游规划与环境的保护、与环境的优化融合在一起，则正好是他推动生态文明建设所应有的义务。

无论你现在是不是在编制自然生态区的规划，除了《中华人民共和国环境保护法》的法律规范外，《中华人民共和国自然保护区条例》等也是必须研究和遵循的，尤其是该条例中的“总则”和其对保护区“建设”和“管理”的规范，都是不可随意逾越的。有关规划实施的“环评”安排，规划区内环保制度的建设，都必须在规划的内容中给以强调。斯德哥尔摩“第一届联合国人类环境会议”提出的《人类环境宣言》(1972年)，国际上有关生态旅游发展的理念和规范，也是应该积极学习和认真体会的，如果能够在一般的自然景区的旅游环境中对其适度地借鉴，那定能够产生出富有前瞻性的效果来。

绝不要无中生有地超越自然去“创新”，诸如把家兔带到澳洲去野放酿成的“兔灾”，捕猎带来的加拉帕戈斯海龟的几乎灭绝的教训，都是应该引以为戒的。

4. 关于可持续发展的安排

自1972年联合国人类环境会议提出可持续发展理念以来，可持续发展已经成为我国的基本国策。它号召人们在增加生产的同时，必须注意生态环境的保护与改善，使我们的对资源环境的利用，我们的发展，既满足当代人的需求，又不对后代人满足其需求的能力构成危害。所以旅游规划中对资源和环境的承载能力的妥善衡量，为今后继续发展留下充分的余地，以及保护资源、大气、水源、水体、生态环境等都是缺一不可的。

关于旅游业的可持续发展，在1990年温哥华“1990全球持续发展大会旅游组行动策划委员会会议”上，就已经提出了《旅游持续发展行动战略》；1995年参加“可持续旅游发展”会议代表在西班牙兰萨罗特岛召开的会议上，遵循《环境与发展里约宣言》提出的原则和《21世纪议程》推荐的方法所通过的《可持续旅游发展宪章》和《可持续旅游发展行动计划》，更标志着"可持续旅游"这一理念的正式确立。这个理念的蕴含，既有利于增进人们对旅游所产生的环境效应与经济效应的理解，确保未来旅游业的可持续性发展，更能促使利益相关者在开发旅游的过程中始终保持对社会、文化、经济环境的高度警觉，从而尽可能地通过合理的选择为当地的社会、经济、文化等方面带来积极的影响，并使消极影响变得最小。

而WTO（世界旅游组织）、WTTC（世界旅游理事会）与Earth Council（地球理事会）联合制定的《关于旅游业的21世纪议程》（该文件于1996 年9 月5 日在伦敦记者招待会上首次披露，其文本的全文于1997 年6 月在联合国大会第九次特别会议上正式公布）更就旅游的可持续发展做出了十分详细的辨析和阐释，尤其是它第二部分"行动的框架"，更用了"政府部门、国家旅游管理机构和有代表性的行业组织的责任"和"旅游公司的责任"两章的篇幅，将有关可持续发展的责任和实施办法一一地列举，因此认真学习和领会这些文件的内容，对于相关旅游规划的编制和实施安排，都将是十分受用的[25]。

（三）对人文环境要素的把握与安排

旅游的发展，与目的地和客源地居民的人文状况都有着密切的关系。在旅游规划着手之先，就必须按照旅游规划的通行办法做好搜集相关资料的准备。在目的地的人文环境方面，其民众、社会、文化，以及政治、经济的现状和发展前景，都是与旅游发展密切相关的因素。比如目的地的行政区划状况，人口数量及其居民构成，当地居民的民族组成、聚落分布、民间信仰、民风民俗，地方语言的使用情况，居民的文化和教育水平，社会的开放程度和消费思潮，以及当地各种人文现象的地理分布、扩散和变化，社会活动的地域结构及其形成等，都是旅游规划着手编制时所应该了解清楚的。

基于有关学科的发展，在人地关系的理论方面，人们已经从过去的环境决定论、可能论、适应论等转变为了和谐论，因此旅游规划就不仅要考虑旅游对环境的依存与借力，更要进一步思考和安排这一产业发展对人文环境和谐的增进。

在分析目的地社会环境的时候，更要看到目的地社会的动态变化，研究不同社会群体对社会变革和旅游发展所持态度，在关注他们的利益的同时，应该争取到更广泛的民众参与和支持。在涉及他们的利益格局的时候，更应该充分运用菲尔弗雷多·帕累托的“帕累托改善”原则，不要因为要造福多数人就随意损害少数人的利益。

在区域关系的安排上，也不妨借助克里斯泰勒在探索城市空间组织和布局时提出的“中心地理论”，借助他的互补区域的理念，让旅游中心城市不仅能够得到周边的烘托与支持，更能够将利益向周边输送。

基于历史文化资源往往就是规划所需要开发利用的内容，所以有关当地的历史地理状况，当地历史文化的沉淀及名胜古迹的遗存，更应该得到规划者深入实地的勘察、考释和分析。在这里还可以运用朱利安·斯图尔特的“文化生态学”的理念和研究方法，对当地文化与社会以及它们与自然环境之间的互动关系和发展脉络进行考察，以期进一步揭示出当地文化发展的特色或体系，进而将其丰富为当地文化资源的旅游吸引物。

除了理论侧面的把握之外，对操作侧面的规范也应该充分重视。如果规划内容涉及文物古迹或遗产，我国的《文物保护法》《历史文化名城名镇名村保护条例》及《历史文化名城保护规划规范》GB 50357—2005，国务院《关于加强文化遗产保护的通知》，还有联合国教科文组织的《保护世界文化和自然遗产公约》（1972年）、《保护非物质文化遗产公约》（2003年）、《实施〈保护世界文化与自然遗产公约〉的操作指南》（2008年）等重要文件，都是必须认真学习和落实的。此外，诸如《关于历史遗迹修缮的雅典宪章》（1931年）、《华盛顿宪章》（1987年）、《威尼斯宪章》（1964年）、《奈良真实性宣言》（1994年）等，对如何在保护使用时体现出遗产的原生性、完整性、真实性和多样性，都有很高的指导价值。

（四）对社会经济环境要素的把握与安排

旅游业作为全球的一项最有魅力的产业，正在成为各个国家和经济体竞争力的一部分。但是作为一项对外来游客的包括游、购、娱、食、住、行等全面供给的商品，或公共品，它是不可以单独冒进的，它需要来自国家或地区的各个方面的辅助与支撑。所以在制定旅游规划时，关注国家或地区的旅游运行环境，关于旅游发展的支撑力，就非常重要了。

Travel & Tourism Competitiveness Report（《旅游竞争力报告》）是WEF（世界经济论坛）在其早年推出*The Global Competitiveness Report*（《全球竞争力报告》）对全球100余国家和经济体的整体竞争力进行了多年的分析比较之后，就全球经济力对比的又一次推进研究（这份从2007年起开始推出的《旅游竞争力报告》，开始是“年度

性”的，近年改为了“跨年度”）。

该报告在其一级指标的3个板块下，共有14组“支柱”的二级指标，其下三级指标又包含70余个类项（每年的数量略有差异，已经从2008年的71个类项增加到了2011年的79个类项）①。

这里想要特地提起注意的，是它一级指标第一个板块的“旅游相关的监管架构”和第二板块的“旅游商业环境和基础设施”。如果从第一、第二两个板块下的二级指标和三级指标来看②，它们下属的10根支柱的50多个三级类项中，如外资所有权的被承认、产权受保护程度、外资法规的商务影响、签证要求、开放的双边航空运输协定、政府的政策透明度、开业的时间需要、开业的花费、严格的环境法规、环境法规的严格实施、旅游产业发展的可持续性、二氧化碳排放量、悬浮微粒浓度、受威胁的物种、环境条约的批准情况、防止恐怖主义需要的商业成本、警方服务的可靠性、防止犯罪和暴力需要的商业成本、道路交通事故死亡率、医师的密度、获得改善的公共卫生环境、获得改善的饮用水、医院病床数、政府对旅游产业的优先化、政府的旅游投入、营销和品牌的有效性、政府官员出席旅游展销会、交通基础设施、机场的合理位置、每千人口的乘机出发率、机场密度、运营航空公司数目、国际航空运输网络、公路质量、铁路基础设施质量、港口设施质量、国内运输网质量、公路密度、酒店客房数、现存主要的汽车租赁公司数、接受Visa卡自动取款机数、使用互联网的业务范围、互联网用户数、电话线路数、宽带互联网用户数、移动电话用户数、机票税金和机场费的收取、购买力平价水平、税项及其影响、燃油价格水平、酒店价格指数等等，其实都是旅游业赖以发展、赖以运行的经济社会的大环境。其中，中国的这些条件既有较优的一部分，也有较多的欠缺[26]。

应该说，世界经济论坛《旅游竞争力报告》所提出的这些有关旅游业发展的环境条件，都是在我们编制旅游规划时所必须关注的。尽管基于行业分工分管的差异，区域性的旅游规划是没有可能对发展环境一一进行统筹的，但是充分考虑现状，并对未来前景具有预测性的评估，以及通过呼吁、建议、协商，或考虑如何才能作出力所能及的安排，都是旅游规划制定时不能不多加关

① 关于中国在世界经济论坛（WEF）各年的《旅游竞争力报告》的排名，请见资料插入框《*Travel & Tourism Competitiveness Report*中的中国排名》。

② 其“旅游监管架构”板块下，共有二级指标5组，它们分别是“政策法规”“环境的可持续发展”“安全保障”“健康和卫生”“旅游的优先次序”。其“旅游商业环境和基础设施”板块下，也共有二级指标5组，分别是“空中交通基础设施”“地面交通基础设施”“旅游设施”“资讯科技基础设施”“行业的价格竞争力”。其“旅游人力、文化、自然资源”板块下，共有二级指标4组，其分别是“人力资源”“旅游的亲和力”“自然资源”“文化资源”。

注的内容。而作为国家和地方政府，在国民经济和社会发展的总体规划中对以上诸多环节的全面安排与改善，也就成了对旅游发展的积极推进。

新近资料

_Travel & Tourism Competitiveness Report_中的中国排名

回顾自2007年世界经济论坛（WEF）推出全球《旅游竞争力报告》（*Travel & Tourism Competitiveness Report*）以来，中国的表现的确是令人欣慰的。这些年来中国的旅游竞争力指数的全球排名出现的可喜上升，应该视为国际社会对中国旅游业的进步的真实肯定。请看下面该报告年度各名次的比较。

报告 出版年度	中国总得分 得分/满分	全球排名 排名/参与排名的国家和经济体数	与上次排名的 比较
2007	3.97/7	71/124	—
2008	4.06/7	62/130	+10
2009	4.33/7	47/133	+15
2011	4.47/7	39/139	+8
2013	4.45/7	45/140	–6
2015	4.54/7	17/141	+28
2017	4.72/7	15/136	+2

注：1. 该报告2007、2008、2009年连续三年，都是年度性报告，而自2011年起，该报告改为了隔年一次的双年版。

2. 在2015年报告中，中国出现的名次的飞跃，除了中国确有的诸多进步外，也与该报告的指标体系大调整有关。

这成绩的取得，自然得力于中国经济实力的支撑和政策的不断改进，同时也与旅游业及相关行业的努力密不可分，其中也自当与旅游规划界的专家的成功谋划分不开。

（五）对市场要素的把握与安排

关于旅游规划的编制，我国曾经有过“资源导向”和“市场导向”的争论，经过热烈争论后的冷静思考，经过对正反经验的总结，人们这才发现关于“旅游资源与市场同是旅游得以发展的两翼”的主张的准确性，才认识到只见市场而不顾资源条件的规划将会付出的昂贵代价。

在我国发展旅游的进程中，也还出现过旅游是“事业”还是“产业”的不同认识，在经过这些年的左右摇摆之后，人们才进一步认识到旅游业兼具“事业”和“产业”的品格。

尽管各国政府都在关注民生，但是现代的旅游业的供给主体依然是由市场来承担的，不仅实行市场经济的国家如此，即使在非市场经济的国家，现代旅游的供给也难以摆脱买卖关系。市场对人们的生产、分配、交换和消费活动的影响，正是市场对资源配置作用的表现。基于微观经济中市场对于资源配置的影响几乎无所不在，所以充分的发挥市场经济的作用，就是旅游规划中的一件绝不能缺少的主要工作。

从近十年中国的发展来看，其国内旅游成长的态势是稳步而快速的。2002年全年国内出游人数29.6亿人次，比上年增长12.1%；国内旅游收入22706亿元，比上年增长17.6%。在总体上都超过了前一个五年规划期间的平均水平（“十五”期间其出游人数平均年增率是11.65%，旅游花费平均年增率是18.89%）；虽然入境旅游在缓慢增长中还有下滑，但是2012年入境人数的13241万人次（其中，过夜旅游者5772万人次），国际旅游外汇收入500亿美元[27]，其规模的大小，已有多年一直处在全球前五名的位置。①

市场经济理论现在已经为更多人理解，这些态势和市场学的常规原理，也就无须在这里再来细说。

看市场更要看它的走势，基于近年来我国职工工资水平的大幅度提高，以及全社会公益福利的渐趋改善，从而也更加强了居民消费的信心。虽然经济学中“边际消费倾向递减规律”揭示了居民消费增长并不总与其收入增长同步，

① 2017年作者校后补记：据国家统计局2017年2月发布的《中华人民共和国2016年国民经济和社会发展统计公报》，2016年全年共接待国内游客44亿人次（比上年增长11.2%），国内旅游收入39390亿元（增长15.2%）。共接待入境游客13844万人次（增长3.5%），其中，外国人2813万人次（增长8.3%），我国香港、澳门和台湾地区同胞11031万人次（增长2.3%）。在入境游客中，过夜游客5927万人次（增长4.2%）。国际旅游收入1200亿美元（增长5.6%）。国内居民出境13513万人次（增长5.7%），其中因私出境12850万人次（增长5.6%），赴港澳台出境8395万人次（下降2.2%）。有关资料还显示，中国不仅国内旅游人数位居全球第一，且成了世界最大的入境旅游目的地，入境过夜游客的数量也位居全球第四。

但是“吉芬商品”效应却又揭示着某些商品在价格上升时购买反而增加的现象，所以当前我国物价的波动还尚难改变我国居民更多选择外出旅游的走向，更何况居民的旅游休闲的需求正有一种越来越趋于刚性的势头。

“独特性卖点”和“普适性需要”所产生的“创造消费”“创造需求”的现象，也是不能轻视的①。虽然有研究者将商品与市场的这种关系比之为“先有鸡还是先有蛋”的讨论，但是像“iPhone”“iPad”以创新产品开拓市场的实例却是难以反驳的。马尔代夫旅游的走俏不仅是它的自然环境，而且更在于它面向市场的富有特色的科学开发。不过还必须注意的是，即使只就市场的需求而言，旅游规划的任务，还不是设计或生产出某种旅游产品来，而是要设计出专门能够生产这些旅游产品的“母机”，或者“母机”的“母机”。

除了从经济学特征对消费者给以关注外，还必须认识到其人口学特征、历史文化学特征、消费心理学特征，以及客源地的消费思潮等，也都在影响着他们的购买和市场的形成。所以关注诸多因素对市场变动的推力，关注市场的非周期性变动和周期性变动等等，都是规划团队中应该做好的功课。

（六）对推进旅游公共服务的责任

旅游业发展的规律已经证实，旅游公共服务既是国家和区域旅游发展水平的重要标志，更是国家和地方旅游发展的重要支撑。

在我国旅游的发展中，人们已经逐渐意识到旅游公共服务的不可缺少。尤其是近来年，我国已经把加快公共服务体系建设提上了日程；国家旅游主管部门在《中国旅游业“十二五”发展规划纲要》制定完成后，又继续补充编制了《中国旅游公共服务“十二五”专项规划》。据《北京旅游公共服务体系建设研究》②的研究报告称，旅游公共服务的核心体系包括下列八个方面的三个层级。

① 2017年作者校后补记：笔者那时有关供给会创造需求的想法，可能是受到了西方供给经济学派萨伊的影响。因为本文完稿时，我国还没有提出“供给侧改革”的经济政策，所以本文这里亦未能就有关政策做出呼应性阐释。

②《北京旅游公共服务体系建设研究》课题，是本书作者2011年受北京市旅游局委托，组织北京联合大学旅游学院课题组负责完成的。

旅游规划第七议：

旅游规划的广义拓展

旅游公共服务体系核心层级结构表　　表5

第一层级	第二层级	第三层级
引领层	关键层	基础层
旅游公共服务体系	旅游公共信息服务体系	旅游网络信息平台
		旅游咨询服务中心
		平面印刷的旅游推广册页
		传统传媒信息（报刊和广播电视等）
		运用数字技术的旅游信息资料
		未进入信息整合的网络信息
	旅游公共安全保障体系	旅游安全规范
		旅游安全教育
		旅游安全措施
		旅游经营者旅游安全责任制度
		旅游保险
		旅游紧急救援
	旅游公共交通体系	通用公共交通与旅游专线交通
		旅游集散中心
		旅游交通道路指引体系
		旅游观光巴士
		旅游自驾车营地
		旅游专用道路（旅游绿道、风景道）
	旅游公共设施与公益服务体系	旅游便捷服务
		对特殊群体的旅游关照
		免费旅游设施
	旅游公共科普 与旅游责任教育及辅导体系	旅游出行基础知识
		旅游消费购买知识
		旅游安全知识
		旅游活动中的科学知识
		对旅游者的旅游责任教育与辅导
		对旅游经营者的责任教育与辅导
	旅游志愿者服务体系	通常旅游的志愿者服务
		节假日和节事活动的志愿者服务

续表

第一层级	第二层级	第三层级
引领层	关键层	基础层
旅游公共服务体系	旅游环境保护与优化建设体系	旅游开发的环评制度
		旅游经营环保与监督制度
		旅游者环境保护行为准则
		旅游文明规范
		市民的友善好客
	旅游公共服务推动与监管体系	政策、规划、规范、办法
		直接提供服务
		安排委托服务
		公共服务运行管理监管

注：1. 在旅游公共服务体系中，还有一些分支体系（如旅游专业教育等），因为该分支体系另有专属，故这里不再列出。

2. 由于“旅游公共设施”的包容面极为宽泛，恐不是作为旅游职能部门一家所能够统一筹划的，故表中暂且将“旅游公共设施体系”中“旅游公共设施与公益服务体系”下相应的基础层级做了淡化处理。

3. 为了叙述清晰，免生歧义，表中第三层级的“子系统”已经不再以“体系”命名（已建议改称其为旅游公共服务的“类项”）。

资料来源：北京联合大学旅游学院《北京旅游公共服务体系建设研究》课题报告。本文这里略有调整

从表5中的内容来看，基础层级的38个类项，显然是不可能全部由政府下属机构来直接完成的。但是政府却是这些公共服务的主导者。

在诸多的旅游公共服务类项的建设中，政府除了可以提供资金、物力、土地、人力之外，更重要的是，它既是有关旅游公共服务政策、规划、规范、办法的制定者，同时还是有关政策、规划、规范、办法的实施者或实施的推动者。它不仅常常担负了直接提供公共服务的责任，而且还常以一种合作的方式带动民间非营利组织和相关企业一同推进旅游公共服务的建设，推动旅游公共服务的运行；而且在这一有关的建设和运行中，它又被赋予了监管的责任。政府这个角色成功与否，不仅是地区或国家旅游发展水平的表现，而且也是直接影响地区或国家整个旅游发展成败的关键。

图3显示，这种由政府主导，及其带动民间非营利组织及市场商家来实现的旅游公共服务的供给，将显现为一种携手的格局。

所以我们的规划师在为政府编制旅游规划的时候，绝不能疏忽有关旅游公共服务建设的安排；如果在为企业或非政府组织编制规划，就需要注意如何配合政府承担一

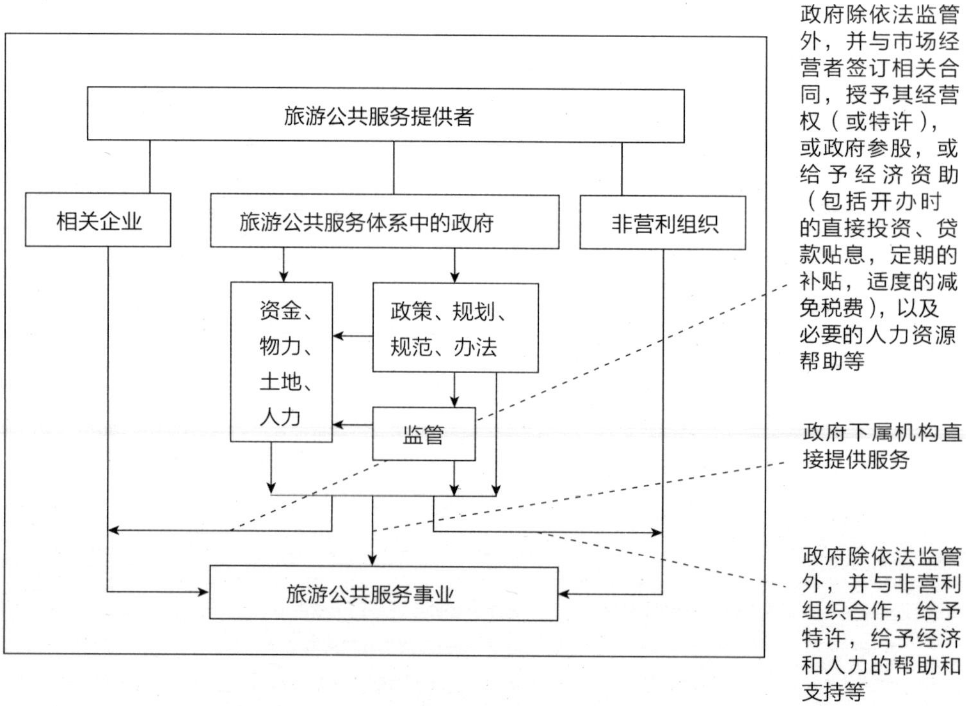

图3　旅游公共服务中政府主导功能及其运行示意图

部分旅游公共服务建设的责任。

本小节在述及旅游公共服务建设时，之所以把“旅游公共安全保障体系”和“旅游公共信息服务体系”建设放在开头部分，那是因为，旅游必须安全；没有安全，旅游就变得毫无价值。而在人们所处的信息时代，信息既是旅游者出行的第一个必要的准备，同时也是服务者和管理者做好服务的必需。

因此，除了旅游安全规划必须成为旅游发展的首要安排外，旅游信息化规划的编制也应得到超前的重视。旅游信息化规划是从旅游信息资源的优化利用角度，考察旅游业各个层面的发展问题，将旅游目的地的信息化基础设施、旅游目的地电子商务环境、旅游目的地宣传营销网络平台、旅游目的地信息化管理体系、新技术应用于旅游业的试点示范、公共旅游信息服务体系、旅游信息化专业人才培养等作为主要内容，探索如何以旅游信息化促进旅游产业转型升级的战略性规划。随着信息通信技术的发展和游客对信息服务需求的增加，旅游信息化规划越来越成为旅游规划体系中一支重要的专项规划（或者总体规划安排的重要组成）。2011年，国家旅游局正式发布《中国旅游信息化“十二五”发展规划》，随后，云南、湖南、广西、贵州、四川、安徽等省、自治区纷纷制定旅游信息化“十二五”规划或者中长期战略规划，这充分说明了旅游信息化规划已经成为现代旅游规划体系中有关旅游公共服务的不可或缺的组成。

五、广义旅游规划的编制

有了对广义旅游规划目标与功能结构的认识，有了对规划要素的研究，接下来的，自然就是广义旅游规划的编制工作。

（一）第一要务：做好核心环节的部署

1. 四维部署

现代的规划工作者已经清楚地认识到，今天的规划已不再是重复旧式的土地与建设的传统规划了。它已经发展为国家或地方计划与传统规划的综合体，而且即使是传统意义上的规划，也不再是平面上的二维土地利用的设计，也不仅是三维空间的布局安排，而是已经引入了时间要素的四维部署。

2. 阶段性与连续性的“链接”

依据规划的自身规律，几乎所有规划都有时间的限定性，所以现代的旅游规划自当是一定时期的旅游发展的部署，同时又是其后旅游经营和管理的依据，因而就有着阶段控制性的显著特征。另一方面，旅游规划却不应当是凝固的，而应是不断补充、不断修正、不断发展的。然而，旅游规划又不能过于频繁地变动，它必须具有相对稳定性和不可模糊的阶段性，以便依一定时限分阶段地进行，因此，阶段之间的衔接就确实值得认真研究。

广义旅游规划把各个有着时期阶段的前后规划连接在了一起，就像一个圆环扣一个圆环，所以不妨把它们称为“链接”。

3. 在多支点上的平衡

由于旅游行业生存的多支点，因而我们很难从某种单一的技术角度把它描绘为某种单一的简单产业。如果离开了自然环境和社会环境，如果没有社会的参与和被利用的自然，不仅旅游业的社会效益和经济效益无从实现，连其自身的存在和运行也几乎没有可能。因而旅游发展规划在制定之初，就必须事先考虑到旅游业在其后的运行中将会遇到的各种矛盾之间的综合平衡。旅游规划不仅必须处理好经济与社会、经济与文化的关系，处理好行业内各相关环节的关系，同时还必须合理考虑社会各方面的利益平衡。社会各方面的利益常常是彼此重叠、彼此补充，乃至彼此矛盾的，如城市地区和乡村地区之间、旅游者和当地居民之间、外来进入企业与原住民之间、各种经营者之间、国家与地方之间等，都各有自身利益之所在，因而需要规划工作者在规划着手时就给以充分的预后研究。在实行市场经济的国家中，不少旅游企业的投资都是由私人进行的，因而当前我国的旅游规划工作者还必须注意做好社会总利益和企业利益的合理分配和调整，并在不断变动的格局下做出能大体适应变动的总安排。

4. 推动多产业的融合

旅游业是关联度极高、带动性极强、辐射面极广的现代产业。国务院《关于加快发展旅游业的意见》之所以要把“大力推进旅游与文化、体育、农业、工业、林业、商业、水利、地质、海洋、环保、气象等相关产业和行业的融合发展”写入《意见》给以强调，就是要唤醒更多人对这个问题的重视。

如果要把旅游业作为推动地方发展的引擎，那么如何加大旅游产业与相关产业融合发展的力度，就成为广义旅游规划的重要任务。

因此必须抓住产业发展规划的对接或合一，拓展产业融合的渠道，统筹协调，延伸旅游的文化休闲产业链，延伸旅游的健身休闲产业链，延伸旅游的商务会展产业链，联合文化产业、体育产业和各领域公共服务，联合现代商业、现代工业、现代交通运输业、现代金融服务业等，共同推动文化旅游、康体旅游、科技旅游、商务旅游、购物旅游、生态旅游、工业旅游、邮轮旅游、房车旅游，以及高端旅游等的发展，并且对农村的大资源大市场给以足够的关注，推动农业观光旅游、乡村旅游等的发展，突破一产、二产、三产的原有分界，从而将部门联合和产业融合作为旅游业发展新的增长点，作为地区经济社会发展的新动力。

5. 公共服务与市场供给的互补

在旅游规划的制定中，必须尽早抛开旅游理论界曾有的关于“经济属性”与“文化属性”的无益争论，应该充分认识到现代旅游业的经济属性和旅游者旅游活动的非经济目的，从而在筹划获取行业的经济效益时，努力提高旅游产品的文化品格。同时还必须清醒地看到，在社会的发展中，旅游产品内的文化品格和科技品格正面临快速增长的发展趋势，因而在第一步规划的制定时就必须为下一步的产品改进和更新留下必要和充分发展的余地。

要注意到旅游供给的部分公益性质，认识到旅游公共服务不仅是旅游服务的重要组成，更是旅游服务的基础和重要支撑，从而安排好公共服务与市场供给的有机结合。还须更多地关注弱势群体，力争部署出对他们的特殊关照和优惠，以打造出和谐社会共享幸福的格局。

（二）第二要务：把握好规划编制的层次

广义规划学的旅游规划，如从其规划领域和规划地域的包容度来看（尤其是其“地域性全息规划”），在总体上可以分为四个层次。

前面第三节的第（三）节已经述及，如果单就广义规划中的“旅游休闲规划”而言，其地域性和包容性所形成的层级就有四级，它们依次为——第一层“国家或地方层级的民生规划”，第二层“国家或地方层级的旅游休闲规划”，第三层“地方产业集群型的旅游规划”，第四层“主题区域的安排规划”。所以这里再接着讨论一下这些规划在安排上述多项部署时的一些值得注意的环节。

1. 第一层　国家或地方层级的民生规划

基于旅游休闲是国民一年1/3时间（工时制度形成的休息日＋法定假日＋带薪年休假）的主体活动，如果从理想化的思维来考虑，则有识之士应通过呼吁或建议的形式，推动国家或地方有关“国民民生规划”的编制，并将国家或地方对国民旅游休闲的安排纳入民生规划之中，让国民旅游休闲的安排成为民生规划中的一个重要组成。这个旅游休闲部分的安排，应当包括国家或地方的相关政策的制定预案，假日制度的优化与落实方案，民众的休闲的引导与辅导办法，国民旅游休闲环境的营造与旅游休闲供给的安排（其中又包括公共服务、市场供给，以及对其的引导与监管）等。

有鉴于各个地方政府每年的政府工作报告内容已越来越偏重对当地居民生活的安排，因此制定国家和地方的民生规划已经有了一定的基础，其相关条件也日臻成熟。在最近的几个五年计划期间，各个地方都有了本地的《国民经济和社会发展规划》，作为对旅游休闲规划推动的第一步，有识之士则应当建议在现存规划之外再追加或补充进有关国民旅游休闲的安排。

2. 第二层　国家或地方层级的旅游休闲规划

由于前面已经论述的“两大挑战带来的机遇”，旅游需求与休闲需求的融合，国民旅游规划与国民休闲规划的合一已经成为不可抗拒的趋势，再加之外来旅游者的需求已经成为以户籍人口为依据的原有规划难以破解的问题，因此编制国家或地方的

“国民旅游休闲规划”也就成了必然的选择。现在，这条件已经成熟起来。

国家或地方的国民旅游休闲规划，自然应该以国家或地方的相关政策的制定预案、假日制度的优化与落实方案、民众的休闲引导与辅导办法、国民旅游休闲环境的营造与旅游休闲供给的安排等作为主体。与前面所述国家或地方有关国民民生规划的另一个不同之处，还在于国民旅游休闲规划还必须更为具体，将“旅游度假类休闲”“文化娱乐类休闲”“体育健身类休闲”“养身养心类休闲”等全部统筹其中，不仅要有对各类旅游与休闲的部署，同时还须有可行性的具化的布局，以期能够通过规划的落实和办法的实施将旅游休闲部署真正地落到实处。

基于“旅游度假类休闲”“文化娱乐类休闲”“体育健身类休闲”“养身养心类休闲”等所涉及的工作范围，也基于我国目前的行政分工，所以地方的国民旅游休闲规划应当由地方政府牵头，由旅游主管部门与地方发改委共同推动，联合与各类休闲密切相关的文化主管部门、科学技术主管部门、体育主管部门、医疗卫生主管部门、宗教事务主管部门，民族事务主管部门、新闻出版广电主管部门以及财政部门、国土资源部门、环境部门 、交通运输部门 、城乡建设主管部门、水利部门、农业部门、商务部门、教育部门等一起来工作，并邀请其中关系最为密切的部门作为联合或共同编制单位，以期编制出富有前瞻动力、符合发展实际并在今后能够得到切实贯彻的规划来。

3. 第三层　地方产业集群型的旅游规划

地方的单一旅游规划的编制，是在国家或地方全覆盖旅游休闲规划难于启动时的一个折中的办法。基于目前我国行政部门权限的重叠和配合的不易，在一些地方要让与旅游相关的十几二十个部门一起来工作确实是有些难度的，因此不妨由地方政府或旅游主管部门牵头，推动单一旅游规划的编制，暂先回避它对本地居民休闲生活的方式跨入。

同样地也是基于前面已经论述的“两大挑战带来的机遇”，基于广义旅游规划的理念，所以虽然是单一部门牵头的旅游规划，也同样可以力所能及地把旅游者的需求与本地居民的需求结合起来。在既不干扰其他相关部门的行政权力，也不对其他部门的管辖范围作出规定性限制的前提下，尽可能地邀请地方各个有关部门一起来讨论、来策划，以期能够形成更多的共识；同时也应像旅游饭店和旅游景区的星级评定一样，调动企业的积极性，整合产业集群的供给，让“游、购、娱、食、住、行”相关行业的企业一起来努力，来推动产业共同受益；同时也不妨发出呼吁和建议，以期推动本地休闲服务业能够让本地居民有多一些的满意。

如果地方的旅游规划真的少了一些地方部门的共同参与，那也不必懊恼，因为它也从“有失有得”的机遇中得到了许多发展的自由。比如说失去了与本地休闲业统一部署的发展机遇，同时也就摆脱了“休闲”的局限，从而获得了编制服务于旅游三大旅游目的（闲暇类旅游、事务类旅游、其他类旅游）的“多功能旅游规划”的机会，进而使得“事务类旅游”能够获得更多的重视，甚至开拓出“事务与专业”旅游发展的更佳前景。基于它集合了产业集群的力量，又推动了旅游三大目的的供给，所以它就成了“地方产业集群型的旅游规划”。

4. 第四层　主题区域的安排规划

主题区域的安排规划，或者也可以称为景区层级的旅游规划。它包括适应于观光或度假等的地域范围较小的单一主题活动区，多样主题活动区，或者综合性活动区，亦即适应于观光游览的景区与景点，适应于安闲放松的度假地，适应于文娱游乐参与的活动区等等。

这里不能不顺便说明一下的，是这里小标题使用了“主题区域”的称呼而没有使用“景区”的原因，那是基于这些“主题区域”提供与客人的服务并不是一个“景”字所能够包含的[①]。

这里所说的这一层级的规划，是一种更为具化的旅游发展规划。这类规划所要达到的目的，就是设计出直接面向旅游者群体（包括单一个体）的服务安排。这种安排，既可以面向无差别市场，也可以面向某一具有自己特征的消费群体。如果作为旅游休闲的总体安排，那就须有足够的多样性和丰富性，以期产生出较大规模的适应力；如果意在发挥景区的特殊引力，那就需要培养自身的独特性。

表面看来，主题区域层级的旅游休闲规划可能会与此前的景区规划相似，如针对当前现实和规划中常见的问题，也有一些值得关注的要点不妨在这里一并提出——

· 必须注意产品与市场的衔接 此前一些景区的规划，大多只注意了景区的建设构想，而建成后便只有静候旅客的来临；即便一些景区也有一

① 正是基于“景区”的名称容易产生误会，所以我国目前旅游服务标准化的许多涉及“景区”的《……标准》、《……规范》或《……指南》的文件中（如《旅游景区服务指南》《旅游景区游客中心设置与服务规范》等），在说到该标准适用的“景区”时往往就不得不列举一长串“景区”所包含的不同内容的主题区域的名称（诸如“风景区、文博院馆、寺庙观堂、旅游度假区、自然保护区、主题公园、森林公园、地质公园、游乐园”等等），并且把“景区”对应的英文也翻译为了“attractions”（吸引力所在地）。

些宣传促销，也多局限在景区形象的塑造。广义旅游规划的这一层级的规划，应该把主题区域打造为一个适应市场需要的产品群。除了产品本身的优化与不断出新之外，如果是投资赢利型的主题区域，它还应该有市场营销组合的另外三个必备环节：价格定位策略、销售渠道策略、市场促销策略，以期能够在目标市场有代理自己主题区域销售的商家（如多家旅行社，或负责销售的部门），有适应于市场也适应于游客购买力的价格明示，有方便游客购买的途径，有出入主题区域的交通安排；除了主题区域形象宣传外，还要有便于与消费者沟通的具体办法……

如果是以公共资源作为建设依据的景区，更要以更低的收费来适应游客。

在主题区域规划中，不妨首先抓住以下这些具化的环节——

· 必须整合提升现有产品，进一步增加休闲供给 这是一个并非理论的现实问题。虽然目前旅游业界热衷谈论休闲，可是休闲产品的不足却是十分普遍的问题。比如农家乐，目前在全国都是城市周边的主要休闲地，然而不少地方却只有不多的休闲安排（如棋牌、垂钓、餐饮等），以致一些以农家乐著名的城市，在小长假和黄金周时市民反而更多地选择了更远的目的地。也就是说，单一化、同质化、固态化的旅游产品已经成为旅游发展的大忌。广义的旅游与休闲合一的规划，除了应该借鉴国内外成功的经验开拓休闲项目、增加休闲设施外，休闲与观光的有机结合也是不容忽视的。全国各地乡村的资源都是十分丰富的，乡村的自然风光、农耕文明的遗存、普通百姓的生活、民间的风俗习惯、邻近区域的观光胜迹等等，都是可以整合进入休闲产品的。

如就居民休闲的内容看，除了易地的观光旅游外，文化休闲、体育休闲、养身养心休闲都正越来越受人瞩目。新景区的建设，不妨多一些对文化休闲、体育休闲、养身养心休闲的考量，比如说短期文艺学习的园区，短期体育技能学习的营地，都是可以将观光、度假、个人素质提升结合起来开展的。比如体育活动中的野营、攀岩、登山、滑翔、滑翔伞、动力伞、跳伞、飘伞、热气球、游泳、蹼泳、水球、滑水、潜水、潜浮、漂流、冲浪、滑板、帆板、帆船、摩托艇、赛艇、滑沙、滑草、轮滑、滑冰、攀冰、冰壶、冰球、滑雪、雪橇、旱地雪橇、摩托车越野、自行车越野、击剑、射箭、匹特博、保龄球、草地保龄球、高尔夫、网球、沙地排球、沙滩排球、沙滩足球、马球、门球、木球、壁球、垒球、棒球等等，都是很有吸引力的体育休闲项目，都可以选择一些在合适的地区因地制宜开展起来。如果有了有关设备、设施和场地的规划，有了具有专业技能的教练安排，有了与之相应的管理制度的建立，再加上作为旅游产品面向市场的准备，那么它就有可能赢得市场的青睐。

· 必须注意对不同旅游引力的培育 旅游主题区域的规划，还应该注意主题魅力的打造与培育。本文前面已经述及的可观览度、可感知度，震撼力、冲击力，神秘性、启迪性，珍稀度、奇异度等，显然都是观光旅游目的地核心魅力之所在；然而对于度假地而言，除了对所处地区基础条件的依托外，其与观光主题区域没有大的差异外，在产品的组合中，度假环境的理想程度和度假者本人的参与性，以及时尚感、新鲜感等等，显然就比可观览度等重要得多了。对于度假休疗者而言，主题区域的魅力更在于旅游者本身的体验与感受，他的舒适与愉悦，养身养性，以及对人生享受的获得，乃至对某种自我实现感和私密的需要，也都远远地超越观光旅游者对知识见闻的追求，对震撼力、冲击力，神秘性、奇异度的需要。这些都是需要规划师们去发现、去培育的。

· 必须注意旅游规划的高度关联性 就大多数景区一类的主题区域而言，其范围大小毕竟是有限的，其资源的丰度与厚度也同样是有限的，因此必借鉴中国造园艺术“借景”的方法，借助所处地区的资源引力，借助所处地区旅游产业集群的服务能力，以及地方政府所能够提供的公共服务等等，同时也要注意推动所在地区交通条件等基础设施、旅游设施、安全状况，以及地区旅游管理水平的提升。

除了必须注意对所处地域及周边条件的借助与依托外，在编制主题区域的旅游规划时，还应该突破目光向内的“自我区域”的封闭思维，不仅要把“自我区域”放到所处地区去思考，还要联系周边的诸多旅游主题区域去思考，这样才能够发现自己资源的优势与劣势，才能够发挥自己主题的差异性，才能够借助于同行的合力，凸显出自己的引力与活力，开发出自己享有市场竞争优势的产品来，才能够推动所处地区旅游的更大发展。

再如会议展览旅游，我国现在像博鳌那样有海、有岛、有沙洲、有滨海小镇的环境，又能够围绕一个会议中心（博鳌亚洲论坛永久会址）而吸引政府和民间资金大量投入配套设施建设的开发模式是难以复制的；目前我国也没有形成第二个这样的会展主题区域。因此，作为适应于会议、展览等商务/公务旅游的城市，或者要想在城市中开辟一个会展较为集中的区域，其魅力结构的构建，又与适应于观光、度假等休闲类旅游的魅力结构有所不同。有利于会议、展览旅游发展的目的地，其成功的获得，除了瑞士达沃斯、中国博鳌等基于一种偶然的人为因素外，多数地方都由其历史因缘、地方经济的活力、社会活跃的程度、交通的便捷性、信息的通畅度，设施与服务的到位与否，权威性与号召力的大小，以及最后它将能够吸引的卖家的多寡（或参会名家的多寡）等因素促成的。所以这种目的地区域规划，除了前期的建设规划外，更需要依托其自然条件和众多相关的人文因素编制出与之配合的后期运行的规划（或称策划），以期能够以其实效来增强自身的魅力——诸如会议或展览的效果越来越显著，社会反响积极，传播广泛，可持续性明显，此前前来参会参展的组织与个体的知名度得到提升，引起了越来越多参会国和参展国的重视……

· 必须注意概念性规划方法的使用 由于主题区域的主题差异，因此规划的内容、规划的方法也就各不相同，因此要想把这些规划编制得既合于本地的发展条件又合于发展的既定方向，“概念性旅游规划”的必要性也就显现出来了。与“主题区域”适应的同层级的概念性旅游规划，它的功能往往在这个层级更能充分显现。

综上所述，对于主题区域而言，即使是小区域的旅游规划，此前的孤立型“散点式”旅游规划、单线型“点线式”旅游规划、平面型“摊饼式”旅游规划，以及局限于土地利用的单一建设规划等的偏向，都必须得到扭转。因为孤立的园区规划将很难发挥出它的效能，而建设规划也只是旅游规划的一部分，所以只有有了对旅游发展相关侧面和层面做了全面考量的关联性的安排，规划也才能够发挥出它的效能来。

六、广义旅游规划的技术环节

这里所说的广义旅游规划的技术环节，主要是指广义旅游规划关键技术的组织方法和技巧，以及对其工作步骤的衔接性安排。它们是规划内部系统前后左右之间相互配合的安排，也是推动规划内容能够得到最终落实的保证。

（一）概念性规划：目标准确，积极引领

回顾我国的旅游规划，实际是由早期的城市规划衍生而来的。20世纪50~60年代，为了全国城市建设的很好启动，我们曾积极学习了苏联和东欧城市规划模式。这种以“总体规划—详细规划”为轴心的两段编制法，虽然为规划的编制提供了有法可依的便利，但是，却越来越难以对城市或区域的发展给以可以预见的把握……因此，有人提出了“弹性型规划”“协商型规划”“有限目标规划”……其实，就在此前人们一直沿用第二次世界大战前后国外普遍流行的规划方法的时候，一种称为

“结构规划”（如英国的structural planning）的规划方法已经在60年代开始成熟起来。作为“结构规划—局部规划”这一规划体系的第一部分，“结构规划”只着重于规划区域的总体控制，而将大量的具体规划任务留给“局部规划”去完成，并允许下一步的工作有更多的创造性和可变性。就在1968年英国的《城乡规划法》以立法的形式将原来的开发规划改为了以上的两个部分之后，其他一些国家也纷纷根据本国自身特点采取类似的做法，如新加坡的意向规划、荷兰的广义结构规划、法国的城市开发指导方案等，所以，有研究者认为，“结构规划”的出现，正是对城市规划的现代动向的反思。

所以笔者才在2001年2月讨论《旅游规划通则》草案的时候提出了“概念性规划—后续规划”的主张[28]，即先期制定概念性旅游规划，然后再完成后续的实操性规划。

概念性旅游规划，与实操性旅游规划和控制性规划不同，也与概念性建筑设计和概念性土地利用规划不同，它比前两者更具有概念性的提升，它比后两者所规划的范围更加广阔。“四高”、“四宽”或者就是它的特点：

①规划理念和总体构想更有充分的前瞻性（超前性）；

②理论基础和规划手段更需科学完整性（系统性）；

③运行机制和结构组成更富有机关联性；

④资源配置和因素聚集更需整合一致性；

⑤中心概念对当前现实允许留有距离间隔度；

⑥布局安排对土地环境允许存有可变适应度；

⑦规划本身对实施细节的非强制约束性；

⑧规划本身对时段限定的弹性。

可以看出，以上特征，显然是从与传统的旅游规划及其他规划的比较而言的，特征的①~④点，就是所谓的“四高”，特征的⑤~⑧点，即所谓的“四宽”。因此，对于概念性旅游规划，我们主张不要对它们只作字面上的分析和理解，更不赞同将它们与过去已熟悉的用语硬作牵强的比附。

概念性旅游规划，对于广义旅游规划而言，自然更能够体现出整体层面的引领，因而可以在取得一定的共识之后再接着完成后续的实操性规划。对于面积较广的行政区，对于新开发的旅游目的地，对于基础资料暂欠完整的旅游开发地，对于有关开发思想尚未取得广泛共识的大小地域，对于影响和制约因素中变量较多或相互配合关系尚不十分明确的跨越性地区，以及对于需要除旧布新的原旅游目的地等，概念性旅游规划的引领都有着特殊的难以取代的意义和价值。这就避免了某些总规预案安排不能落实的尴尬，也避免了某些规划"开会说说""墙上挂挂"的笑话。更重要的是概念性旅游规划的前瞻性视野、旅游创新性的科学根基，以及它为规划师、投资者、地方行政负责人都留下了根据最新资料和事态去进一步丰富和发挥的空间。也避免了规划师此前认识有限、思考不周的缺陷。

而后续的实操性规划的继起，正好能够在前面概念的基础和实际调研的基础上完成脚踏实地的安排。没有第一步的思考和启迪，任何规划都难以一蹴而就；没有后期的落实，前期的思考与安排也必定落空。

概念性旅游规划与其他概念性规划的不同之处，还在于一般概念性规划的"概念"是无定指的，不仅包含规划范畴的各个种类，同时也可以偏于规划内容的某个侧面、某个层次；而概念性旅游规划，却已经有了以"旅游"为第一性的概念的限定。二者间的关系，无异于"白马与马"。因此，概念性旅游规划又可以对"旅游"概念的相关实际有更多的统筹。

概念性旅游规划，更富于大区域的适应性。在更广阔的范围内，如省、市、地等行政区域，这些年来我们已经编制过不少旅游总体规划，但是在成功之外，也常常留下了诸多遗憾——或者因为区域过大难以面面俱到，招来下面各地的意见纷纷；或者因为力图完美而锱铢必较，弄得规划事项轻重不分……其结果是，或者造成地方当局包袱过重，难以启动；或者遍地开花、形成同质化的重复。

概念性规划，往往都有自己明确的重点，明确的概念，既可以免去不必要的"注水"，也可以免去旧有规划"假大空"套式的废话，以及概念不清、形象不明、用词用语的同义反复等等毛病。或者可以说，如果概念性规划能够得到健康的发展，它还可以推动一次旅游规划文本行文的大变革。

（二）实施性规划：立足区域，安排到位

在前面的第三节里，本文已经述及，作为广义的旅游规划，它与此前我国已经出现的旅游规划有着不少的共通之处，尤其是在实施性规划方面，它与此前我国曾有的城乡规划和旅游规划的共通之处就更多一些。几十年来，这些城乡规划和旅游规划对我国城乡建设和旅游发展都作出了巨大的贡献。《中华人民共和国城乡规划法》《城市规划编制办法实施细则》《村庄和集镇规划建设管理条例》和《旅游规划通则》等重要的法律法规和标准，都在旅游规划自身的完善中发挥了十分积极的作用。同时我国旅游规划的开拓者和继起者陈传康、郭来喜、尹泽生、郑光中、卢云亭、杨开忠、吴必虎、周建明、吴承照、刘滨谊、王衍用、杨振之等学人和笔者自己，都对旅游规划的理念做过各自的探索。只是本文这里的讨论，只想换一个广义旅游规划的视角，提供一个理念、思路和工作的方式，还没有来得及与诸家学说做一次系统的比较，因此其间的关系如何，以及其间的同异等，这里也就只好暂付阙如了。

实施性旅游规划在规划地域上，也有大小区分，因此必须准确了解它实施的范围有多大，它能够推动配置的资源有哪些（指广义的资源），这些资源的品格和数量如何，它所要安排实施的内容是什么，它应该交与哪一个层级去实施，以及它是用于指导下一级规划的编制还是直接用以指导景区的建设等等。

如果这份旅游规划是用以统筹全省各个市的省级旅游规划，它只需用全省旅游发展的总方向和实施布局去指导（市县一级，或某些全省重点景区）就行了，无须事无巨细去代替市县（和重点景区）完成规划工作。它的最重要的工作是，以对当前和未来的关注，在全国旅游发展的大格局中，做好本省旅游发展的实施部署，如，在总体上部署好全省旅游相关产业之间的合作，推动全省土地资源和各种资源的有效配置，安排好本省旅游发展的开拓、优化、建设、运行和管理，协调好利益相关者的权益博弈，培育本省的旅游核心引力及其与多引力的汇同，加长制约本省旅游发展的“短板”，尤其要注目于有关实施方面的具体指导，帮助市县或试验区总结好先行先试的具体经验与教训……可是，此前我们不少省区的旅游规划，往往喜好越俎代庖、事必躬亲，以致做了许多自己分外的事，可是有关市县常常又感到不合实际，所以编制出的规划也就只好“墙上挂挂”而已。

如果这份旅游规划是用以统筹全市各区县的市级旅游规划，而这个市级行政区又地域辽阔，那么自然可以从全市旅游发展的总方向和实施布局去指导区县一级的部署，让各个区县自己做主去继续安排自己区县的具体发展。可是，如果这个市级行政区的地域并不太大，而这些区县原本就是这个城市紧密的组成部分，则不宜让各个区县再去编制独立的规划。然而，目前我国的一些大城市，却基于行政区划的割裂思维采取了“放手”区县的做法，这就值得再研究和再斟酌了。因为虽然各个区县也不妨有自己的辅助性规划，但是，由全市统筹性的旅游规划从总体上去协同全城的安排，却是最佳的选择。

在编制市县一级的实施性规划时，应该特别值得注意的一环，就是统一而具体地规划好全城的旅游总体服务格局和旅游公共服务全局性安排。比如，如何保证出入本市县交通的便捷与顺畅，如何安排好旅游大巴、出租汽车的综合运力，如何准备好适应发展态势的旅游停车位（诸如树荫停车场的复合型使用），如何推动全市旅游住宿地的合理布局（且适应于观光、度假、会展的不同需求），如何满足旅游购物供给的多要素，如何让旅游餐饮质量、价格以及餐饮地与游客的需求相对应……还有如何保障现代旅游咨询及传统咨询渠道的通畅，如何使信息传播更准确、更充分、更及时，以及旅游公共交通与旅游集散中心安排，道路交通的指引和旅游路标的设置，旅游者安全设施与保障制度，旅游志愿者服务体系的建立，居民的友善好客的形成……还有统一安排有关景区、旅游街区旅游公共服务建设的部署等等。

至于有关乡村的旅游规划，如就广义旅游学而言，也同样有一些值得注意之点。除了生态、文化遗产和早已著名的胜迹外，传统农业和现代农业，古村落和现代农村，对于旅游发展都有很高的价值。除了某些特例以外，如从旅游发展的波动性来看，乡村的旅游开发的最稳妥的办法，还是要让旅游业的发展尽可能地依托乡村原有的产业。让乡村的旅游发展可以融入村民的生活，这才是最有价值也最能够保证村民利益的成功之路。要吸纳村民与旅游业的参与，更要尊重村民选择现代生活方式的权利，所以古村落的保护应该与新村的建设作不同的安排才行。要防止某些企业买断乡村旅游经营权的操作，这样才能够避免矛盾的不断产生，才能够从根本上保护住村民的多种权益。

广义旅游规划的实操性环节，还有许多许多。虽然因为篇幅限制这里不能一一再说，但必须强调，那许许多多的细致乃至琐碎的环节仍然都是广义旅游规划所必须关注和安排的。也就是说，前瞻性的目光、创新性构想，还必须有细致乃至琐碎的安排来支撑，这样才有可能把旅游服务落在实处，也才有可能创造出旅游发展的三大效益来。

（三）服务于人，创造三大效益是最高标准

如果再把旅游发展的环境效益、社会效益和经济效益的“三大效益”综合起来，那便是一个效益——服务于人——今天的广大群众和未来他们的子孙。

旅游规划所要达到的目的，就是做出有利于旅游者群体或个体的合理安排，以使

旅游者成功地实现其旅游目的，成为旅游环境中自在而舒适的主体。最大程度上获得民众的满意，是旅游规划的出发点与归宿。所以在“人→规划→设施与服务→满足更多人的合理需要的目的”的模式中，各种关联因素的有机配合，从而产生出预期的效益，这便是旅游规划成功的标志。

而广义旅游规划，就是要以更为宽阔的视野、更富前瞻的思考，做出更具效力的统筹和更富包容度的安排，以便把这种对人的旅游与休闲的服务，推向更高的创造更多幸福的层级。

七、本章结语

广义旅游规划，究竟“广”在哪里？

如果说得洒脱一些，那就是以面向未来的目光，发散性的思维①，集中更多更好的理念，博采前人和他人的研究成果，尊重已有的共识准则，以广大民众为服务目标，在可以涉及的最大范围内，编制出兼具前瞻性和可行性的旅游规划，全面发展休闲旅游与事务旅游，以期适应于旅游者的现实需求与潜在需求，不断提升他们的满意度，并且最大限度地发挥出旅游活动对当代和未来的三大效益来。

如果说得局促一点，那至少应该在编制规划的时候，不拘泥于官员们快出政绩的立场，不拘泥于商家们事事取利的目标，不要看不见身外的变化，不要听不进不同的意见，不要满足于自己原有的进步，不要热衷于几个人的闭门造车，这样才能够汇集更多人的智慧与技能，编制出兼具前瞻性和可行性的旅游规划，开拓出让老百姓和子孙后代都满意的旅游事业来。

如果要把广义的旅游规划做好，也还有一个广义旅游规划的社会责任感的要求，那就是编制规划的部门（无论其是政府机构，或教学科研机构、公益机构，还是商业机构）和编制规划的执行人（也无论他是官员、学者还是商业机构以及公益组织的雇员），都必须意识到自己在编制规划时所承担的超越自己职务职能的责任，而将这份规划未来产生的社会作用置于无可取代的最高位置。

① 发散式思维，又称“发散思维”“扩散思维”“辐射思维”“放射思维”或“多向思维”，是改变单向性思维及定向性思维为开放性思维的一种新模式。它是指从一个目标出发，沿着各种不同的途径去思考，对信息或条件加以重新组合，探求多种答案、结论或假说的思维。发散式思维与单向思维的不同之处，在于它的灵活性、独特性和流畅性：灵活性能够突破习惯思维的限制，使人产生新的构思，提出新的方法；独特性能够使思维产生新的成分，能够超越前人，提出新的独特见解；流畅性能够使人的思维在较短时间内产生较多的联想，从而使得对问题的理解更全面、更周密。

旅游规划第七议：
旅游规划的广义拓展

参考文献

[1] 人民网．“破”须更好“立”，阿房宫遗址公园请勿重蹈覆辙［EB/OL］．2013-04-10，http://politics.people.com.cn/n/2013/0410/c70731-21081759.html.

[2] 国家文物局网．关于阿房宫遗址保护总体规划的批复［EB/OL］．2012-12-27，http://www.sach.gov.cn/tabid/345/InfoID/37511/Default.aspx.

[3] 中华网．西安阿房宫景区因选址不佳将拆除，13年前建好［EB/OL］．2013-03-23，http://news.china.com/domestic/945/20130323/17743169.html.

[4] 中国在线．2012三亚接待游客1100万，旅游收入190亿［EB/OL］．2013-01-21，http://www.chinadaily.com.cn/dfpd/hain/2013-01/21/content_16146887.htm.

[5] 三亚市统计局．2012年三亚市统计年鉴·全市历年总人口［R］．三亚统计信息网，2013-01-18，http://www.systats.gov.cn/tjnj2012_page.php?xuh=2691.

[6] 三亚市统计局．2012年三亚市统计年鉴·限上住餐业经营［R］．2011三亚统计信息网，2013-01-18，http://www.systats.gov.cn/tjnj2012_page.php?xuh=2766.

[7] 中华人民共和国旅游法［EB/OL］．中央政府门户网站,2013-04-25．http://www.gov.cn/flfg/2013-04/25/content_2390945.htm.

[8] Congres Internationaux D’Architecture Moderne. *Charter of Athens (1933)*［EB /OL］．2012-01-10, http: //www.getty.edu / conservation /publications resources / research resources / charters / charter04.html.（在宪章内容的分款编码上,《雅典宪章》英文版与现行中文译本有所不同）

[9] 国家旅游局．关于印发祝善忠副局长在全国休闲工作会议上的讲话的通知［R］．2010-12-28.

[10] 江绍原．中国古代旅行之研究——侧重其法术的和宗教的方面［M］．上海：商务印书馆，1925.5.

[11] 刘德谦．中国旅游文学新论［M］．北京：中国旅游出版社，1997: 23.

[12] United Nations and World Tourism Organization. *Recommendations on Tourism Statistics*［M］. New York: United Nations, 1994: 5.

[13] United Nations and World Tourism Organization. *Recommendations on Tourism Statistics*. New York: United Nations. 1994: 11-15.

[14] 刘德谦．2011年中国居民旅游休闲的发展与前瞻［A］//2012年中国休闲发展报告［M］．北京：社会科学文献出版社，2012：26-47.

344

345

[15] World Economic Forums. *Travel & Tourism Competitiveness Report 2011* [R]. Geneva: 2011: 474.

[16] 人民网. 旅游法草案进入二审，公务会议不算旅游 [EB/OL]. 2012-12-28，http://cpc.people.com.cn/n/2012/1228/c83083-20042116.html.

[17] 国家旅游局资源开发司，中国科学院地理研究所. 中国旅游资源普查规范（试行稿）[S]. 北京：中国旅游出版社. 1992: 4.

[18] 陈宗海，陈宗棣. 上海社会旅游资源一开发初探 [J]. 上海大学学报（社科版），1993（5）: 67-71.

[19] 毛卫东，黄震方，杨春宇. 社会旅游资源的概念及范畴探析 [J]. 旅游经济，2003（5）: 144-146.

[20] 国家标准：旅游资源分类、调查与评价 [A] //中国旅游业国家标准和行业标准汇编 [S]. 北京：中国旅游出版社, 2012:234-256.

[21] 国家标准：旅游资源分类、调查与评价 [A] //中国旅游业国家标准和行业标准汇编 [S]. 北京：中国旅游出版社, 2012:237.

[22] Jafar Jafary. *Encyclopedia of Tourism* [M]. London and New York:Taylor & Francis Group, 2003: 504-507.

[23] 刘德谦. 旅游规划刍议 [J]. 旅游学刊，1993(3)：17-20:61.

[24] 刘德谦，中国旅游竞争力的若是与前瞻 [A] //中国旅游研究院中国旅游评论2011 [C]. 北京：旅游教育出版社，2011:259.

[25] WTO，WTTC，Earth Council. 关于旅游业的21世纪议程——实现与环境相适应的可持续发展 [J]. 旅游学刊1998（2）：50-54；1998（3）：52-56；1998（4）48-50；1998（5）：51-53.

[26] World Economic Forums. *Travel & Tourism Competitiveness Report 2011* [R]. Geneva: 2011: 163.

[27] 国家统计局. 2012年国民经济和社会发展统计公报 [R]. 2013-02-22，http://www.stats.gov.cn/tjgb/ndtjgb/qgndtjgb/t20130221_402874525.htm.

[28] 刘德谦. 旅游规划需要新理念——旅游规划三议（上、下）[J]. 桂林旅游高等专科学校学报，2003（5）：9-12；旅游学刊，2003（5）：41-46.

后记

为保证出版的质量，为回京后能够及时向出版社交出“齐、清、定”的书稿，本人赶在从海南回北京之前又对本书做了最后一次校对。

作为一本探索旅游规划原理及其编制的诸多环节的专题性著作，本书或者与他人的论著有些不同。除了在《序言》中已经谈及的论题内容外，在《序言》中本人也已经说到，本书的七个议题的编排是采用的纵轴与横轴交叉的“十”字形结构。即从“刍议”到“五议”，以及最后的“七议”，本书讨论的都是旅游规划沿着纵轴步步推进的理论与实操，而“旅游规划六议”讨论的，则是旅游规划如何更广泛地关注旅游业。因为对于旅游规划的认知和把握理当是层层深入的，但同时，又只有在横轴上更多地了解旅游业的各个相关层面和侧面，对旅游规划的认知才能够更全面，有关旅游规划的编制才能够更符合旅游发展的实际。前些年，人们曾经大谈“T”形知识结构的意义、大谈“T”形人才培养的重要，其目的就是在强调专业人才既要有对相关知识领域的广博认知，又要有对专业知识与技能的深层把握。这些年，虽然“T形知识结构”、“T形人才”都已经不再是热词，但是道理却没有变。其实，本书七个议题编织的“十”字形的纵横结构，也就是试图努力做好旅游规划认知在深度和广度上的纵横延伸，努力处理好在旅游规划认知中的“专”与“博”的关系，以期有利读者能够通过阅读本书，在对旅游活动的充分了解中进入到旅游规划认知的更深层次。当然了，这只是作者本人的一点愿望，而检验这愿望的应该是读者。唯愿读者读后能够真正有所启发与收获。

刘德谦

2017年5月

于海南神州半岛

出版前作者再记

我要把这本书献给我的贤妻路秋惠。可是，她已经在今年7月14日离世而去，离我而去了！

她退休前，是北京第五十五中学的化学教师，亲戚朋友、她的同事、她的学生，还有与我交往较多的我的同事，大家都喜欢她。

今年是我们的金婚纪念年。这之前我一直与她商量，我送她一份什么样的礼物最合适，在诸多方案被她否定之后，最后的这本书让她高兴地接受了，她说，“这个我喜欢”。所以去冬以来，在陪她海南避霾休养期间，不少晚上她看电视看微信时，我便进行着这书稿的最后整理。现在，她只知道这本书快要出版，却见不到出版的书了。我该怎么办？

刘德谦

2017年8月12日

金婚纪念日前10天 于北京家中

图书在版编目（CIP）数据

旅游规划七议／刘德谦著．—北京：中国建筑工业出版社，2017.12
ISBN 978-7-112-21549-2

Ⅰ．①旅… Ⅱ．①刘… Ⅲ．①旅游规划－研究 Ⅳ．①F590.1

中国版本图书馆CIP数据核字（2017）第287157号

责任编辑：焦　扬
书籍设计：张悟静
责任校对：李欣慰

旅游规划七议
刘德谦　著
*
中国建筑工业出版社出版、发行（北京海淀三里河路9号）
各地新华书店、建筑书店经销
北京锋尚制版有限公司制版
北京雅昌艺术印刷有限公司印刷
*
开本：787×1092毫米　1/16　印张：23　字数：404千字
2018年2月第一版　2018年2月第一次印刷
定价：78.00元
ISBN 978－7－112－21549－2
（31213）